商务口才
实用教程

张岩松 高 琳 主 编

王 允 穆秀英 刘嫣茹 谭晓虹 副主编

清华大学出版社
北京

内 容 简 介

本书是反映高等教育教学改革最新理念的创新型实用教材,是项目课程开发的有益尝试。该书融时代性、实用性、趣味性和操作性于一体,深入浅出,翔实具体。其内容包括认识商务口才、商务口才基础、商务交际口才、求职面试口才、商务演讲口才、商务谈判口才、推销口才7项任务。每项任务由学习目标、导学案例、基础知识、拓展阅读、实训项目、课后练习构成,便于学生在练中学,在学中练,学训有机结合,使商务口才水平不断提升。

本书可作为应用型本科、职业教育本科、高职高专院校商科相关专业学生的商务口才专业课程教材,也可作为高校各专业学生提高口语表达能力的公共基础课教材,同时也是各界人士进行商务口才训练的重要参考书。

本书封面贴有清华大学出版社防伪标签,无标签者不得销售。
版权所有,侵权必究。举报:010-62782989,beiqinquan@tup.tsinghua.edu.cn。

图书在版编目(CIP)数据

商务口才实用教程/张岩松,高琳主编. —北京:清华大学出版社,2016(2022.1重印)
ISBN 978-7-302-44226-4

Ⅰ. ①商… Ⅱ. ①张… ②高… Ⅲ. ①商务—口才学—高等学校—教材 Ⅳ. ①F715

中国版本图书馆 CIP 数据核字(2016)第 152475 号

责任编辑:张龙卿
封面设计:徐日强
责任校对:袁　芳
责任印制:宋　林

出版发行:清华大学出版社
　　网　　址:http://www.tup.com.cn,http://www.wqbook.com
　　地　　址:北京清华大学学研大厦 A 座　　邮　　编:100084
　　社 总 机:010-62770175　　邮　　购:010-62786544
　　投稿与读者服务:010-62776969,c-service@tup.tsinghua.edu.cn
　　质量反馈:010-62772015,zhiliang@tup.tsinghua.edu.cn
　　课件下载:http://www.tup.com.cn,010-62770175-4278
印 装 者:三河市龙大印装有限公司
经　　销:全国新华书店
开　　本:185mm×260mm　　印　张:17.25　　字　数:392 千字
版　　次:2016 年 11 月第 1 版　　印　次:2022 年 1 月第 3 次印刷
定　　价:54.00 元

产品编号:067643-02

前　言
FOREWORD

在现代社会生活中,商务交往日趋频繁,商务口才越来越受到重视。主持会议、接受采访、参加谈判、发表演说、汇报工作、加薪晋职、竞聘上岗、工作述职、激发士气、凝集人心、宣传鼓动、改革创新、答疑解惑、说明情况、推介企业、介绍产品、自我推销、沟通思想、打通人脉、说服客户、化解矛盾……无一不需要商务口才。这是一个越来越注重"说"的时代,这是一个竞争激烈的时代!眼睛可以发现世界的美丽,嘴巴则能创造美丽的世界。人的嘴巴主要有两个功能:一是吃饭;二是讲话。要想吃好饭,先要讲好话!"人才未必有口才,有口才一定是人才,而且是不可多得的人才。""口才"日益成为当今人才不可缺少的构成要素,它是一个人学识高低的表现,是一个人思想、智慧、知识、见识、性格、气质等综合素质的集中反映。口才能展示一个人的智慧和才华,体现一个人的风度和气质;口才能缩短人们心灵间的距离,促进彼此间的交流。好口才是人际关系的润滑剂,是人际沟通的利器,是现代人理想职业的敲门砖,是职场晋升的助推器,是赢得精彩人生的重要砝码。好口才价值百万!在商海中,口才就是生产力,有口就有"财",会说就会赢。

为了帮助大学生们提高口语表达能力,拥有良好的商务口才,增强就业竞争力和职业可持续发展能力,我们创新性地编写了本书。该书是反映高等教育教学改革最新理念的新型实用教材,是项目课程开发的有益尝试。

本书由大连职业技术学院张岩松、高琳担任主编,王允、穆秀英、刘嫣茹、谭晓虹担任副主编。具体编写分工如下:张岩松编写任务1;高琳编写任务5和任务7;王允编写任务3;穆秀英编写任务2;刘嫣茹编写任务6;谭晓虹编写任务4;唐长菁、郑瑞新、刘世鹏、刘志敏、刘思坚、杨帆、白冰编写各任务的拓展阅读部分。全书由高琳统稿。

本书在编写过程中,参考了大量文献和案例,有些材料是参考互联网发布或转发的信息,在此向各位作者表示衷心的感谢。

因编者水平有限,不足之处在所难免,敬请读者批评、指正。

编　者
2016年5月

目 录
CONTENTS

任务 1　认识商务口才 ·· 1

　　学习目标 ··· 1
　　导学案例 ··· 1
　　基础知识 ··· 3
　　　1.1　口才 ··· 3
　　　1.2　商务口才 ··· 10
　　拓展阅读 ··· 19
　　实训项目 ··· 22
　　课后练习 ··· 24

任务 2　商务口才基础 ·· 28

　　学习目标 ··· 28
　　导学案例 ··· 28
　　基础知识 ··· 29
　　　2.1　有声语言 ··· 29
　　　2.2　态势语言 ··· 39
　　　2.3　心理素质 ··· 48
　　拓展阅读 ··· 56
　　实训项目 ··· 60
　　课后练习 ··· 63

任务 3　商务交际口才 ·· 68

　　学习目标 ··· 68
　　导学案例 ··· 68
　　基础知识 ··· 69
　　　3.1　拜访 ··· 69
　　　3.2　接待 ··· 75

    3.3 寒暄 ……………………………………………………………… 78
    3.4 介绍 ……………………………………………………………… 81
    3.5 交谈 ……………………………………………………………… 83
    3.6 问答 ……………………………………………………………… 89
    3.7 赞美 ……………………………………………………………… 100
    3.8 说服 ……………………………………………………………… 105
    3.9 倾听 ……………………………………………………………… 109
  拓展阅读 ………………………………………………………………… 113
  实训项目 ………………………………………………………………… 116
  课后练习 ………………………………………………………………… 119

任务 4　求职面试口才　128

  学习目标 ………………………………………………………………… 128
  导学案例 ………………………………………………………………… 128
  基础知识 ………………………………………………………………… 129
    4.1 面试的准备 ……………………………………………………… 129
    4.2 面试口才的原则与技巧 ………………………………………… 131
    4.3 面试中的自我介绍 ……………………………………………… 135
    4.4 面试中的问答 …………………………………………………… 137
  拓展阅读 ………………………………………………………………… 140
  实训项目 ………………………………………………………………… 142
  课后练习 ………………………………………………………………… 150

任务 5　商务演讲口才　155

  学习目标 ………………………………………………………………… 155
  导学案例 ………………………………………………………………… 155
  基础知识 ………………………………………………………………… 156
    5.1 商务演讲概述 …………………………………………………… 156
    5.2 命题演讲 ………………………………………………………… 160
    5.3 即兴演讲 ………………………………………………………… 178
    5.4 即兴演讲开场艺术 ……………………………………………… 185
  拓展阅读 ………………………………………………………………… 191
  实训项目 ………………………………………………………………… 194
  课后练习 ………………………………………………………………… 202

任务 6　商务谈判口才　208

  学习目标 ………………………………………………………………… 208
  导学案例 ………………………………………………………………… 208

基础知识 ·· 209
  6.1 谈判与谈判口才 ·· 209
  6.2 商务谈判的策略 ·· 214
  6.3 商务谈判的语言艺术 ··· 216
拓展阅读 ·· 224
实训项目 ·· 229
课后练习 ·· 232

任务7 推销口才 ··· 237

学习目标 ·· 237
导学案例 ·· 237
基础知识 ·· 238
  7.1 推销的准备与方式 ·· 238
  7.2 推销的语言艺术 ·· 242
  7.3 推销中的客户沟通 ·· 244
拓展阅读 ·· 253
实训项目 ·· 256
课后练习 ·· 257

参考文献 ··· 264

后记 ·· 266

任务 1

认识商务口才

> 三寸之舌,强于百万雄兵;一人之辩,重于九鼎之宝。
>
> ——《战国策·东周》

 学习目标

- 明确口才的含义、要素、标准和类型;
- 掌握口才能力的构成;
- 明确口才的特征和作用;
- 掌握商务口才的特点与功能;
- 掌握商务口才的运用原则,并能灵活运用商务口才。

 导学案例

25 分钟,25 万美元

美国的"超级推销大王"法兰克·贝德佳,在三十多年的保险推销生涯中,赢得了"保险行销教父"的称号。有一次,贝德佳仅用了短短的 25 分钟,就谈成了一笔 25 万美元的保险。这笔交易在美国保险业界有口皆碑,堪称贝德佳的经典之作。

一天,贝德佳从朋友处获悉,纽约一位名叫布斯的制造业巨商为了拓展业务,向银行申请了 25 万美元的贷款。但银行开出一个条件,要求他必须同时投保同等数额的保险。

贝德佳迅速与布斯先生取得了联系,并电话约定次日上午 10 点 45 分在布斯先生办公室见面。然后他又打了个电话给纽约最负盛名的健康咨询中心,替布斯先生预定好了次日上午 11 点 30 分的健康检查时间。

第二天,贝德佳准时到达布斯的办公室。

"您好,布斯先生。""您好,贝德佳先生,请坐。"布斯打过招呼后,摆出一副等他说话的样子。

但贝德佳没有说话，采取等客户先开口的策略。

"恐怕你会浪费时间。"布斯先生指着桌上的一叠其他保险公司企划书和申请书说，"你看，我已经打算在纽约三大保险公司中选一家。你可以留下你的企划书，也许两三个星期后，我才决定。不过，坦白地说，我认为这是在浪费时间……"

"如果您是我的兄弟，我实在等不及想告诉您一些话。"贝德佳表情诚恳地说。

"哦——是什么话？"布斯很惊讶地问道。

贝德佳继续道："我对保险这一行颇为熟悉，所以，如果您是我的兄弟，我建议您将这些企划书都丢到纸篓中去。"

布斯先生听后，更觉得大为诧异："此话怎么讲？"

"我可否先问您几个问题？"贝德佳接着说。

"请说。"贝德佳的故弄玄虚，果然勾起了布斯的兴趣。

"据我所知，贵公司正打算贷款25万美元拓展业务，但贷方希望您投保同额的保险，是吗？"

"没错。"布斯答道。

"换句话说，只要您健在，债权人便对您的公司信心十足，但万一您发生意外，他们就无法信任您的公司可以继续维持下去。是这样吗？"贝德佳继续问道。

"嗯，可以这么说。"布斯答道。

"所以，您要立刻投保，把债权人所担心的风险转移给保险公司承担。这是眼前刻不容缓的事情。因为，如果您的生命未附上保险，而人又有旦夕祸福，我想债权人很可能会因此而减少贷款金额，或者干脆拒绝贷款，您说呢？"贝德佳又问道。

"很有可能。"布斯答道。

"因此您要尽快取得保证自己健康的契约，这个契约对您而言就相当于25万美元的资金。"贝德佳说。

"你有何建议？"布斯看上去有些坐不住了，但他仍在控制着自己。

"现在我为了您，正要安排一项别人做不到的事。我已替您约好今天11点30分去看卡拉伊尔医生。他可是纽约声誉极高的医疗检验师，他的检验报告获得全国保险公司的信任。如果您想只做一次健康检查，就能签订25万美元的保险契约，他是唯一的人选。"

"其他的保险经纪人难道不能替我安排这件事吗？"布斯怀疑贝德佳是否"别具用心"。

"当然，谁都能办到。但他们没办法安排好您今早立刻去做检查。这些经纪人肯定是先跟一向合作的医疗检验师联络，这些人可能只是一般的检验师。因为事关25万美元的风险，保险公司必定会要求您到其他有完善设备的诊所做更精确的检验。如此一来，25万美元贷款便要拖延数日，您愿意浪费这些时间吗？"

"我一向身体硬朗。"布斯仍下不了最后的决心。

"可是，我们难保自己不会在某天早晨醒来时，忽然喉咙痛或者患了感冒。即使您在保险公司所能接受的程度内恢复了，也难保他们不会说：'布斯先生，您已留下头痛的记录，在未确定您的病因是暂时性或长期性之前，我们想请您暂停投保3~4个月。'这样，您又可能失去这笔贷款。"

"是有可能。"布斯开始动摇了。

贝德佳故意看了看表,说:"11点10分了,如果我们立刻出发,可以按时到达诊所。如果检查结果正常,您就可以在48小时内签订保险契约。布斯先生,您今天早上看起来精神非常好。"

"是呀,我感觉很好。"

"既然如此,您为何不现在就去做检查呢?"

布斯陷入沉思,但没过几秒钟,他便摘下衣架上的帽子,说:"好,我们走吧。"

(资料来源:http://finance.sina.com.cn/roll/20031009/1201469545.shtml。)

基础知识

语言作为最重要的交际工具,主要分为书面交际和口语交际两种形式。在文字产生之前,人们只用口语交际,有了文字之后,人们才在口语的基础上创造出书面语言。美国哈佛大学有这样一种理念:思考能力是你的第三只眼,创造能力是你的第二本能,表达能力是你的第一亮点。良好的口头表达能力是成功者的亮点,也是成功者的光环。口才在当今社会活动中的重要性,早已为我们所认识。善于言辞,无疑对每个人的事业和生活都裨益无穷。有人说,当今世界有三大武器,即原子弹、计算机和口才。确实,现代社会中人与人之间的交流越来越频繁,口才的重要性也越来越突出。我们说口才是当今人们交往最重要的武器。因为语言的力量能征服世界上最复杂的东西——人的心灵。

本任务就着重探讨一下口才与商务口才的基本知识,以期对之有一个全面的认识。

1.1 口才

我们天天都在说话,但是未必人人都会说话。人才也许不是口才家,但是有口才的人一定就是人才。一个会说话的人与他人交流,准确得体,巧妙有趣,有条不紊,对答如流,一针见血,正所谓:"慧于心而秀于口。"掌握口才这门艺术,才能让你在竞争中抓住机遇,挑战人生。

1. 什么是口才

(1) 口才的含义。口才,《辞源》中的定义为:"口才是善于说话的才能。"《现代汉语词典》中的定义为:"口才是说话的才能。"它由"口"和"才"两部分组成。"口"是指口语表达能力,"才"则是指可供"口"表达的知识、才学。因此,口才是指人们运用口语表达思想情感、进行沟通交流的才能。在说话、交谈、朗读、论辩、讲课、演讲等现代语言交际活动中,它表现为以个人综合素养(思想品德、知识学问、文学艺术)为基础的规范化的口语表达形式。它是一个人的道德修养、文化积累、知识结构、思维方式、价值判断、心理素质、语言艺术和仪态仪表等综合素质的集中反映。

(2) 口才的要素。口才是人们在交际过程中,因时因地、因人因事地凭借自己的知识和阅历,力求准确地表达自己的态度、见解和感情,以期充分发挥交际功能的口头表达能力,其内涵是很广泛的,它可由胆、情、智、识、知、辩、力、度、思、仪十大要素组成。

"胆"即无私无畏、临场不慌,言其所必言;"情"即真情流露;"智"即驾驭交际场面的能力;"识"即见解、主见;"知"即丰富的知识和阅历;"辩"即不同的场合运用不同的言语表达形式,句式、语气、语速、语势、语体风格要运用得当;"力"即感染力、说服力;"度"即言语交际过程中,或赞或贬,或喜或悲,或坦陈或婉言,或精确或模糊,都有程度轻重的问题;"思"即贯穿于言语交际活动全过程的思维活动;"仪"即仪态、神情、举止,即指交际者的仪态神情只有与交际者的性格气质及特定语境中的言语和谐时,才能相得益彰。①

(3) 口才的标准。当一个人的口语表达能力达到相当有艺术水平的时候,我们就说这个人有口才。具体标准是怎样的呢,演讲与口才专家邵守义教授认为可以用以下五个标准来衡量。

一是言之有理。你要说这个人有口才,他讲的话必须是真理,而不是歪理邪说,也不能是胡说八道,这是口才的第一个标准。二是言之有物。你讲话的时候不是空空洞洞什么也没有,当听你说完会让人觉得真的有内容有东西。三是言之有序。当你做报告或者是同事间交谈,当你说出话来保证是一、二、三,让人觉得条理清楚。四是言之有文。也就是说你说的语言、说的话,当你讲出来之后,听众就愿意听,有文采,没有文采的话,我们说这个人不见得有口才。为什么有人讲话容易引起大家的笑声,因为他很幽默,也很有文采。五是言之有情。做一个有口才的人,讲起话来总是有感情的,不像是一阵风在耳边一吹而过,在你讲的过程中喜怒哀乐全部都可以在你的口语表达里传达出来,别人一听就为之震动、为之惊诧、为之欢乐、为之悲伤,可以达到感动听众的目的。归纳起来,就是具备了言之有理、言之有物、言之有序、言之有文、言之有情这五点,我们说这个人有口才。什么样的人没有口才呢?很少说话,或一说话就脸红脖子粗,说话吭吭哧哧。还有一种人没有口才,一讲起来喋喋不休、东拉西扯、言之无物,虽然能讲,但是并不见得有口才,四川人叫摆龙门阵,北京人叫侃大山,东北人叫瞎忽悠,我们不要被这种假象迷糊,这不是真有口才。②

(4) 口才的类型。口才的类型是多种多样的。按照功用来分,可以分为交际口才、演讲口才、说服口才、辩论口才、谈判口才等。按照表述方式来分,可以分为叙述口才、讲解口才、抒情口才、质询口才等。按照行业来分,可以分为教师口才、导游口才、司法口才、主持口才、军事口才、外交口才、政务口才、商务口才等。③

2. 口才能力构成

从语言交际实践看,口才能力主要由6个方面的能力构成,即说明能力、吸引能力、说服能力、感染能力、创造能力和控制能力。

(1) 说明能力。即把话说得准确明白的能力。把自己心里的想法说出来的能力是口才最基本的要求。要求说话者用词准确,语意明白,语句简洁,合乎语法规范,把客观概念表述得清晰、准确、连贯、得体。实际上能把意思讲准确,讲明白,使听者"一听了然",也是

---

① 张珺. 实用口才[M]. 南京:南京大学出版社,2013.
② http://www.360doc.com/content/16/0130/12/17703313_531645769.shtml.
③ 汪彤彤. 商务口才实用教程[M]. 北京:中国人民大学出版社,2011.

不容易的。例如,有的人懂技术,但不见得就能说出来;有的学者知识渊博,写过不少专著,但一讲起课来,就让人昏昏欲睡。这些都是语言表达能力不佳,说明能力差的表现。

(2) 吸引能力。即通过说话,把别人的注意力留住的能力。如何才能使自己的语言具有这种能力呢?

首先,说话要有内容,才能够吸引别人的倾听,要使别人在听你说话的过程中有一些收益或是产生共鸣,那么,这样的说话才是成功的;而别人也才会乐意听你说话,与你交流。同理而言,一位好的说话者一定是一位特别擅长于沟通的人,在自己说话的时候也要学会倾听他人的说话,俗话说:"出门看天色,进门看脸色。"因此,在说话时更要学会看他人听你说话时的表情,以便适时地改变自己说话的内容、语气等,说话时千万不要自说自话,这是最不成功的说话。

其次,说话要注意自己的节奏感,这一点是相当重要的。有些人在说话的时候语速相当快,就像在爆豆子一样,往往他(她)自己说完以后,别人都没有反应过来他(她)到底说的是什么。说话说得慢一些,声音响亮一些,你会发现,人们会更加注意地倾听你的说话,而且他们会感觉你所说的每一句话都是从内心深处说出来的,是经过你慎重考虑后才说出来的,人们会认为你在对自己说的话负责任。其实,言语并不见得比写文章容易,文章写得不好还可以修改,而一句话说出来了,要想修改是比较困难的。我们也常感觉到,即使同一个意思,甚至同一句话,会说话的人,能叫你听后眉飞色舞;不会说话的人,则叫你感到头昏脑胀。

(3) 说服能力。即通过言语的表达,使人心悦诚服的能力。口才好的人,并不一定讲得很多,关键在于他善于察言观色,了解别人心中的想法,会对症下药,三言两语就能使人折服。说服能力要求言语行为具有明确的目的性。没有目的、漫无边际地讲话是没有任何实际意义的。

对于那些善于操纵说服技巧的人来说,能更清楚地了解对方的思想轨迹及其中的"要害点",瞄准目标,击中"要害",比与对方不停地周旋更有效,它会使你的说服力大大提高。这一点如果发挥得淋漓尽致,足以成就大事。

口才小故事

一个驼背的小伙子非常固执地爱上了一位商人的漂亮女儿,但商人的女儿却从来没有拿正眼看过他,这主要是因为他是个古怪可笑的驼子。

一天,小伙子找到商人的女儿,鼓足勇气问:"你相信姻缘天注定吗?"商人的女儿眼睛看着天空答道:"相信。"然后反问小伙子:"你相信吗?"小伙子回答:"我听说,每个男孩出生之前,上帝便会告诉他将来要娶的是哪一个女孩。我出生的时候,未来的新娘便已经配给我了。上帝还告诉我,我的新娘是个驼子。我当即向上帝恳求:上帝啊,一个驼背的女人将是个悲剧,求你把驼背赐给我,再将美貌留给我的新娘。"这番话说完,商人的女儿用一种非常奇怪的眼神看着小伙子,内心深处被某些记忆搅乱了。她把手伸向他,之后成了他最挚爱的妻子。

(资料来源:http://wenzhang.unjs.com/yuedu_767.html.)

（4）感染能力。即用语言感动人的能力，也就是要求讲话人以自己的激情感动听者，获得以情动人的效应。如果说话人感情平淡，语言贫乏，自然是无法感动听众的。具有感人能力的语言或是字字珠玑，让人听来春风化雨，或是情真意切，动人心扉。总之，就是要与听者产生心与心的碰撞和情感上的共鸣。

（5）创造能力。即讲话中根据思想表达的需要创造语言的能力，或者是说创造性地运用语言来表达自己思想的能力。语言创造能力是形式和内容的有机统一，词汇贫乏，话到用时方恨少；用词没有仔细斟酌，粗陋肤浅，词不达意，错漏和歧义百出，这些现象，统称为缺乏语言营养。要发展语言创造力就必须攻克缺乏语言营养的堡垒。生活、阅读、情感、思维都是提高语言营养，丰富语言创造力的源泉之一。

口才小故事

小刘南下深圳，到一家广告公司参加应聘面试，他到达该公司时，已有30个求职者排在他前面，他是第31位。怎么能引起面试官的特别注意而赢得职位呢？小刘很快拿出一张纸，在上面写了一些东西，然后折得整整齐齐，走向秘书小姐，恭敬地对她说："秘书小姐，请你马上把这张纸交给老板，这非常重要！"秘书小姐把那张纸很快送到老板的桌上，老板看后笑了起来，纸条上写着："先生，我排在队伍的第31位，在您看到我之前，请不要急于做决定。"小刘最终得到了工作，这是他善于创造的结果。一个会动脑筋的人，一定是一个富有创意的人，而从事广告业务所要的人才不仅要求其想象力丰富，还要有出人意料的创意。

（资料来源：http://www.docin.com/p-415552917.html.）

（6）控制能力。即控制自己的语言引起不良后果的能力。就是说，只会把话说出来，却不会顾及自己所说的话所能引起的后果，实际上是信口开河，瞎说一通，这算不上有口才。一般来说，语言的控制能力主要表现在以下几个方面。

第一，准确把握说话分寸的能力。既要把意思说到，又不会说得过头，而是说得恰如其分。

第二，针对不同的听话人和不同的情况，能准确预料和有效控制听话人对自己语言所做出的反应能力。如向人提问某件事，能不能问？从哪个角度问？用何种语气问？对方按照提问所能做出的回答是什么？这些都需要在说话时加以预料和控制。

第三，在谈话过程中已经出现问题的情况下，改用恰当的语言予以补救的能力。

口才小故事

清代的纪晓岚学识渊博，能言善辩，机智敏捷。一次乾隆皇帝开玩笑地问他："何为忠孝？"纪晓岚说："君叫臣死，臣不得不死，为忠；父叫子亡，子不得不亡，为孝。合起来，就叫忠孝。"纪晓岚刚答完，乾隆皇帝说："好！朕赐你一死。"纪晓岚当时就愣了：这从哪说起？怎么突然赐我一死？但是皇帝金口玉言，说啥算啥，纪晓岚只好谢主隆恩，三拜九叩，然后走了。纪晓岚出去以后，乾隆皇帝想：都说纪晓岚有能耐，能言善辩，我看你今天怎么办。

大概有半炷香的工夫，纪晓岚气喘吁吁地跑了进来，扑通一声给乾隆皇帝跪下了。乾隆道："大胆，纪晓岚！朕不是赐你一死吗？你为什么又回来了？"纪晓岚说："皇上，臣去死了，我准备跳河自杀。我正要跳河，屈原突然从河里出来了，他怒气冲冲地说，你小子够糊涂的！想当年我投汨罗江自杀的时候，是因为楚怀王昏庸无道；想当今皇恩浩荡，贤明豁达，你怎么能死呢！我一听，就回来了。"这样的回答，让乾隆有口难言：让他死吧，就是昏庸无道；要是让他活着呢，又赐他一死了。最后，乾隆不得不自我解嘲地说："好一个纪晓岚，你真是能言善辩啊！"纪晓岚后面的这番话，不仅改变了自己前面语言的意向，也改变了乾隆皇帝的反应，控制了后果。

（资料来源：http://www.muxinshe.com/lizhi/yanjiang/2016-02-28/145667434923498.html.）

总之，好口才在个人成长的道路上扮演着重要的角色，不论是现在与他人交往，还是将来准备成就事业，良好的口才一定会在你成长的道路上助你一臂之力。

3. 口才的特征

（1）综合性。口才是善于用口语准确、贴切、生动表达自己思想感情的一种能力。语言是沟通人与人之间的思想感情的重要工具。准确、贴切、生动的语言才能将自己的思想感情准确地表达出来，为对方所了解而不致产生歧义，但仅仅限于此是远远不够的，因为口才具有综合性，它是一门综合艺术，还有诸多的因素需要考虑。语言环境就是一个重要的方面。每个人在不同的环境和心情下，对别人发出的信息所产生的感觉都不同。所以，要想让自己的话在对方思想上产生共鸣，必须考虑当时的语言环境：场所、时机、对方的心情等。善于选择和营造恰当的语言环境，是口才艺术的一项重要的内容。

影响语言表达效果的，除了语言环境和语言本身之外，语调也是一项不可忽视的内容。所谓语调，是指语言的轻重疾徐、抑扬顿挫。这可以视为一种辅助语言，因为它能间接地影响表达效果。例如，说气话时，一般是高声大嗓，语调冲动急促，让人一听就能感觉到自己的愤怒，否则如用轻松随便的语调说出来，即使能让别人明白自己的意思，也有点"笑面虎"的味道。除语调之外，仪表、体态和神情动作也是一种辅助语言，能对表达效果产生较大的影响。

口才还受心理因素影响。口才活动离不开知觉、观察、记忆、思维、想象等心理活动的基本形式。气质、性格、能力等个性心理特征又决定着认识能力和表达能力的高低和口语表达的风格。个性的倾向性，如兴趣、需要、动机、理想、信念、价值观等制约着口才活动的方向和社会价值。而情感、意志、自我意识等则对口才活动起着重要的支配、调节和控制作用。[①] 口才尽管看不见摸不着，但是好口才者无不具备敏捷的思维、明晰的思路、丰富的想象、渊博的学识和良好的心理素质等方面的优势。可以说，口才是一个人综合能力的真实再现，想要拥有好口才，就必须使自己具备相应的素质、修养和能力。口才作为一门综合性的艺术，必须在各个方面协调配合，才能起到良好的效果。

（2）技巧性。一个人是否拥有出众的口才，关键在于其是否掌握了一定的技巧。好口才需要有好技巧。一个人天天口若悬河，或者喋喋不休，并非真正口才好。口才好坏的

[①] 孙海燕，刘伯奎. 口才训练十五讲[M]. 北京：北京大学出版社，2004.

关键是看所说的话有没有影响力,能不能感染他人,或者能不能达到一定的交际目的,这其中技巧性是关键。一句话可以化敌为友,冰释前嫌,带来非凡的荣誉和成功;一句话也可以变友为敌,引发一场争论甚至导致一场战争。俗话讲"一句话说得人笑,一句话说得人跳"讲的也是这个道理。

技巧就是艺术,而艺术的最高境界是"无技巧","无技巧"并非否定技巧。清代著名画家石涛说过:"至人无法,非无法也;无法而法,乃为至法也。"所以要想"无技巧",就应下苦功学技巧,掌握了技巧,在不考虑技巧的情况下做到无处不体现技巧,这就是"至法"。

(3) 训练性。好口才不是与生俱来的,是训练出来的。我们必须要坚定信念:口才一定是可以练好的。几乎每个成功人士都曾经有意识地训练过自己的口才。

被誉为"20世纪的演说家"的英国首相丘吉尔,原来讲话结巴、吐字不清晰,个头又矮,才一米六五,声音也很难听,最尴尬的是在议会下院的最初一次演讲中,他只讲了一半就跑了。他之所以最终拥有举世称赞的雄辩口才,就是刻苦、勤奋、坚持训练的结果。美国前总统林肯为了练口才,徒步30英里,到一个法院去听律师们的辩护词,看他们如何论辩,如何做手势,他一边倾听,一边模仿。他听到那些云游八方的福音传教士挥舞手臂、声震长空的布道,回来后也学他们的样子。他曾对着树、树桩、成行的玉米练习口才。日本前首相田中角荣,少年时曾患有口吃病,但他不被困难所吓倒。为了克服口吃,练就口才,他常常朗诵、慢读课文,为了准确发音,他对着镜子纠正嘴和舌根的部位,严肃认真、一丝不苟。早期无产阶级革命家、演讲家萧楚女,更是靠平时的艰苦训练,练就了非凡的口才。肖楚女在重庆国立第二女子师范学校教书时除了认真备课外,他每天天刚亮就跑到学校后面的山上,找一处僻静的地方,把一面镜子挂在树枝上,对着镜子开始练演讲,从镜子中观察自己的表情和动作,经过这样的刻苦训练,他掌握了高超的演讲艺术,他的教学水平也很快提高了。1926年,他年方三十,就在毛泽东同志主办的广州农民运动讲习所工作,他的演讲至今受到世人的推崇。数学家华罗庚,不仅数学才华超群,同时也是一位不可多得的"辩才"。他从小就注意培养口才,学习普通话,他还背了四五百首唐诗,以此来锻炼自己的"口舌"。

无数的事例证明,口才不好不是天生的,口才具有训练性,好口才可以后天练就。

4. 口才的作用

(1) 促进事业成功。口才是事业成功的重要因素。据一份对深圳市人才市场的求职者展开的一次随机抽样的调查资料显示:当求职者被重点问到"根据你自己的求职经历,你认为求职的成败与交际和口才能力有没有关系"的问题时,认为"很有关系"的占60.7%,回答"有一点关系"的占37.1%,而认为"关系不大"的仅占2.2%。就是说如果按"有关系"和"没有关系"进行类聚,认为求职成败与交际和口才能力"有关系"的占到了97.8%,这意味着与学历和工作经验相比,交际和口才因素在人的事业中发挥着重要的作用。

现代社会,口才已经成为决定一个人生活是否愉快、事业是否成功的重要因素之一。口才好、善于说话的人受人欢迎。口才好、善于说话的人可以通过语言充分地展露自身的才干,赢得领导、同事、下属的了解、赞赏和信任,帮助其在事业上获得成功。这正如美国前总统富兰克林在自传中所说的:"说话和事业的进行有很大的关系。你如果出言不慎,你如果无理地跟别人争吵,那么,你将不可能获得别人的同情、别人的合作、别人的帮助。"具备一定的口语表达能力,不仅是对创造型、开拓型人才的要求,也是对各行各业从业者的要求。当领导、职员、教师、律师、推销员、采购员的人,都要运用语言进行工作,口才的重要性自不待言。就是当服务员、售货员等也应该能说会道。有些服务员、售货员与顾客发生争吵,除工作方法原因以外,不善于说话常常是引起争吵的导火线。现实生活中,那些事业有成的人,绝大多数都具有较好的口才,而且口才越好,其活动天地就越大,成就也就越突出。因而,口才是通向事业成功之路的重要阶梯。

（2）优化人际交往。社会交往效果的好坏,关键在于个人交际能力的高低。而一个人交际能力的高低,主要体现在说话艺术的高低。因为言为心声,舌战便是心战,语言能征服世界上最复杂的东西——人的心灵。所以口才在人际交往中具有极其重要的作用。20世纪初,美国人就曾提出这样一个观点:一个人在事业上的成功,15%来自于他的专业技术,85%则依靠他的处世技巧和人际关系,而后者在很大程度上又取决于他的口才。这种认识不断发展,第二次世界大战时,美国人将"舌头、原子弹、金钱"视为赖以生存和竞争的三大战略武器。现在美国人又把"舌头、美元、计算机"作为三大战略武器。出人意料的是,科学代替了武器的炫耀,而"舌头"的地位竟未动摇,说明口才是多么重要。美国学者艾略特博士在担任哈佛大学校长几十年之后,更是断言:"我认为在一个淑女和绅士的教育中,只有一项必修的心理技能,那就是正确而优雅地使用他(她)的本国语言。"

大连一家电子公司的颇有建树的总经理就很清楚这点。他口才出众:普通话准确流利,才思敏捷,反应很快。不仅对自己从严要求,还要求公司的员工都要会说话、有口才,并把这一条作为招聘的条件和培训的内容。有人问他为何要如此重视口才?他说:"我们公司经营电子产品,总要同天南地北各种各样的人打交道。如果我们公司的人一张嘴说话就是满口土话或是词不达意、语无伦次,那么就会被人家瞧不起,就会有损我们公司的形象,能做成的生意也做不成了……"这个见解的确实在而又高明,它很形象地说明了这样一个道理:口才是优化人际交往的利器!

（3）提高综合素质。美国俄亥俄州的马瑞塔学院曾对毕业工作不久和毕业工作10年以上的新老毕业生进行了一次调查,让他们根据各自的亲身体会回答一个问题——"在学校里学的哪一两门功课对走上社会最有用?"新老毕业生的答案很一致:最有用的课程是演讲学和交际学,它教会我们怎样说话,怎样与人打交道;其次是英语课,它教会我们怎样阅读和写作。现实确实如此,当今欧美各国,口才教育非常普及并得到人们的高度重视。这源于人们的一个共识,即口才不仅是人在一生追求奋斗中必备的一项基本能力,而且在获得这种能力的同时,其他几种重要的能力,如观察能力、记忆能力、思维能力、创造能力、应变能力、表达能力等都相应得到训练和提高。人们的这一认识,与口才本身就是一个非常复杂的思维过程有关。我们知道,思维和语言之间的联系密不可分,思维是语言的具体内容,语言是思维的表现形式。口语交际最大的特点便是现想、现说,"想"是"说"的基础,"说得好"的前提是先要"想得好",而无论是想还是说,都必须综合地运用交际者的各种素养和知识。具体来说,在"想"的阶段,首先说话者一方面要考虑说话场合、说话对象的身份和情绪,做到察言观色;另一方面要对相关事物进行细致的观察,以求深入了解,从而迅速把握对事物的认识。这就需要调动说话者的观察能力和对事物的感受能力。其次,口语说话随机性强,而且语音稍纵即逝,不能重复。这就要求说话者快速地启动头脑中的知识储备,并针对情况即时作出准确、得体和巧妙的应答,这就需要很好的记忆力和很高的随机应变能力。最后,口语说话要做到表达清楚、主旨明确、条理分明、逻辑严密。这就需要说话者具有一定的分析综合能力、联想与想象力、创造性思维能力。而在"说"的阶段,还需要交际者掌握一定的表达技巧和语言艺术。由此可见,口才是说话者综合素质的集中体现,精彩的口才靠的是非凡的智力做后盾。口才提高的过程,也是各种思维能力、语言能力不断得到培养和锻炼的过程。①

1.2 商务口才

在分析商务口才之前,先要弄清楚商务的概念。商务是指一切有形与无形资产的交换或买卖事宜。按照国际习惯的划分,商务行为可分为四种:一是直接的商品交易活动,如批发、零售商品业;二是直接为商品交易服务的活动,如运输、仓储、加工整理等;三是间接为商品交易服务的活动,如金融、保险、信托、租赁等;四是具有服务性质的活动,如饭店、商品信息、咨询、广告等。此外,按照商务行为所发生的地域概念,商务还有国内商务和国际商务之分。

商务口才是商务工作者在上述商务行为中运用口语表达的才能,是口才运用的具体化。在商务往来频繁的今天,商务口才水平的高低对每一名商务工作者来说,显得越来越重要。

1. 商务口才的特点与功能

了解和把握商务口才的特点与功能,对于更好地运用商务口才,成功地开展商务活动,取得商务活动的实效有重要意义。

(1) 商务口才的特点。商务口才是一个组织(或其代表)为实现特定的商务活动目标而运用语言与顾客交流的过程。商务口才具有目的性、礼貌性、情感性、可控性和规范性的特点。

① 目的性。任何人施展口才,都是一种自觉的行为,都源于一定的动机、意图和目的,有着明显的社会功利性,商务口才更是如此。人们施展口才的目的,往往会因人、因事、因需求的不同而各不相同。常见的目的有两种:一是"通意";二是"悟他"。前者指沟通思想,后者指说服他人,使对方明白。也就是说,人们借助口才与他人沟通并交往,借助口才让他人明白。在商务活动中,"通意"和"悟他"的目的是兼而有之的。人们借助商务口才,进行组织生产、凝聚人心、推介产品、宣传企业等活动,可以说,口才是经营管理、塑造形象、实现经济效益和社会效益的重要手段。②

② 礼貌性。商务口才要具有文明礼貌性,这是由商务活动本身的性质所决定的。商

---

① 黄雄杰.口才训练教程[M].广州:广东高等教育出版社,2006.
② 汪彤彤,王平.商务口才实用教程[M].北京:中国人民大学出版社,2011.

务活动是一个组织为了争取客户、顾客的理解、支持和合作而做出的种种努力。为了实现商务活动的目的,商务公关人员要具备很强的顾客或客户意识。时时处处要表现出对客户的尊敬,一言一行既考虑本组织的利益,又考虑客户的利益。商务人员要把客户看作"上帝",与之交往讲文明,有礼貌,言谈举止要做到"温良恭俭让"。在这一点上,商务口才不同于一般的人际交往口才,生活中的人际对话虽然也应注意文明、礼貌性,但因属于个人之间的交际,而常常缺乏自觉性和约束力,因而有时说话粗俗随意,甚至粗野无礼,很不文明。而商务口才则不然,它要求商务人员要用亲切的语调、温和的语气、谦恭的词语,乃至文雅的说法善对客户,从而给其留下良好印象,以实现商务活动的目标。

商务口才的礼貌性,还体现在学会倾听,倾听也是一种礼貌。美国心理学家马斯洛认为,获得"尊重"的需要是人的一种心理需要,而在言语交际中认真虚心听对方的讲话就是对对方这种心理需要的一种满足,所以强调要倾听。不管你是认同的还是不认同的,愿意听的还是不愿意听的,想听下去还是急于走开的,在表现上都要好好听,不让对方扫兴,也不能贸然打断,给对方心理造成沉重的打击。一个能说会道的人,往往是一个善于听别人说话的人。研究证明,在人类的各种交往方式中,人们用于倾听的时间多于其他任何一项活动。在人际交往中,倾听是最有效的口才。

③ 情感性。这里所谓的"情感",是指亲切和热情。与一般的口才相比,商务口才更具有情感性,即商务人员对顾客或客户说话要亲切、热情。日常的人际交谈,或冷漠,或热情,或虚假,或真诚,那是个人之间的感情交流,只影响个人之间的关系,而商务人员与顾客或客户的交际,却关乎一个商务组织的声誉和利益,因而一定要将心比心,以情感人,要用诚恳、亲切、热情的语言激发顾客或客户的情感,转变顾客或客户的态度,调动起顾客或客户的参与行为。情感性是商务口才的突出特征。

④ 可控性。商务口才的这一特点是由商务活动明确的目的性和预设性所决定的。与一般口才相比,商务口才具有自觉、可控的特点,即表现为事先有所准备,当事时审慎措辞,因为商务口才"一言既出,驷马难追",一句不慎之词,可能给商务组织造成巨大损失。因此,商务人员必须根据商务策划的步骤,预先设计语言表达形式和内容,并根据临场语境的变化而灵活控制自己的语言,要掌握分寸,审慎措辞,准确传递有关信息,而避免语言失控,出现随意性,造成被动局面。特别是在答记者问、谈判、演讲等重大商务活动中,其语言的控制性表现得尤为显著。重大商务场合,商务口才一字千钧,影响到商务组织的声誉,商务人员务必慎选词语,成功驾驭语言。

商务人员还要学会应付突然的变故,学会驾驭未曾料到的被动局面。在这时运用模糊语、委婉语,或运用转移话题、避实就虚、因势利导等语言艺术手段,可助商务活动取得成功。那些富有弹性的语言,可给自己留有余地,把握住说话的主动性,不致失言误事,这也是商务口才可控性的一种体现。

⑤ 规范性。与一般口才相比,商务口才具有很强的规范性。这指的是商务人员说出的话要符合普通话的规范,使用的汉字要符合国家的文字规范等。我国宪法明文规定:"国家推广全国通用的普通话。"商务人员与顾客或客户进行交往时,要使用普通话,这可以消除方言隔阂,强化人们之间的沟通,有利于商务活动的成功开展。不难想象,一个商务组织的代表操着浓重的方言土语参与重要的商务会见、商务谈判等事务,会令人不知所

云，有时甚至不得不借助普通话翻译，这样的商务活动有什么效力？

商务口才的规范性还表现在语言通顺，合乎语法规范。结构混乱、词不达意、不合语法的语言既不能准确传递商务信息，也有损于商务组织的形象。商务口才必须合乎语法规范，合乎逻辑，文从字顺，语义通达。只有这样，才能发挥组织与顾客或客户之间沟通桥梁的作用。

（2）商务口才的功能。商务口才在商务活动中可以发挥以下3个方面的功能。

① 宣传功能。在商务组织塑造形象，提高知名度、美誉度的过程中，商务口才具有重要的信息传播功能，即宣传的功能。现代社会处于信息时代，在经营活动中，企业产品、组织目标不宣传就无从为广大顾客和客户所知晓。商务组织不仅要广泛运用各种传媒进行宣传，而且还要注重宣传的质量、宣传的用语，讲究宣传效果。

商务人员如何以良好的口才，将本组织的经营思想、服务方式、优质产品、优良服务介绍给顾客和客户，这一点对商务人员来说是非常重要的工作内容之一。在与其他商务组织、竞争对手、广大客户的交往过程中，商务口才运用得恰如其分、贴切、巧妙就能起到好的作用，赢得朋友、赢得客户，获得顾客或客户好感，就能为本组织、本企业塑造良好的形象。

② 协调功能。商务口才在商务组织处理日常事务中，具有重要的人际关系协调功能。如当顾客与商务组织发生矛盾，不理解商务组织的目标、行动时，商务人员应运用商务口才，消除顾客的误解，缓和矛盾与冲突，达到相互的了解、理解和谅解，进而构建互相支持与和谐友好的关系。如一天傍晚，某饭店总经理接到报告，说由于管道工粗心，忘了关上管径门，结果老鼠跑出来，把35楼12号房间一位英国客人的皮包咬破了，里面一些吃的东西也咬坏了，客人大发雷霆，扬言回国后要向新闻界透露此事，要告诉别人以后别住这家饭店。此事有关饭店的声誉和形象。该饭店总经理知道此事后，立即亲自处理此事。他面带笑容温和地对怒气冲冲的英国客人说：“今天所发生的事，我们感到非常对不起您，让您受惊了。"讲到这里，一位服务员手端一盆新鲜水果进房，以示歉意。总经理接着又说：“我们店开业不久。管理上还存在不少问题，先生您走南闯北见识多，在服务上、管理上欢迎您多提宝贵意见。先生今天的损失，按国际惯例，我们立即为您调换房间，房价对折，皮包咬破了我们应照价赔偿，请先生开个价。"总经理一席话说得客人气消了一大半。随后总经理又与英国客人聊家庭、妻子、孩子、天气，气氛越来越融洽。第二天，当客人准备离店时，总经理已带上赠送给英国客人的小礼物等候在大门口。临上车前，那位英国客人一再表示以后再来还住这家饭店。因此，商务人员在工作中，协调内外关系、解决各类矛盾、说服各类顾客和客户都离不开商务口才，因此，商务口才在商务工作中起着重要的协调关系的功能。

③ 欣赏功能。在商务活动中，商务口才的欣赏功能是其极为重要的特征。在运用商务口才时，轻松的语言使人感到自然，诙谐的语言使人感到愉快，明快的语言使人感到兴奋，富于哲理的语言令人信服，委婉的语言使人感到亲切，庄严的语言使人感到可敬，恰到好处的赞赏使人感到舒畅。商务工作是极具人情味的工作，商务口才应融理解、快乐、幽默、娱乐、开心、服务为一体，与顾客或客户更好地沟通，得到顾客或客户的信任与合作，使其从商务人员的语言中获得艺术的享受。

2. 商务口才的运用原则

商务口才的运用原则是商务活动中为实现特定交际目的而运用语言进行交流所必须遵循的根本准则。它们贯穿于商务口才运用的一切方面和各个过程的始终。商务口才的运用必须遵守这些原则，才能增强表达效果，有效实现商务目标，否则，就会阻碍信息传递，削弱表达效果，影响甚至破坏商务目标的实现。

（1）明确对象。商务口才的运用是通过语言打动对方的双向互动互补的过程。商务口才是与特定的对象相关联的。语言接受对象不同，他们领会话语内容的能力也就不同。同样的表达方式，可能产生不同的表达效果，语言传递过程中，歧义是经常产生的。因此，语言表达的实际效果如何，不仅要看表达者的语言形式能否恰如其分地表情达意，还要看接受对象能否准确理解，乐于接受。

商务口才运用的对象是顾客或客户等，而商务组织的顾客或客户是千差万别的。既有文化传统、风俗习惯、宗教信仰等社会性的差异，也有诸如知识教养、年龄结构、身份地位、职业专长、性格爱好、心理状态等个体性的不同。因此，在商务活动中，商务口才要适应不同类型顾客或客户的特点，对语言材料和表达方式进行有意识的选择组合，做到因人施语，言之有物，以获得理想的效果。

① 顾客或客户的性别特点。人分男女两性，不同性别的人具有不同的心理特点。因此，商务口才运用要适应顾客或客户的性别特点。虽然男女两性的心理由于各方面原因也是千差万别的，但一般来说，男性较为自信、果断，有较强的主动性、批判性，性格较为坚韧，易冲动，不大注意琐细之事；而女性则往往有一定的内倾性，较文静和谨慎，富有同情心，情感比较细腻，但又有较强的保守性、依赖性、动摇性，比较脆弱，易受直觉和情感的驱使、左右。所以男性与男性交流，可以直率一些；女性与女性交流，话题可开阔些，话语宜温婉些，但需注意加强主动性和深刻性。异性间的交流，男性应注意把女性放在平等的位置，以诚恳、大方、热情、尊重的言谈举止，赢得女性的信任和欣赏。在语言表达方式上，女性说话时喜欢用较丰富的悦耳动听的音调，而男性使用较多的单音词，说话的节奏比女性快；女性比男性更喜欢用附加问句来表达较少的肯定性，而男性则喜欢用较为肯定的语气来讲话，这类差别，都应得到充分注意。

② 顾客或客户的年龄特点。年龄不同，接受能力、特点、交际动机和言谈方式也就不同。商务口才运用应注意适应顾客或客户的年龄特点。老年人阅历丰富，主见较强，一般喜欢忆旧，对老龄生活、健康长寿一类话题较有兴趣，希望通过语言交流排遣因年老体弱、交往减少、知识老化而带来的孤独寂寞，丰富老年生活。因此，针对老年顾客或客户的言语表达，应偏重事实的叙述，可多用征询、请教、委婉、含蓄的语言。中年人面对现实，有独立的见解和较丰富的知识、阅历和经验积累，其交往有较强的目的性，希望通过交流获得新信息，增进合作与友谊，推动事业进步。因此，对中年顾客或客户，应着重事理的分析和信息的传递，注意工作、社会新闻、人际关系以及家庭、物价、社会治安等方面的交流，语言宜淡白平实和生活化。青年人思维敏捷，求新趋变，富于幻想，充满激情，有自傲和倔强的特点，交往主动，对事业发展、理想前途、文化艺术、体育旅游、网络信息等方面有浓厚的兴趣。因此面对青年顾客或客户，语言运用应注意新奇变化，形象生动，以风趣幽默的语言

表达深刻的哲理,以多变的语言形式传达丰富的内容。力避抽象的说教和引导者的口吻。注意情感的调动,交谈可随意、热情些。

③ 顾客或客户性格的特点。性格气质特征不同,言谈方式也就有差异。因此,商务口才运用须注意适应顾客或客户的性格特点,不能用统一呆板的标准语表达方式来交流。一般而言,办事老练、严谨求实的人喜欢听流利稳重的话,与他们交流,态度恭敬沉稳,既不宜高谈阔论,也不可过于婉转,以质朴、简单明了为上。拘谨、敏感、内向的人,自重感很强,渴望他人的理解和尊重,与之交流,态度要诚挚,语言宜力求谦虚诚恳,清楚明晰,力戒傲慢自大或绵里藏针。粗犷豪放的人,喜欢爽快明白,与之交流,应诚实坦白,褒贬分明,不应游移含混,模棱两可。博学深思的人,崇尚富于哲理、充溢智慧的言辞,与他们交流,语言应力求严谨、含蓄、雅致和富有思辨色彩、谦虚而又有不落入俗套,不应言之无物,虚浮空泛。总之,商务口才是否适应顾客或客户的性格特点,对其表达效力是有很大影响的。

④ 顾客或客户兴趣爱好、文化教养的特点。顾客或客户的兴趣爱好、文化教养是有差别的。商务口才运用如果能根据顾客或客户不同的兴趣爱好、文化教养的特点,从不同的话题入手,选择恰当的语言方式,就能找到和扩展彼此的契合点,有效地与对方沟通,从而顺利达成商务活动的目的。比如,一位外国客人来到我国的一家书画店,营业员一看对方的手提袋塞满了中国的民间工艺品,马上迎上去热情问好。营业员说:"先生,您真有艺术眼光。对中国的民间艺术品一定很有研究。"外国客人很高兴:"我最喜欢中国的艺术品了,我每次来中国,都买很多。现在我家的博物架上,中国的工艺品都放满了。"此时营业员灵机一动:"先生,您看这个条幅一个'艺'字,把您这种苦心追求的精神境界和您悉心收藏的艺术珍品都概括进去了!"外国客人最后高兴地买下了这个条幅。从整体上看,面对有文化教养的人,语言应文雅,侧重理性分析,蕴含哲理机趣;而面对一般社会顾客或客户,语言宜通俗,大众化,风趣幽默一些。在实际运用中,对一些在社会生活中广为流行,已为社会各阶层接受的俗语,如当今中国的"炒""帅呆了""爽""酷""大款""大腕""宰"之类,可以运用于不同的顾客或客户类群、不同的接受者,从而使语言表达更丰富,更具吸引力。

(2) 以诚立言。人以诚立言首先要以诚立身,诚是言行的根本。对于商务口才,诚具有特别重要的意义。商务人员运用商务口才与顾客或客户之间交流沟通所必需的、最重要、最基本的媒介通道是语言。商务人员态度上、心理上、情感上的"诚",主要表现为有声语言和体态语言,它成为一种使人产生信赖感的语言品质,为顾客或客户所接受。是否具备这种品质,会产生截然不同的语言表达效果。"诚"是立言的基本原则,是语言表达的前提和生命所在。它具体表现在以下两个方面。

① 真实。商务组织应当如实地向社会顾客或客户传递真实的、准确可靠的信息。对于任何商务组织和个人,只要是涉及顾客或客户利益的信息,都应当据实相告,而不应夸饰张扬有利于己的,遮掩隐瞒有损于己的。"实话实说"是真诚的通俗表达。正因为如此,许多国家的公共关系协会,都把信息传递的真实可信作为协会重要的准则。美国公共关系协会要求各会员"坚持最高标准的准确性和真实性""会员不得扩散虚假的或是使人误解的信息"。英国公共关系协会要求会员做到信息传播"应以保证真实准确为己任。不得

参加任何意在破坏传播媒介诚实性的活动。"由此可见，商务组织非常重视信息传递的真实可信。

一个商务组织开展商务活动的根本目的，在于通过有计划的努力，使自己和顾客或客户之间相互沟通、彼此适应，形成互利共赢的关系，塑造自身的良好形象，培育自己的知名度和美誉度，从而求得生存和发展。要达成这一目的，商务组织在顾客或客户中的形象和信誉至关重要。真诚应当是关键所在。当然，也只有真诚语言才有分量，才能打动顾客或客户，感动顾客或客户，赢得顾客或客户的信任和支持，这正是商务组织形象和信誉的基础。

林肯说过："你能在所有的时候欺骗某些人，也能在某些时候欺骗所有的人，但不能在所有的时候欺骗所有的人。"欺骗是不能持久的。谎言一旦戳穿，那么，作为商务组织，它在顾客或客户心目中的形象就会解体垮塌，失败将无法避免。所以，美国公共关系专家露易·布朗说："歪曲、耍花招和掩盖事实，是公共关系的大敌。"

在某些特殊场合或特定的情况下，商务口才也可运用"谎言"。当然，这样的谎言必须是以真诚为基础，以不损害他人为前提的，即是善意的谎言。具体运用的方法取决于巧妙利用特定的语言环境。例如，一家宾馆招收服务员，老板对甲、乙、丙三位男性应聘者进行口试。他问："假如你们无意中推开客房门，看见一位女客人在沐浴，而她也看见你了，这时你怎么办？"三位应聘者的回答分别是：甲："说声'对不起'，关门退出。"乙："说声'对不起，小姐'，关门退出。"丙："说声'对不起，先生'，关门退出。"结果，丙被录用了。缘由在于丙的回答确实比其他两个人高出一筹。女客人见到一位男服务员看见自己光着身子自然不快，可是对方（男服务员）却称她为"先生"，那她会想："噢，我虚惊了一场，他竟连我是女的都没有瞧出来，那他根本就没有看清楚！"从开门撞见到说一句话退出可以是三四秒的事，女客人听了男服务员的话以后产生以上想法并以此宽慰自己，这完全在情理之中。换句话说，男服务员这句话不仅能大大降低尴尬的程度，而且很自然，对方很有可能不会产生怀疑。从语言分析来看，应聘者丙的这句话是以装糊涂的形式出现的，是谎言，但确实是善意有益的。

② 诚挚。诚挚是指运用商务语言给顾客或客户以信赖感。商务口才表达上所要求的"真实"与"诚挚"之间是有着内在必然联系的。如果说"真实"所要求的侧重点是在内容方面，那么，"诚挚"所要求的着重点则在语言表达的形式方面。真实可信的内容以诚挚恳切的形式来表达，商务口才就能取得理想的效果。

"诚挚"的具体表现形式是多种多样的。表现之一就是对顾客或客户的充分尊重和语言的恳切礼貌。戴尔·卡耐基认为，每个人都有自尊感，这是人根本的心理愿望。从商务沟通的角度看，相互尊重、以礼相待，除了心理和伦理上的意义外，还有其特殊的含义：它直接关系到商务组织在顾客或客户心目中的形象和声誉，与商务目标的实现紧密相关。应当为商务人员特别关注。

"诚挚"的另一具体表现是言行一致，真心实意地为顾客或客户着想。反映在语言表达上，则是表义清晰，语气恳切，平常词语礼貌化，亲切自然，生动灵活，易于为顾客或客户所接受，给顾客或客户以美好的心理感受。国外某首饰店曾做过这样一个试验：圣诞节前他们给一批老顾客每人寄去一份贺卡，上面写着："圣诞快乐！"给另一批老顾客也每人寄去同样的贺卡,只是在祝贺语下面加了一句:"欢迎圣诞节期间来买首饰,对老顾客优惠 10%。"结果前来购买首饰的都是收到前一种贺卡的顾客,收到后一种贺卡的顾客竟然没有一人。分析他们的心理,收到前一种贺卡的顾客真切地感受到了首饰店对他们的关心,而收到后一种贺卡的顾客则觉得关心是假的,卖首饰才是真的,反而产生抗拒排斥的心理。所以运用商务口才时,面对商务组织的顾客或客户一定要诚挚,言而有信,真心实意地为其服务。

(3)切合语境。商务口才的使用离不开语言,而语言是与一定的语言环境相联系的,语言是在一定的语言环境中使用的,离开特定的语境,语言符号就会残缺不全,难以准确有效地表情达意。

所谓语言环境,也称语境,就是交际过程中语言表达某种特定意义时所依赖的各种表现为言辞的上下文及其所处的主客观环境因素。包括社会环境、自然环境、交际的场合、交际的对象、交际双方的各种相关因素,如身份、职业、经历、思想、性格、处境、心绪等以及语句所处的上下文,它们都对语言表达有影响。在商务口才运用中,它们以一个统一体对语言表达产生制约作用。当然,由于具体情况的不同,有时一种因素的制约作用更为主要些,而在另一情况下,就可能是另一种因素起更为主要的作用。但无论怎样,商务口才的语言表达总是由语言环境规定和制约的。正由于语言运用受语言环境的制约,因此在语言运用上,就要求切合语境,即要求语言运用与所处的特定的语言环境相切合、相适应。只有切合语境,语言表达才能获得好的效果。否则,即使话语意义再好,也难以准确有效地表情达意。有一个流传很广的笑话:某人早晨起来去上公共厕所,在厕所里遇到一个熟人。他随口问:"吃了吗?"听这个笑话,让人忍俊不禁。之所以可笑,就在于"悖境",即那个"某人"的客套话说错了地方,与当时的语境相悖。

商务口才表达要适应特定的语言环境,这种适应性表现为:要求商务人员运用商务口才应主动、自觉地根据语境所给予的条件,努力调动语言所具有的多种潜在的表达功能,使商务口才传递最大的信息量,使商务人员和顾客或客户的沟通渠道最大限度地畅通。这种利用语境,调动语言潜在交际功能的技巧可以从三个方面入手。第一,根据特定语境选用最贴切的语言同义形式,使语言表达丰富而生动。第二,利用语境条件消除语词歧义、含糊和模棱两可,使表达具有明确的单义性。第三,有意借助语境的补充衬托作用,临时增添语言传递中的言外之意和话外之音,或有意使语言与语境相悖,使表达更富艺术性和幽默意味。总之,商务口才应当充分利用语境所提供的条件,在语境的制约下,有效增强语言的表达效果。

对语言运用起制约作用的语言环境各构成因素主要包括以下几个方面。

① 时间因素。商务口才运用必须随时间因素的变化而加以改变,采用与特定的时间条件相适应的表达手段与表达方法,才能取得预想的效果。

② 场合、地点。商务口才运用要适合场合、地点的特点,这是商务口才的一个重要环境要求。商务人员要善于根据特定的场合、地点的实际情况选择最恰当的语言表达形式,包括从语言总体结构、风格的确定到遣词用句的选择。一般地讲,场合有内部与外部、公开与非公开、正式与非正式、庄重与随便、喜庆与悲痛、单个接受者与多个接受者等区分;地点有家庭、办公室、公共场所、主体所在地(本地、本国)、客体所在地(外地、外国)等区

分。商务口才运用一定要注意场合、地点的特点,适应其变化,随时调整与场合、地点的变化不相一致的言语策略。比如,喜庆场合欢乐气氛浓烈,宜"报喜不报忧";悲痛的场合,再令人兴奋的话题和祝颂的言语都只能暂时搁置;在庄严场合,选择的话题一般要持重雅致一些,语言表达要严谨高雅,切忌浅薄粗俗;比较随便的场合,话题宜自然开阔一些,表达要亲切灵活,应避免拘谨刻板。

③ 上下文和前言后语因素。商务口才运用在适应特定的时间、场合、地点的要求的同时,还要注意特定的上下文和前言后语。口头单向表达时,一定的语句是处于特定的上下语句之中的,口头双向言语交际时不但一方的话语有前言后语,而且对方的话语也有其前言后语。这些特定的上下文和前言后语构成了语境,并随着语言表达的进行而不断变化。语言单向表达应该充分注意上下文和前言后语。上面讲过的,下面就承前省略;后面还要详细说明的,前面就只做简单交代,前后详略繁简安排要适当。而双向交谈、对话、论辩、谈判时,不但自己的每次表达都应当而且必须照应对方表达时的观点、意见,以达成基本的合作,而且自己在表达时还要估计对方可能有的回答、辩解、岔题,以便主动控制自己的话语以及双方的整个交际。

语言运用所处的语言环境复杂多变,因此,商务口才要切合语境,关键在于商务人员在遵循切合语境的原则基础上,充分注意语境中各构成因素的具体情况,根据特定的语境条件,灵活应对。这样,商务口才才能产生好的表达效果。

(4) 简洁明快。简洁明快是商务口才运用的基本原则之一,也是判别商务口才运用是否准确有效的一个标准,其具体语言表现就是用语的干净利落,句式的短小精悍,不闪烁其词,不拐弯抹角,语言简明得体,恰如其分。这可以从简明和得体两方面来把握。

① 简明。语言大师们认为"简洁是天才的姐妹,是智慧的灵魂"。当然,语言表达并非越短越好,语句长短是由实际需要决定的,"有话则长,无话则短。"但无论怎样,语言表达是以简明为上。简洁明快的语言,能够准确、明白地传递信息,增强信息密度,用最经济的语言表达最丰富的内容,因而能增强反应效果,给顾客或客户留下深刻的印象。相反,语言啰唆,芜杂枝蔓,不仅难以引起顾客或客户的兴趣,也不便记忆、理解,难以产生良好的表达效果。应当说,语言的简明,源于对对象本质的把握,是表达者头脑敏锐、思路清晰以及才华、学识的表现。唯其如此,其表达才能打动人心,具有说服力。

对商务口才来讲,"简明"具有更重要的意义。因为商务口才是以沟通商务信息,构建组织与顾客或客户互益关系为目的的。从这一基点出发,可以说商务口才运用的基本要求就是简明准确地传递信息内容,把信息传递过程中产生误差的可能性减少到最低限度。基于这一基本要求,商务口才从总体上,其风格特点就是:少用(或不用)华丽的辞藻,简洁明了地叙说事实,剖析事理。华丽的用语、辞藻的堆砌、过度的夸饰,往往给人浮夸卖弄,甚至虚假可疑的感觉,影响商务信息的传递,造成顾客或客户的不信任,妨碍商务目标的实现。《成功的人际关系》的作者吉普林说:"不要执意说过于深奥或好听的话,相反的,要用普通的词句和身边的事物作为话题,来建立你的人际关系。"这话是非常精到的。

当然,"简明"并不意味着表达式上生动活泼、幽默诙谐的缺乏,也不意味着单调、呆板和乏味。恰恰相反,以"简明"为基点的商务口才需要幽默诙谐、生动活泼的滋养,以增强语言表达的效果。关键在于,构成幽默诙谐、生动活泼的手段和方法必须接受"简明"原则的制约,取决于商务人员对事物本身的把握和从层面的新、视角的新、材料的新上去发掘创造,而不是靠语言的繁缛、辞藻的堆砌来实现。美国在决定建设尼亚加拉大瀑布水利工程前,众议纷纷,有不少反对意见。有位决策者说了这样一段话:"我们听说国内有几百万人艰苦地过着日子,十分憔悴,营养不良,他们缺乏面粉充饥。可是,在尼亚加拉大瀑布,每小时都要在无形中消耗掉与25万块面包相等的瀑布能量。我们可以想象到:每小时有60万只鸡蛋越过悬崖,变成一块巨大的鸡蛋饼,跌到湍急的瀑布中……这是多么惊人的巨大消耗啊!我们为什么不设法把它利用起来呢?"这里,这位决策者巧妙地把大瀑布每小时的巨大能量折算成25万块面包,60万只鸡蛋,简洁明了,具体形象,生动有力,使人们深深感到修建这项水利工程的重要性和迫切性,具有很强的说服力。

② 得体。在商务口才运用中,同样的意思,不同的语言表达可以产生不同的效果。语言表达要如人意,就应注意得体,所谓得体就是语言表达恰如其分,有分寸感,语词、句式、文体风格等都做到恰如其分,留有余地。这可以从以下几个方面去把握。

一是要注意修饰语的使用。一个主要语词如果加上过多的修饰限制成分,不仅会淡化主要意义的表达,有时还会喧宾夺主,削弱和损害语言的表意功能。因此,在使用修饰成分时必须作精心的"筛选"和必要的"过滤",化复杂结构为简单结构,化长句为短句,减少句子的内部层次,使意思准确妥帖地表达出来。

二是多用委婉商量的语气,少用或不用命令式语气。这是由商务活动的目的所决定的。人际交往中,柔和的语言能给交往对象留下深刻的、良好的印象,因为这种适宜、得体的语言尊重了别人的面子,照顾了他人的意愿,当然能让人乐于接受。比如你在他人去按照你的意思做事时,不是我要你这样做,而是用商量的口气说:"你看这样做好不好?"会产生更好的效果。因为任何人都不爱听命令。说:"你懂得吗?"和"你说呢?"会给人不同的感受。"你懂吗?"语气生硬,有居高临下、盛气凌人之感;"你说呢?"虽然语意相近,但语气委婉,显得亲切礼貌,容易使他人产生情感上的共鸣,所以效果也就大不相同了。从方法上讲,诸如通过间接的表达方式,以商量的口气把有关请求等提出来,显得比较婉转一些;或借助插入语、附加问句、程度副词、状语从句及有关句型等来减轻话语的压力,避免唐突,充分维护对方的面子等,都是很有效的。说:"你能否尽快替我把这事办一下?""不知你可不可以把这封信带给他?""我想,你最好把桌子收拾干净。"自然要比"尽快替我把这事办一下!""把这封信带给他!""把桌子收拾干净!"更让人容易接受得多。

三是模糊语言的运用。商务口才运用中,表达意义要准确和明白。但在某些时间地点场合,又不能把话说得太精确直白。事物发展是千变万化的,随时会出现意料不到的情境,太精确直白的语言往往会使交往产生僵局,使自己陷入尴尬的境地。特别是在交往中遇到矛盾,必须拒绝、争辩时,商务人员更需要因人、因事、因地,选择表达的适宜方式,尽量使双方能在和谐融洽的气氛中交流沟通,避免产生不必要的误会和隔阂。而模糊语言是一种富于弹性的语言,恰当运用模糊语言,可以形成一种进退自如的态势,收到精确表达收不到的奇妙效果。

 拓展阅读

口才训练 16 法

1. 朗读朗诵法

选择适当的材料,大声地读出来。每天坚持朗读一些文章,既练习口齿清晰伶俐,又积累一些知识量、信息量,清喉扩胸、纳天地之气,还有利于身体健康。

2. 对镜训练法

建议你在自己的起居室中或办公室某一墙面安装一面大镜子,每天在朗读过程中,去对着镜子训练,训练自己的眼神、表情以及肢体语言,这样做效果很好。

3. 自我录音摄像法

如果条件允许,你可以每隔一段时间,把自己的声音和演讲过程拍摄下来,这样反复观摩,反复研究哪儿我卡壳了、哪儿姿势没到位、哪儿表情不自然,天长日久,你的口才自然进步神速。实践表明,看一次自己的表现视频比上台十次、二十次效果都好。

4. 尝试躺下来朗读法

如果你想练就一流的运气技巧,一流的共鸣技巧,有一个非常简单的方法,就是躺下来大声读书!当我们躺下来时,必然就是腹式呼吸,而腹式呼吸是最好的练声练气方法。每天睡觉之前,躺在床上大声地朗读十分钟,每天醒来之前,先躺在床上唱一段歌,再起来。坚持一至两个月,你会觉得自己呼吸流畅了,声音洪亮了,音质动听了,更有穿透力了,更有磁性了。

5. 速读训练法

这种训练的目的,在于使锻炼者口齿伶俐,语音准确,吐字清晰。具体方法:找来一篇演讲词或一篇文辞优美的散文。先拿来字典、词典把文章中不认识或弄不懂的字、词查出来,搞清楚,弄明白,然后开始朗读。一般开始朗读的时候速度较慢,逐次加快,一次比一次读得快,最后达到你所能达到的最快速度。读的过程中不要有停顿,发音要准确,吐字要清晰,要尽量达到发声完整。因为如果你不把每个字音都完整地发出来,那么,速度加快以后,就会让人听不清楚你在说些什么,也就失去了快的意义。我们的快必须建立在吐字清楚、发音干净利落的基础上。我们都听过体育节目解说专家宋世雄的解说,他的解说就很有"快"的功夫。宋世雄解说的"快",是快而不乱,每个字、每个音都发得十分清楚、准确,没有含混不清的地方。我们希望达到的快也就是他的那种快,吐字清晰,发音准确,而不是为了快而快。

6. 即兴朗读法

平时空闲时,你可以随便拿一张报纸,任意翻到一段,然后尽量一气呵成地读下去。而且,在朗读过程中,能够注意一下,上半句看稿子,下半句离开稿子看前面(假设前面有听众)。长此以往,你会发现自己的记忆力加强许多,快速理解力和即兴构思能力也在加强。

7. 背诵法

背诵，并不仅仅要求你把某篇演讲词、散文背下来就算完成了任务。我们要求的背诵，一是要求"背"；二还要求"诵"。这种训练的目的有两个：一是培养记忆能力；二是培养口头表达能力。尝试去背诵一些文章，一篇一篇地去完成。天长日久，那些文章字句自然就转化为自己的词语了，练到一定时间就能张口就来、口出华章。正所谓：熟读唐诗三百首，不会作诗也会吟！

8. 复述法

复述法简单地说，就是把别人的话重复地叙述一遍。可以找一位伙伴一起训练。首先，请对方随便讲一个话题，或是一个故事。自己先注意倾听，然后再向对方复述一遍。这种练习在于锻炼语言的连贯性及现场即兴构思能力和语言组织能力。如果能面对众人复述就更好了，它还可以锻炼你的胆量，克服紧张心理。

9. 模仿法

我们每个人从小就会模仿，模仿大人做事，模仿大人说话。其实模仿的过程也是一个学习的过程。我们小时候学说话是向爸爸、妈妈及周围的人学习，跟周围的人模仿。那么，我们练口才也可以利用模仿法，向这方面有专长的人模仿。天长日久，我们的口语表达能力就能得到提高。

一是模仿专人。在生活中找一位口语表达能力强的人，请他讲几段最精彩的话，录下来，供你进行模仿。你也可以把你喜欢的又适合你模仿的播音员、演员、相声表演家等的声音录下来，然后进行模仿。

二是专题模仿。几个好朋友在一起，请一个人先讲一段小故事、小幽默，然后大家轮流模仿，看谁模仿得最像。为了刺激积极性，也可以采用打分的形式，大家一起来评分，表扬模仿最成功的一位。这个方法简单易行，且有娱乐性。所要注意的是，每个人讲的小故事、小幽默，一定要新鲜有趣，大家爱听爱学。而且在讲之前一定要进行充分准备，要讲得准确、生动、形象。

三是随时模仿。我们每天都听广播，看电视、电影，那么你就可以随时跟着播音员、演员进行模仿，注意他的声音、语调，他的神态、动作，边听边模仿，边看边模仿，天长日久，你的口语能力就得到了提高，而且会增加你的词汇量，增长你的文学知识。

要尽量模仿得像，要从模仿对象的语气、语速、表情、动作等多方面进行模仿，并在模仿中有创造，力争在模仿中超过对方。在进行这种练习时，一要注意选择适合自己的对象进行模仿。二要选择那些对自己身心有好处的语言动作进行模仿，我们有些同学模仿力很强，可是在模仿时不够严肃认真，专挑一些庸俗的内容进行模仿，久而久之，就形成了一种低级趣味，我们反对这种模仿方法。

10. 描述法

小时候我们都学过看图说话，描述法就类似于这种看图说话，只是我们要看的不仅仅是书本上的图，还有生活中的一些景、事、物、人，而且要求也比看图说话高一些。简单地说，描述法也就是把你看到的景、事、物、人用描述性的语言表达出来。描述法可以说是比以上的几种训练法更进一步。这里没有现成的演讲词、散文、诗歌等做你的练习材料，而要求你自己去组织语言进行描述。因此,描述法训练的主要目的就在于训练同学们的语言组织能力和语言的条理性。在描述时,要能够抓住特点进行描述。语言要清楚、明白,要有一定的文采。一定要用描述性的语言,尽量生动些、活泼些。这可以训练我们积累优美词语的应用能力。

11. 角色扮演法

进行角色扮演,组织角色语言去讲话,叫"情景模拟训练法",比如扮演律师、扮演市长答记者问、扮演领导开动员会、扮演新郎新娘即兴发言等,还可以演小品,去扮演作品中出现的不同的人物,当然这个扮演主要是在语言上的扮演。这种训练的目的,在于培养人的语言的适应性、个性,以及适当的表情和动作。

12. 讲故事法

讲故事也是锻炼口才的好办法,故事里既有独白、人物对话,还有描述性的语言,所以讲故事可以训练人的口语能力。要讲好故事,就要把握故事情节,分析人物性格,用适当的语气和口吻。当我们拿到一个故事后,不要立刻就讲,而要首先把材料改造,改成适合自己讲的故事、然后反复练习、做到发音准确、语言生动形象,不要完全照着书读或是简单背诵,还要配上适当的表情、动作,做到绘声绘色。我们要多多积累故事素材,选择有吸引力的内容,同时还要讲得动听,讲得精彩,熟能生巧,讲得多了口才就练出来了。

13. 常翻字典、成语词典法

有空常翻翻《新华字典》和《现代汉语成语词典》,不认识的字多看看,认识的字也再看仔细些,你会发现中国的文字博大精深,坚持下去,你的词汇量会越来越多,你的口才自然越来越棒。

14. 随处学习法

对口才产生浓厚的兴趣,随时随处关注平时生活工作中的口才技巧。兴趣在哪里,焦点到哪里;焦点到哪里,学问到哪里!即使看电视,也在注意台词的优美、交际的仪态、幽默的笑眼,必然进步神速。

15. 写日记法

写日记是最好的自我沟通的方法,每天写一些心得,既整理自己的思路,反省当日之进步与不足;既梳理自己的情绪,释放一些不快,又可以学会理顺思维,遣词造句。天长日久,手能写之,口能言之。

16. 多找机会上台法

很多同学认为生活中缺少锻炼的舞台,没有公众场合发言的机会。其实,这是一种误区,我们平时生活工作中,当众讲话的机会太多了,只是我们没有发现,没有这个意识去参与。如果你想突破口才瓶颈,你一定要多找机会上台讲话。

(资料来源:张珺. 实用口才[M]. 南京:南京大学出版社,2013.)

思考题:

(1) 请选择以上口才训练的方法进行自我口才训练。

(2) 请向同学谈谈你进行口才训练的体会。

实训项目

1. 测试你的口才到底如何

(1) 你觉得会说话对人一生的影响程度是(　　)。

  A. 重要　　　　　　B. 一般　　　　　　C. 不重要

(2) 当你和很多人在一起交谈时,会(　　)。

  A. 有时插上几句

  B. 让别人说,自己只是旁听者

  C. 善于用言谈来增强别人对你的好感

(3) 在公共场合,你的表现是(　　)。

  A. 很善于言辞　　　B. 不善言辞　　　C. 羞于言谈

(4) 假如一个依赖性很强的朋友,打电话与你聊天,而你没有时间陪他的时候,你会(　　)。

  A. 问他是否有重要的事,如没有,回头再打给他

  B. 告诉他你很忙,不能和他聊天

  C. 不接电话

(5) 因为一次语言失误,在同事间产生了不好的影响,你会(　　)。

  A. 一样多说话

  B. 以良好言行尽力寻找机会挽回影响

  C. 害怕说话

(6) 有人告诉你某某说过你的坏话,你会(　　)。

  A. 处处提防他　　　B. 也说他的坏话　　　C. 主动与他交谈

(7) 在朋友的生日宴会上,你结识了朋友的同学,当你再次看见他时(　　)。

  A. 匆匆打个招呼就过去了

  B. 一张口就叫出他的名字,并热情地与之交谈

  C. 聊了几句,并留下新的联系方式

(8) 你说话被别人误解后,你会(　　)。

  A. 多给予谅解　　　B. 忽略这个问题　　　C. 不再搭理人

计分标准:

  第(1)题:选 A,2 分;选 B,1 分;选 C,0 分。

  第(2)题:选 A,1 分;选 B,0 分;选 C,2 分。

  第(3)题:选 A,2 分;选 B,1 分;选 C,0 分。

  第(4)题:选 A,2 分;选 B,1 分;选 C,0 分。

  第(5)题:选 A,0 分;选 B,2 分;选 C,1 分。

  第(6)题:选 A,1 分;选 B,0 分;选 C,2 分。

  第(7)题:选 A,0 分;选 B,2 分;选 C,1 分。

第(8)题：选 A,2 分;选 B,1 分;选 C,0 分。

测试分析：

得分在 0~5 分,表明你的口才能力较差,语言表达能力和语言沟通能力还很欠缺。如果你的性格太内向,这会阻碍你的语言能力的提高,你应该尽力改变这种状况,跳出自己的小圈子,多与外界接触,寻找一些与别人言语交流的机会,努力培养自己的说话能力。只有这样,你才有希望成为一个受欢迎的人。

得分在 6~11 分,表明你的口才能力良好,语言表达能力和语言沟通能力一般,如果再加把劲,你就可以很自如地与人交流了。提高你的语言能力的法宝是主动出击,这样可以使你在语言交流中赢得主动权,你的语言表达能力自然会迈上一个新的台阶。

得分在 12~16 分,表明你的口才能力很好,你清楚怎样表达自己的情感和思想,能够很好地理解和支持别人,不论同事还是朋友,上级还是下级,你都能和他们保持良好的言谈关系。值得注意的是：千万不要炫耀自己的这种沟通和交流能力,那样,会被人认为你是故意讨好别人,是十分虚伪的表现。尤其是对那种不善于与人沟通的人,更要十分注意,要做到用你的真诚去打动别人,只有这样,才能长久地维持你的好人缘,语言表达才能表现得更好。

2. 实施每日自我口才训练计划

目标：锻炼最大胆的发言,锻炼最大声的说话,锻炼最流畅的演讲。

自我激励誓言：我一定要最大胆地发言,我一定要最大声地说话,我一定要最流畅地演讲。

(1) 积极心态训练

自我暗示。每天清晨默念 10 遍："我一定要最大胆地发言,我一定要最大声地说话,我一定要最流畅地演讲。我一定行！今天一定是幸福快乐的一天！"

(2) 想象训练

至少花 5 分钟想象自己在公众场合成功的演讲,想象自己成功。至少花 5 分钟在镜前练习微笑,展示自己的手势及形态。

(3) 口才训练

① 每天至少与 5 个人有意识地交流思想。

② 每天大声朗诵或大声说话至少 5 分钟。

③ 每天训练自己"三分钟演讲"一次或"三分钟默讲"一次。

④ 每天给亲人、同学至少讲一个故事或完整地叙述一件事情。

(4) 口才技巧训练

① 讲话前,深吸一口气,平静心情,面带微笑,眼神交流后,开始讲话。

② 勇敢地讲出第一句话,声音大一点,速度慢一点,句子短一点。

③ 当发现紧张卡壳时,停下来有意识地深吸一口气,然后随着吐气讲出来。

④ 如果表现不好,自我安慰："刚才怎么又紧张了？没关系,继续平稳地讲。"同时,用感觉和行动上的自信战胜恐惧。

⑤ 紧张时,可以做放松练习,深呼吸,或尽力握紧拳头,又迅速放松,连续 10 次。

（5）辅助训练

① 每天至少花20分钟阅读励志书籍或口才书籍，培养自己的积极心态，学习语言表达技巧。

② 每天放声大笑10次，乐观面对生活，放松情绪。

③ 每天躺在床上朗读，坚持将一篇文章读3遍，练习腹式呼吸，提高声音音质。

④ 训练接受他人的视线、目光，培养自信和观察能力。

⑤ 培养微笑的习惯，要笑得灿烂、显示真诚，锻炼亲和力。

⑥ 学会检讨，每天总结得与失，写心得体会。每周要全面总结成效及不足，并确定下周的目标。

（资料来源：王晶.口才训练实用教程[M].北京：清华大学出版社，2014.）

课后练习

一、简答题

1. 请用具体事例说明口才的六种能力。

2. 请举例说明口才与事业的关系。

3. 如何才能拥有良好的口才？

4. 什么是口才？商务人员应具备怎样的商务口才？（建议分组讨论。）

5. 请设想，在下列情况下，应该怎么说？

（1）某俱乐部举行的一次招待会上，服务员倒酒时，不慎将啤酒洒到一位宾客那光亮的秃头上，服务员吓得手足无措、目瞪口呆。这位宾客却微笑着说："……"

（2）一位主持人在报幕的时候不慎将《猎人舞曲》报成了《腊八舞曲》，如果当时你是这位主持人的搭档，你会说："……"①

6. 如果你在公共场所排队等候时有人插队，假设插队的人分别是青年学生、中年女工人、中年男知识分子和农村老大爷，你应如何劝说他们不要插队？（建议分组讨论，各小组推荐一名代表上台演示。）

7. 结合下面的事例回答问题。

（1）某君赴宴迟到，匆忙入座后，见一烤乳猪就在面前，于是大为高兴地说："还算好，我坐在乳猪的旁边。"

话刚出口，才发现，身旁一位胖女士怒目相视。他急忙赔着笑脸说："对不起，我是说那只烧好了的。"

问题：某君这次交流的失误在哪里？

（2）有位脾气很不好的旅客，因为不满意柜台售票员安排的机位，在机场对售票员大吼大叫。

过了一会儿，这位售票员见他还没有住嘴的意思，后面又有许多旅客排着队等候划

---

① 杨利平.艾艳红.实用口才训练教程[M].长沙：湖南人民出版社，2013.

票,于是就对他说:"先生,你再吵,我只好请警卫来处理了。"

没想到这位先生更变本加厉,他大吼:"你少吓唬我!我不是傻瓜!"

售票员听了这话,笑了笑,仍然用温和的口气说:"很对不起,我刚才没注意到这一点。"

后面排队的旅客都哈哈大笑,笑声中,这位不讲理的旅客摸摸鼻子离开了柜台。

问题:柜台售票员的潜台词是什么?这样的回答好不好?如果由你来处理,你会怎么说?

(3)一家知名外贸公司举行一次别开生面的宴会招聘考试,有一位小伙子表现良好,深深吸引了面试官。宴席上,小伙子走到这家公司的人事经理面前,举杯说道:"刘经理,结识您很荣幸,我十分愿意为贵公司效力。但如果确实因为名额有限我不能梦想成真,我也不会气馁的,我将继续奋斗,我相信,如果我不能成为您的助手,那就一定会是您的对手。"

他的话提醒了这家外贸公司的人事经理。最后,公司录取了这个小伙子。

问题:你觉得这位小伙子的这番话说得好吗?为什么?

(4)有一对夫妻开了一家玩具店,聘请了一个店员。这个店员很勤快,服务态度也好,老板非常满意。有一天店员嘟囔一句:"我的合同后天就到期了。"老板听了以后,内心十分焦虑,整天闷闷不乐。既怕合同到期店员不干了,临时找不到人,影响生意,又怕店员要求加薪,自己无法满足,影响感情。

问题:假如你是店老板,该怎样解决这个问题?

(5)一位农村大娘去买布料,售货员迎上前去热情地打招呼:"大娘,您买布呀?您看这布多结实,颜色又好。"谁知这位老大娘听了颇不高兴,嘴上冷冷地说:"要这么结实的布有啥用,穿不坏就该进火葬场了。"售货员一听,略一沉思,笑眯眯地说:"大娘,看您说到哪儿去了,您身子骨这么硬朗,再穿几件也没问题。"一句话说得大娘高兴起来,爽快地买了布,还直夸售货员心眼儿好。

问题:为什么在听了售货员的几句话以后,农村大娘的态度会有这么大的变化?这个故事让我们在人际交往过程当中得到什么样的启发?

二、案例分析

案例1 无与伦比的营销口才

在美国零售业中,有一家知名度很高的商店,它就是彭奈创设的"基督教商店"。

彭奈对"货真价实"的解释并不是"物美价廉",而是什么货卖什么价。

他有个与众不同的做法,就是把顾客当成自己人,事先说明货品等次。关于这一点,彭奈对他的店员要求非常严格,并对他们施以短期训练。

彭奈的第一家零售店开设不久,有一天,一个中年男子到店里买搅蛋器。店员问:"先生,您是想要好一点的,还是要次一点的?"那位男子听后显然有些不高兴:"当然是要好的,不好的东西谁要?"

店员就把最好的一种"多佛牌"搅蛋器拿了出来给他看。男子看了问:"这是最好的吗?"

"是的,而且是牌子最老的。"

"多少钱?"

"120元。"

"什么!为什么这样贵?我听说,最好的才六十几元钱。"

"六十几元钱的我们也有,但那不是最好的。"

"可是,也不至于差这么多钱呀!"

"差得并不多,还有十几元一个的呢。"男子听了店员的话,马上面露不悦之色,想立即掉头离去。

彭奈急忙赶了过去,对男子说:"先生,您想买搅蛋器是不是?我来介绍一种好产品给您。"

男子仿佛又有了兴趣,问:"什么样的?"

彭奈拿出另外一种牌子的搅蛋器来,说:"就是这一种,请您看一看,式样还不错吧?"

"多少钱?"

"54元。"

"照你店员刚才的说法,这不是最好的,我不要。"

"我的这位店员刚才没有说清楚,搅蛋器有好几种牌子,每种牌子都有最好的货色,我刚拿出的这一种,是这种牌子中最好的。"

"可是为什么比多佛牌的差那么多钱?"

"这是制造成本的关系。每种品牌的机器构造不一样,所用的材料也不同,所以在价格上会有出入。至于多佛牌的价钱高,有两个原因:一是它的牌子信誉好;二是它的容量大,适合做糕点生意用。"彭奈耐心地说。

男子脸色缓和了很多:"噢,原来是这样的。"

彭奈又说:"其实,有很多人喜欢用这种新牌子,就拿我来说吧,我用的就是这种牌子,性能并不差,而且它有个最大的优点:体积小,用起来方便,一般家庭最适合。府上有多少人?"

男子回答:"5个人。"

"那再适合不过了,我看您拿这个回去用吧,保证不会让您失望。"

彭奈送走顾客,回来对他的店员说:"你知道刚才你错在什么地方吗?"

那位店员愣愣地站在那里,显然不知道自己的错误。

"你错在过于强调'最好'这个概念。"彭奈笑着说。"可是,"店员说,"您经常告诫我们,要对顾客诚实,我的话并没有错呀!"

"你是没有错,只是缺乏技巧。我的生意做成了,难道我对顾客有不诚实的地方吗?"

店员摇摇头。彭奈又说:"除了说话技巧外,还要摸清对方的心理,他一进门就要最好的,对吧?这表示他优越感很强,可是一听价钱太贵,他不肯承认自己舍不得买,自然会把不是推到我们做生意的头上,这是一般顾客的通病。假如你想做成这笔生意,一定要变换一种方式,在不损伤他的优越感的情形下,使他买一种比较便宜的货。"

彭奈在他80岁时的自述中,幽默地说:"在别人认为我根本不会做生意的情形下,我的生意由每年几万元的营业额增加到10亿元,这是上帝创造的奇迹吧。"

(资料来源:初拂沙场.让你心服口服的销售技巧[J].科海故事博览(智慧文摘),2008(4).)

思考题：

（1）请结合本案例对彭奈的口才进行评价。

（2）本案例对你有何启示？

案例2　口才是把"双刃剑"

《伊索寓言》里有这样一个故事：有一天，主人在家设宴，来参加宴会的宾客很多都是哲学家，主人令奴隶伊索准备最好的菜肴待客。伊索认真思考了主人的要求，去收集了很多种动物的舌头，精心准备了一场舌头宴。就餐时，酒菜端上桌，主人一看非常吃惊，问道："这就是最好的菜？"伊索从容答道："主人让我为各位尊敬的客人准备最好的菜肴，舌头是传授道理、学问的关键，一切最动听、最美妙的声音不都是从舌头发出来的吗？对于这些哲学家来说，舌头难道不是最好的菜吗？"客人听后觉得很有道理，都露出赞许的笑容。主人不甘心地吩咐伊索说："明天我还要再办一次酒席，你去准备吧，这次的菜要最坏的。"

第二天，伊索把菜端上来，主人一看，依然是满桌子的舌头做成的菜。主人马上大发雷霆，斥问伊索为什么要这样做。伊索还是从容地回答："舌头能编造一切谎言，世界上一切的坏事都是通过舌头去教唆他人做的。所以，舌头不仅是世界上最好的东西，同时也是世界上最坏的东西啊！"主人听后，虽然依然很生气，但也无话可驳。

（资料来源：袁红兰. 演讲与口才[M]. 北京：航空工业出版社，2014.）

思考题：

（1）这个故事说明了什么道理？

（2）你认为口才对你来说重要吗？为什么？

（3）如何谙熟口才这门艺术？

任务2

商务口才基础

言语是人类所使用的最有效果的药方。

——[英]吉普林《演说》

学习目标

- 掌握发声练习的方法;
- 学会运用有声语言;
- 正确理解态势语言的运用原则;
- 恰当地运用态势语言;
- 纠正自身不合规范的态势语言;
- 根据语言交流的进程和个性特点设计态势语言;
- 明确口才与心理素质的关系;
- 掌握心理素质的训练方法并切实进行相关训练。

导学案例

该来的不来

有一天,一个业务员宴请客户。开宴时间快到了,客人只来了一半,业务员有些着急,忍不住自言自语道:"怎么该来的还没来呢?"

有的客人一听,心里凉了一大半:"他这么说,想必我们是不该来的。"于是有一半人拍拍屁股走了。

业务员一看许多客人离开了,着急地说:"怎么不该走的走了?"剩下的人听了,心里特别有气:"这不是当着和尚骂秃驴吗?看来我们是该走的。"于是剩下的客人又走了一半。

业务员急得直拍大腿:"嗨!我说的不是他们啊!"余下的人听了,这是什么话?不是说他们,那是说我们啦!于是在座的客人全走了,客房里只剩下一位平时和业务员关系较密切的客人。最后这位客人奉劝业务员:"说话前要先用脑子想想,不然说出去的话就收不回来了,覆水难收啊!"业务员一听,急忙辩解:"我并不是叫他们走啊!"

这位客人一听也火了:"不是叫他们走,那就是叫我走了!"说完,头也不回,扬长而去。

(资料来源:彭于寿. 商务沟通[M]. 北京:北京大学出版社,2011.)

基础知识

2.1 有声语言

有声语言是人们进行交流的最主要工具,只有它才能准确周密地表达人们的所思所想,承载和传输各种信息,完成交际和交流的任务。有声语言表达能力的强弱一方面受个人先天条件的影响;另一方面后天的训练和养成十分关键。

1. 有声语言运用的基本原则

(1) 热情。热情是对表达内容的兴奋之情或激情,使声音听起来富有表现力,表现力是热情的最大的信号,通过改变音高、音量、语速等使声音与语言内容、思想情感相吻合,使听众更加理解,哪怕是表达者语义上的细微差别。而完全缺乏热情则会造成声音单调,这会使交流的气氛沉闷压抑,使听众昏昏欲睡。热情的声音就好像是一盆火,听众即使是一块冰也会被烤融化的。

(2) 自然。自然意味着当我们在讲话时对语言的内容和意图要有回应,使语言富有活力、真实。要想做到声音自然,对语言内容的熟悉非常重要,还有不要死记硬背语言内容,学会自然地表述语言内容,使它听起来好像讲话者在用心考虑语言内容和他的听众。"宁要自然的雅拙,也不要做作的乖巧。"卡耐基认为,演讲时声音自然,才能把意念表达得更为清楚、更为生动。否则,难以引起听众的共鸣。

(3) 流畅。有效的表达不仅是声音热情、自然,它同时还应该是流畅的,即没有犹豫和语音干扰。大多数人在语言交流中偶尔会犯语音干扰的小毛病,这些小毛病也就是干扰流利语言的无关杂声,如"啊""嗯""呢"等单音节词或"然后""这个""那个""并且"等无实际意义的双音节词。当这些干扰过多时,听众就会注意到这些干扰,从而影响了对语言内容的注意。日常训练时,我们要挑出属于自己的干扰词,并用心练习去除这些干扰词。

2. 有声语言运用的技巧

语言交流的效果不仅要靠语言内容本身,合理地运用各种有声语言的技巧手段,也是表达获得成功的关键。

在商务交际中,常常会遇到一些矛盾的、顾此失彼、难以两全的情况,使你处于两难的境地。例如,我们常会碰到下列情景:既想拒绝对方的某一要求,又不想损伤他的自尊心;既想吐露内心的真情,又不好意思表述得太直截了当;既不想说违心之言,又不想直接顶撞对方;既想和陌生的对方搭话,又不能把自己表现得太轻浮和鲁莽……凡此种种,难以一一列举。但概而言之,都是一种矛盾:行动和伤害对方的矛盾,自己利益和他人利益的矛盾,自己近期利益和长远利益的矛盾。适应这些情况,产生了各种各样的语言表达艺术,它缓解了这些矛盾。这种表达的语言艺术从表面上看,似乎违背了有效口头表达的清晰、准确的要求,但实际上是对清晰、准确原则的一种必要的补充,是在更全面考虑了各种情况之后的清晰和准确,是在更高级阶段上的清晰和准确。语言艺术的具体方法因人、因事、因时、因地而异,没有绝对的适用任何情况的方法。这里介绍一些有声语言运用的技巧,供参考。

(1) 积极表达期望。心理学中的"皮格马利翁效应"启示我们:赞美、信任和期待具有一种能量,它能改变人的行为,当一个人获得另一个人的信任、赞美时,他便感觉获得了社会支持,从而增强了自我价值,变得自信、自尊,获得了一种积极向上的动力,并尽力达到对方的期待,以避免对方失望,从而维持这种社会支持的连续性。语言沟通中,积极的语言反应表达出积极的心理期望。皮格马利翁效应也验证了积极的心理期望和暗示所产生的强大影响。要做到评议表达的积极,可从以下几个方面来把握。

其一,避免使用否定字眼或带有否定口吻的语气。如双重否定句不如用肯定句来代替,必须使用负面词汇时,则尽量使用否定意味最轻的词语。"我希望""我相信"这两种说法有时表明你没有把握,或者传递出有些盛气凌人的信息;而赞扬现在的行为可能暗示对过去的批评。

其二,强调对方可以做的而不是你不愿或不让他们做的事情,以对方的角度讲话。如说"我们不允许刚刚参加工作就上班迟到"(消极表达),就不如说"刚刚参加工作的人保证按时上班很重要"(积极表达)。

其三,把负面信息与对方某个受益方面结合起来叙述。可以说"你可免费享用20元以内的早餐"(积极表达),而不是说"免费早餐仅限20元以内,超出部分请自付"(消极表达)。

其四,如果消极方面根本不重要的话,干脆省去。如对方决策时不需要这方面的信息,信息本身也无关紧要,或者以前已经提供了这方面的信息。

其五,低调处置消极面,压缩相关篇幅。篇幅大,表明在强调信息。既然不想强调消极信息,就尽量少用篇幅,出现一次即可,不必重复。

(2) 注意推论与事实。通常在观察外界的时候,人们在获得所有的必要事实之前就开始进行推论,推论的形成相当快,以致很少有人仔细考虑它们是否真的代表事实。"他未完成工作,因为偷懒""如果您听了我的建议,您就了解我的意思了",这些语句表示的并非事实,而是推论。因此不良的沟通就产生了。徐丽君、明卫红主编的《秘书沟通技能训练》(北京:科学出版社,2008年出版)中对此进行了分析。

有6种基本方法可以分辨事实陈述和推论陈述(见表2-1)。

表 2-1 事实陈述和推论陈述

事 实 陈 述	推 论 陈 述
(1) 根据第一手资料下断言 (2) 根据观察下断言 (3) 必须根据所经历的经验 (4) 根据经验的陈述 (5) 达到最大的可信度 (6) 得到具有相同经验的人士的认同	(1) 在任何时间下断言——根据事前、事后、事情发生时的经验 (2) 根据任何一人的经验下断言 (3) 超出自己所经历的经验之外 (4) 无界限地根据经验推论陈述 (5) 仅有很小程度的可信度 (6) 有此经验的人士不认同

为了避免妄下推论,在与人沟通过程中应当注意以下情况。

第一,学会区分哪些是事实,哪些是推断。

第二,当根据从别人那里得到的信息作出决策时,要评估推断的准确性,并获得更多信息。

第三,听取别人的汇报时,让其陈述事实而不是听取他人的评价。

第四,在说服别人时要使用具体的事实而非个人的价值判断。

第五,使用文字沟通时,要表明自己的推断以便别人了解自己的看法。

第六,意识到事情的复杂性,不要将其简单化。

第七,当只看到两种选择结果时,有意识寻找第三种甚至更多种可能出现的情况。

第八,意识到自己所得的信息是经过过滤的,自己并没有得到所有的事实。

第九,尽量向别人提供背景信息,以便别人能够准确地解释自己的观点或看法。

第十,以具体的证据、事实和事例来支持笼统的陈述和评价,避免诸如"这个人的素质很不高"这样的论断。

第十一,检查自己的反应,保证自己的决策建立在合理的证据之上。

(3) 进行委婉表达。"委婉"一词人们并不陌生,它在修辞学中是修辞格的一种。但"委婉"并不仅仅指修辞的方法。在书面语中,它主要表现为一种语言的表达方式;在沟通中,它又是一种处理问题的态度和方法。恰当地运用委婉表达,能够鲜明地表明人们的立场、感情和态度。这样做,既使对方乐于接受,达到说话的目的,又可增强语言的形象性和生动性。

① 直意曲达。语言总要表达某种意思,亦即说话者要达到表明自己态度和感情的目的。但这个意思是通过迂回委婉的说法来表达的,这也是利用了人们思维的曲折性和复杂性来达到的。

传说汉武帝晚年时很希望自己长生不老。一天,他对侍臣说:"相书上说,一个人鼻子下面的'人中'越长,命就越长;'人中'长一寸,能活一百岁。不知是真是假?"东方朔听了这话,知道皇上又在做不老的梦了,面露笑意。皇上脸有不悦之色,对东方朔喝道:"你怎么敢笑我?"东方朔脱下帽子,恭恭敬敬地回答:"我怎么敢笑话皇上呢?我是在笑彭祖的脸太难看了。"汉武帝问:"你为什么笑彭祖呢?"东方朔说:"据说彭祖活了800岁,如果真像皇上刚才说的,'人中'就有8寸长,那么他的脸不是有丈把长吗?"汉武帝听了,也哈哈大笑起来。东方朔要劝谏皇上不要做长生梦了,但又不好直言去规劝,只能用旁敲侧击的方法,委婉地表达自己的意思。这种批评使汉武帝愉快地接受了。

要达到沟通的最佳效果,不一定都用直言不讳的说法,用委婉的说法可能会达到预想不到的效果。

② 易于接受。人们总是希望对方能够接受自己所发出的信息,并做出相应的反应。这就首先要让对方能够接受你发出的信息。委婉的语言就可以帮助你达到这个目的。

例如,美国小说家马克·吐温到某地旅馆投宿,人家早告诉他此地蚊子特别厉害。他特别担心晚上是否能安稳睡觉,想要事先向服务员打招呼,又觉得这样做未必效果好,服务员不一定乐意接受。他在服务台登记房间时,一只蚊子正好飞过来。马克·吐温灵机一动,马上对服务员说:"早听说贵地蚊子十分聪明,果然如此,它竟然会预先看我的房间号码,以便夜晚光临,饱餐一顿。"服务员听了不禁大笑起来,结果就记住了他的房间号码,并相应地采取了一系列防蚊子措施,使马克·吐温这一夜睡得很好。马克·吐温如果生硬地告诉服务员要怎样赶蚊子,就不一定能达到这种效果。马克·吐温的话很委婉,让服务员易于接受,当然也就乐意尽心服务了。

在日常生活中也常有这样的例子:当你要求别人做一件事,或者指责别人哪里有过失的时候,你要尽量选择让对方感到有回旋的话,把主动权仿佛送给了对方。例如某一员工衣帽不正有碍企业形象,你可以说:"这样还算挺好的,但如果能够再把这个颜色换一下,会更好些。"这样的话语会使员工乐于接受,也就心悦诚服地愿意改正。

委婉的语言是曲折地表达自己的意思,听话者感到你是为他着想,或者感到合情合理,这就容易达到自己的目的,也给人以教育和启迪。

③ 言简意赅。委婉的语言表现形式是婉转温和,这就形成了它隐约、含蓄的特点,也就使委婉的语言容量较大,语言虽然很简洁通俗,含义却是相当深刻的。

请看下面一段对话。

问:你有过感叹吗?
答:感叹是弱者的习气,行动是强者的性格。
问:扬州大明寺一进门有尊大肚佛,两侧有副对联。上联是"大肚能忍忍尽人间难忍之事";下联是"慈颜常笑笑尽天下可笑之人"。你能做到吗?
答:我如果能做到我就成佛了。
问:你有烦恼与痛苦吗?
答:越有追求的人,烦恼与痛苦越多。成功之后将是快乐。

答话者回答问题时,总是用迂曲的方式作答,语言浅显通俗,含义却值得咀嚼。

(4) 使用模糊语言。我们在客观世界里所遇到的各种各样的客观事物,绝大多数都没有一个明确的界线。作为客观世界符号表现的语言也必然是模糊的。巧妙地利用语言的模糊性,使语言更能发挥它神奇的效用,是人际沟通追求的目标之一。

① 化难为易。"化难为易"也称"化险为夷"。在人际沟通中,常会遇到难以应付的棘手场合,也会有非说不可却难以启齿的局面,怎么办?成功的沟通者往往会用模糊语言,使自己摆脱这种尴尬的处境。

例如,在某大商场,有一位顾客拿了几个西红柿,然后混杂在已经称好重量并交款的蔬菜中转身就走。这时,售货员发现了这一情况。如果她高喊"捉贼",势必会影响商场的秩序,损伤商场的声誉,可能会大吵大闹一番。富有经验的售货员会两手一拍说:"哎呀!请您慢走一步。我可能刚才不注意,把蔬菜的品种拿错了,您再回来查查看。"这位顾客无奈也只得回来,售货员把蔬菜重新称过,随手就将西红柿拣了下来。售货员此时说"可能""查查看"都是模糊词语,收到了神奇的公关效果。

② 缓和语气。在某些情况下,对方可能故意损害你,使你怒发冲冠、情绪激动,气氛顿时紧张起来。在这种情况下,注意使用模糊语言,易于控制自己的情绪,缓和气氛,使事态朝好的方向发展。

例如,在我国南方一个城市,正值下班时间,乘车的人特别多,车内已爆满。乘客们把车堵得严严的,车内乘客不容易看到车已行驶到哪一站。尽管乘务员大声报告站名,但总有乘客错过站。有一位错过站的乘客慌慌张张地擂门大叫:"售票员下车!"乘务员也非常生气,正要酝酿几句奚落挖苦的话,正巧这时有一位公关人员在车内,及时地插嘴说:"售票员不能下车。售票员下车了,谁来售票?"这时,不仅那位错过站的乘客情绪缓和下来,连乘务员也和颜悦色起来。这位公关人员就利用"售票员下车"一句话的模糊性来为乘务员解了围,剑拔弩张的气氛缓和了,一场争吵避免了。如果我们用模糊语言来淡化紧张气氛,就可以控制情绪。它能使我们与他人交往时不致紧张,在公关时能摆脱困境。即使在一触即发的关键时刻,它也可以使我们从容地脱身出来,离开不愉快的窘境或矛盾旋涡。

③ 点到为止。模糊语言要有分寸,要点到为止。不该说的不说,能把自己意思表达明白,却不伤害别人,不能直言不讳,要把自己的意思曲折地表达出来,并且要让对方明白。

例如,我国著名的一位播音员到精神病院采访,采访提纲中原先写的是:"您什么时候得的精神病?"这位播音员感到这种话会刺激病人,就临时改口问道:"您在医院待多久了?住院前感觉怎么不好呢?"委婉含蓄的提问,采取的是模糊语言,使对方易于接受,不致产生反感。在采访结束时,这位播音员说:"您很快就要出院了,真为您高兴。""精神病"这个词对于精神病患者十分忌讳,播音员在采访时自始至终在注意回避这个词。

模糊语言的运用要掌握分寸,过于模糊,对方不了解自己的意思,就失去了交际的作用。过于直露,又会伤害别人。只有既模糊又适度,在模糊语言中透露出自己真实的语意,才能达到公关的目的。

④ 增大容量。模糊语言的一个重要特征在于它能把难于表述的道理表达出来,大大地丰富了表达效果。模糊语言是"犹抱琵琶半遮面",这样更能引起人们联想推断,包含着广博的内容。

例如,我国某城市一个广播电台的直播节目中,一位小姐误把听众点给别人的歌曲认为是点给自己的歌,在直播节目中向播音员询问。只是播音员明知不是点给这位小姐的,但又不好明白地指出来。如果说出来,不仅扫了这位小姐的兴,也使广大听众感到不愉快。播音员说:"可能是点给您的吧?其实呀,人间是一个温暖的大家庭,人人相处都应该以友相处。只要以诚相待,以友善之心相待,我们的朋友遍天下,又何必非要去计较是哪一位朋友呢?"播音员随机应变,巧舌如簧,从小姐询问点播节目一事引申出一番处事人生哲学。播音员使用了模糊语言,使节目的内容深化了。

(5) 不妨幽默表达。幽默是外来词,由英文 humor 音译而来。1924年,林语堂在《晨报》副刊上连续撰文,将"幽默"定为 humor 的汉译名,后被大家熟知并开始使用。幽默定义为一种生动、活泼、优雅、风趣、诙谐、含蓄且富有想象力的语言,是思想、学识、智慧和灵感在语言运用中的结晶。

幽默这一手法显得比其他手法更为复杂。关于幽默很难下一个全面而准确的定义,事实上也没有出现一个这样统一的认识。运用幽默的具体技巧也难以像其他手法一样,予以大致的分类罗列。应该特别指出的是,幽默手法的运用必须自然,切忌强求。第一,幽默只是手法,而非目的。第二,幽默是一种精神现象,不只是简单的笑话或滑稽所能描述;幽默是一种风格、行为特性,是智慧、教养、道德处于优势水平下的一种自然表现。

幽默可以化解难堪。20世纪50年代社会主义改造运动中,上海的一位老教授因基层干部作风粗暴而投河自杀,幸被人救起。陈毅市长知道后,采取多种行动挽回影响,一是狠狠地批评了那位基层干部,一是亲自去老教授家赔礼道歉,同时在一次高级知识分子大会上,用幽默的手法批评了老教授。"我说你呀,真是读书一世,糊涂一时。共产党搞思想改造,难道是为了把你们整死吗?我们不过想帮大家卸下包袱,和工农群众一道前进。你为何偏要和龙王爷打交道,不肯和我陈毅交朋友呢?你要投河也该先打个电话给我,咱们再商量商量嘛!"

幽默可以化解矛盾,缓和气氛。例如,一个小孩看到一个陌生人,长着很大的鼻子,马上大叫:"大鼻子。"小孩的父母感到很难为情,很对不起人。陌生人却幽默地说:"就叫我大鼻子叔叔吧!"大家都能由此一笑了之。

一个人在车上不小心踩了别人一脚,忙连声道歉。被踩的这个人风趣地说:"不,是我的脚放错了地方。"这人大度地认为,事情发生了,已无可挽回,又不是故意的,也没有什么损失,何不一笑了之呢。

一个顾客在餐厅吃饭,米饭中沙子很多,服务员歉意地问:"仅是沙子吧?"顾客大度地回答:"不,其中也有米饭。"既批评了餐厅,也免除了尴尬局面。

幽默也可以用来含蓄地拒绝。例如,一位好友向罗斯福问及美国潜艇基地的情况。罗斯福问道:"你能保密吗?"好友回答:"能。"罗斯福笑着说:"你能我也能。"好友也就知趣地不再问了。

幽默可以针砭时弊。例如,领导问:"你对我的报告有什么看法?"群众:"很精彩。"领导:"真的?精彩在哪里?"群众:"最后一句。"领导:"为什么?"群众:"当你说'我的报告完了',大家都转忧为喜,热烈鼓掌。"这段幽默讽刺了领导干部长篇大论、不着边际的作风。

使用幽默,可以在轻松的气氛下进行严厉的批评。例如,某商店经理在全体职工大会上说:"要端正经营作风,加强劳动纪律,公私分明,特别是那'甜蜜的事业'——糖果柜台。"

幽默是人的思想、学识、智慧和灵感的结晶,幽默风趣的语言风格是人的内在气质在语言运用中的外化,幽默风趣的语言风度固然有先天成分的影响,但更有后天的习得。

以下是推销中幽默表达的成功运用,希望对商务人员有所启发。

① 出其不意法。一名精明的推销员,要想在激烈的市场竞争中来往穿梭,游刃有余,就必须掌握幽默推销的艺术。出其不意法就是在推销过程中,利用想象的结果与实际结果之间产生的强烈的反差,从而产生幽默的效果,促进商品销售的一种幽默推销方法。如有位推销员向一位杂货店老板推销洗衣粉,这位老大爷生性孤僻,顽固保守。推销员想好了一大堆话,正要开口,这位老头便大喝一声:"你来干什么?"这个场面足以使他心惊肉跳,但他鼓足勇气反问:"先生,你猜我今天是来干什么的?"老头儿不客气地回敬他:"不说我也知道,还不是向我推销你们的破玩艺儿!"推销员听罢哈哈大笑:"您老人家聪明一世,糊涂一时!我今天可不是向你推销的,而是求您向我推销的。"老头儿一听,愣住了:"你要我向你推销什么?"推销员回答道:"我听说您是这一地区最会做生意的,洗衣粉的销量最大,我今天是来讨教一下您老的推销方法的。"大爷活了一辈子,从没有人登门求教过,心中很是高兴,于是便兴致勃勃地向推销员大谈其生意经,直到推销员起身告辞才住口,刚走到门口,老大爷忽然想起什么大声说:"喂,请等一等,听说你们公司的洗衣粉很受欢迎,给我订30箱。"

② 荒谬夸张法。就是在推销过程中,利用荒谬夸张本身包含的不协调,从而产生强烈的幽默效果,促进商品销售的一种幽默推销方法。美国有两家保险公司的业务推销员,有一回相遇,面对客户争相夸耀自己的公司服务如何周到,付款如何迅速。一个说,他的公司保证在意外发生的当天就能将支票送到投保人的手中,另一个眼看无法占上风,不甘心认输,便干脆来幽他一默:"当天送到又算得了什么?我们公司在一幢40层大楼的第23层,有一天,我们的一个投保人从顶楼摔下来,当他在下落的途中经过第23层窗口时,我们就顺便把支票塞到他的手里!"其结果也不难想象,这位具有幽默感的推销员,赢得了更多的客户。

③ 声东击西法。这是一种更加含蓄迂回的幽默推销方法。目标向东而先向西,欲要进击先后退。如有位业余推销员,有一次走进一家报馆问:"你们想要一名有才干的编辑吗?""不!""记者呢?""也不需要。""印刷厂如有缺额也行。""我们现在什么空缺也没有。""那你们一定需要这个东西。"年轻的推销员边说边从皮包里取出一块精美的牌子,上面写着:"额满,暂不收人。"如此轻而易举,在轻松愉快中促成推销。这就是声东击西的幽默推销技巧。

④ 生动活泼法。在商务活动中,若将话说得生动活泼,富有个性,气氛立即活跃、融洽;若说得平淡或者俗套,气氛则变得沉闷、勉强,甚至"冷场"。一次某汽车厂业务员去拜访一位买过其公司车的老用户。他是这样开场的:"李总,您好!我是南京晨光公司的,楼下那辆车就是我们公司的。"(此故意省略了"生产"两字。)李总一愣,抬头疑惑地说:"是你们的?"显然尚未反应过来,这位业务员立即说:"既是你们的,也是我们的,或者说曾经是我们的,我是它的娘家人,特来问问它,不知它是否听话、孝顺。""听话、孝顺",是拟人化的措辞,实际指质量如何。李总听完哈哈大笑,马上停下了手头的工作,接下去的双方会谈的气氛可想而知。试想,如果该业务员这样开场:"李总,您好!我是南京晨光公司的,请问今年有没有购车计划?"那么,对方很可能会头也不抬地打发我走,至少气氛会平淡无奇。这段对话正是这位业务员看到李总的车后,随机应变、巧妙设置"悬念",以恰当的比喻使会谈引人入胜、充满生气。无独有偶,某单位欲在新楼前设铜牛雕塑,一位业

务员获悉后带着有关图片资料叩响了筹建处的大门:"主任,您好!我特地为您所关心的牛而来。"边说边拿出图片说:"A牛:牛劲十足,系拓荒牛,象征着披荆斩棘、所向无敌;B牛:牛气冲天,意味着永远牛市;C牛:是革命的老黄牛,标志着勤勤恳恳、无怨无悔。"未等他介绍完,办公室内其他人纷纷围拢过来,叽叽喳喳议论开了。主任激动地表示,B牛理想。原来该主任是标准的股民,于是这位业务员投其所好,大侃一通股经,俩人自然有了说不完的话题,成了股友。业务洽谈格外顺利、融洽。这里他并未急于切入正题,大谈如何造型、如何铸造等技术问题,而是以生动的比喻将牛与股市的牛市结合起来,了解到了对方的兴奋点,为进一步洽谈做好铺垫。假如他干巴巴地拿出三张设计草图,对方绝不会如此兴趣盎然地与其谈到股市等题外话,谈话也就少了润滑剂般的轻松。

3. 提高声音质量的方法

(1) 认识声音。有人把人的发声器官比做一架管风琴。肺是风箱,由它提供发声的原动力。气流从肺中自下而上,通过气管上升到喉头,声音就由喉部产生。当人们呼气时,使保护气管开端的肌肉(即声带)紧密地挨在一起,以使空气通过声带时能够产生振动。这种振动产生了微弱的声音,然后该声音再穿过咽部(喉咙)、口,以及在某些情况下上升到鼻腔时被抬高产生共振。在这里,口和鼻腔就成了管风琴的两个管,它们不但可以起到扩大音量的作用,还可以任意变换音色。这样,共振后的声音被舌头、嘴唇、腭和牙齿这些发音器官改造,从而形成了语言体系中的声音。

我们认识发声器官,了解声音如何产生,目的是要在有声语言的训练中遵循其活动规律,正确发挥其功能和作用,从而有效地利用它来发出富有表现力和感染力的声音,增强语言表达的效果。

(2) 影响声音质量的因素。现实生活中,去除语言的内容,人们经常能够通过一个人的声音判断出对方的许多信息,如对方的性格、涵养、情绪等;有时甚至单凭一个人的声音就去主观地判断这个人的外貌、形象等特征,尽管判断的结果有时与事实不相符合,这说明声音具有迷惑性。因此声音质量的高低直接影响听众对语言内容和表达者的接受程度。那么,影响声音质量的因素有哪些呢?

① 音域。音域即每个人声音从低音到高音的范围。大多数人运用音高的范围超过8度,也就是音阶上的8个全音。音域的宽窄直接影响到声音的质量。人们在平时交谈时,音域大多在一个八度左右,而常用的也只有四五个音的宽度,但是如果要同时与众多听众进行交流,如演讲或是表达强烈的思想感情时,这样的音域就显得过窄。因为这时表达者不得不用到音域的极限,自己会感到吃力,声音会变得不自然,而带给听者的则是极不舒服的感觉。如果一个人的音域过窄而造成表达上的障碍,则需要专门为此进行训练,以拓宽自己的音域。事实上对于大多数人来说,不在于是否拥有令人满意的音域,而在于是否最好地利用了他们的音域。

② 音量。也就是发出声音的强弱、大小。当人们正常呼气时,膈肌放松,空气被排出气管。当人们讲话时,就会通过收缩腹肌来增加排出空气对振动声带的压力。这种在排出的空气后面更大的力量提高了声音的音量。感受这些肌肉动作的方法是:将双手放在腰部两侧,将手指伸展放在腹部。然后以平常的声音发"啊",再以尽可能大的声音发

"啊",这时我们会感觉到提高音量时腹部收缩力量的增强。微弱的声音,缺乏力度,使有声语言没有表现力,难于表达强烈的思想感情;而响亮、浑厚、有穿透力的声音,则能做到高低起伏,轻重有别,可以增强声音的表现力与感染力。因此,如果我们的音量不够大,则可以通过在呼气时提高腹部区域压力的方法加以锻炼。

③ 音长。也就是声音的长短,它同语速、停顿密切相关,可以影响语言节奏的形成,对声音的质量同样有着不可忽视的作用。语速,也就是讲话的速度。大多数人正常交流时语速为每分钟130~150个字,而播音员的语速一般在180~230个字。可见,对于不同的人,不同的语言环境,语速的差异是比较大的。我们不需要去统一执行哪一个标准语速,因为一个人语速是否恰当关键取决于听众是否能理解他在说什么。通常情况下,当一个人发音非常清楚,并且富有变化、抑扬顿挫时,即使语速很快也能被人接受。

我们一方面要进行良好的训练;另一方面要学会合理地控制这些特征,这样就可以使声音富于变化、轻重有别,从而更加有效地表达语言的思想内容。

(3) 发声练习。我们已经知道,声音的产生并不是单靠哪一个器官完成,而是呼吸器官、消化器官相互协同完成了发声。发音效果的好坏,与呼吸、声带、共鸣器官等有直接的关系。因此,要想提高声音的质量,使自己发出的声音更加富有表现力和感染力,就要从以下几个方面多加练习。

① 控制气息。气乃声之源。一个人气量的大小、能否正确用气,对语音的准确、清晰度和表现力都有直接影响。唐代文学家韩愈曾说过:"气,水也;言,浮物也。水大而物之浮者大小毕浮。气之与言犹是也,气盛则言之短长与声之高下者皆宜。"因此我们必须学会控制好气息,这样才能很好地驾驭声音。在语言交流中要想使声音运用自如、音色圆润、优美动听,就要学会控制气息,掌握呼吸和换气的技巧。

呼吸的紧张点不应放在整个胸部,而应放在丹田,以丹田、胸膛、后胸作为支点,即着力点。使力量有支点,声音才有力度。

a. 吸气。吸气时,要双肩放松,胸稍内含,腰腿挺直,像闻鲜花一样将气息吸入。要领是:气下沉,两肋开,横膈降,小腹收。这样随着吸气肌肉群的收缩容积立体扩张,有明显的腰部发涨、向后撑开的感觉,注意不要提肩,也不要让胸部塌下去。当气吸到七八成时,利用小腹的收缩力量控制气息,使之不外流。

b. 呼气。呼气时,要保持吸气时的状态,两肋不要马上下塌。小腹始终要收住,不可放开,使胸、腹部在努力控制下,将肺部储存的气息慢慢放出,均匀地向外吐。呼气要用嘴,做到匀、缓、稳。在呼气过程中,语音随之一个接一个地发出,从而使有声语言富有节奏。

c. 换气。在语言表达过程中,人们不可能一口气将所要说的内容说完,常需要根据不同内容和表情达意的需要作时间不等的顿歇。许多顿歇之处就是需要换气或补气之处,以保证语气从容、音色优美、防止出现气竭现象。换气有大气口和小气口两种换气方法。大气口是在类似于朗读、演讲这样的表达时,在允许停顿的地方,先吐出一点气,马上深吸一口气,为下面要说的话准备足够的气息。这种少呼多吸的大气口呼吸一般比较从容,也比较容易掌握。小气口是指表达一段较长的句子时,气息用得差不多了,但句子未完而及时补进的气息。补气时,可以在气息能够停顿的地方急吸一点气,或在吐完前一个字时不露痕迹地带入一点气,以弥补底气不足。无声、音断气连,这是难度较大的换气方法。

② 训练共鸣。气流从肺部上升到喉头冲击声带发出的声音本来是很微弱的。但经过喉腔、咽腔、口腔、鼻腔的共鸣,声音就扩大了,这不需经过训练,人人都可以做到。但是,要想使声音洪亮、圆润、悦耳,就需要进行特殊的训练了。

a. 鼻腔共鸣。鼻腔共鸣是由"鼻窦"实现的。鼻窦中的额窦、蝶窦、上颌窦、筛窦等,它们各有小小的孔窦与鼻腔相连,发音时这些小孔窦起共鸣作用,使声音响亮、传得更远。运用鼻腔时,软腭放松,打开口腔与鼻腔的通道使声音沿着硬腭向上走,使鼻腔的小窦穴处充满气,头部要有振动感。这样,发出的声音才会震荡、有弹力。但要注意,鼻腔色彩不能过量,过量就会形成"齉鼻音"。

b. 口腔共鸣。口抬起,呈微笑状,使整个口腔保持一定张力,口腔壁、咽腔壁的肌肉处于积极状态。这样,声带发出的声音随气流的推动流畅向前,在口腔的前上部引起振动,形成共鸣效果。共鸣时要把气息弹上去,弹到共鸣点。声音必须集中,同时还要带上感情,兴奋起来。这样才会达到一个好的共鸣效果。

c. 胸腔共鸣。胸腔是指声门以下的共鸣腔体,属于下部共鸣腔体,它可以使声音结实浑厚、音量大。运动胸腔共鸣时,声带振动,声音反着气流的方向通过骨骼和肌肉组织壁传到肺腔,这时胸部明显感到振动,从而产生共鸣。有了这个底座共鸣的支持,声音才会真实、不飘。

在进行共鸣训练时,扩大共鸣腔要适度,不能无限制,要以不失本音音色为前提。同时,应该学会控制共鸣腔肌肉的紧张度,保持均衡的紧张状态。另外共鸣腔各部位包括肌肉要协同动作,这样声音的质量才能真正提高。

③ 吐字归音。吐字归音是汉语(汉字)的发声法则,即"出字"和"收字"的技巧。我们把一个字分为字头、字腹和字尾三部分,"吐字"是对字头的要求,"归音"是对字腹尤其是对字尾的发音要求。

a. 吐字。吐字也叫咬字。一是注意口型,口型该大开时不能半开,该圆唇的时候不能展唇,尽量使声音立起来;二是注意字头,字头是字音的开始阶段,要求叼住弹出。要做到吐字清晰,发音有力,摆准部位,蓄足气流,干净利落,富有弹性。只有这样吐字才能使声音圆润、清楚。

b. 归音。字尾是字音的收尾部分,指韵母的韵尾。归音是指字腹到字尾这个收音过程。收音时,唇舌的动作一定要到位,字腹要拉开立起,即在字腹弹出后口腔随字腹的到来扯起适当开度,共鸣主要在这儿体现。然后收住,要收得干净利落,不拖泥带水,但也不能草草收住。如"天安门"三个字收音时舌位要平放,舌尖抵住上齿龈,归到前鼻韵母"n"音上。只有这样归音才到位,才能使声音饱满,富有韵味。

(4) 节奏练习。有声语言的节奏是语言中的音节排列组合后体现出的一种均衡和谐的美。节奏的构成主要有重音、停顿、语速、抑扬等。

① 重音。重音是指在句子中某个词语说得特别重或者特别长。重音通常分两类:一类与句子的结构有关,叫作结构重音;另一类与强调某个潜在的语义有关,叫作强调重音。在说话人没有任何强调意思时,句中的结构重音就起作用了,这时的重音是句中组成

成分之间相比较而存在的。例如,在简单的主谓句中,旨在说明主语"怎么样了"时,相比之下,谓语重些。如小王买了(重音在"买")。如果句中有宾语,则宾语较重,如小王买计算机了(重音在"计算机")。如果句中有修饰语,则修饰语较重,如楼上的小王买计算机了(重音在"楼上")。强调重音没有固定的位置,是根据表达者所要强调的潜在意义决定的,但强调重心也不是随心所欲的,要根据上下文意思决定。例如,我们要起诉施虐者(实施起诉的不是别人);我们要起诉施虐者(不是采取别的行为,是起诉);我们要起诉施虐者(起诉的对象是施虐者)。

② 停顿。停顿是指在语言交流中的语句或是词语间声音上的间歇。停顿一方面是我们生理和心理的需要;另一方面它也起到控制节奏、强调重点的作用;同时也是给听者一个思考、理解和接受的时间,使听者更好地理解语义。停顿有多种性质,一是语法停顿,这类停顿基本依据标点来处理,如句号、问号、感叹号的停顿就要比顿号、逗号、分号的长;二是层次停顿,语义的层次需要停顿来表达清楚,这既包括语言中大的意思层次,如一节或一段,也指一句话中的语义的层次;三是呼应性的停顿,如果是一大段的语言内容,往往会出现整体性的呼应或是局部呼应,这种情况声音必须停顿,否则就是造成呼应中断,影响语义的表达,如:这对小燕子,便是我们故乡的那/一对,两对吗?(郑振铎《海燕》)四是音节性停顿,这主要是指节奏感比较强的诗词朗读时,如空山/新雨后,天气/晚来秋;五是强调性停顿,即为了突出句中的某些重要词语,而在这些词语的前或后稍加停顿,如:有的人活着/他已经死了;有的人死了/他还活着(臧克家《有的人》)。

③ 语速。语速是指语言节奏的快慢。它是体现语言节奏、表达思想感情的重要手段。在现实生活中,凡是兴奋、激动,则会语速加快;而沉思、平静时,语速就变慢。因此一方面语速的运用要与内容、情感有关;另一方面也受不同场合的影响。做报告、播音的语速就相对较慢,而讲课的语速则要快一些,最快的则是我们常常听到的体育赛事的转播解说。

④ 抑扬。抑扬是指语调高低升降的变化。这种升降的变化能表达不同的语气。一般来说,下抑的语调表示肯定的或是祈使的语气;上扬的语调则表示疑问的语气;平直、低沉、慢速的语调则表示庄重;平直、快速的语调则表示冷淡;弯曲的语调表示有言外之意或是反语。

以上所说的重音、停顿、语速、抑扬在实际运用中不是孤立的,而是相互配合的,只有这样才能真正使有声语言富有节奏,展示出声音和谐之美。

2.2 态势语言

人们在语言交流中除了借助有声语言外,还需要借助个人形象、动作举止、面部表情、服饰着装等其他手段向听众传递信息,这些非语言的因素就被称为态势语言,也被称作无声语言。它们既可以独立表达思想感情,又可以协助有声语言共同完成信息的传达。态势语言作为一种视觉形象,它在语言交流中起着十分重要的作用。它可以增强语言的感染力度,渲染语言的环境气氛,更能形象地传递信息,更加有效地表达说话者的情感,更直观地昭示心灵,使整个语言充满魅力。

人们在学习语言交流中的态势语言时,容易产生误区:错误地将态势语言单纯地理解成为配合语言而设计的特定态势。这样的理解太过片面。事实上语言交流中的态势语言无时不在,无论我们是否承认,人们在口语交流的整个演讲的过程中总是以某种态势出现在他人面前的,尽管其态势可能恰当,对语言效果产生了积极的作用;也可能不恰当,对语言效果产生了消极的作用。

因此在学习态势语言的过程中,要正确理解态势语言的含义,在训练中能够有效地设计自己的态势语言,修正自身态势语言中的不足,使态势语言与有声语言完美地结合。

1. 态势语言的特点

(1) 形象性。无声语言是以表情、手势、体态等形象性较强的动作进行传达交流,比有声语言显得形象简单而生动,能够直观地表现人的内心活动。比如人们在开心的时候会喜笑颜开、手舞足蹈;悲伤时则愁眉苦脸、捶胸顿足。通过具体的肢体语言和面部表情可以充分了解一个人的心情。即使是内向的或城府很深的人,也会通过表情、动作透露其内心想法。

(2) 普遍性。无声语言因其形象性,显得简单易学,所有的人群皆可以使用。专家研究发现,一个刚刚生下8天的婴儿就会微笑。心理学家认为,这是婴儿对于那种单纯的生理满足——食物、温暖、舒适、安慰等所做出的第一个反应。6个月左右的婴儿已经能够用笑来表达种种复杂的喜悦。

(3) 真实性。西方心理学家弗洛伊德曾有一段经典名言:"任何人都无法保守他内心的秘密。即使他的嘴巴保持沉默,但他的指尖却喋喋不休,甚至他的每一个毛孔都会背叛他。"在交际活动中,人们为了某种目的,往往会克制自己的情绪,隐瞒自己的真实想法。虽然他在语言上体现出礼貌但是有些和语言不一致的行为,却通过其无声语言暴露无遗。比如,有人嘴上说不害怕,不紧张,可手心却会出汗,小腿也在抖动;主人嘴上热情地挽留客人,眼睛却悄悄地看钟表。

(4) 文化性。态势语言在不同的民族文化中有着不同的甚至相反的语义,而同样的态势语言其含义也因民族文化不同而不同。美国人架起腿坐着的时候,习惯于呈平面的4字形,而中国人往往喜欢将大腿压在另一条大腿上。至于美国人好耸肩的动作,中国人则很少使用。第二次世界大战期间,被德国盖世太保逮捕的许多美国情报员,大多数是因为他们用右手拿叉子吃东西,而没有被严格训练成欧洲人用左手拿叉子吃东西的方式,因而露出了马脚。用手指轻击桌面,在国外表示不耐烦,而在我国则表示正在思考。"摇头不算点头算"几乎是各种文化的人们都能接受的常规动作,但是在保加利亚和印度的某些地方,摇头恰恰表示肯定。翘大拇指的手势,在英国、澳大利亚、新西兰都有三种含义:搭车手势、侮辱人的信号,表示5。在表示搭车手势、侮辱人的信号时,大拇指急剧上翘。翘大拇指的手势,在希腊表示要对方"滚蛋",在中国则表示称赞。第二次世界大战期间,英国首相丘吉尔推广了一种手心向外,手指做成V形状以象征胜利的手势。如果手心向内,在澳大利亚、新西兰、英国则成了侮辱人的信号,在欧洲各地则表示2。因此,在使用态势语言时要了解对方的民族文化,以免造成误会。

(5) 多样性。态势语言表现形式丰富,传播载体多样。态势语言遍布全身,几乎从头到脚都可以成为信息的传播载体。一般说来,人们将态势语言分为服饰语言、手势语言、表情语言和方位语言等。此外,虽然讲话时的音量、语调和重音等与口头表达有关,但由于这些语言能够影响信息的传播效果,其特点和运用方法与态势语言十分接近,因此习惯上也归于态势语言的范畴。

(6) 综合性。书面语言和口头语言都具有一定的独立性,可以单独运用,如秘书撰写文本时无须过多考虑其他语言的运用,再如秘书与客户通电话时只需要口头表达等。但是态势语言独立性较弱,单独运用无法获得预期效果,甚至很难单独运用,因此,一种态势语言出现时往往会伴随其他种类的态势语言或者其他语言。例如,某秘书在火车站迎接旅游团时,边微笑边握着旅客的手说:"欢迎,一路辛苦了。"微笑语、手势语同时传递着"热情友好"的信息,加上问候语,给旅客以视觉(微笑)、触觉(握手)、听觉(问候)刺激,给予对方"赏心悦目"的感受。

(7) 变化性。态势语言时代感强,变化频率高。各种语言都必须紧跟时代,与行业的发展变化同步,其中态势语言的变化频率最高。文字和言语的形成是长期历史积淀的结果,在一定时期内会保持相对的稳定,很难发生大的变化,但是态势语言会因不同文化背景而经常改变。比如我国改革开放后受外来文化的影响,OK形手势和V形手势逐渐被人们在交往中大量运用。

(8) 含蓄性。态势语言表达委婉,内容含蓄。书面语言和口头语言直接传播信息,其内容明白、清楚,只要运用得当,一般不会产生歧义。而态势语言是间接传播信息,需要对神态、动作等进行揣摩分析后才能明白,因此这样的信息传递方式就可以将一些不便于直接告诉对方的事情委婉地表达出来。但是,由于人们的文化背景和思维逻辑各不相同,态势语言所传播的信息有可能被误解,因此在运用态势语言时要特别注意。

虽然态势语言在社会交往中能起到很大的作用,但如果使用过多会给人不稳重之感。另外,态势语言传达的信息很丰富,但有些态势语言应坚决避免,尤其面对客户,绝对禁止挖鼻孔、修指甲、抓痒等极不礼貌的态势语言。

2. 态势语言的作用

美国心理学家艾伯特·梅拉比安通过长时间的观察实验得出一个结论:人们在交流中的信息表达由三个方面组成:55%的体态、38%的声调和7%的语气词。由此可见,态势语言在语言交流中的重要作用。人们不可能接受一个面部毫无表情、身体僵化的人滔滔不绝的言论,尽管其语言可能非常流畅。僵化的态势语言向人们传递着某种信息:听众会认为他是一个心理素质极差、缺乏沟通能力、没有思想、毫无生气的留声机,听者是不可能忍受的。相反,一名哑剧演员在台上即使不发声也会使听众完全领会他要表达的内容和情感;交通警察在指挥交通时单凭手势就足以使每一个过往司机和行人明白其意图。人们在语言的交流中如果能够有效地运用态势语,使有声语言与态势语言融为一体,相互补充,言辞接于耳,姿态接于目,两者合二为一,这样才能获得语言交流的成功。

(1) 对有声语言的替代与补充。有声语言作为语言交流中最主要的一种表达手段,是信息传递的主要载体,而态势语言是指语言交流中的姿态动作、手势、表情等。它是流动着的形体动作,辅助有声语言运载着思想和感情,诉诸听众视觉器官,产生效应。"言之不足,故手之舞之,足之蹈之。"态势语言信息含量丰富,虽然在语言交流中处于从属地位,但它却能够替代和补充有声语言,简洁直观,听者一看则明。列宁在演讲中,时常运用富有个性色彩的态势语言。他喜欢以一手下压的动作,表示对当时社会腐朽制度的蔑视和愤怒,而用一手向上前方伸展的姿态,向听众展示光明灿烂的革命前途。他的演讲动作干净利落,带给听众以极大的鼓舞。而斯大林在讲话时,则习惯手拿烟斗,边讲边摇头,这一动作,成为他的独特的演讲风格的一部分。

(2) 对有声语言的突出与强化。在语言交流过程中,会经常出现单凭有声语言表达效果不尽完善的时候。通过态势语言可以对有声语言不便说、不好说或不尽完善的方面加以完善补充,进而起到强化的作用。恰到好处的有声语言表达与自然得体的态势语言相互配合,能够更加形象、准确地传递信息,强化表达的感染力,拉近语言交流双方的心理距离。林肯经常在谈话途中停顿。当他说到一项要点,而且希望他的听众在脑中留下极为深刻的印象时,他会倾身向前,直接望着对方的眼睛,足足有一分钟之久,但却一句话也不说。这种突然而来的沉默和突然而来的嘈杂声有相同的效果,使得在场的每个听众都提高注意力并警觉起来,注意倾听他下一句将说些什么。例如,在他和道格拉斯那场著名的辩论接近尾声时,所有迹象都表明他已失败。他因此感到沮丧。在演说的最后,林肯突然停顿下来,默默站了一分钟,望着他面前那些听众的脸孔,他那深陷下去的忧郁的眼睛跟平常一样,似乎满含未曾流下来的眼泪。他把自己的双手紧紧并在一起,仿佛它们已太疲乏了,无法应付这场战斗,然后,他以他那独特的单调声音说道:"朋友们,不管是道格拉斯法官或我自己被选入美国参议院,那是无关紧要的,一点关系也没有。但是我们今天向你们提出的这个重大问题才是最重要的,远胜过任何个人的利益和任何人的政治前途。朋友们,"说到这儿,他又停了下来,听众们屏息以待,唯恐漏掉了一个字,"即使在道格拉斯法官和我自己的那根可怜、脆弱、无用的舌头已经安息在坟墓中时,这个问题仍将继续存在、呼吸及燃烧。"为林肯写传记的一位作者指出:"这些简单的话,以及他当时的演说态度,深深打动了每个人的内心。"

(3) 对听众情绪的调控与引导。态势语言在语言交流的整个进程对听众会起到微妙的、不易察觉的情绪上的调控与引导作用。人们可以运用态势语言来影响听众,使听众的理解向着有利于自己的方向发展。有时单独依靠态势语言,还能起到"此时无声胜有声"的效果。例如作家方纪在描写重庆谈判前毛泽东在机场登机的文章《挥手之间》中有这样一段细腻的描写:

> 机场上人群静静地立着,千百双眼睛跟着主席高大的身形在人群里移动,望着主席一步一步走近了飞机,一步一步地踏上了飞机的梯子。
>
> 这一会时间好长啊!人们屏住呼吸,一动不动地望着主席的一举手、一投足,直到他在飞机舱口停住,回转身来,又向着送行的人群。
>
> 人群又一次像疾风卷过水面,向着飞机涌了过去。主席站在飞机舱口,取下头上的帽子,注视着送行的人们,像是安慰,像是鼓励。人们不知道怎样表达自己的心情,只是拼命地一齐挥手,像是机场上蓦地刮来一阵狂风,千百条手臂挥舞着,从下面,从远处,伸向主席。
>
> 主席也举起手来,举起他那顶深灰色的盔式帽;但是举得很慢很慢,像是在

举起一件十分沉重的东西。一点一点地,一点一点地,举起来,举起来;等到举过了头顶,忽然用力一挥,便停止在空中,一动不动了。

在这篇文章中,作者方纪通过细腻地描写毛主席在登机前的态势,向人们传达了他此时的心情、愿望。其态势语言胜过千言万语。

(4) 对个人素质的无声展示。态势语言不仅可以补充、替代、强调有声语言,也是一个人思想情感的外化,是个人修养、风度、个性等方面的展示。良好的态势语言,能够提升一个人在听众心目中的地位,从而建立一种信任,同时还能给听众带来美好和谐的审美愉悦。而不当的态势语言则会降低其在听众心目中的地位,影响听众对其语言信息的接收。例如,一个人举止从容,说明其为人冷静;慌慌张张说明其不够自信或是缺少条理;面部微笑,说明心态阳光,对听众友好;而面部僵化说明其历练不足或是心理素质欠佳等。无论我们是否有意识地使用着态势语言,我们总是以某种态势出现在听众面前,而这种态势能够把人性格特征、内在涵养等方面的信息无声地传递给听众。态势语言既是一个人德才学识等各方面修养的外化,也是其特有的行为气质的外在方式,《世说新语·容止》载:"魏武将见匈奴使,自以形陋,不足雄远国,使崔季珪代,帝自捉刀立床头。既毕,令间谍问曰:'魏王何如?'匈奴使答曰:'魏王雅望非常;然床头捉刀人,此乃英雄也。'魏武闻之,追杀此使。"虽然曹操装扮成地位低下的卫士,可是,曹操高度的政治、军事文化素养,长期养成的封建时代的政治家的特有气质,并没有被他矮小的身材所掩盖,而被匈奴来使一语道破。

3. 态势语言的构成

在美国一个现代化的养蜂场中养了几百箱的蜜蜂,每一个蜂巢里都被装上一面很大的放大镜,只要按下按钮,蜂巢内部就会被电灯照得通明。因此,任何时候,不管是白天或夜晚,这些蜜蜂的一举一动都能被很细致地观察到。在语言交流中,表达者的情况也与此相似,听众都在用心观察,以期更好地理解其意图,所有的眼睛都看着他。在这种情况下,他个人外表上最微小的不协调之处,就显得格外醒目。所以在语言交流的训练中,态势语言训练至关重要,尤其在细节处理上。态势语言主要包括目光语、表情语、体态语、手势语四个方面。

(1) 目光语。"眼睛是心灵的窗户",眼睛是最能传神的,是口语交流中表达感情信息的重要渠道,会产生很强的感染力。兴奋、热情的目光会使听众高兴;和蔼、关切的目光会使听众感到亲切;坚定、自信、充满希望的目光会使听众受到鼓舞;冷峻如剑的目光会使听众毛骨悚然;充满仇恨的目光会使听众怒火中烧。因此,应注意运用目光语来表达内在的丰富感情。目光语主要体现在时间、部位、方式三个方面。

① 时间。实验表明,在整个语言交流过程中,双方的目光相接累计应达到50%~70%的时间,只有这样,才能在彼此间建立起信任和喜欢。如果目光相接不足全部交谈时间的1/3,则表示对交流内容不感兴趣。还要注意的是,在语言交流中除关系十分亲密外,一般连续注视对方的时间应在1~2秒内,否则会给对方造成不舒服的感觉。如果长时间对异性注视或是上下打量,这都是不合礼仪的行为。

② 部位。目光语的部位在场合不同、对象不同的情况下而有所不同。在业务洽谈、

交易磋商、贸易谈判等这些公务活动，目光停留的部位是对方的前额至双眼这一区域，显得认真严肃、有诚意、积极主动，容易把握交谈的控制权。在大多数的社交场所，目光停留的部位则是对方的双眼至嘴这一区域，显得友善尊重，富于关切。而对于异性之间，特别是恋人之间目光则更多停留在对方的双眼和胸部之间，对于关系并不密切，甚至陌生人之间，这种目光语则是不合礼仪的。

③ 方式。目光语的使用方式主要有以下三种：一是环视法。这是用眼睛环视听众的方法。在环视过程中要做到神态自然，视线在全场按一定部位自然地流转，环视场内听众。这种目光可以控制听众的情绪，了解听众反映，检查语言表达的效果。但头部不可大幅度地转动，以免扰乱听众视线，分散听众的注意力；也不可以过于呆板，使听众感到僵化而无生气。二是注视法。这是把视线集中到某一听众或某一区域，只同个别或部分听众交流的视线，以对听众做比较细致的心理调查，启发引导全场听众专心听讲，或制止个别听众在场内小声议论、搞小动作等。但注视个别听众时目的要明确，时间不宜过长，能让听众充分理解其意图即可。三是虚视法。这是用眼睛似看非看的方法。虚视要求睁大眼睛面向全场听众而不专注某一点，使每一个听众都感觉到被注视。这种目光能够控制全场，可以克服语言交流中的怯场心理；在回忆和描述某种情景时，还可以表示思考，带领听众进入想象的理想境界，使听众受到优美意境的熏陶和感染。目光语必须注意与面部其他表情协调一致，与有声语言密切配合，而且反应要灵敏、自然、和谐，不可随意挤眉弄眼，生硬做作。运用虚视法，要做到"目中无人，心中有人"。

(2) 表情语。面部表情能反映一个人的内心，它是"心灵的镜子"。这面镜子，是由脸的颜色、光泽、肌肉的收与展，以及脸面的纹路所组成的。它以最灵敏的特点，把具有各种复杂变化的内心世界，如高兴、悲哀、痛苦、畏惧、愤怒、失望、忧虑、烦恼、疑惑等最迅速、最敏捷、最充分地反映出来。面部表情包括眼、脸、眉、口四个部分。因为前面的内容已对目光语进行了详细的阐述，在此对面部表情中的"眼"就不再重复，只阐述其余三个部分。

① 脸。脸的表情依靠脸面肌筋动作和肌肉颜色、纹路的变化，而脸面肌肉颜色纹路的变化又跟脸面肌筋动作的变化密切相关。一般是"愉快""和谐""善意"的表情，脸上肌筋动作都向上；"不快""悲哀""痛苦"的表情，脸上的肌筋动作都向下；若在感情剧烈的时候，脸上的肌筋动作，一部分向上，一部分向下，一部分向左右牵扭，失去其和谐性。我们在训练表情语时，可以选择一些感情丰富的演讲词，经过认真研读领会之后，带着感情对镜子训练面部表情，使面部表情能够准确鲜明地反映出自己内在的真实感情。

② 眉。眉和目相连，眉目常联合传情。如眉目低垂，表示冷漠；眉目骤张，表示恼怒；双眉紧锁，表示忧愁；眉飞色舞，表示兴奋等。在运用表情语时，眉的动作变化，必须和眼睛变化协调配合。

③ 口。口形变化能够表情达意。具体情况有以下几个方面：口角向上，表示"高兴""愉快""谦逊"；口角向下，表示"忧愁""失望"；嘴唇紧闭，口角向下，表示"厌恶""不满"；嘴唇微开，口角向下，表示"悲哀""痛苦"；口大张，表示"畏惧""恐怖"；口角平直而嘴紧闭，表示"警惕""坚定"；口角平而嘴唇颤抖，表示"气愤""激动"等。上述口形与脸面、眼神要协调配合，不能截然分开。

语言交流中，人的表情主要在面部，它受着两种因素的制约：一是对听众的态度；二是所讲内容。对听众的态度,表情的基调应是微笑,它是"招人喜欢"的秘诀;就内容来说,表情应丰富,喜怒哀乐都可出现。

比如有位推销员,他出现在客户面前时,全身散发出一种气息,仿佛在说他很高兴能来到这儿,他很喜欢他即将进行的推销工作。他总是面带微笑,而且显得十分乐意见到客户。因此,很快地,他的客户必然会觉得他十分亲切,而对他大表欢迎。

(3) 体态语。我们常说"坐有坐相,站有站姿""立如松,坐如钟,卧如弓,行如风"。这些体态规范在语言交流中虽然不必完全效仿,但我们却要明白,稳定优美、舒适自然的体态,有利于塑造一个人良好的形象。体态语主要指站姿、坐姿、移动。

① 站姿。脚是整个人体的底盘,脚的姿势关系到人的"站相"。而且许多姿态发源于此,站立姿态适当,会觉得全身轻松,呼吸畅快,易于旋转,让听众看着顺眼、舒适,体现着一种体态美、形象美。语言交流中表达者的体态、风貌、举止、表情都应该给听众以协调平衡以至美的感受。演讲家曲啸说:"听众就是演讲者的镜子,而且是多棱镜,从各个角度来反映演讲者的形象。要想从语言、气质、神态、感情、意志、气魄等方面充分地表现出演讲者的特点,也只有在站立的情况下才有可能。"恰当的站姿主要有以下两种。

一是"丁"字式站姿。站立的姿势,一般提倡"丁"字式。一只脚在前,一只脚在后。两脚之间呈90°垂直的"丁"字式,两腿前后交叉距离以不超过一只脚板的长度为宜。站立时,全身的力量都应集中在前脚上,后脚跟略微提起。其中,右脚在前,左脚在后,可称之为"右势丁字形";左脚在前,右脚在后,可称之为"左势丁字形"。这种"丁"字式站姿用于表达强烈的感情,有利于调动听众的兴趣和情绪。运用"丁"字式站姿需要注意的是两脚不宜紧靠在一起,否则会显得呆板,没有精神;两只脚不要平行地放在一条直线上,因为两腿所构成的平面,与前排听众的视线构成平行状态,如果身体的重力均等落在两只脚上,就会形成机械对称,失去对比,不仅毫无美感,而且直接影响语言的效果。

二是"稍息式"站姿。"稍息式"站姿是两脚之间任何一脚略向前跨步,两脚之间呈75°角,脚跟距离在5寸左右。这种站姿要求两腿均须直立,一身力量多半集中在后脚。前脚只有辅助作用。在交流过程中,也可以根据需要随时变换左势和右势。要改变站姿时,只要后脚前进一步,变左势为右势,或变右势为左势即可。"稍息"式站姿在语言交流中广泛运用,特别是在说理、达意、传知等场合时,一般都用这种形式。

除此之外,站姿应注意收腹挺胸,做到"松而不懈,挺而不僵"。要克服不良的习惯动作:身子东摇西晃,背着手来回走动,以脚尖"打点",紧张时抓耳挠腮等。

② 坐姿。优雅美观的坐姿,不仅能塑造完美的自我形象,还可以减轻自己的疲劳。男性坐着的时候,要抬头、挺胸、收腹、两眼平视对方、两腿与肩平齐,要表现出男性的自信与大方。女性的坐姿与男性要求不同,强调坐姿要优雅,要求坐在凳子的1/3或1/2处,不要靠椅背,胸脯不要靠前桌,身体稍稍向左或右侧15°为宜,一只脚的拇指紧接着另一只脚的脚跟,膝盖并拢。不论是男性还是女性,都切忌"跷二郎腿",如果"跷二郎腿"还轻轻抖动,这就会传达出说话者漫不经心、懒散、对话题不感兴趣等信息。长时间的交流,可采取坐姿和站姿相结合。这样既可减少自己的劳累不适,也能形成一种"动静相济"的效果。动静结合更能突出表达所注重的思想情感。罗斯福认为交流的技巧在于:"亲切、简短、坐着说。""坐着说"比较随便,这对于"拉家常"式的交流较为适合。

③ 移动。移动是指整个身体的运动。在语言交流中,有的人自始至终都会完全静止地站着,而有的人则可能不断走动。动与不动的原则是,如果没有移动的理由,最好的做法是站在原地。理想的做法是移动应该有助于强调过渡、强调观点或将注意力吸引到语言内容的一个特别的方面。避免不自觉的运动、跳动或是摇晃,不停地左右换脚,从场地的一侧走到另一侧。这都会给听众造成眼花缭乱之感。

（4）手势语。"手是人的第二张脸",手的动作是态势语言的核心。在整个态势语言中,手势使用频率最高,作用也最明显。它不仅能够表情,还会达意。一些人上台讲话时,不能用、不会用或乱用手势,是因为缺乏手势语运用的严格训练。

① 手势语活动范围。手势语活动范围分为上中下三个区域。上区（肩部以上）：手势在这一区域活动,多表达积极、宏大、激昂的内容和感情。如表示坚定的信念,殷切的希望,胜利的欢呼,幸福的祝愿,愤怒的抗议等。"让我们扬起风帆,向着光明的未来奋勇前进!"右臂向斜上方打出,表示奋斗的决心。中区（肩部至腹部）：手势在这一区域活动,多表达叙述事物和说明事理。一般表示比较平静的心情。"请相信我,我一定会做好这项工作的。我虽没有名牌大学的文凭,但我有勇于进取,敢于负责的品质。"右臂抬起,手抚心区,表示忠诚。下区（腹部以下）：手势在这一区域活动,多表示否定、不悦、鄙视、憎恶和厌弃的内容和情感。"考试作弊,这是令人不齿的欺骗和盗窃行为。我们着重承诺,此类行为决不会在我们中间发生!"右后臂向胸前,然后迅速向斜下方打出,表示厌恶、憎恨。

② 手势语分类。手势语具体分为情意手势、指示手势、象征手势和象形手势四种。情意手势是随着语言内容的起伏发展而用来表达自身思想感情的手势动作。如指心表示忠诚,抚胸表示悲哀等。指示手势是在交流过程中显示听众视觉范围内的事物的动作。如在说到你、我、他和这边、那边时,轻轻用手指示一下,使听众产生一种形象化的感觉。象征手势是伴随内容高潮的到来,用来引发听众心理上的联想的一种行为动作。如讲到"队友们,让我们团结起来,共同奋斗吧"时,可以把手果断地向前方伸出,以示未来,体现着一往无前的精神。象形手势可以模拟事物形状引起听众联想,给听众一个具体明确的印象。如："什么是爱？爱不是索取,而是奉献!"双臂在胸前平伸,臂微弯,手心朝上,模拟心状物。

另外,手势中手指的作用也是不可以忽视的,它可以表示数目,可以指点他人和自己。当对某人表示崇敬、赞扬之意时可伸出大拇指。拳头的动作相对来说少一些,它一般用来表示愤怒、决心、力量或警告等意思。但不到感情激烈时不要用,而且不可多用。

4. 态势语言的运用要求

在人们的语言交流过程中,有声语言始终起着主导的作用。态势语言对有声语言的辅助、补充、替代与强化作用,表明态势语言只是完成表达任务的手段而不是追求的最终目标。因此,对态势语言的运用要注意符合以下要求。

（1）自然真实。自然真实是与交流双方建立信任的基础,这是对态势语言运用的最基本要求。孙中山曾经这样告诫人们："处处出于自然。"动作生硬,刻意表演,姿态做作,如背台词一般,这种态势会使听众感觉别扭,不真实,缺乏诚意,矫揉造作除了能够使听众心生反感之外,起不到任何积极作用。

（2）符合个性。卡耐基比喻一个人的手势，就如同他的牙刷，应该是专属于他个人使用的东西，人人各不相同，只要他们顺其自然，应该每个人的态势语言都应各不相同。我们可以学习他人得体的态势语言，但并不是完全复制，否则就失去了风格。生活在不同时代、不同文化、不同国度的人其态势语言的风格也会有所不同。例如，观察当代的中国领导人和美国领导人，在语言表达中通过态势传递的个性都是不同的。因此，在态势语言的学习上，要结合自身个性特点、训练态势。例如，一个人如果平时就比较安静，与人交谈时不喜欢用手势，那么在交流中也不必一定要加入手势，因为使用者首先自己会感到别扭，所做出的手势往往就会僵硬，不够自然。

（3）服从内容。口语交流中的一举一动、一颦一笑，都应目的明确，与语言的内容一致，服从语言内容的要求，从而切实起到传情达意的需要。同时要善于随着语言内容、情感的变化，适当地变换动作和姿态，以期生动活泼，富于魅力。如果交流的内容是一个相对严肃的话题，那么态势语言也应庄重严肃；反之，如果交流的内容是一个相对轻松的话题，那么态势语言也应活泼轻松。

（4）合乎礼仪。在上述原则基础上，表达者需要修正自己的态势，使其符合礼仪规范的要求。因为态势语言可以无声地向听众展示着个人素质。态势语言的举止优雅、彬彬有礼、张弛有度可以显示出表达者良好的教养和从容自信的内涵，从而使听者加深对其个人魅力的认同。如果一个人态势上粗鲁无礼、缺乏修养，那么他很难在听众中建立起信任。美国总统尼克松在他的《回忆录》中对周恩来总理的谈话风度作了如下描述。

> 周恩来的敏捷机智大大超过了我能知道的其他任何一位世界领袖。这是中国独有的、特殊的品德，是多少世纪以来的历史发展和中国文明的精华结晶。他做人很谦虚，但透着坚定。他优雅的举止，直率而从容的姿态，都显示出巨大的魅力和泰然自若的风度。他从来不提高讲话的调门、不敲桌子，也不以中止谈判相威胁来迫使对方让步。他在手里有"牌"时，说话的声音反而更加柔和了……在谈话中，他有四个特点给我留下了不可磨灭的印象：精力充沛，准备充分，谈判中显示出高超的技巧，在压力下表现得泰然自若。

从这段话中我们可以看出，周总理的态势语正是他的智慧、品德的外在表现。

为了使自己的态势语言自然得体，在日常训练与运用中必须注意以下几个问题：一是不要与内容脱节。如一位演讲者在说完"让我们张开双臂，迎接这个春天吧！"之后才生硬地举起双手，这样就破坏了和谐美。二是不要夸张、表演。无"雕饰"的态势语言才会给人以美的享受，否则只能产生负效应，如一位演讲者最后说到"我们要勇往直前！"时，她前腿弓，后腿绷，右手伸向斜上方来了个造型，使全场哗然。三是不要过频过滥。在交流中，态势语言毕竟是一种辅助性的手段，决不能喧宾夺主。无目的重复"掏心"动作，不仅没有任何意义，而且会使听众眼花缭乱，破坏语言的效果。四是不要生硬模仿他人。每人讲话时都有自己的动作习惯，态势语言的设计要根据自身的条件加工提炼。五是不要违反礼仪规范。如莫名其妙地傻笑，眼睛望着天花板，不时地用眼睛瞟向听众，东摇西晃，抓耳挠腮，挖鼻孔揉眼睛，手无处可放等。

对于商务人员，尤其是销售人员来说，平时的工作主要是以沟通为桥梁，要重视态势语言,更要善于借助态势语言来表情达意。如果你希望给客户一个好印象,那么就要在手势、眼神、站姿以及坐姿等方面下功夫,纠正那些不雅的、负面的肢体语言,具体如表2-2所示。

表2-2 销售人员应遵循的正确的肢体语言

名称	正确的肢体语言	错误的肢体语言
手势	(1) 在指点物品时,若所指物品较大,应用全手掌指出;若所指物品较小,只用食指去指就行了,同时要注意掌心朝上 (2) 在给客户带路时,销售人员应对客户说"请往这边走",同时全掌伸出,手指指示走路方向,手掌朝向对方 (3) 做手势时要配合肢体其他动作,单是打手势会让客户感觉不适	介绍产品时,用手背对着客户来指引其观看产品说明书,这会让客户觉得你不够坦白,因此要纠正
眼神	(1) 在与客户沟通时,销售人员的目光应注视客户眉宇之间的三角区域。此外,客户鼻子、嘴巴和下巴等也可作为重点关注区域 (2) 销售人员自己讲话或聆听客户讲话时,应不时地注意一下对方的眼睛 (3) 在客户提出特别请求或面谈即将结束时,销售人员可以把视线集中在客户的眼睛部位,这样会使客户产生亲切感	注视客户某一部位的时间过长,会给对方造成一种压迫感;如果目光游离,又会让对方觉得冷漠
站姿	(1) 正确的站姿是做好行礼、打招呼等后续动作的基础 (2) 销售人员站立时应一脚稍微在前、另一脚靠后并将重点放在后脚 (3) 销售人员在与客户沟通时,尽可能地站在客户的左边而不是正对面,否则会给客户压迫感	站着时不断地摇晃肩膀或不断地倒换双脚,这会让客户认为你不耐烦,想尽快结束谈话
坐姿	(1) 就座时最好坐满整个椅面,但背部不可靠着椅背 (2) 坐着时,身体基本保持正直,可微前倾,双手端正地放在两腿上 (3) 女士应双腿并拢,男士的两膝盖间应保持在一个拳头左右的距离	坐在椅子上时,两腿向前伸得长长的,或跷起二郎腿晃来晃去,这会令客户反感,也不礼貌

(资料来源:王宏.每天一堂销售口才课[M].北京:机械工业出版社,2014.)

2.3 心理素质

美国权威杂志《读者文摘》曾在全美范围作了一次关于"你最害怕什么"的调查,调查结果显示,许多人最怕的是"当众说话",而"怕死"反而排在了第六位。言语表达能否成功在很大程度上取决于说话者的心理素质,因为心理素质很大程度上决定了说话者能否在表达过程中镇定自若地面对听众,能否充分发挥自己的口才水平。

这里我们着重探讨一下口才与心理素质的关系以及心理素质的培养途径与训练方法。

1. 口才与心理素质的关系

心理素质是指一个人的思想、观念、情感、意志的修养和能力,是先天遗传和后天教育的综合。在一般情况下,心理素质可包括个性品质、心理健康状况、智力和非智力的因素、自信心和自我认识能力等内容。对商务人员来说,良好的心理素质对商务口才的发挥具有很大的促进作用。口才与心理素质是互相作用、密切相关的。

(1) 心理素质是口才的基础。人人都要说话,但并非人人都会说话,更不是人人都具有口才。一个人口才的好坏,与其本身的素质,尤其是心理素质有很大关系。一个人的性格、气质、心理定式、成功欲、自信心、自制力、需要、兴趣等心理因素对口才都有着重要影响。口才表达中的人的心理由心理过程和个性心理组成。心理过程包括认识过程、情感过程和意志过程;个性心理包括个性倾向和心理特征。[①] 这里我们从以下几个主要方面予以介绍。

① 气质。目前心理学家普遍认为,人的气质主要是由遗传决定的,可分为胆汁质、多血质、抑郁质和黏液质四种。不同气质类型的人在进行口语表述时会有不同特征表现:多血质的人就像春天,具有外倾性。其特征是活泼好动,思维敏捷,善于交际,做事粗枝大叶,所以在群体中语言富有感染力,表情生动,在人群中比较受欢迎。但是喜怒易变,注意力易转移,所以对事物的热情持续不长。此类人在当众讲话时需要控制好自己的注意力,保持交流的热情。胆汁质的人就像夏天,具有外倾性。其特征是热情兴奋,直率坦诚,乐观向上,所以在说话时毫不怯场,情感强烈,但言辞上不讲求策略,率性而为,无意中个别表述会惹恼听者,使得沟通无法进行下去或当面遭到对方言语上的反击。此类人在当众讲话时需要控制自己的情绪,三思而后行。抑郁质的人就像秋天,其特征是沉稳、细腻,多愁善感,富于想象,优柔寡断,遇困难易畏缩,与人沟通时主动性较差。所以在说话时善于控制感情,言辞能经过深思熟虑后再出口,让听者一般都能接受。但在紧急关头缺少了当机立断的魄力,有时就失去了良机,难于让听者心理上认同其行为。此类人在当众讲话时只需在紧急关头果断地拿出自己的决定,便会受到听者的欢迎。黏液质的人就像冬天,特征是富于理性,情感不外露,自制力强,善于完成长时间注意集中的工作,但行动缓慢,不善于随机应变,所以在说话时不轻易表达自己的观点,遇事冷静处理,在按部就班之中完成自己的表述,难见创新之举,容易让听者失去兴趣感到枯燥。此类人在当众讲话时需要恰当表达自己的内心情感,改变一些不痛不痒的表达方式。

② 性格。性格是指人在社会生活中所形成的,对现实稳固的态度及与之相适应的习惯化了的行为方式的个性心理特征。不同的性格在口语表达中有不同的特点,对口语整体风格的形成有着很大影响。例如,性格内向的人,说话常常是一本正经,喜欢辩论,容易恼怒,在大众面前常常局促不安,易为赞赏所打动,不愿意受人差遣,意见易趋于极端。性格外向的人表现欲和表现力都较强,感情强烈外露,说话流利,不喜欢固执争辩,判断迅速,不愿意追根问底,在大庭广众面前落落大方,不介意别人的批评,服从命令,很容易理解别人的言语和动作,但是其行为往往不太稳定。中间型性格的人为数较多,其特点兼而有之。

③ 自信心。自信是人类一切创造活动的心理前提,也是口语交际正常进行的心理动力和心理支柱,没有自信就不会有主动的口语表达和成功的人际交往。自信心是人们对各类活动有无成功把握的估计判断及其心理定式。一个人如果对自己的口语表达有成功的把握,就表示他具有强烈的自信心,而强烈的自信心可以使交际者情绪高昂,思维活跃,

---

① 汪彤彤,王平.商务口才实用教程[M].北京:中国人民大学出版社,2011.

智力进入最佳状态,交际潜力得到最大的发挥。相反,一个人如果总是害怕、担心当众说话,不敢大胆地进行必要的交际,或在口语交际中不能充分地发挥自己的潜力和水平,常常是因为怀疑自己的能力,就表示他缺乏自信心。自信心的缺乏往往带来口语表达的障碍和人际交往的失败。自信心的强弱可以通过不断地实践来调整。语言表达者通过语言、语音、语调、仪表、仪态等方面的不断练习,面对听众就能做到镇定自若、热情果断、言语流畅,就能获得良好的表达效果,自信心也会随之大增。

④ 自制力。自制力是指克服自己不良情绪的心理能力,即根据需要对自我情绪和情感进行调节和控制的能力。我们常听到这样的话——"我气得(吓得、急得、激动得、高兴得……)说不出话来"。过度的兴奋、忧虑、恐惧、厌恶、恼恨,尤其是过度的愤怒,不仅常常抑制人的口语表达水平的发挥,还常常使人失去理智而说蠢话做蠢事,使交际砸锅,有的甚至造成终身的遗憾。所以,要进行正常有效的口语交流,提高自己的口才水平,必须学会在任何情况下,都要克制自己的不良情绪。总之,自制力是意志力的表现。锻炼自己的自制力,有效控制自己的不良情绪,是实现成功表达的重要保障。商务人员不能被不良情绪控制,而要控制住自己的不良情绪。

(2) 口才是心理素质的集中体现。"闻一言而知贤愚",口头交际是最直接、最及时、最省事、最经济、最有效地了解人的志趣才能的"窗口"。在口头交际中,人的才、学、胆、识等,都能显露出来。随着就业压力的增大,每一位大学生毕业后都面临着自主择业、双向选择。各个公司、企业招聘各类人才,几乎都要进行面试。据调查,许多应聘失败者,在自我介绍或回答考官问题时表现为脸红心跳、语无伦次、词不达意,而那些应聘成功者则显得从容大方、不卑不亢,口语表达有条理,回答问题机智幽默。后者的成功得益于经常的口才锻炼。我们身边充满挑战和机遇,而机遇的获得,又是与口才紧密相关的,因为通过谈吐才能让别人对你有更深一层的了解,也就更容易取得信任并被委以重任。所以孔子说:"言以足志,文以足言。不言,谁知其志?"

(3) 口才可对改善心理素质发挥作用。良好的口才需要以较高的心理素质为基础,反过来,经常性的口才训练又可以有效地促进思维的发达,培养大学生的主体意识,帮助其克服自卑感和实现自信,并使其观察力、记忆力、想象力、应变力及创造力等综合能力得到协调发展。现代社会,开放的程度越来越高,人们的交际越来越频繁,关系越来越错综复杂。只有具备良好的口才,才能更好地与人沟通思想,交流感情,学会与人相处合作,为工作和生活创造和谐的人际关系环境。

2. 心理素质的培养途径

(1) 增强自信心。自信心是交际取得成功的首要条件,是指一个人对自身能力与特点的肯定程度,是人的意志和力量的体现,是良好的语言形象的重要组成部分。一个人的自信心不是与生俱来的,而是后天培养起来的。商务人员,尤其是刚涉足职场的年轻人,不要总想把一段话讲得尽善尽美,不出现丝毫纰漏,那样反而会在心理上造成一种不必要的压力。为了保持心理上的优势,一要消除自卑感,不必过多顾虑自我形象如何,只有做到"心底无私",才能感到"天地宽阔",自身的才气才会得到较好的发挥。二要正确对待听者,要了解环境和对象。要使语言富有感染力、说服力,就要尊重公众,放松情绪,不要一看到听众表情上的变化,便影响到自己的表达,给自己增加新的压力。三要有充分准备,对于自己说话的内容,尽可能事先想好,力争做到深思熟虑、胸有成竹,力求见解新颖、立论有据。同时,在语句搭配、表达方式上也需做必要的准备,有条件的还可事先加以练习。这样在语言表达过程中会表现得流畅自然,不致说到半截卡壳,也不会因发生意外情况而心慌意乱。

(2) 提升自控能力。提升自控能力首先要确定明确的目标,把握言语表达的方向,其次要能够控制情绪,保持头脑冷静、清晰。在进行语言表达时,目标越明确,自我控制能力也就越强。这就要求我们学会通过意志行动来自我控制,努力集中注意力,遇事冷静,消除不良心理的影响,努力控制愤怒、不满和恐慌等情绪,克服其干扰,从而从容化解危机。以控制愤怒情绪为例,介绍一下制怒的几种方法。

① 智慧克敌。对那些引起发怒的事,要看得破,想得开,放得下,以宽广的胸怀去对待。一时看不破,就想想发怒的害处和不发怒的好处。

② 目标监控。苏轼说,那些能够"卒然临之而不惊,无故加之而不怒"的人,是因为"其所恃甚大,而其志甚远(目标志向远大)也"。在交际过程中,如果能够始终牢记交际目的,就一定能控制住自己的不良情绪,而不会"小不忍而乱大谋"。

③ 转移注意力。瞬间或短时间将注意力转移一下,有助于控制不良情绪。

④ 养成忍的习惯。事到临头,依靠强忍也可制怒。强忍不是高明的办法,但养成忍的习惯后,也往往很有效。

(3) 培养语言风度。语言风度是指一个人内在气质的语言表现,是一个人的涵养的外化。一个人风度翩翩,会使他具有强烈的人际吸引力,使人仰慕不已。使自己的语言具有风度,是塑造语言形象的重要途径。

培养语言风度,首先要提高思想修养。风度是一种品格和教养的体现。俗话说:"慧于心秀于言。""胸有诗书气自华。"如果没有远大的理想抱负、造福于人类的美好心灵,没有正义感、助人为乐、平等待人等高尚的道德情操,没有广博的知识储备、较高的文化素养、优雅的生活情趣,那么其语言必然粗鄙、不雅,毫无魅力可言。所以,代表组织整体形象的公关人员更应注意从这一根本点入手,培养自己的风度。其次要使语言风度与自己的性格特征相吻合。风度是一种特征表现,各种不同的风度增添了人们交际的风采。商务人员要使自己成为成功、高雅的交际者,就应根据各自的气质、性格、特点来塑造自我风度,切勿东施效颦。正如卡耐基所说:"不要模仿别人。让我们发现自我,保持本色。"再次要注意修饰仪表。日本企业家松下幸之助平时穿着随便,不拘小节,头发很长。有一次,他理发时,理发师批评他说:"您是公司的总经理,一言一行都代表着整个公司,却这样不重衣冠,别人会怎么想?连总经理都这个样子,他公司的产品还会好吗?"理发师建议,今后理发应到东京去,松下觉得很有道理,从此开始重视自己的仪表了。商务人员作为组织的代言人,更要注意自己的仪表,服饰要整洁大方,显示个性,富有美感,同时注意发型和美容。当然,要塑造外表美,必须从培养和提高内在素质入手。

(4) 提高应变能力。所谓应变能力,就是讲话者针对交流过程中出现的不利因素,机智地调整讲话内容或仪态等,以适应现场变化的快速反应能力。它能反映出讲话者应付、处置各种突发情况的心理素质。它要求讲话者即时、快速现场反应。随机应变是根据交际情境应对和变化,应注意几点:一是根据说话对象的基本情况决定说话策略;二是观察、分析交际对象的心理、心情变化,及时调整说话策略;三是利用交际场合中的其他情境因素(周围人的言行、交际的时间、交际的空间状况、交际时的天气、现场的各种声音和物品)借机发挥、借势发力。例如,王先生开了一间餐厅,生意兴隆。一日餐厅打烊又遇夫人河东狮吼,王先生情急之下钻到桌下,恰好客人返回来寻找丢失的东西,正好撞见,进退尴尬。这时八面玲珑的王太太急中生智拍了拍桌子:"我说抬,你非要扛,正好来了帮手,下次再用你的神力吧!"王先生顺坡下驴大夸夫人想得周到,一场面子危机轻松化解。

3. 心理素质训练方法

心理素质训练方法主要有思维训练和听知能力训练。刘洪秋、刘志彬对此开展了研究,现介绍如下。

(1) 思维训练。思维是人脑对客观事物的特征和规律性的一种反应过程。这一过程的基本内容是分析、综合和概括。人们为了揭示事物的本质,必须进行分析、综合、概括的思维活动。这一活动,凝聚着人们复杂的脑力劳动和心理过程。进入21世纪,创造性思维训练成为训练的重点,通过创造性思维训练以求使人们的认识能摆脱思维的单一性和僵化,突破原有一般性思维的框框。

① 一般性思维训练。这包括观察力训练、条理性训练和概括力训练。

首先是观察力训练。一般性思维训练,要在观察或实践获得大批感性材料的基础上进行。不掌握丰富的材料,就不可能做出科学的论证和思考。因此,一般性思维训练的第一步,就应该从训练观察力入手。什么是观察和观察力呢?观察,就是有意识、有目的地仔细察看客观事物和各种现象的过程。观察力,简言之就是能准确察看客观对象的能力。观察力训练有以下方法:一是静物观察。可集中注意力看一个物体,如一把茶壶、一盆鲜花,或一件工艺品、一张油画等,限定时间看1～2分钟,然后把实物拿走,背述物体的形态、花色、图案、特征等,要说得准确,切合实际。二是环境观察。它既包括对自然环境的观察,又包括对社会环境的观察。要善于从千变万化的景象中、从纷繁复杂的人际关系中抓出重点。如观察自己的家庭、单位、社区这些身边最熟悉的景物。抓重点,就是抓环境中最有特色、最能说明问题的部分。这一训练可以培养观察力和思维力综合运用的能力,从纷繁复杂的事物中,抓住人与物的相互关系。三是人物观察。人物观察是观察的重点,可先从周围的人开始。如给同事"画"(口述)肖像:请同事们用1～2分钟时间描述大家熟悉的一位同事。从人物的容貌、衣着、神态、习惯等进行观察,揭示人物的精神面貌和性格特征,然后请同事们说出人物的姓名。此外,还可以观察人物的行为,做动作过程的口头描述。这一观察,既要注意动作的外部表现,更要注意动作表现的内心活动;既要抓住体现人物个性的行为,又要抓住体现人物特征的依据。

其次是条理性训练。思维的条理性,是客观事物条理性的反映。表现在口语表达中,就是一个人说话的思路。客观事物无论怎样纷繁杂乱,总是有一定条理或规律可循的,人们的认识也必然按照一定程序,由浅入深、由此及彼、由表及里地进行。在说话之前,先想好说什么,先确定中心,再安排层次。先说什么、再说什么、后说什么、哪些地方需要交代、哪些地方需要呼应、哪些地方详说、哪些地方略讲、哪些地方用哪些材料,都要想得有头有尾、有条有理。做到了这一点,说话就能连贯、条理分明、无懈可击。语脉训练有以下方法:一是变更结构顺序训练。变更结构顺序,是改变思路、调整思维的训练。可把插叙的文章,用口述方式变为顺叙;也可把倒叙的文章,口述为正叙或插叙。二是分类训练。分类训练是进行语脉训练的一种行之有效的方法。因为,分类首先要对所得到的材料进行梳理,使之条理化、语脉清晰。分类是明确概念的外延的方法,也就是根据一定的标准,把一个属概念分成几个种概念。

最后是概括力训练。在人们的思维活动中,概括能力的培养是极为重要的。这里所说的思维概括能力,就是把事物的共同属性,通过分析、综合、比较归结在一起,把握事物的基本特征。例如,对标题的确定、观点的提炼、情节的凝缩、人物事件的简介等,都需要建立在思维概括性的基础之上。因此,概括能力的高低,在很大程度上决定着整个思维水平的高低。概括能力训练有以下方法:一是提炼标题训练。标题是内容的高度集中与概括的反映。在口语表达中,无论是提炼讲话的总标题,还是提炼讲话内容的小标题,都是对内容的高度概括,都是使讲话内容更凝练、更有条理的一种做法。从口语表达过程来看,小标题就是说话的内容层次,总标题就是讲话的宗旨或讲话人的意图。二是提炼观点训练。观点,在论说文中叫"论点",在口语表达中叫"看法",即作者或说话人对议论的问题提出的见解或主张。观点必须正确、鲜明。正确是要符合客观实际、符合马列主义科学真理;鲜明就是立场、态度要分明,肯定什么、否定什么、赞成什么、反对什么,都要清楚明白,不能似是而非、模棱两可。训练时,可把观察和阅读得来的材料,经过分析、综合,加以提炼。三是概括情节训练。可在观察材料的基础上进行。例如,看过一次电影或电视剧、读过一本小说、听过一个故事等,都可以作"概括情节"的训练。概括情节,不是详细地复述内容,也不是三言两语使人听不清内容全貌,而是要抓住情节发展的中心线索、舍弃枝节、简单扼要地复述出来。四是概括人物训练。对生活中熟悉的人物或从小说、影视剧中读到看到的人物,用准确而洗练的几句话,概括某一人物的精神面貌和个性特征,说出他是一个怎样的人。这种概括既不能过于广泛详细,也不能主次不分、以偏概全。应以人物的言行为基础,抓住人物的本质特征,做到公正客观、恰如其分而又言简意赅。

② 创造性思维训练。创造性思维是人类所独有的。从一定意义上说,人类所创造的一切成果,都是创造性思维的外现与物化。创造性思维一般是指开拓人类认识新领域的一种思维。它与一般性思维的不同之处在于其具有新颖性、独创性和突破性。创造性思维是人类智慧最集中表现的一种思维活动,它是一种非常复杂的高级思维过程,是一切创造活动的主要精神支柱。它可以使人类突破各种条条框框,在一切领域开创新的局面,以不断地满足人类对精神和物质的种种需求。由此可见,一般性思维与创造性思维之间既存在着区别,又没有严格的界限,两者之间没有一条不可逾越的鸿沟。可以这样认为,创造性思维是一般性思维的发展,而一般性思维则是创造性思维的基础。创造性思维训练应从以下四个方面着手。

一是摆脱习惯性思维训练。摆脱习惯性思维训练,被人们称为是"创造性思维的准备活动"和"软化头脑的智力柔软操"。乍看起来,这类训练题的出题人是在那里设圈套、故弄玄虚,没啥意思。其实,这类训练的真正意义,在于促使人们探索事物存在、运动、发展、联系的各种可能性,从而摆脱思维的单一性、僵硬性和习惯性,以免陷入某种固定不变的思维模式,使思维具有流畅性、变通性和独特性。请看下面的训练题:某人长得很胖,但他的一位朋友则恰恰相反,长得骨瘦如柴,而且胃也有毛病。他常看见他朋友去眼科医院,这是为什么?(答案是:他的朋友是眼科医生。)

二是发散思维训练。发散思维是指由一点向四周辐射的开放性的思考。对一个问题,可以从多种角度展开思考,寻求答案。为了使口语表达完美、严谨、开阔,思维就要连缀,拓展生发,由此及彼,举一反三。具体地,发散思维训练可以从以下训练入手。

a. 进行辐射联想。辐射联想是许多思考的联结扩张,常常表现为由表及里、由此及彼、触类旁通的领悟。要想思维发达,就必须进行思维向广度发散的训练。如说出以"网"为词素的各种词;尽可能多地说出水的各种用途;尽可能多地设想出利用红色可做什么或办什么事;尽可能多地说出用"吹"的方法可以办成哪些事情或解决哪些问题等。

b. 运用创新性发散思维。这是最高层次的发散思维,是针对问题、从新角度、以新观念提出具有独创性的方案的一种思维。如请设想一下能否把一件物品通过改变它的颜色、声音、形状等取得你所期望的效果。

c. 采用借题反击思维。所谓"借题反击",是指对方的隐含判断带有侵犯的恶意,此时被侵犯者借题发挥予以反击。如20世纪80年代,在一次外贸谈判中,中方贸易代表拒绝了一位红头发的西方外商的无理要求时,恼羞成怒的外商竟出言不逊说:"代表先生,我看你的皮肤发黄,大概是营养不良造成你思维紊乱吧?"此时,中方代表不愠不火地反击了对方,顿时让对方哑口无言,尴尬万分。请你说一下中方代表是怎样反击的呢?要求:迅速、灵活、恰当地从外商的言语中联想开来进行反击,限时2分钟。

三是聚敛思维训练。聚敛思维就是由四周向一点集中的思考方法,针对众多的问题集中思考。也就是说,要撒得开,收得拢,既具有发散能力,又具有聚敛能力。如教师设计两个内容上具有共同特点的小故事。要求学生在一分钟内归纳出一个成语。

四是逆向思维训练。逆向思维,通俗地讲就是反过来想一下。变肯定为否定,或变否定为肯定。它经常打破常规思维方式从反方向进行思维,这种思维往往可以产生新的观点。例如,"这山望着那山高"常被人否定,看成是贪心不足的表现。如果逆向思维一下,变否定为肯定,做人就是要"这山望着那山高",反而会有新意。

(2) 听知能力训练。口才,需要一对倾听的耳朵。听知能力是使口语表达具有实际意义的先决条件。口语是口说、耳听的言语活动。有说才有听、有听必有说,二者是相辅相成的。即使是自言自语,也是通过空气和骨骼的传导,自己听自己说话。所以口语也可以称之为"口耳之学"。练"口"必须先练"耳",没有"耳才"也就不可能有"口才"。要想说到点子上,必须首先听好,因为听是说的基础,人们常说的"会说的不如会听的",说的就是这个道理。只有会听,才能真正会说;只有会听,才能更好地了解对方,促成有效的交流。因此,具有了听知能力,才能抓住对方说话的主旨,才能抓住自己说话的中心。只有这样,口语表达才能获得成功。所以说听和说一样,都是人们交流思想感情和信息的重要手段,都是人类社会赖以生存和发展的重要条件。

听知能力培养和训练的要求是:听清、听记、听辨、听懂。听人说话最重要的是听清他讲的是什么,既要注意听语音,也要注意听语义,还要从整体出发,抓住对方讲话的全部内容,不可断章取义。善于倾听永远是一种做人的美德,因此,要养成良好的习惯,听人说话要有耐心、有礼貌,不随便打断别人的话,要让别人把话讲完。只听不记或前听后忘,也就失去了"听"的意义。"集中注意力"是听记的关键,否则稍一走神,信息就会中断,也就无从记起了。听辨主要是辨别对方讲话语音的清浊、内容的正误、观念的是非、意图的真伪。有的人说话,出于种种原因,不愿直接说出自己的真实意图,这就需要听者透过说者言语的表面现象,从对方说话的语气、语调及态势语言中去揣摩对方的讲话意思。听懂的中心是"理解",要在听清内容的基础上去理解,揭示话语的真正含义,理解对方讲话的主旨。其中听懂每句话的意思是关键。因为每一句话都是在一定语境中说出的,听话人必须根据当时的言语环境,仔细琢磨,概括出每一个层次是什么意思,再参照对方讲话时的心情、语气和态势,就会理解对方讲话的主旨。

① 听知注意力的训练。听别人讲话要专心致志,如果漫不经心,只能"左耳朵听、右耳朵冒",听不清也记不牢,无从掌握听的内容。因此,进行听知注意力的训练是十分必要的。

a. 集中注意力训练。可封闭其他一切接收信息的渠道,排除各种干扰,摒除一切杂念,使注意力集中在听的内容上,等候接收声音信息。如选择一篇两千字以内的小说,听读后要求说出:故事的梗概、结构的线索(开端、发展、高潮、尾声)、塑造了几个人物形象、人物的性格特征是什么。或选一篇一千字以内数字较多的说明文,听读后要求说出各种不同的数字,记得越多越准为最好。

b. 分配注意力训练。如选择两则内容生疏,字数相近的寓言故事,由两个人同时朗读。听后要求说出两则故事的大意和寓意。或午间休息时,听同事们乱哄哄的讲话,看谁获得的信息最多、说得最清楚。

② 听知记忆力的训练。广博的知识是口才的源泉,而知识的积累是靠记忆来完成的。一个人的知识在头脑里储存得越多、记得越牢,就越有可能在口才运用中纵横驰骋、应对自如。我国古代就有"过目成诵"的记载,茅盾据说可以背诵整部《红楼梦》,医师可以记忆成百上千种西药名称,老师可以记住他教过的每一个学生,社区公安民警也可记住辖区上千户居民家庭的大致情况。由此可见,人的记忆潜能是很大的。加强听知记忆力的训练,不仅有利于发展智力、丰富知识和积累经验,也是人类生存与发展的需要。训练方法可采用用心记的方法,听 15 分钟的新闻广播,听后说出共有多少条新闻、各发生在哪里、每条新闻的主要内容是什么。或选择一篇 500~600 字的故事,读给大家听,边听边按情节发展记下关键词语,然后复述故事内容。

③ 听知辨析力的训练。听对方讲话,要品味出讲话人的思想感情,分辨出语音、语句、语气、语调及内容正误、是非曲直。这正是人们常说的"说话听声,锣鼓听音"。这种能力就是听知辨析力。缺乏了这种能力,对别人说的话就不可能完全理解,也就是没有真懂。需要注意的是,听人说话不但要辨析内容直白的话语,还要善于听出"言外之意"和"弦外之音",这是很关键的听辨能力。训练方法如下。如请一人朗读一篇 500 字以内的范文,大家指出语音、语调等不准确或错误的地方。然后,请他以此范文内容为基础,用自己的语句再叙述一遍,请大家评议。

④ 听知理解力的训练。听别人讲话,是为了听懂讲话的内容和含义,因此理解是听

的目的,理解力是听知能力的核心。在理解力训练过程中,要注意的问题是:理解说话人所说的内容,善于抓住重点言辞,分清主次,理出头绪;理解说话人的目的、含义、观点;对说话人所用的比喻、正话反说、寓意深刻的语句,能迅速洞悉其"言外之意",以达到真正理解的目的。

请读下面两段话,指出各段话借助形象说明了什么道理。

a. 猎人进森林,如果只带干粮,不久就会吃光;如果带上好猎枪,又会使用它,就能够随时获取食物。

答案:授人以鱼,不如授人以渔。

b. 东汉有个叫陈蕃的,自己的庭院肮脏不堪,从来不愿扫一扫。他说:"大丈夫要扫除天下,哪能去扫一屋?"

答案:一屋之不扫,何以扫天下![1]

补救失言的意义和方法

有声语言沟通中,沟通主体无意之间说出了错话、蠢话,得罪或伤害了交际对象这一类语言现象,叫作失言。失言会造成人际关系的恶化,形成危机。一旦发生失言要注意及时、巧妙地补救,以挽回危机,改善人际关系。

1. 补救失言的意义

失言并不可怕,可怕的是失言了自己并不知道,且没有采取补救措施,在语言交际过程中,尽管我们对可能的失言采取了预防对策,在某些特定的场合偶尔失言是难免的。失言之后,我们要及时果断地加以补救以挽回影响,决不能听之任之。从某种意义上说,失言就是失礼,而在社会交际中是不容许失礼的。失言要补救,失礼则更要补救,这是文明交际的需要。失言之后,进行机智而真诚地补救,是所有处于语言交际状态之中的人社会责任感和高尚道德的真实体现。补救失言对改善和优化语言交际有着重要的意义,能维持和促进语言交际的功效和目的。

第一,补救失言能使双方之间的语言交流通畅地进行下去,它可以掩饰失言,疏通言路,使在场的公众感到好像从未发生什么事情似的,不漏一点痕迹,能控制交际现场的形势,不至于出现尴尬局面。

第二,补救失言能使受到伤害的公众得到及时安慰,不至于酿成交际障碍,使得被伤害者与失言者能产生共鸣共酬心理,和好如初,对公关目标的实现及其双方的密切交往起到有百利而无一害的作用。

第三,失言补救在某种程度上是一种危机管理,处理好了可以展示在紧迫关头善于处置失误、随机应变的能力,令交际对象或现场公众刮目相看,扩大自己或自己组织在社交圈的影响,为更顺利地开展公关交际活动打下新的基础。

---

[1] 刘洪秋,刘志彬.公安民警口才训练之心理素质训练[J].辽宁警专学报,2007(11).

2. 补救失言的方法

失言补救方法很多，关键在于我们的机敏和诚心。宽宏大量只能用于律己，不能以之要求对方。我们在遇到他人失言时，要能根据对方的职业特点、心理品质、文化素养、失言性质、现场状态、交际动机等采取不同的应对态度。如果自己处于主体地位，对方失言后已有道歉，则可以给予谅解宽容不计。现在介绍几种失言的补救方法。

（1）现场改口来补救失言。在语言交际过程中，由于当今市场经济越来越发达，人们的事物比较多而杂，有时在现场上会由于数字模糊或计算不准，而开口失言，特别是在一些涉及经济的商务活动中表现得比较明显。比如在谈价格、签协议、许承诺等时，稍有不慎就会给自己挖了陷阱，由于涉及一些关键利益，这时必须得改口。这种改口一定得给自己找台阶，让对方能够理解并说服对方，最终达成一致，否则让人觉得你办事不稳，而失去合作诚意。

报 价 失 言

甲乙双方在频繁的商务谈判中，讨价还价往往是中心话题，双方都想尽最大努力，争得最大利益。由于有的人连对自己产品的价格都不熟，导致当面承诺了对方的贬抑性报价。如果自己觉察出来了，可以这样补救，说：“刚才同意的报价，我们是没有计算入关税税额的，要是在你的报价上加入这一笔税额，我们就可以成交了。”如果当时自己没有觉察出失口承诺这一问题，而伙伴已经觉察，就从旁纠正说：“经理，您承诺的报价，还要加上本产品今年头八个月涨价的比率，您记起来了吗？”这样一唱一和，就可以把失误换为变量，请对方重新考虑。同时，还需要向对方作一些成本上升、需要变动价格的说明，以取得对方的理解。还可以另补充说：“我们产品的价格在同类产品中，一直是偏低的，此次成交，对贵方来说，仍然是一笔赚钱的生意，这就是为什么我们的客户群不断扩大的原因了。”

（2）用错来改错进行补救。将错就错就是指一个人说了错话，在场的另外一个人则利用错误的性质说出一句相反的错话，求得前后错话的平衡而消除不良影响。这种失言是某种事物的一个方面被错解、误断。根据这个特点，我们从这个事物的另一个方面加以引申、综合，就可以将错就错，立即收到现场应急补救的奇妙效果。

歌唱演员的失误

有一位歌唱演员到某市演出，在台上讲话，竟把某市说成了某县，引起观众嬉笑、议论。这时主持人上台来了面对观众说："女士们，先生们，朋友们，今天我们有幸来到贵省演出……"怎么一个人说"县"，另一个人又说"省"？这话把观众给弄迷糊了，主持人解释说："刚才我们的一位演员把贵市说成贵县，给降了一级，我现在把贵市说成贵省，给提了一级，这不就平啦？"他这几句话，立马引得观众哄堂大笑。

（3）切断当前话题转换进行补救。此法是指我们在说话时，突然感悟到某句话的剩余部分不能说出来，便急速中断下来，然后神不知鬼不觉地偷换成另外的话题，掩饰几乎要发生的失言。在多种交际场合我们都可能出现这种需要急断偷换言辞的情况,只要出现这种情况,我们应该当机立断,急断急换,以免因失言而伤人,因伤人而失和气。

万某的机智

万某在街上骑着自行车慢慢走着,不料被后面急驶而来的一辆自行车撞倒,万某爬了起来,满脸怒气张嘴就想骂:"你——"抬头一看原来撞倒他的是一个熟人,于是,就一个"急刹车",连忙改口说:"你——是小张啊,看你这车技,真叫我佩服得五体投地!"万某的随机应变、改弦更张,把"你瞎了"不知不觉偷换成了"你是小张啊",而且幽默地把"撞倒在地"改成了"五体投地",这样一来,不仅没有失和气伤感情,还维护了双方的友谊。

(4) 就势转接法。在蠢话全部说出,已经引起非议、对抗的情况下,我们可以顺着个别或者部分听众的心理反应趋势把话题转到另外一个,加以掩饰,消灭已经发生的失言后果。像这类失言可进行如下现场补救。

① 运用相关联想,妙言突出。由于场面热烈,精神亢奋,有时也会出现带有喜剧色彩的失言,同样不可一笑了之,听之任之。人们更忌讳在喜庆场合失言,所以,失言以后要立即展开联想,寻找补救语言。

② 顺水推舟,进行侧面认错。万一蠢话全部说出来了,招致公众气愤、责难,由同行的伙伴进行侧面认错,也可收到亡羊补牢的效果。

狄更斯的失言和补救

有一次,英国作家狄更斯正在钓鱼,一个陌生人走到他跟前问道:"怎么,你在钓鱼?"狄更斯不假思索地说:"是啊!今天真倒霉,钓了半天,一条也没钓到。可昨天也是在这个地方,就钓到15条鱼哩!"

陌生人说:"是吗?你昨天钓得很多啊!"接着他又说:"那你知道我是谁吗?我是这个地方的管理员。这段江上是禁止钓鱼的!"说着,他拿出票簿,要给狄更斯开票罚款。

狄更斯看到这情景,连忙反问:"那么,你知道我是谁吗?"陌生人被这一反问搞得不着头脑。此时,狄更斯对他说:"我是作家狄更斯,你不能罚我款,因为虚构故事是我的职业。"陌生人没有办法,只好让狄更斯大摇大摆地走了。

(5) 变贬为褒的补救。怎样才能变贬为褒呢?把直言否定的贬变成了模糊肯定进行搪塞,造成错答不为奇的现场心理反应,取得听众的理解和同情。再把被贬者的优点与所产生的错答联系起来,使其很顺承得以衔接,以平服尴尬从而得以迅速解脱。同时又把模糊肯定和隐含否定结合起来,让人们知道真正值得肯定的还是被贬者的优点,以免造成信息错觉。变贬为褒的方法既可以是被贬者自己进行力挽狂澜,也可以是自己的伙伴进行贺扬、保护,进行双向求圆,内外掩饰等。

老企业家的尴尬

某综艺节目每期都有猜答节目,一次,在放映一段录像的时候,荧屏上出现了一个庞大的外国建筑物镜头,之后节目主持人问一位嘉宾:"外面的长廊同里面的音乐厅有没有关系?"嘉宾立即说:"有关系,起扩音作用。"这时节目主持人十分爽快地否定说:"不对!没关系,只是一种装饰。"这位嘉宾本是一位很大的企业家,但此时他那种叱咤风云、充满自信的豪迈气概顿时便化为乌有,随之而来的是难堪、焦急、手足无措。应当肯定,从其语言反映的真实性来看,这位节目主持人的评判无可挑剔,体现了她的直率和实事求是,然而,她的直言因其对象的特殊身份和场景的临时需要而变成了一句置人于尴尬境地的蠢话,这样回答所起到的实际效果是很不好的。当时另外一位节目主持人见状,立即采取了应急补救措施,把那位已经陷入窘境的企业家解脱出来。她说:"现代的建筑构思复杂,有许多问题值得研究,这位企业家的思路广阔⋯⋯"然后转向企业家,接着说:"这大约就是你成功的原因吧。你勇于回答的精神真是值得佩服,让我们以热烈的掌声表示欢迎!"

(6)转移注意进行补救。现场交际活动的参与者,在某类场合因被失言刺激而精神状态呈现反常时,可以运用转移注意力的方法,救人于窘。注意转移法是由此及彼,换位思维,把当事人的心理趋势引向其他方面,扭转需求偏向,排除人的消极情绪,这种方法在其他失言的补救方法中也有配合使用的价值。

转 移 话 题

两个青年去拜访老师,在谈话中间道:"老师,听说您的夫人是教英语的,我们想请她指教,行吗?"

老师为难地沉默了片刻,说:"那是我以前的爱人,前不久分手了。"

"哦?对不起,老师⋯⋯"

"没什么,喝点水吧。"

"老师,您的书什么时候出版?快了吧?⋯⋯"

这样转移话题,特别是提出对方很愿意谈的话题,就会使谈话很快恢复正常,气氛活跃起来。

(7)运用迂回进行致歉补救。失言就是失礼,失礼以后,应该诚恳地向有关人致歉,这是毫无疑义的,但致歉也要讲究方法。在交际活动中也常常发生这样的事情,如果直接赔礼,反而可能引出新的矛盾,不如易时易地或者利用现场条件,抓住谈话的主题、气氛和有利机遇,运用类比暗示的方法,间接向有关被伤者致歉,以消除人际隔阂,改善交际,使公关活动同其他一切交际保持互爱互尊的最佳状态,这就是迂回致歉。迂回致歉有以下优点:一可以避免心理伤害重复;二可以作致歉引申,加强致歉的信度;三可以表现我们的交际能力。

孙女的致歉

一位正在某校读书的女生星期天与奶奶一同游玩,恰好迎面碰到一位穿着入时的老太太,孙女脱口便说出:"人都老了,还穿这么漂亮干什么?"正好这天她的奶奶也穿得比较讲究,老人听后暗暗伤心起来,遂借口身子不适提前回家了。等孙女反应过来后连忙赶回家,见奶奶又重新穿上了那套旧衣服,而且神情沮丧,于是便说:"奶奶,您怎么又穿上了这套旧衣服,新衣服您总舍不得穿,穿烂了有啥关系?我叫妈给您再缝一套!"稍停片刻,又加上一句:"奶奶,我现在没钱孝敬您,等我日后上班拿了工资,我一定给您多做新衣服,让您天天都穿得漂亮!"孙女根本没提在公园的那件不愉快的事,回避了刚才的失言,奶奶听了这热情洋溢的话,也说出了自己的内心想法,说:"在家里穿新衣服,别人也看不出你们的孝心啊。"

(8) 运用全面观照法进行补救。此法是指对这一个人或这一部分人讲话时,一定要注意自己的语言对另一个人或另一部分人的作用,避免产生语言交际的负效应,这就叫作全面观照法。全面观照法并不等于从不失言,关键问题是失言以后要立刻应急补救,使某一个人或某一部分人同现场其他公众一样保持愉悦、积极的心理状态。

主持人的失言补救

某年中央电视台春节文艺晚会后,安徽一位盲人要求见一见一位小品演员,于是,中央电视台在重播部分得奖节目的时候,便把这位盲人请到了现场,满足了他的愿望。盲人献词以后,现场节目主持人非常激动地说:"亲爱的观众……"主持人为什么停下来了呢?这是因为在瞬间她已悟出了自己的失言,那么,应当怎样说才包括正站在台上的这位盲人和电视机前的许多盲人呢?片刻之后,她忽然加上"亲爱的听众……"场下顿时反应活跃,热烈鼓掌。如果只提"观众"的话,就将引起这位盲人或其他盲人尴尬、让他们难受。加了"听众"以后,所有能看能听、不能看只能听的观众和听众便都包括在内,都于亲爱之声中共度良宵。虽然节目主持人补加上去的"亲爱的听众"是一句平常而又平常的话,但在这个时刻、这个场景中表达出来,就成了一句机智的妙言。

(资料来源:孟婷婷. 交际语言技巧[M]. 北京:中国林业出版社,2009.)

思考题:
(1) 在与他人沟通过程中,你对失言是怎样补救的?
(2) 如何避免商务沟通中的失言现象?

实训项目

1. 口头语言训练

实训目的:
(1) 通过实训掌握口头语言交流中的各种技巧要领。
(2) 提高运用相关知识解决实际问题的信心和能力。
(3) 养成良好的沟通习惯和风格,形成得体的沟通综合能力。

实训情景:

职业情景1:你是公司办公室陈主任,公司曾向某家饭店租用大舞厅,每一季用20个晚上,举办员工培训的一系列讲座。可是就在即将开始的时候,公司突然接到通知,要求必须付高出以前近3倍的租金。当你得到这个通知的时候,所有的准备工作已经就绪,通知都已经发出去了。单位领导派你去说服对方不要违约,你怎么办?请模拟场景,扮演角色。

职业情景2:于雪的上司吴总是公司负责营销的副总,为人非常严厉。吴总是南方人,说话有浓重的南方口音,经常"黄"与"王"不分。他主管公司的市场部和销售部,市场部的经理姓"黄",销售部经理又恰好姓"王",由于"黄"和"王"经常听混淆,于雪非常苦恼,这天,于雪给吴总送邮件时,吴总让她"请黄经理过来一下!"是让王经理过来还是让黄经理过来?于雪又一次没听清吴总要找的是谁。面对这种情况,于雪该怎样处理?

实训内容:
(1) 根据职业情景1,模拟演示陈主任的沟通协调过程。
(2) 根据职业情景2,为秘书于雪找出一个两全其美的办法,并演示沟通过程。

实训要求:
(1) 本实训可在教室或情景实训室进行。
(2) 先分组讨论,再进行角色模拟演示。
(3) 分组进行,每组3～5人,一人扮演对方公司经理,一人扮演秘书于雪,一人扮演公司吴副总经理。分角色轮流演示,每组分别演示以上两个情景。
(4) 要求编写演示角色的台词与情节,用语规范,表达到位。

实训提示:
(1) 利用口语交流的技巧。
(2) 注重沟通的目的与策略。

实训总结:个人畅谈沟通体会,教师总评,评选出最佳口头语言沟通者。

(资料来源:徐丽君,明卫红. 秘书沟通技能训练[M]. 北京:科学出版社,2008.)

2. 测试

你了解身体语言吗?

(1) 当一个人试图撒谎时,他会尽力避免与你的视线接触。(对/错)
(2) 眉毛是一个传达感情状态的关键线索之一。(对/错)
(3) 所有的运动和身体行为都有其含义。(对/错)
(4) 大多数身体语言交流是无意识行动的结果,因而是个人心理活动的最真实流露。(对/错)
(5) 在下列情况下,一个人最可能采用身体语言交流方式的是(　　)。
　　A. 面向15～30人发表演讲　　B. 与另外一个人进行面谈
(6) 当一位母亲严厉斥责她的孩子,而又面带微笑时,孩子将会(　　)。
　　A. 相信语言信息　　　　　　B. 相信身体语言信息
　　C. 同时相信两种信息　　　　D. 两种信息都不相信
　　E. 变得迷惑不解

(7) 如果你坐在下列位置 1 的时候,另外一个人坐在哪个位置能够最充分显示出合作的姿态,并最有利于非言语交流?

(8) 如果你想表示要离开,那你将采用什么样的动作?请写下来。
(9) 别人对你的反应取决于你通过交流留给他们的印象。(对/错)
(10) 下面哪些举动能使你给人留下更好的印象?(　　)

  A. 谈话中不使用手势   B. 避免较长的视线接触
  C. 仅偶然地露出微笑   D. 上述所有动作
  E. 不包括上述任何动作

(11) 身体语言交流相对于口头交流或局面交流有许多优势,你能列举出一些吗?

参考答案见表 2-3。

表 2-3　参考答案

题号	答案	说明
(1)	错	因为人们已变得更加难以预料。"撒谎者不敢看他人的眼睛"已成为一般常识,所以狡猾的撒谎者常常能够在双目直视你的情况下撒谎,要识别谎言,我们需要捕捉其他更能说明问题的信号
(2)	对	我们的眼睛是最能表达内心活动的面部因素之一,另一个则是嘴唇
(3)	对	我们可能并没有在每一个姿势中都有意地去传达某种信息,但这些动作和姿势却不可避免地落在对方眼里并产生一定的感想
(4)	对	通过身体语言,可以发现别人的心理活动,这一点取得了专家共识
(5)	A	当面对 15~30 个人讲话时,你需要对 15~30 双眼睛和嘴唇做出反应。这将比只与一个人面谈更刺激你使用身体语言交流
(6)	E	尽管身体语言信号(微笑)比语言信号(责骂的语句)有更强的作用,但两者的混合导致的结果将是迷惑不解
(7)	4	位置 1 和 4 之间有桌角相隔,两个人可以随时调整自己与桌角的距离,从而改变两个人之间的距离。因此,在谈判中,坐在位置 1 和 4 的两个人会较少地受空间环境的影响,更易于非语言交流
(8)		最好的信号是有意无意地用眼睛扫一下你的手表、站起身来、在慢慢站起来时拍拍大腿、慢慢地挪向门附近或是靠在门框上等

续表

题号	答案	说　　明
(9)	对	因为我们总是根据别人给我们的整体印象做出反应,其他人对我们的反应也是同样的
(10)	E	当你自然地使用手势、目光接触、微笑等身体语言时,会给别人留下好的印象
(11)		身体语言给你的印象更深刻,它们有助于传达真诚、信任等语言交流所达不到的效果;它们能够传达更微妙的言下之意;身体语言信息有助于我们洞察他人的真情实感。当然,身体语言信息也存在一些严重的缺陷;它们可能会泄露我们的秘密;它们很容易被误解;它们的含义因不同的文化背景而不同;它们可能需要长时间地重复进行才能被人理解

(资料来源:张喜春,刘康声,盛暑寒.人际交流艺术[M].北京:北京交通大学出版社,2009.)

课后练习

一、实训题

1. 共鸣训练

(1) 假设分别向一个人、十个人、五十人、一千人,在教室、大礼堂、体育场等地朗诵或喊口令,十分准确地运用声音。

(2) 朗读毛泽东诗词《七律·长征》,要求放慢速度,有意识地夸张,尽量找出最佳共鸣效果。声音适当偏后些,使之浑厚有力。注意防止鼻音。

红—军—不怕—远—征—难,

万—水—千—山—只—等—闲。

五岭—逶迤—腾—细—浪,

乌蒙—磅礴—走—泥—丸。

金沙—水拍—云—崖暖,

大渡—桥横—铁—索—寒。

更喜岷山—千—里—雪,

三军过后—尽—开—颜。

2. 气息训练

(1) 假设桌面上有许多灰尘,要求吹而又不能吹得尘土飞扬。练习时,按吸气要领做好准备。然后吸足一口气,停顿一两秒钟左右,向外吹出气息。吹气时要平稳、均匀,尽量吹得时间长些,直至将气吹完为止。

(2) 练习下面的绕口令,开始做练习时,中间可以适当换气。练到有了控制能力时,逐渐减少换气次数,最后要争取一口气说完。

五组的小组长姓鲁,九组的小组长姓李。鲁组长比李组长小,李组长比鲁组长老。比李组长小的鲁组长有个表姐比李组长老,比鲁组长老的李组长有个表姐比鲁组长小。小的小组长比老的小组长长得美,老的小组长比小的小组长长得丑。丑小组长的表姐比美小小组长的表姐美,美小组长的表姐比丑小组长的表姐丑。请你想一想:是鲁组长老,还是鲁组长的表姐老？是李组长小，还是李组长的表姐小？是五组小组长丑，还是九组小组长丑？是鲁组长表姐美，还是李组长表姐美？

（资料来源：刘维娅.口才与演讲教程[M].武汉：华中师范大学出版社，2007.）

3. 节奏训练

综合运用有声语言重音、语速、停顿、抑扬等技巧，根据语言的环境，读下面的内容。

（1）伙计们都寻思起来，想什么办法呢？玉宝坐在旁边也想了一会，笑着说："叔叔，我有个好办法，咱们大家出口气，把那老小子打一顿。"

（选自高玉宝的《半夜鸡叫》）

（2）范柳原冷冷地道："你不爱我，你有什么办法，你做得了主么？"白流苏道："你若真爱我的话，你还顾得了这些！"范柳原道："我不至于那么糊涂。我犯不着花了钱娶一个对我毫无感情的人来管束我。那太不公平了。对于你，那也不公平。噢，也许你不在乎。根本你以为婚姻就是长期的卖淫合同。"

（选自张爱玲的《倾城之恋》）

4. 向听众讲述个人经历中印象深刻的一件事，要求不要照稿宣读，声音要热情、自然、有表现力。

5. 将自己上面的讲话用录音机录下来，然后分析研究自己的录音，找到自己语言中的干扰词。再重复自己刚才讲述的内容，重复时注意克服这些干扰，尽量减少干扰词出现的频率。

6. 选择自己内心热爱的文章进行朗读，尝试综合运用有声语言的技巧。并进行录音，回放后再进一步进行修正。

7. 朗读下面这篇散文，一要用普通话；二要综合运用有声语言的技巧；三要在朗诵时注意有声语言的运用原则。

春

朱自清

盼望着，盼望着，东风来了，春天的脚步近了。

一切都像刚睡醒的样子，欣欣然张开了眼。山朗润起来了，水涨起来了，太阳的脸红起来了。

小草偷偷地从土里钻出来，嫩嫩的，绿绿的。园子里，田野里，瞧去，一大片一大片满是的。坐着，躺着，打两个滚，踢几脚球，赛几趟跑，捉几回迷藏。风轻悄悄的，草软绵绵的。

桃树、杏树、梨树，你不让我，我不让你，都开满了花赶趟儿。红的像火，粉的像霞，白的像雪。花里带着甜味儿；闭了眼，树上仿佛已经满是桃儿、杏儿、梨儿。花下成千成百的蜜蜂嗡嗡地闹着，大小的蝴蝶飞来飞去。野花遍地是：杂样儿，有名字的，没名字的，散在草丛里像眼睛，像星星，还眨呀眨的。

"吹面不寒杨柳风"，不错的，像母亲的手抚摸着你。风里带来些新翻的泥土的气息，混着青草味儿，还有各种花的香，都在微微润湿的空气里酝酿。鸟儿将巢安在繁花嫩叶当中，高兴起来了，呼朋引伴地卖弄清脆的喉咙，唱出婉转的曲子，跟轻风流水应和着。牛背上牧童的短笛,这时候也成天嘹亮地响着。

雨是最寻常的,一下就是三两天。可别恼。看,像牛毛,像花针,像细丝,密密地斜织着,人家屋顶上全笼着一层薄烟。树叶儿却绿得发亮,小草儿也青得逼你的眼。傍晚时候,上灯了,一点点黄晕的光,烘托出一片安静而和平的夜。在乡下,小路上,石桥边,有撑起伞慢慢走着的人;地里还有工作的农民,披着蓑戴着笠。他们的房屋,稀稀疏疏的,在雨里静默着。

天上风筝渐渐多了,地上孩子也多了。城里乡下,家家户户,老老小小,也赶趟儿似的,一个个都出来了。舒活舒活筋骨,抖擞抖擞精神,各做各的一份事儿去。

"一年之计在于春",刚起头儿,有的是工夫,有的是希望。

春天像刚落地的娃娃,从头到脚都是新的,它生长着。

春天像小姑娘,花枝招展的,笑着,走着。

春天像健壮的青年,有铁一般的胳膊和腰脚,领着我们上前去。

朗读提示:《春》的朗读,要始终把握赞美春天的主题。围绕这一主题,全文从三个方面展开:第一部分为"盼春"(盼望着春天的脚步近了),第二部分为"描春"(一切都像刚睡醒的样子……);第三部分为"颂春"(一年之计在于春,领着我们上前去)。朗读时,一定要进入作品意境,把握作品中的"形、声、色、味",似乎真正"看到、听到、闻到、触到"春天的美景。例如,"吹面不寒杨柳风……这时候也成天嘹亮地响着。"这一段描写春风,主要从三个层面展开:一是春风拂"像母亲的手抚摸着你"这是触觉的感受,在这里要突出"母亲的手"的感觉;二是风送芳香,土气、草味、花香都在"微微湿润的空气里酝酿",这是嗅觉的感受,朗读时要读出春风里都有什么香味?三是风传乐声、鸟语花香交相呼应,朗读时要突出听觉方面的感受。

8. 选择自己感兴趣的内容,用五分钟时间做准备,做一次简短的讲话,要求用上得体的态势语言。通过录像回放,首先要训练者进行自评,然后教师与学生再给予评价。

9. 观摩演讲或观摩电影,有目的地观察别人的手势、表情、仔细研究,博采众长,并经常对镜练习、矫正。多积累,烂熟于心,形成自己的动作。

10. 请根据语句的内容给出相应的手势语和表情语。

(1) 请大家安静,安静!

(2) 什么是爱?爱,不是索取,而是奉献!

(3) 他转身朝着黑板,拿起一支粉笔,使出全身的力量,写了两个大字:"法兰西万岁!"然后他待在那儿,头靠着墙壁。话也不说,只向我们做了一个手势:"散学了——你们先走吧!"

(4) 在过去的一年中,在座各位,各位将我们的销售额不可思议地提高了17.17%!这在公司的整个历史上还从来没有过,从来没有!由此我们的利润不只是提高了5%或10%,而是13%,整整13%!

(5) 大家不要慌,请大家跟我来!

(6) 我现在要明确地告诉对方辩友,你们犯了一个严重的逻辑错误!

(7) 现在,请让我们大家在此,心平气和地交换一下对这个问题的看法。

(8) 现在,摆在我们面前的有两条道路:一是勇往直前奋战下去,有成功的可能,但也有失败的风险;二是原地踏步,坐以待毙。

(9) 这几天,大家晓得,在昆明出现了历史上最卑劣最无耻的事情!李先生究竟犯了什么罪,竟遭此毒手?他只不过用笔写写文章,用嘴说说话,而他所写的,所说的,都无非是一个没有失掉良心的中国人的话!大家都有一支笔,有一张嘴,有什么理由拿出来讲啊!有事实拿出来说啊!

(10) 我要感谢我的竞选伙伴。他发自内心地投入竞选,他的声音代表了那些在他成长的斯克兰顿街生活的人们的声音,代表那些和他一道乘火车上下班的特拉华州人民的声音。现在,他将是美国的副总统,他就是乔·拜登!

11. 自我暗示。每天清晨默念10遍"我一定要最大胆地发言""我一定要最大声地说话""我一定要最流畅地演讲""我一定行!今天一定是幸福快乐的一天!"。

12. 谈谈你心目中印象最深刻的一次演讲或社交活动中与他人最成功的一次交流。

13. 请分别以"开卷有益""艺高人胆大""杞人忧天""东施效颦""墙倒众人推""当一天和尚撞一天钟""没有规矩不成方圆"为议题进行创新思维表达训练,可用原题目,也可以原题目为基础,自拟议题进行训练。训练要求:讲话时一定要有头有尾,先问好,后谢谢,论证层次分明,简洁明了。

二、案例分析

最有效的口才是倾听

有一位叫麦克的小伙子在大学毕业后,与几位同学一起来到一家公司做推销员。麦克的那些同学们都具有非凡的语言表达能力,麦克性格内向,一和别人讲话就会面红耳赤,说几句话也是结结巴巴的。不过他对公司每一种产品的特征和性质都了如指掌,而且还能说出公司产品与市场同类产品相比较的优胜处在哪儿。他们的销售主管只看好麦克的那些同学们,至于麦克,主管觉得他的表达能力太欠缺,觉得他不会在这个职业里取得什么成就,于是很善意地叫他赶紧另外找个工作算了。虽然麦克坚持说自己一定行,但主管为了不让他拖自己后腿,就把麦克推给了负责另外一片区域的销售团队。麦克的同学们都非常努力,但尽管发挥了好口才,销售业绩一直没有提上去。

转眼过了大半年,总公司的销售主管因为有事离开了公司,空下一个岗位,群龙不能无首,临时招聘又不一定能立刻走马上任。分管经理与总部商量后,决定在这些业务员当中选出一位最适合的人来担任销售主管。不久,新的销售主管出现在大家面前,让所有人没有想到的是,新任命的销售主管就是麦克。原来,麦克在意识到自己的缺陷后,并没有去刻意提高自己的口才,只是在对产品特征了解的前提下,如实地说出他所知道的。面对客户时,他从来不会用主动攻击的方式,而是先问客户:"您现在使用的产品有什么地方让您觉得满意?又有什么地方让您觉得不满意?您希望买到什么产品?"在客户回答后,麦克只需根据客户的需求推荐相应的产品就可以了,而且他的"不善言辞"反而在顾客心中形成了一个稳重、诚实和可靠的印象!老总曾无数次收到一些企业和顾客对他的赞赏和夸奖!

"所有的产品都有相应的详尽的介绍资料,作为一个销售人员,我们必须要清楚一个真理,那就是顾客所需要的永远都是产品,而不是你高超的口才!在很多时候,倾听更能使我们的推荐一步到位,而夸夸其谈不着边际的口才,实际上是一道无形的销售障碍!"在上任第一天的早会上,麦克这样说道。

这位名叫麦克的小伙子,就是如今被誉为"世界上最伟大的100位推销员之一"的麦克·贝柯,他的"倾听销售法"也被美国推销大师弗兰克·贝特洛写进了那本被誉为是"推销员必读"的《最成功的销售术》这一经典职场著作中。

书中对麦克的"倾听推销法"有这样一段启示性总结:无论是营销场合还是人际场合都是一样,无论你的口才是多么好,但是假如并不知道对方对什么话题感兴趣,那么过多的口才发挥只能导致这一次沟通以失败告终。

(资料来源:陈亦权. 最有效的口才是倾听[J]. 创新科技,2009(6).)

思考题:
(1)为什么说最有效的口才是倾听?
(2)本案例对你有何启示?

任务3

商务交际口才

交谈比生活中任何其他举动更为美妙。

——[法]蒙田《随笔集》

 学习目标

- 明确拜访中的表达技巧;
- 掌握接待的语言技巧;
- 掌握寒暄的原则、规范和方式;
- 掌握自我介绍和介绍别人的口才技巧;
- 掌握商务交谈的原则、阶段和禁忌;
- 掌握提问、回答的语言艺术;
- 掌握赞美的条件、类型和语言技巧;
- 掌握商务沟通说服的技巧;
- 了解倾听在商务沟通中的作用;
- 掌握商务沟通中倾听的原则和技巧。

 导学案例

经理室的对话

小王是一家科教设备公司的推销员,他希望通过勤奋的工作来创造良好的业绩。一天他急匆匆地走进一家公司,找到经理室,于是就有了如下的一段对话。

小王:您好,李先生。我叫王乾,是科教设备公司的推销员。

经理:哦,对不起,这里没有李先生。

小王:你是这家公司的经理吧?我找的就是你。

经理:我姓于,不姓李。

小王：对不起，我没听清你的秘书说你是姓李还是姓于，我想向你介绍一下我们公司的彩色复印机……

经理：我们现在还用不着彩色复印机。

小王：噢，是这样。不过，我们还有别的型号的复印机，这是产品目录，请过目。（接着，掏出香烟和打火机）你来一支。

经理：我不吸烟，我讨厌烟味，而且，我们公司是无烟区。

小王：……

（资料来源：http://blog.china.alibaba.com/blog/sistomren/article/b0-i10422139.html.）

基础知识

3.1 拜访

我们都知道，其实商务活动，尤其是做销售有五大步骤：事前的准备、接近、需求探寻、产品的介绍与展示、缔结业务关系，而所有这些工作无一不是建立在拜访客户的基础之上。因此，作为一名商务人员，如何建立自己职业化的拜访之道，然后再成功地运用它，将成为突破客户关系、提升销售业绩的重要砝码。

1. 建立第一印象

商务人员给客户留下什么样的第一印象可能会对将来是否成交产生重大影响，注重合作的客户认为，商务人员的形象往往代表其公司形象、产品形象、合作态度等，因此十分在意。第一印象主要是指初次见面给人留下的印象，包括仪表及言行举止。商务人员要做到服饰整洁得体，穿着与自己的身份、销售的产品和公司的形象相符。言行举止做到有礼有节、温文尔雅，说话有条理性逻辑性强。谈话时，注意营造一个轻松、愉快的氛围，避免形成与客户对立和过于商务化的环境，以免给双方造成压力。

商务活动是与人打交道的工作。在拜访客户时，推销自己和推销产品同等重要。拜访客户的工作在一定程度上影响着企业利润的实现，甚至影响着企业的生存。因此，拜访客户的礼仪在推销过程中起着举足轻重的作用。总之，遵守礼仪规范，建立良好的第一印象，营造轻松的沟通氛围是客户拜访的"敲门砖"。

2. 缩短心理距离

由于商务人员是陌生人，客户会有怀疑和防备心理，如何消除这种心理的影响，缩短双方的心理距离，就显得很重要了。

推销员与客户原本没有任何关系。开始也许会有自我介绍或随便聊几句，但要记住，目标是接近客户。要从言谈举止中寻找共同点，如共同的嗜好甚至是读过相同的小说、看过相同的体育比赛等。然后，再以这些共同点为开端，慢慢地向客户接近。

坦诚与关心是与客户交往之初最好的缩短双方距离的武器。要真诚地关心客户，帮助拿重东西,逗逗孩子,谈谈对方的工作等。同时别忘了适当地赞美对方,注意掌握分寸,是真心赞美而非吹捧。这样,比较容易被客户接受,消除陌生感。如果实在找不出上述中的任何一项,可以日常生活中的琐事作话题。气候、娱乐、旅行、认识的人、工作,甚至是衣、食、住、行中的任何一项,都可作为展开商谈活动的说话题材。总之,必须先引起对方的注意,才能达到进一步详谈的目的。

推销员在逐步接近客户时,必须特别留意聆听对方的话。注意运用"一、二、三"方式:即自己说一分钟,聆听对方话二分钟,再附和三分钟。同时,以消息、利益、兴趣或日常生活中的种种琐事作为谈话内容。使用这种方法,可以解除对方的心理戒备,进而深入到对方的心灵,传达商务信息。

3. 准备谈话大纲

在每次拜访客户之前,一定要提前准备好谈话大纲,尤其是首次拜访客户时,最起码要做到有步骤,有层次。不要想到哪里说到哪里,或者是被客户主导着谈话内容。有些业务人员拜访客户时,因为事先没有准备谈话大纲,在谈话中经常出现冷场,甚至是没话找话说,使得客户兴趣索然。表 3-1 是一个最基本的谈话大纲,可供参考。

表 3-1　谈话大纲

次序	内　容　点	次序	内　容　点
1	介绍来访目的	5	从中结合出双方的合作点所在
2	引导客户的自我介绍	6	打算问对方的问题
3	引导客户存在的需求	7	对方可能会问到的问题
4	介绍企业自身基本情况及特色点		

4. 控制谈话局面

控制谈话局面,可以更好地探知客户需求,商务人员如果不了解客户的需求就难以赢得客户的认同,只有了解客户的真正需求与期望,才能使销售行为顺利开展,才能带给客户一个完美的解决方案,实现销售的目标。

如果不能有效地控制谈话的局面,就会产生很多问题,比如:不能了解客户的真正需求、只能被动地回答从而失去展示自己产品特点与优点的机会。如何控制谈话的局面呢?简言之是采用发问与聆听相结合的办法。在遇到客户试图掌握谈话主动权时,销售业务员可利用反问来及时扭转被动的局面,引导客户的思路向自己希望的方向转变,从而掌握谈话的主动权,以了解客户更多的信息及向客户传递更多有用的信息。

5. 把握拜访谈话方式

客户拜访工作是一门集营销艺术、广告宣传、语言表达为一体的综合活动,营销人语言表达能力决定了拜访是否成功,是决定企业产品营销工作成败的重要因素之一。因此,掌握一些谈话的技巧,提高讲话的质量,对客户经理来说是非常有必要的,它可能是拜访成功的决定因素。

商务人员在现今的工作模式下,要想实现畅通的交流,提升自身的谈话技巧,就必须把握好谈话的方式及特点。

(1) 谈话内容要充实周到。这是谈话的先决条件。这就要求客户经理在推销商品的时候,不能单纯地谈论产品的品种、数量和价格,还要了解所推销商品的各项内在指标,要清楚商品的优缺点以便于更全面、更详尽地向客户介绍产品。

(2) 谈话内容要真实具体。这是取信于人、树立自身形象的关键。首先,谈话不要吞吞吐吐,说一些似是而非的话,要一是一,二是二,把要表达的意思说清楚,尽量让客户明白你的意图,客户才有可能按你的意愿做事。其次,不能弄虚作假,要讲求真实。无论做人还是做事,付出真诚才能换取真心。

(3) 谈话方式要简洁干脆。幽默干脆的谈话可以吸引客户,引出更多的话题。诙谐幽默的谈话可以使谈话的气氛更加活跃轻松,即使偶有争执,一句幽默的话也胜过十句苍白的辩解。当然,幽默是出于自然的,多一分便成为油滑,少一分便成为做作。这就要求客户经理平时要注重自身的学习,多方涉猎,以提高自身谈话的含金量。

(4) 谈话对象要因人而异。对不同身份、不同性格的人采取不同的谈话方式和策略,是实现谈话目的的关键。服务对象可以说是三教九流无所不包,这就要求掌握他们的性格特点、了解他们的志趣爱好,投其所好,对症下药,从他们感兴趣的话题入手,以此作为一个重要的切入点来实现谈话目的。

(5) 谈话结果要言行一致。不能轻易向客户许诺,但许下的诺言必须付诸行动。"君子讷于言而敏于行",许下诺言就一定要守信并履行。一次毁信违约,就有可能将你个人乃至整个企业的信誉打入万劫不复的境地。

总之,高质量的谈话是实现谈话目的的首要条件。掌握并熟练地运用谈话的技巧,肯定会取得事半功倍的效果。提升自身的谈话技巧,会更有利于自身业务能力的提升,能以更加良好的业务水平去服务客户,更加有效地拉近客户与公司的距离,提升客户对公司的忠诚度。

6. 平静对待拒绝

当与客户初次见面时,客户对于商务人员有着拒绝的本能,这种心态造成了客户的紧张情绪,也使商务人员与客户产生隔阂。消除客户的紧张情绪,正确的做法是:向客户建议购买时,千万不能以其为特定的销售对象,应该叙述他人的例子。换而言之,就是不要让客户感觉到你正在向他推销,而应当采用妥善的说法,如"今天我不想推销商品,只是为收集一些资料而来",或者事先声明不会勉强对方购买,并与对方约定,倘若忙碌,将随时离去。当询问客户对自己的建议有何意见时,要同时请客户告知推销员如何做对客户才有所帮助。此外,还要强调所提供的不仅是商品,也是一份关心,会给对方带来方便或利益。利用以上方法,可以消除客户的紧张情绪,使其心情放松并与你进行商谈。

在接近客户时,往往会遭到拒绝。拒绝是推销的孪生兄妹。即使出色的推销员,也经常被拒绝。面对拒绝,应做到以下两个方面。

一是要心平气和,从容不迫。很少有推销员刚上门客户就说"你来得正好,我正急需这类物品"之类的巧合话。所以,无论遭到何种方式的拒绝,都应保持微笑,目光正视对方,不必难为情地低下头或转身就走,仍应礼貌地道声"打扰了""谢谢",然后告辞。

二是要认真分析被拒绝的原因。是对方对产品和企业不了解还是不喜欢?是顾客没有钱还是时机不恰当?还是自己推销中出了什么问题?然后针对这些原因,拟订方案,重新振作精神,鼓起勇气,再去推销。

7. 把握沟通要点

商务人员正式展开与客户的沟通后,在言语上还需要注意以下几个方面。

(1) 主动告知这次前来沟通的意图。直接说明来意,是来想认识一下,还是通过老板了解些市场情况。许多客户老板很是忌讳业务人员说来说去,就是不说这次来拜访的真正意图是什么,老板们可没这些精力来猜测业务人员的拜访意图。

(2) 不要抢话。在与老板沟通时,一定要等对方把话说话,在某些话题上,还要与老板进行再确认,然后再来进行相关的答复和解释。笔者见过许多公司的业务人员,还没等老板把话说完,就迫不及待地抢过话头,进行解释,这容易让客户老板误解,认为这业务人员太心急了,缺乏最基本的稳重和礼貌。

(3) 不要太快把话题转移到自己的产品上来。业务人员上门来拜访,归根结底是在推销自己的产品。若是过早过快地推销自己的产品,很容易让客户厌烦或是有抵触情绪。现在客户根本不缺产品,作为业务人员,应从产品行业状况、行业事故、本地市场发展特性等这些容易让客户感兴趣的话题切入,逐渐再向自家产品方向开始转移。

(4) 在谈及自己的企业目标时,话不要说得太大。现在很多企业都有自己的宏大目标,要么是做行业第一,要么是某个商品品类的第一,甚至是保护某个民族产业之类。其实,客户对这些东西没多少兴趣,毕竟是刚开始接触,对你还没形成价值认定,你企业想发展成什么样是你企业的事情,再说了,你们现在已经做到了吗?

(5) 当着客户老板的面,前来拜访的业务人员不要交头接耳。即便交头接耳说这些东西与客户压根没关系,但是,这样的行为很容易惹得客户老板不舒服,并且还会起猜疑之心,总觉得这是业务人员在私下里商量什么见不得人的事情,甚至有挖坑下套的嫌疑。

(6) 不要攻击客户的现有产品。有些业务人员为了突出自己的产品优势和企业优势,喜欢攻击其他厂家和其产品,哪怕眼前这个客户曾选购了这些厂家的产品,业务人员也照说不误。甚至还会从产品品质、产能、企业地位、利润率等角度算账给客户老板看,总而言之就是说明自己的产品和企业要比别人的优秀很多。其实,在客户老板看来,攻击客户现有的产品,就是等于攻击老板本人。毕竟,这些产品是老板亲自引进的,否定这些产品就是在否定老板本人。

(7) 在最后临走的时候,主动询问一下经销商老板,还有什么需要了解的。这里需要注意的是,在明确告知对方老板这是最后一个问题后,对方老板所问出来的问题,往往是最重要的一个问题。若没有更多的内容需要了解,那么今天的沟通暂且到此为止,下次有机会再约时间会面。

8. 熟悉拜访流程

这里我们以小周拜访 A 公司负责采购事宜的王经理为例,不妨设陌生拜访和二次拜访两个模块,来探讨一下商务人员客户拜访的流程。①

(1) 陌生拜访:聆听。

商务人员自己的角色:只是一名学生和听众。

让客户出任的角色:一名导师和讲演者。

前期的准备工作:有关本公司及业界的知识、本公司及其他公司的产品知识、有关本次客户的相关信息、本公司的销售方针、广泛的知识、丰富的话题、名片、电话号码簿。

拜访流程设计:

① 打招呼:在客户(他)未开口之前,以亲切的音调向客户(他)打招呼问候,如:"王经理,早上好!"

② 自我介绍:禀明公司名称及自己姓名并将名片双手递上,在与客户(他)交换名片后,对客户拨空见自己表达谢意,如:"这是我的名片,谢谢您能抽出时间让我见到您!"

③ 旁白:营造一个好的气氛,以拉近彼此之间的距离,缓和客户对陌生人来访的紧张情绪,如:"王经理,我是您部门的张工介绍来的,听他说,您是一个很随和的领导。"

④ 开场白的结构。

a. 提出议程。

b. 陈述议程对客户的价值。

c. 时间约定。

d. 询问是否接受。如:"王经理,今天我是专门来向您了解你们公司对××产品的一些需求情况,通过知道你们明确的计划和需求后,我可以为你们提供更方便的服务,我们谈的时间大约只需要五分钟,您看可以吗?"

⑤ 巧妙运用询问术,让客户一次说个够。

a. 设计好问题漏斗。通过询问客户来达到探寻客户需求的真正目的,这是营销人员最基本的销售技巧,在询问客户时,问题面要采用由宽到窄的方式逐渐进行深度探寻。如:"王经理,您能不能介绍一下贵公司今年总体的商品销售趋势和情况?""贵公司在哪些方面有重点需求?""贵公司对××产品的需求情况,您能介绍一下吗?"

b. 结合运用扩大询问法和限定询问法。采用扩大询问法,可以让客户自由地发挥,让他多说,让我们知道更多的东西,而采用限定询问法,则让客户始终不远离会谈的主题,限定客户回答问题的方向,在询问客户时,营销人员经常会犯的毛病就是"封闭话题"。如:"王经理,贵公司的产品需求计划是如何报审的呢?"这就是一个扩大式的询问法。如:"王经理,像我们提交的一些供货计划,是需要通过您的审批后才能在下面的部门去落实吗?"这是一个典型的限定询问法;而营销人员千万不要采用封闭话题式的询问法,来代替客户作答,以造成对话的中止,如:"王经理,你们每个月销售××产品大概是 6 万元,对吧?"

---

① 周亮.如何与客户第一次亲密接触——客户拜访技巧[J].中国中小企业,2003(11).

c. 对客户谈到的要点进行总结并确认。根据会谈过程中,你所记下的重点,对客户所谈到的内容进行简单总结,确保清楚、完整,并得到客户一致同意。如:"王经理,今天我跟你约定的时间已经到了,今天很高兴从您这里听到了这么多宝贵的信息,真的很感谢您!您今天所谈到的内容一是关于……二是关于……三是关于……是这些,对吗?"

⑥ 结束拜访时,约定下次拜访内容和时间。在结束初次拜访时,营销人员应该再次确认一下本次来访的主要目的是否达到,然后向客户叙述下次拜访的目的,约定下次拜访的时间。如:"王经理,今天很感谢您用这么长的时间给我提供了这么多宝贵的信息,根据您今天所谈到的内容,我将回去好好地做一个供货计划方案,然后再来向您汇报,如果我下周二上午将方案带过来让您审阅,您看可以吗?"

(2)第二次拜访:满足客户需求。

商务人员自己的角色:一名专家型方案的提供者或问题解决者。

让客户出任的角色:一位不断挑剌不断认同的业界权威。

前期的准备工作:整理上次客户提供的相关信息做一套完整的解决方案或应对方案,熟练掌握本公司的产品知识、本公司的相关产品资料、名片、电话号码簿。

拜访流程设计:

① 电话预先约定及确认。如:"王经理,您好!我是××公司的小周,上次我们谈得很愉快,我们上次约好今天上午由我带一套供货计划来向您汇报,我九点整准时到您的办公室,您看可以吗?"

② 进门打招呼:第二次见到客户时,仍然在他未开口之前,以热情和老熟人的口吻向客户(他)打招呼问候,如:"王经理,上午好啊!"

③ 旁白:再度营造一个好的会谈气氛,重新拉近彼此之间的距离,让客户对你的来访产生一种愉悦的心情,如:"王经理,您办公室今天新换了一幅风景画啊,看起来真不错!"

④ 开场白的结构。

a. 确认理解客户的需求。

b. 介绍本公司产品或方案的重要特征和带给他的利益。

c. 时间约定。

d. 询问是否接受。如:"王经理,上次您谈到在订购××产品时碰到几个问题,他们分别是……这次我们专门根据您所谈到的问题做了一套计划和方案,这套计划的优点是……通过这套方案,您看能不能解决您所碰到的问题,我现在给您做一下简单的汇报,时间大约需要15分钟,您看可以吗?"

⑤ 专业导入FFAB,不断迎合客户需求。FFAB是指:Feature:产品或解决方法的特点;Function:因特点而带来的功能;Advantage:这些功能的优点;Benefits:这些优点带来的利益;在导入FFAB之前,应分析客户需求比重,排序产品的销售重点,然后再展开FFAB。在展开FFAB时,应简易地说出产品的特点及功能,避免使用艰深的术语,通过引述其优点及客户都能接受的一般性利益,以对客户本身有利的优点做总结,在这里,营销人员应记住,客户始终是因你所提供的产品和服务能给他们带来利益,而不是因对你的产品和服务感兴趣而购买。

⑥ 介绍解决方法和产品特点。程序如下：
a. 根据客户的信息，确认客户的每一个需要。
b. 总结客户的这些需要应该通过什么方式来满足。
c. 介绍每一个解决方法和产品的几个重点特点。
d. 就每一个解决方法和产品所带来的功能征得客户的同意，肯定能满足他的需求。
e. 总结。
⑦ 面对客户疑问，善用加减乘除。
a. 当客户提出异议时，要运用减法，求同存异。
b. 当在客户面前做总结时，要运用加法，将客户未完全认可的内容附加进去。
c. 当客户杀价时，要运用除法，强调留给客户的产品单位利润。
d. 当营销人员自己做成本分析时，要用乘法，算算给自己留的余地有多大。
⑧ 要求承诺与缔结业务关系。
a. 重提客户利益。
b. 提议下一步骤。
c. 询问是否接受。

当营销人员做完上述三个程序，接下来就应该为客户描绘其购买产品或服务时所产生的愿景，最终刺激准客户的购买愿望；一旦你捕捉到客户无意中发出的如下讯息：

客户的面部表情：频频点头；定神凝视；不寻常的改变。
客户的肢体语言：探身往前；由封闭式的坐姿而转为开放；记笔记。
客户的语气言辞：这个主意不坏，等等。

这时要恭喜你，你的职业化拜访之道已成功地为你赢得了客户，赢得了订单！

3.2 接待

语言是人们表情达意，进行情感交流和沟通信息的最重要手段和工具。商务人员接待工作中的语言方式和质量，会直接影响客户的心理活动，能令人欢喜，也可招人厌恶。无论商务人员有着怎样好的仪容、仪表、仪态，如果没有得体的言谈礼仪，缺乏独到的接待言谈技巧，同样无法赢得顾客，留住长期客户。因此，从商务接待口才方面讲，主要应从以下几方面来规范自身的语言。

1. 符合礼仪规范

(1) 要使用正确的称谓称呼客人，用词文雅。如酒店服务人员不能称呼客人为"喂"，最为通用的称呼是"先生""小姐""女士""太太"等。

(2) 商务人员在日常工作中，根据时间、场合、对象，使用不同的礼貌用语。常用礼貌用语有"请""您""谢谢""对不起""请原谅""没关系""不要紧""别客气""您早""您好""再见"等。

(3) 语音应以低音为主，语气委婉含蓄，避免争执。

(4) 语速要因人而异，快慢适中，根据不同的对象，灵活掌握。

(5) 尊重对方的风俗习惯,与客人交谈时不适宜向客人询问或避免询问有关客人隐私和风俗习惯方面的问题,包括:

① 有关客人的年龄、体重,尤其是女宾的年龄、体重方面的问题。
② 有关客人的薪水、财产问题。
③ 有关客人的婚姻状况。
④ 有关客人身体状况。
⑤ 有关客人馈赠礼品价值方面的问题。
⑥ 有关客人信仰的宗教忌讳方面的问题。
⑦ 有关客人民族习惯与风俗忌讳的问题。
⑧ 有关客人国家政治敏感或令其屈辱性的问题。

2. 讲究接待的谈话方法

商务人员接待过程中与客人谈话是不可避免的,因此掌握好与客人谈话的方法,是十分重要的。

(1) 在谈话之前最好能够了解对方的身份,以便使自己的谈话更得体,有针对性。
(2) 和客人谈话时,要实事求是,知之为知之,不知为不知,不要轻言许诺。
(3) 同两个以上客人谈话时,不要冷落任何一方。
(4) 和客人谈话时,更多给对方讲话的机会,不要随便打断对方的话头。
(5) 对方的讲话没听清时,可以再问一次,如发现有误时,应该进一步解释。
(6) 客人间互相交谈时,不可凑上旁听。
(7) 表达意思要委婉。商务人员说话要尽量采用与人商量的口气,避免使用主观武断的词语;说话要尽量采取自谦的口吻。
(8) 说话时掌握分寸。在说话之前,商务人员要思考一下你的措辞是否妥当,如有不妥之处一定要反复修改一下,以免影响商务组织的形象。
(9) 多用敬语、谦语。生硬而难听的话,不仅刺伤对方,对自己也无益,同时也表现出自己不懂礼仪,缺乏教养,格调低下。在商务接待中,有五句话是商务人员经常要说的,我们将其称为商务接待的"五声",这"五声"是指:

① 问候声:如"您好"。
② 接待中的服务声:如"对不起,打扰一下,请问……"。
③ 得到别人帮助应有感谢声:如"谢谢"。
④ 做错事或做不到的事应有致歉声:如"实在对不起"或"非常抱歉"。
⑤ 送别客人应有道别声:如"再见"。

在坚持"五声"服务的同时,还应杜绝以下"四语"。

① 不尊重客人的蔑视语。
② 缺乏耐心的烦躁语。
③ 自以为是的否定语。
④ 刁难他人的斗气语。

(10) 有礼貌地回答询问。商务人员回答客人询问的时候一定要耐心细致,对于不了解的情况,要充分表示歉意。

3. 运用语言沟通技巧

(1) 恰当使用褒扬性语言。一句褒扬的话,往往会使商务人员与顾客之间的感情更加亲近,关系更加密切和谐,同时也有利于顾客对商务人员的理解,使其协助商务人员做好工作。

(2) 用肯定句代替否定句。否定句是表示不同意、不承认的句子。商务人员在接待顾客时,对顾客的意见不宜直接用否定句来回答,以免给人不尊重顾客的印象。如在商场,顾客临柜问货:"这种酒这儿没有56°的吗?"营业员如果只简单回答:"没有。"顾客很可能立马就走,如果营业员改换一句:"是的,目前只有39°和42°,这两种度数的酒……"这样,顾客就有可能留下来选购。

(3) 善用负正法句式。对于不同的顾客来说,任何商品都有优点,也有缺点,而且由于受各种因素的影响,商品的某些优点,往往容易被消费者所忽略,有时商务人员先将商品的缺点提一下,然后再叙述优点,使强调的重点放在后面,给人以辩证看法,也许效果会更好一些。

(4) 善用模糊语言。我们平时说话和写文章时,都力求把意思表达明白、清楚,这是工作的需要、交际的需要。但在商务接待工作中,有时恰恰需要不直接、不明白的语言和表达方式,以便让客户自己去体会、去琢磨,从而收到预期的表达效果。

《辞海》对模糊语言的定义为"表达模糊概念的语言。"沈卢旭先生在《模糊语言新界说》中认为:"模糊语言是指在意义上不明确,在表述形态上不清晰,内涵伸缩性大,解释或理解可变性大的这一类社会交际使用的语言。"模糊语言的语义内涵一般是明确的,外延界限却不太明确,具有不明确性、不精确性、相对性的特点。在自然语言中,句子中大部分使用的是模糊词语,如"大的整数""高的房屋""美的女人""绿色"等都是模糊概念。

模糊语言有利于人际关系更加和谐,有利于工作更加协调,人们越来越清醒地认识到它的功能,并在逐步寻求更好地驾驭它的途径。商务接待工作中遇到以下情况,灵活使用模糊语言,能化解矛盾,增强语言表达效果,促使工作顺利进行。

① 对于尚未确定的事项,不妨使用模糊语言。如对待来寻求帮助的客户,要对其抱有一种同情心,在接待中可以恰当运用模糊语言进行安慰、劝说,切不可对其给予肯定或否定的答复,因为问题还没有核实清楚。比如说"我们会尽快完成这项任务",估计谁也不会追问尽快具体是多久,但人们都能理解这句话的意思。正如英国著名语言学家琼斯所言:"我们大家(包括那些追求精确无误的人)在说话和写作时使用不准确的、含糊的、难于下定义的术语和原则,这并不妨碍我们所用的词是有用的,这便是接待场合中模糊语言独特的魅力。"

② 在不能满足客户要求时,可使用模糊语言。商务人员接待客户时,不直接说"不",可以减轻对方的挫折感,同时也能避免矛盾冲突。例如:有客户来公司,在秘书处得知老板不在公司后,该客户不相信仍坚持说:"我找你们老板有很重要的事,非见面商量不可啊。"这时,秘书没有直接说"不行",生硬地回复客户,而是用了模糊语言,她说:"那我去帮您找一找,看老板回来没有。"秘书可借此机会请示领导,如果领导表态不见,秘书就回

话:"很抱歉,都已经找遍了,领导还没回来。"此时客户也能接受事实而打道回府了。再如下属单位来请领导出席活动,如果秘书直接说"今天领导有要事,不去了",就显得呆板、生硬,使人感觉领导在摆架子,看不起人。假如秘书这样说:"今天领导有要事,可能去不了。"此处使用模糊词语"可能",表达婉转之意,听起来比较柔和,不僵硬,就易于让人接受。

此外,有些情况不便向对方说明时,最好用模糊语言,这种情况多数是为了保密或自我保护。

3.3 寒暄

为了确保商务活动目标的实现,商务人员一定要与客户搞好关系,拉近与客户之间的距离,最好的方式就是寒暄。所谓寒暄,并不是指随便说一些话题,而是要针对客户,面对客户时应如何打开话题,要让客户觉得和你有话可谈,甚至可以和你成为知己。下面来看一个实例。

小洁毕业后到了一家影楼工作。不管是在生活还是工作中,很多来拍照片的客户都非常喜欢她。有一天,她正在擦拭相框的时候,大厅里来了一位客户,于是她赶紧热情地迎了上去。

小洁:"您好!请您到这边来坐,您是准备拍结婚照吗?"

客户:"嗯,是的。"

小洁:"您是朋友介绍过来的,还是无意中看到进来的呢?"(为寒暄收集资料)

客户:"哦,我是无意中看到的,就进来看看。"

小洁:"那您的婚期在什么时候呢?"(收集资料)

客户:"下个月底。"

小洁:"女士,您算是比较有概念地知道提前一个月来拍照的,拍完到取件大概需要二十多天,我给您推荐的这个是目前最好的优惠套系,真是物美价廉,我来给您介绍。"(寒暄)

小洁:"这套很便宜哦!您真是有福气可以订到这一套,来,我先帮您把订单写一写。"

客户:"我今天没有和男朋友一起来,所以想先询问一下男朋友的意见,和他商量一下。"

小洁:"也对,应该询问男朋友的意见,您真是细心又尊重男朋友。其实拍结婚照这样的事情,一般男朋友都没意见的,您那么尊重他,我想他也会尊重您的意见。这样好了,这套系您也很喜欢,但这优惠剩下的不多了,要不我先开票保留优惠,您先不告诉男朋友您订了,明天或后天您再带他来看一看,我再做一次介绍,如果您男朋友没意见而优惠也保留了,如果他有意见,我还可以再详细地介绍一下,应该没问题的,您看这样行吗?"

客户:"那好吧,我明天再来一次。"

在此案例中,销售员小洁在开始推销时,就在寒暄中占据了谈话的主动权,对顾客的心理进行了全方位的把握,从而收集了客户的资料,然后再有针对性地为顾客选择合适的产品和服务,并向顾客进行介绍。当客户提出要和男朋友商量时,小洁更是抓住了客户的"捡便宜"心理,稳住了客户。

调查显示,成功的寒暄,提起对方的爱好占72%;提起对方的工作占56%;提起时事问题占36%;提起孩子等家庭之事占34%;提起影艺运动占25%;提起对方的故乡及所读的学校占18%;提起健康占17%;提起理财技术及街谈巷议占14%。

寒暄是一种分享感情或营造友好气氛的语言方式,是一种广泛用来传达关心和友爱的社交方式。商务交际、商务沟通离不开寒暄。

1. 寒暄的原则

对于交际者来说,寒暄的行为遵循以下几个基本原则。

(1) 亲疏原则。寒暄的行为是否发生与交际各方的人际关系亲疏相关联,关系亲密的人之间不太需要寒暄,关系较一般的更需要寒暄,以满足礼节上的要求,从这一意义上可以说寒暄标志着不是特别亲密的人际关系。

(2) 合作原则。寒暄的参与者遵循特殊的合作原则,对语义内容的质和量均无明确的或最大的要求,即使是虚假的命题或不真实的信息也予以默认,对方说什么都可以附和。

(3) 直白原则。在说话的风格上,一般采用直接、明确的表达方式,不用晦涩的语言,说话不拐弯抹角。不排除幽默,但仅限于无功利性暗示意义。因为寒暄的内容不那么重要,所以说的话也应该很容易让人明白。寒暄作为一种礼节性的行为,在一定意义上也可以说是没话找话。这种情况下,相应的言语策略的规定性不强,可选择的余地也比较大,往往是说什么都可以,因此也就使得交际者有时反而不好确定选择什么策略,造成不知说什么好的情况。

(4) 坦诚原则。寒暄虽然与交际目的不一定有直接联系,其内容也未必与后面的正式交谈相关,仅仅是交际活动的"起点",是言语交际的"开场白",但仍需要我们出言坦诚,问候真诚,切不可虚情假意,口是心非。

(5) 礼貌原则。礼貌是指言语动作谦虚恭敬,这种谦虚恭敬应该是自然得体的,若是过分了反而显得不真实,也会令对方不自在。

2. 寒暄的常用方式

一般地,有以下三种寒暄的常用方式。[①]

(1) 问候式。问候式寒暄是直接向交际对象表示问候或招呼。例如:

您(你)好!
吃了吗?
出去吗?
最近忙吗?

---

① 徐卫卫.大学生交际口语[M].杭州:杭州大学出版社,2007.

读几年级了?
你的钢琴练得怎么样了?
又有大作发表了吧!
家里人都好吧?(对已婚者)
爸爸妈妈都挺好吧?(对未婚者)

(2)称赞(评议)式。通过对交际对象(或与交际对象有关的人与事)加以称赞或进行评议,来表达对交际对象的认可与问候。例如:

哇,你这件毛衣在哪儿买的,真漂亮!
哇,你们家好干净啊!
您可越活越年轻了!(对中老年人)
你的气色真好!(对初愈的病人)
这孩子真可爱!(对朋友或同事的孩子)
你是×××小学的吧,你们学校办学水平很高哇!(对初次见面者)

(3)描述式。描述式寒暄是通过对交际语境有一定关联的一些因素进行极为简洁的"描述",来表达问候之意。例如:

呦,大妈今天买了这么多的好菜,又是鸡又是鸭的啊!
您老一身运动装又要去打门球啦!
今天天气真不错!

3. 寒暄的基本规范

在与客人交往的过程中,商务人员要根据客人的具体情况,如接触时间长短、与之熟识程度等来判断是否可以寒暄。如果可以寒暄,就要遵守以下寒暄的基本规范。

(1)区分对象。交往对象不同,寒暄的选择也应当有所差别。在这一点上要具体考虑这样几种因素。[1]

① 年龄差别。一般来说,如果交往双方在年龄上有明显的差别,那么在寒暄的过程中,年轻者要表示敬重,而年老者要表现出热情谦虚。

② 亲疏的界限。交往双方如果是已经非常熟悉的人,那么不妨在寒暄时更加随意轻松一些为好;反之若初次见面,就应该显得庄重一些。

③ 性别不同。男性与女性在交往时,寒暄应该特别注意,不适合于女性的语言一定要避免使用。例如,过去人们在见面时,常喜欢用"你又长胖了"的话作为恭维或寒暄,但这用在女性的身上是不适合的。另外,同女性寒暄时虽然不一定要故作严肃,但是谈论轻松、幽默的话题时要注意格调高雅,掌握分寸。

④ 文化背景的差异。语言具有民族性,这不仅表现在语音、语调上,还体现在语言使用的习惯和表达的文化内涵上。不同民族、不同国家在寒暄这一语言环节上也有着明显

---

[1] 金常德.大学生社交口才实践教程[M].北京:北京大学出版社,2013.

的差异。如中国人在寒暄时喜欢以关切的语调询问对方的饮食起居、生活状况、工资收入、家庭情况等,但在西方国家这些内容却是彼此交谈的禁区。同样,在中国文化环境中不适合使用的寒暄则可能在其他一些文化环境中得到认可或普遍使用。

(2) 见机行事。寒暄同样有个语境问题,寒暄时机的把握,寒暄时间的长短,寒暄内容的选择,话语的"冷热度",体态语的配合,等等,都得由"境"而定。

(3) 积极主动。必要时要积极主动与对方先搭话,发起寒暄,这样不但会给对方留下你有诚意的好印象,也会使对方感受到你对他的热情和尊重。

(4) 尽力顺从。如对方先主动与你寒暄,说明他很重视你的存在,并愿意同你建立或保持友好关系。你应尽力顺从、应对,切不可对方问一句你答一句,更不应等沉默之后才找话说,这样很易造成尴尬局面。

(5) 顺其自然。寒暄本身不存在是非曲直。你没必要针对某句话刨根问底。即使明知对方在说假话,你也大可不必介意,只要寒暄能在和谐、友好的气氛中进行就行。

(6) 把握适度。要根据具体情况、场合来调适寒暄的时间及内容。比如你有正事欲与对方谈,就不应东拉西扯地寒暄个没完,这样会误事,还会使对方产生厌倦之感。

(7) 话题合适。首先要放下顾虑,大胆抛出话题。很多商务人员刚入行时,面对客户,还有很多的顾虑,不知道该跟客户讲什么,这样很容易出现冷场的情况。因此,商务人员必须放下顾虑,大胆地抛出话题。

其次要扩大寒暄的话题。商务人员必须要有广泛的兴趣爱好和丰富的知识,这样,在与客户寒暄时,就可以适当地扩大寒暄的话题,尽量把话题引到客户感兴趣的话题上,比如客户是哪里人,是否经常旅游等。

最后要注意避讳客户隐私。有这样一个例子:某日用品有限公司经理办公室秘书小童接到客人后,在从机场返回的路上,他热情地介绍着本地的风土人情和逸闻趣事,也谈到了自己的家庭和个人的经济收入。当小童询问对方的家庭情况和个人的经济收入时,客人笑而不答。这里,小童的寒暄不尽如人意。起初为了不冷落客人,他主动找话题交流,完全正确。但之后选择了不恰当的话题,即涉及了客人的隐私,使客人心生不悦,对他的好印象大打折扣。因此,寒暄话题的选择要有针对性。一是涉及客人隐私的话题绝对不能提,除非访客主动告诉你。涉及隐私的话题有收入、家庭、婚姻等。二是涉及公司的机密更不能提。

众所周知,在体育比赛之前,要做一些热身运动。而寒暄恰如交谈前的热身运动,它能在商务人员与客户之间搭起一座友谊的桥梁,使双方情绪放松,增强熟悉感,从而为交谈营造良好的氛围,更好地实现商务目标。

3.4 介绍

介绍语是商务活动中为接近对方而常用的表达方法之一。通过相互介绍,达到相互接近的目的。商务场合主要有两种介绍语:一是自我介绍;二是介绍别人。

1. 自我介绍

自我介绍是最常用的口语形式。当我们处于比较正规的场合,面对陌生的公众,首先别忘了把自己介绍给对方。

自我介绍时,要及时、清楚地报出自己的姓名和身份。大方自然地进行自我介绍,可以先面带微笑,温和地看着对方说声:"您好!"以引起对方的注意,然后报出自己的姓名、身份,并简要表明结识对方的愿望或缘由。进行自我介绍一定要力求简洁,尽可能地节省时间,介绍时间以半分钟为佳。

自我介绍一般视对象而选择介绍语。把自己介绍给领导、长辈、名人时,语言要谦恭有礼,但不可点头哈腰、卑躬屈膝、出言酸腐。一位营销部经理在一次社会交集会中这么自我介绍:"我是××公司跑供销的,我叫王××,今后希望各位经理多加指教。"话毕面带微笑,向周围的人双手送上自己的名片。这番自我介绍很简单,却很有艺术性。自然语言与体态语言巧妙配合,口头上非常谦虚地说自己是跑供销的,具体职务、官衔让名片替他补充。这比"我是供销科科长"这种直露的介绍更巧妙,更易给人留下谦恭得体的好印象。反之,也不要居高临下、恃势傲人、出言不逊。

进行自我介绍,态度务必自然、友善、亲切、随和。要充满信心和勇气,敢于正视对方的双眼,显得胸有成竹。介绍时语气要自然、语速要正常,语音要清晰、响亮,对一些容易听错读错的字音要特别加以说明,以免造成误会。例如:有位先生名叫单弘(shàn hóng)他在自我介绍时特别指出:"我的名字很容易读错,有次药房的护士叫我单弦(dān xián),我成了一件乐器了。"这样介绍后,相信听众不会念错他的名字了。

2. 介绍别人

商务活动中,如果处于主持人地位或充当中介人时,别忘了给互不相识的客人作介绍。例如:"我来介绍一下:这位是××先生,目前就职于广告公司,美学爱好者。这位是大学中文系美学教授金××。"这是最常见的介绍语,介绍了双方姓名、特长、工作单位等。介绍别人要注意以下几点。

(1) 注意先后顺序。为双方作介绍时,要确立"把谁介绍给谁"的观念。应牢记"受尊敬的一方有优先了解权"这一介绍基本准则。把职位低者介绍给职位高者(商务场合尤其如此),把年轻的先介绍给年长者,把男士先介绍给女士,把未婚女子介绍给已婚女子,把家庭成员介绍给客人。如果双方年龄、身份都相差无几,则应当把自己较熟悉的一方先介绍给对方。违反这一顺序则有失礼仪。

(2) 信息量要适中。请看下面两例。

例 1 我来介绍一下,这位是张先生,这位是王经理。

例 2 这位是××房屋开发公司副总经理王××,他可是实权派,路子宽,朋友多,谁需要帮忙可以找他。

例1信息量太少,通过介绍,双方只能了解一个姓,无法从介绍语中找到继续交谈的共同话题。例2信息量太多,介绍的后半段属多余信息,而且庸俗化了,往往使被介绍者感到尴尬。所谓信息量适中，是指通过介绍使双方互相了解尊姓大名、工作单位、职务或特长。只要能为双方的进一步交谈引出共同话题则可，千万不可草率介绍，亦不可画蛇添足。

（3）介绍语要规范。所谓介绍语规范，是指介绍语要热情、文雅并配以恰当的体态语。为双方介绍或者把某人向全体介绍都是为了建立关系、联络感情、融洽气氛，因此介绍语必须热情洋溢。尤其将某人介绍给全体成员时，要尽可能将此人的主要成绩、荣誉等一一加以热情介绍，切忌不冷不热，毫无生气。美国著名成人教育家戴尔·卡耐基曾谈起过这么一件事：约翰·梅森·布朗是一位作家兼演说家。一次他应邀去某地演讲。演讲开始前，会议主持人将布朗先生介绍给公众，下面是主持人的介绍语："先生们，请注意了。今天晚上我给你们带来了不好的消息。我们本想邀请伊塞卡·F.马科森来给我们讲话，但他来不了，病了。（下面嘘声）后来我们邀请参议员布莱德里奇前来，可他太忙了。（嘘声）最后，我们试图请堪萨斯城的罗伊·格罗根博士来，也没有成功。（嘘声）所以，结果我们请到了——约翰·梅森·布朗。"这样的介绍语不仅是报流水账，毫无热情，而且有损被介绍者的自尊心，这是介绍语的大忌。

（4）介绍语要礼貌。言语交际必须遵循礼貌、合作的交际原则。介绍语要文雅、有礼，切忌随便、粗俗。例如："我给各位介绍一下：这小子是我的铁哥们，开小车的，我们管他叫'黑蛋'。"这个介绍中"小子""铁哥们""开小车的""黑蛋"这类词语显然与社交场合格格不入，太粗俗，不文雅，又把绰号当大名来介绍更显随便，不严肃。

此外，介绍语常用一些敬辞、客套话、赞美语作为其表述语，在实践中应规范使用。如"我非常荣幸地向各位介绍×××""我们有幸请来了大名鼎鼎的×××""能聆听他的讲话我们感到由衷的高兴"等。这些介绍语中的"荣幸""有幸""由衷"等都是敬辞，"大名鼎鼎""请"是客套语。这类典雅的语言再加之优雅得体的体态语就更显魅力了。介绍时一般起立，面带微笑，伸出一手，掌心向上，边说边示意。

3.5 交谈

美国前哈佛大学校长伊立特曾说："在造就一个有修养的人的教育中，有一种训练必不可少，那就是优美、高雅的谈吐。"交谈是交流思想和表达感情最直接、快捷的途径。有句流行的话"做生意就是聊天谈话"形象地向我们描述了获得商务信息最方便、最快捷、最常用，而且人人都会用的方式——交谈。在人们的日常交往中，商务人员可通过运用一些行之有效的交谈技巧获得商务信息。

1. 商务交谈的原则

（1）准确流畅。在商务交谈时如果词不达意、前言不搭后语，很容易被人误解，达不到交际的目的。因此在表达思想感情时，应做到口音标准、吐字清晰，说出的语句应符合规范，避免使用似是而非的语言。应去掉过多的口头语，以免语句割断；语句停顿要准确，思路要清晰，谈话要缓急有度，从而使交流活动畅通无阻。

语言准确流畅还表现在让人听懂，因此言谈时尽量不用书面语或专业术语，因为这样的谈吐让人感到太正规、受拘束或是理解困难。古时有一笑话说的是有一书生,突然被蝎子蛰了,便对其妻子喊道:"贤妻,速燃银烛,你夫为虫所袭!"他的妻子没有听明白,书生更着急了:"身如琵琶尾似钢锥,叫声贤妻,打个亮来,看看是什么东西!"其妻仍然没有领会他的意思,书生疼痛难熬,不得不大声吼道:"快点灯,我被蝎子蛰了!"真乃自作自受。

(2) 委婉表达。交谈是一种复杂的心理交往,人的微妙心理、自尊心往往在里面起重要的控制作用,触及它,就有可能产生不愉快。因此,对一些只可意会不可言传的事情、人们回避忌讳的事情、可能引起对方不愉快的事情,不能直接陈述,只能用委婉、含蓄、动听的话去说。常见的委婉说话方式有:

① 避免使用主观武断的词语,如,"只有""一定""唯一""就要"等不带余地的词语,要尽量采用与人商量的口气。

② 先肯定后否定,学会使用"是的……但是……"这个句式。把批评的话语放在表扬之后,就显得委婉一些。

③ 间接地提醒他人的错误或拒绝他人。

(3) 掌握分寸。商务交谈要有放有抑有收,不过头,不嘲弄,把握"度";交谈时不要唱"独角戏",夸夸其谈,忘乎所以,不让别人有说话的机会;说话要察言观色,注意对方情绪,对方不爱听的话少讲,一时接受不了的话不急于讲。开玩笑要看对象、性格、心情、场合,一般来讲,不随便开女性、长辈、领导的玩笑,一般不与性格内向、多疑敏感的人开玩笑,当对方情绪低落、心情不快时不开玩笑,在严肃的场合、用餐时不开玩笑。

(4) 幽默风趣。商务交谈本身就是一个寻求一致的过程,在这个过程中常常会出现不和谐的地方而产生争论或分歧。这就需要交谈者随机应变,凭借机智抛开或消除障碍;幽默还可以化解尴尬局面或增强语言的感染力。它建立在说话者高尚情趣、较深的涵养、丰富的想象、乐观的心境、对自我智慧和能力自信的基础上,它不是要小聪明或"卖嘴皮子",它应使语言表达既诙谐又入情入理,应体现一定的修养和素质。有一次,梁实秋的幼女文蔷自美国返回中国台湾探望父亲,他们便邀请了几位亲友,又到"鱼家庄"饭店欢宴。酒菜齐全,唯独白米饭久等不来。经一催二催之后,仍不见白米饭踪影。梁实秋无奈,待服务小姐入室上菜之际,戏问曰:"怎么饭还不来,是不是稻子还没收割?"服务小姐眼都没眨一下,答称:"还没插秧呢!"本是一个不愉快的场面,经服务小姐妙答,举座大乐。

(5) 使用礼貌用语。使用礼貌用语,是人类文明的标志,也是全世界共同的心声。使用礼貌用语不仅会得到人们的尊重,提高自身的信誉和形象,而且还会对自己的事业起到良好的辅助作用。在商务交往中,礼貌用语归结起来,主要可划分为如下几类。

① 问候语。人们在交际中,根据交际对象、时间等的不同,常采用不同的问候语。比如在中国实行计划经济的年代,由于经济发展水平不高,人们面临的首要问题是温饱问题,因而人们见面的问候语是:"你吃了吗?"今天,在中国的不发达的农村,这句问候语仍然比较普遍,而经济比较发达的农村和城市,这句问候语已经很少听到了。人们见面时的问候语是"您好""您早"等。在英国、美国等说英语的国家,人们见面的问候语根据见面的时间、场合、次数等不同而有所区别。如双方第一次见面,可以说"How do you do"(您好),如果双方第二次见面,可以说:"How are you"(您好),如在早上见面可以说:"Good morning"(早上好),中午可以说:"Good noon"(中午好、午安),下午可以说:"Good afternoon"(下午好),晚上可以说:"Good evening"(晚上好)或"Good night"(晚安)等。在美国非正式场合人们见面时,常用"Hi、Hello"等表示问候。在信仰伊斯兰教的国家,人们见面时常用的问候语是"真主保佑",在信奉佛教的国家,人们见面时常用的问候语是"菩萨保佑"或"阿弥陀佛"。

② 欢迎语。交际双方一般在问候之后常用欢迎语。世界各国的欢迎语大都相同。如:"欢迎您!"(Welcome You!)"见到您很高兴!"(Nice to meet You!)"再次见到您很愉快!"(It is nice to see you again!)

③ 回敬语。在社会交往中,人们常常在接受对方的问候、欢迎或鼓励、祝贺之后,使用回敬语以表示感谢。由此,回敬语又可称为致谢语。回敬语的使用频率较高,使用范围较广。俗话说:礼多人不怪,通常情况下,只要你受到了对方的热情帮助、鼓励、尊重、赏识、关心、服务等都可使用回敬语。在我国使用频率最高的回敬语是"谢谢""多谢""非常感谢""麻烦您了""让您费心了"等。在西方国家回敬语的使用要比中国更为广泛而频繁。在公共交往中,凡是得到别人提供的服务,在中国人认为没有必要或是不值得向人道谢的情况下,也要说声谢谢,否则是失礼行为。

④ 致歉语。在社会交往过程中,常常会出现由于组织的原因或是个人的失误,给交际对象带来了麻烦、损失,或是未能满足对方的要求和需求,此时应使用致歉语。常用的致歉语有:"抱歉"或"对不起"(Sorry),"很抱歉"(Very sorry/So sorry),"请原谅"(Pardon),"打扰您了,先生"(Sorry to have bothered you,sir),"真抱歉,让您久等了"(So sorry to keep you waiting so long)等。

真诚的道歉犹如和平的使者,不仅能使交际双方彼此谅解、信任,而且有时还能化干戈为玉帛。道歉也有艺术。在人际交往中,有些人有时放不下架子或碍于面子,不愿直接道歉,这也是人之常情。其实,道歉的方式很多,道歉时可采用委婉的手法。比如:今天的交际对象是你以前曾经冒犯过的人,那么你可以说:"真是不打不相识啊,俗话说得好,不是冤家不聚头,来,让我们从头开始!"道歉并非降低你的人格,及时得体的道歉也充分反映出你的宽广胸襟、真诚情感和敢于承担责任的勇气。

有些时候,如果由于组织的原因或个人原因给交际对象造成一定的物质上、精神上的损失或增加了心理上的负担,在道歉的同时还可赠送一些纪念品、慰问品以示诚心道歉。

⑤ 祝贺语。在交际过程中,如果你想与交际对象建立并保持友好的关系,你应该时刻关注着交际对象,并与他们保持经常性联系。比如:当你的交际对象过生日、加薪、晋升或结婚、生子、寿诞,或是你的客户开业庆典、周年纪念、有新产品问世或获得大奖等,你可以以各种方式表示祝贺,共同分享快乐。

祝贺用语很多,可根据实际情况需要进行选择。如节日祝贺语:"祝您节日愉快"(Happy the festival),"祝您圣诞快乐"(Merry christmas to you);生日祝贺语:"祝您生日快乐"(Happy birthday to you);当得知交际对象取得事业成功或晋升、加薪等,可向他表示祝贺:"祝贺你"(Congratulation)。常用的祝贺语还有:"恭喜恭喜""祝您成功""祝您福如东海,寿比南山""祝您新婚幸福、白头偕老""祝您好运""祝您健康"等。

⑥ 道别语。交际双方交谈过后,在分手时,人们常常使用道别语,最常用的道别语是"再见"(Goodbye),若是根据事先约好的时间可说"回头见"(See you later)、"明天见"

(See you tomorrow)。中国人道别时的用语很多,如"走好""慢走""再来""保重"等。英美等国家的道别语有时比较委婉,常常有祝贺的性质,如"祝你做个好梦""晚安"等。

⑦ 请托语。在日常用语中,人们出于礼貌,常常用请托语,以示对交际对象的尊重。最常用的是"请",其次,人们还常常使用"拜托""劳驾""借光"等,在英美等国家,人们在使用请托语时,大多带有征询的口气。如英语中最常用的"Will you please …?""Can I help you?"(需要帮忙吗?)"Could I be of service?"(能为您做点什么?)以及在打扰对方时常使用"Excuse me",也有征求意见之意。日本常见的请托语是"请多关照"。

2. 把握商务交谈的三个阶段

我们不难发现,一个完整的商务交谈无非由三个阶段组成:开场白、谈话实体、谈话结束。针对交谈的不同阶段,商务人员完全可以对症下药,让商业味很浓的商务交谈变得更富有人情味。

(1)漂亮的开场白。掌握商务交谈技巧的第一步就是准备一个漂亮的开场白,就像一篇文章的开头一样,既要给人引人入胜的感觉,还要便于主题内容的展开。推销的新手都有过吃闭门羹、难以开口,不知如何引起话题的经历。事实上,初次见面一旦把交易对象的话题打开,让他接受你的产品或服务的可能性就大,有时还会给你意外的惊喜和收获。商务工作的挑战性和乐趣亦在此。也就是说,大家都知道这是商业味很浓的交谈,若开场白还说得不巧妙,一开口便说出价格、费用等问题,确实令人生厌。对方会马上警惕你是盯着他钱包里的钱而来。无形中,他会有意地抵制,为继续交易设置障碍。那么如何才能有一个好的开场白呢?这里有一条原则,即以主题外的寒暄或共同感兴趣的话题来创造和谐。除了工作以外的内容,建议商务人员还要多准备几个与工作无关的话题。如果能了解到对方感兴趣的东西或有关的背景资料,那么,尽量以对方熟悉的内容开始你们的商务交谈。

下面是一个推销员见客户时的开场白。

推销员 A 如约来到客户办公室。开场说道:"陈总,您好!看您这么忙还抽出宝贵的时间来接待我,真是非常感谢啊!"(感谢客户。)

"陈总,办公室装修得虽然简洁却很有品位,可以想象到您应该是个做事很干练的人!"(赞美客户。)

"这是我的名片,请您多多指教!"(第一次见面,以交换名片自我介绍。)

"陈总以前接触过我们公司吗?"(停顿片刻,让客户回想或回答,给客户留出时间。)

"我们公司是国内最大的为客户提供个性化办公方案服务的公司。我们了解到现在的企业不仅关注提升市场占有率和利润空间,同时也关注如何节省管理成本。考虑到您作为企业的负责人,肯定很关注如何最合理配置您的办公设备,节省成本。所以,今天来与您简单交流一下,看有没有我们公司能协助的。"(介绍此次来的目的,突出客户的利益。)

"贵公司目前正在使用哪个品牌的办公设备?"(问题结束,让客户开口。)

陈总面带微笑,非常详细地和该推销员谈起来。

从这个例子可以看出,开场白要达到的目标就是吸引对方的注意力,引起客户的兴趣,使客户乐于与我们继续交谈下去。该案例的主人公,就是通过很好的开场白吸引了客户,有了个漂亮的开门红,从而向促成销售迈进了一步。如何才能通过短短几句话成功吸引客户的注意力呢?有以下几种常用技巧。

① 提及客户现在可能最关心的问题。例如:"听您的朋友提起,您现在最头疼的是废品率很高,虽然调整了生产线,但这个问题还没有从根本上改善……"

② 谈到客户熟悉的第三方。例如:"您的朋友王先生介绍我与您联系的,说您近期想添几台计算机……"

③ 赞美对方。例如:"他们说您是这方面的专家,所以也想和您交流一下……"当然赞美要恰如其分,过分的夸奖会让客户产生反感。

④ 提起他的竞争对手。例如:"我们刚刚和甲公司有过合作,他们认为……"客户听到竞争对手就会把注意力集中到你要讲的内容里。

⑤ 引起他对某件事情的共鸣(原则上是客户也认同这一观点)。例如:"很多人认为面对面拜访客户是一种最有效的销售方式,不知道您是怎么看的……"

⑥ 用数据来引起客户的兴趣和注意力。例如:"通过增加这个设备,可以使您的企业提升50%的生产效率……""我知道贵企业现在的废品率比较高,如果有一种方法使企业的废品率降低一半的话,您是否有兴趣了解?"

⑦ 有时效的话语。例如:"我觉得这个活动能给您节省很多话费,但这次优惠活动截止到12月31日,所以应该让您知道……"这种时间的限制会让客户产生紧迫感。

以上几种表达方法可交叉使用,重要的是要根据当时的实际情况做出合适的选择。当然,我们在与客户交谈的时候,一定要以积极开朗的语气对客户表达与问候。经常会有这种情况,商务人员与客户会面时,刚开始的气氛很好,可过了一会儿,就不知道该和客户谈什么了,或者是整个过程只是商务人员一个人在发表演说。一定要记住,为了使客户开口讲话,一定要以问题结束你的开场白。否则,会使拜访陷入僵局。

准备一个漂亮的开场白,除了上述这些,还要做必需的业务准备工作。包括:准备进行工作时和业务相关的资料文件;交谈对方的背景资料;谈话的中心;谈话过程中各个阶段的时间分配;估计交谈过程中可能出现的困难,并决定应付的对策等。

(2) 充实谈话实体。有了一个好的开始,接下来是如何使谈话继续进行下去的技巧。首先应从企业经济信息着手,从商务活动的主要目的出发,交谈是为了获得达成交易的相关信息,因此,有了开场白做引子,还必须有经济信息为主药。

一般商务人员应掌握的企业信息包括以下内容:企业的创立和发展历史;企业的方针政策、经营目标和经营计划等;企业的财务状况,如成本、产值、利润等数据;企业的管理状况,存在问题及企业现阶段的处境;企业所取得的重大成就;企业的技术状况及期待解决的技术问题;企业的产品质量和结构,以及新产品的开发状况;企业产品销售的情况;企业的近期发展计划和拟采取的方法等。

交谈中,还常常碰到双方无话可说的情形,也就是常说的冷场。此时双方都默不作声,如不继续进行话题,会很尴尬,当然交易也会难以进行下去。而你又觉得有谈下去的必要,这里使谈话继续进行下去的技巧是:转换话题。若一时还不知说什么好,可站起来给对方添些茶水或递上一支烟,然后找些无关的寒暄话题。到合适的时候,再接起交谈的主题。

　　交谈过程中,还要注意随时了解对方对你谈话的理解程度。随着交谈的进一步进行,对方的心理期望会贴近己方期望的成交条件,此时,如果觉得条件合适,对方会同意签下协议。你所要做的就是适时、明确、清楚地重复双方谈定的条件,再次征询和确定对方与你在此问题上达成的共识。

　　在交谈的过程中,还必须掌握倾听、提问的技巧。对此本书有专门阐述。

　　(3) 巧妙的结尾。经过双方的几个回合交谈和沟通,可能出现成交的迹象,商务人员应把握住时机,使双方在交易的主要条款上达成共识。此时,商务交谈也就转入了收尾阶段。可是如果经过一番交谈还不能判定出对方是否有成交的迹象,那么,如何巧妙地结束谈话就显得非常重要。交谈结尾方式主要有三种。

　　① 让步式结尾。这是交谈中最常用的收场方式。即由一些让步来终止双方关于实质问题的交谈,以求达成交易。具体做法即在暗示对方或接到对方的暗示快要结束谈话后,应说一些感谢的话或以客套的方式给对方一个面谈结束的信息。结束谈话的时候注意给对方留出考虑的时间和回旋的余地,以便以后再进行商讨、做出决定、回访和联络。

　　② 总结式收尾。这是一种广泛被用到的收场方式,即在双方结束交谈时,总结所有双方已达成共识的条件和要求,尤其是指出对方从你这里所得到的让步,以及强调对方如果同意目前条件成交的话,他将能得到什么样的利益。尽量让对方以满意的态度结束交谈。

　　③ 选择式收尾。这是一种经常会派上用场的收尾方式,即经过交谈,发现双方分歧较大,但又不想轻易放弃机会,此时双方实际上都还拥有相当充足的退让空间。为了抓住机会,双方可提出几种都尚未超出己方底线的不同选择,让对方从中选择。这种方式最大的优点是给对方一些自由选择机会的同时也给己方一些回旋的余地。①

3. 注意交谈禁忌

　　人与人之间的交谈是一种双向性的沟通。交谈的内容,交谈的姿态、表情以及许许多多并不为人所察觉到的交谈因素,都有阻碍交谈的可能。而许多不正确的交谈方式,常常是使交谈无法维持的一个根本原因。以下商务交谈禁忌应该力戒。

　　(1) 忌居高临下。不管自己身份多高、背景多硬、资历多深,都应该放下架子,平等地与人交谈,切不可给人以"高高在上"之感。

　　(2) 忌自我炫耀。交谈中,不要炫耀自己的长处、成绩,更不要或明或暗、拐弯抹角地为自己吹嘘,以免使人反感。

　　(3) 忌心不在焉。当你听到别人讲话时,思想要集中,不要左顾右盼,或面带倦容,或连声呵欠,或神情木然,或毫无表情,让人觉得扫兴。

　　(4) 忌节外生枝。要扣紧话题,不要节外生枝。如当大家正在兴致勃勃地谈论音乐,你突然把足球赛的话题塞进来,显然不识"火候"。

　　(5) 忌搔首弄姿。与人交谈时,姿态要自然得体,手势要恰如其分。切不可指指点

---

① 邵咏涛.商务交往中的交谈技巧[J].对外经贸实务,2003(8).

点,挤眉弄眼,更不要挖鼻掏耳,给人以轻浮或缺乏教养的印象。

(6) 忌打断对方。双方交谈时,平等身份的人是没有权利打断对方谈话的。如果有紧急事件发生,或确实有必要打断对方,要在对方说话的间歇,以婉转的口气,很自然得体地将自己的话简短说出,如"你讲得有道理,不过请允许我打断一下",或"请让我提个问题好吗?"这样就不会让人感到你轻视他或不耐烦了。打断他人需征得对方同意,但对陌生人的谈话是绝对不允许打断或插话的。

(7) 忌质疑对方。对别人说的话不随便表示怀疑。所谓防人之心不可无,质疑对方并非不行,但是不能写在脸上,这点很重要;否则,就容易带来麻烦。质疑对方,实际是对其尊严的挑衅,是一种不理智的行为。交际中,这样的问题值得高度关注。

(8) 忌纠正对方。"十里不同风,百里不同俗。"不同国家、不同地区、不同文化背景的人考虑同一问题,得出的结论未必一致。一个真正有教养的人,是懂得尊重别人的人。尊重别人就是要尊重对方的选择。除了大是大非的问题必须旗帜鲜明地回答外,人际交往中的一般性问题不要随便与对方争论是或不是,不要随便去判断,因为对或错是相对的,有些问题很难说清谁对谁错。

(9) 忌补充对方。有些人好为人师,总想显示自己知道得比对方多,比对方技高一筹。出现这一问题,实际上是没有摆正位置,因为人们站在不同角度,对同一问题的看法会产生很大的差异。

3.6 问答

有问必有答,人们的语言交流就是这样进行的。"问"有艺术,"答"也有技巧。问得不当,不利于商务沟通;答得不好,同样也会使己方陷入被动。通常,同样的问题会有不同的回答,不同的回答又会产生不同的沟通效果。商务沟通中的"提问"和"回答",是一个提出、证明、解释、反驳或推销己方观点的过程,是交易双方达到沟通、协作、妥协的必要手段。

1. 提问

提问往往是交谈的起点,是把话题引向深入的方式之一。在商务沟通中,巧妙地提问是很重要的,不仅是在挖掘客户需求时需要问,在促进客户成交时也要问。在与客户进行沟通的过程中,你问的问题越多,获得的有效信息就会越充分,最终你成功的可能性就越大。如果在提问过程中不讲究方式和方法,那不仅达不到预期的目的,恐怕还会引起客户的反感,从而造成与客户关系的恶化、甚至破裂。所以,商务人员必须掌握提问的技巧,学会向客户提问。

(1) 掌握提问技巧的作用。中医讲究的望、闻、问、切四种疗法,在商务交流过程中,同样适用。提问者必须掌握察言观色的技巧,学会根据具体的环境特点和谈话者的不同特点进行有效的提问。掌握提问技巧有以下三个作用。

① 有利于把握回答者的需求。通过恰当的提问,提问者可以从回答者那里了解更充分的信息,从而对回答者的实际需求进行更准确的把握。

② 有利于保持沟通过程中双方的良好关系。当提问者针对回答者的需求进行提问时，回答者会感到自己是对方的注意的中心，他（她）会在感到受关注、被尊重的同时，更积极地参与到谈话中来。

③ 有利于掌控商务沟通进程。主动发出提问可以使提问者更好地控制对话沟通的进度，以及今后与回答者进行沟通的总体方向。一些经验丰富的提问者总是能够利用有针对性的提问来逐步实现自己的询问目的和沟通目标，并且还可以通过巧妙的提问来保持友好的关系。

（2）提问的类型。提问的类型多种多样，采用这些提问的目的，是为了摸清对方的真实需要，掌握对方的心理状态，表达自己的意见和观点，进而通过商务沟通来解决问题，达成一致。

① 封闭式提问，即在一定范围内，引出肯定或否定答复的提问。如："您是否认为售后服务没有改进的可能？"这种提问使客户感到被动，甚至会产生被审问的感觉，而商务人员也只能从客户的答案中得到极其有限的信息。

② 开放式提问，即在广泛的领域内引出广泛答复的提问。如："请问您对我公司的印象如何？""您对当前市场销售状况有什么看法？"答复者可以，提问者也可以得到广泛信息。商务人员应该多向客户问一些开放性问题，不要限定客户回答问题的答案，而完全让客户根据自己的兴趣，围绕谈话主题说出自己的真实想法，畅所欲言。开放性提问可以令客户感到自然从而能畅所欲言，有助于销售人员根据客户谈话了解更有效的客户信息。

③ 求教式提问。这种提问是用婉转的语气，以请教问题的形式提问。这种提问的方式是在不了解对方意图的情况下，先虚设一问，投石问路，以避免遭到对方拒绝而出现难堪局面，又能探出对方的虚实。如一推销员打算提出成交，但不知对方是否会接受，又不好直接问对方要不要，于是试探地问："这种商品的质量不错吧？请评价一下好吗？"如果对方有意购买，自然会评价；如果不满意，也不会断然拒绝，使双方难堪。

④ 澄清式提问，是指针对对方的答复重新措辞，使对方证实或补充原先答复的一种提问。例如："您刚才说，对目前正在进行的这宗生意可以取舍，这不就是说您拥有全权与我进行谈判吗？"这样不仅能确保谈判双方在同一语言层面上沟通，而且可以从对方那里进一步得到澄清、确认的反馈。

⑤ 启发式提问。启发式提问是以先虚后实的形式提问，让对方做出提问者想要得到的回答。这种提问方式循循善诱，有利于表达自己的感受，促使顾客进行思考，控制推销劝说的方向。如一个顾客要买帽子，营业员问："请问买质量好的还是差一点的呢？""当然是买质量好的！""好货不便宜，便宜无好货。这也是……"

⑥ 协商式提问。协商式提问以征求对方意见的形式提问，诱导对方进行合作性的回答。这种方式，对方比较容易接受。即使有不同意见，也能保持融洽关系，双方仍可进一步洽谈下去。如："您看是否明天送货？"

⑦ 限定式提问。在一个问题中提示两个可供选择的答案，两个答案都是肯定的。人们有一种共同的心理——认为说"不"比说"是"更容易和更安全。所以，内行的推销员向顾客提问时尽量设法不让顾客说出"不"字来。如与顾客订约会，有经验的推销员从来不会问顾客："我可以在今天下午来见您吗？"因为这种只能在"是"和"不"中选择答案的问

题,顾客多半只会说:"不行,我今天下午的日程实在太紧了,等我有空的时候再打电话约定时间吧。"有经验的推销员会对顾客说:"您看我是今天下午2点钟来见您还是3点钟来?""3点钟来比较好。"当他说这句话时,你们的约定已经达成了。

⑧ 迂回式提问。迂回提问是指从侧面入手,采用聊天攀谈的形式,然后逐步将问答引上正题。这种提问方式一般时间性不太强,谈话也不受特定场合与报道方式的限制。当沟通对象感到紧张拘束,或者思想有所顾虑不大愿意交谈,或者虽然愿意谈,却又一时不知该怎么谈的情况下,提问者可以采取侧面迂回的提问方式,逐渐将谈话引上正题。应当明确的是,旁敲侧击只是一种手段而不是目的。因此,聊天的内容应当是有目的、有选择的,表面上似乎和采访无关,实质上应该是有关联的。

⑨ 诱导式提问。当遇到询问对象了解许多信息,却因谦虚不大愿意说,或者由于性格内向不会说,或者要谈的事情需要一番回忆,或者对方想说又不便自己主动说等情况时,都可以采取诱导提问方法。采用启发诱导的方式,可以引导对方的思路,又可以诱发对方的情感,进一步引导对方明确沟通的范围和内容,渐渐打开对方的"话匣子",也可以激活对方的思路,引起对方的联想,从而有针对性地把沟通对象掌握的信息引导出来。

⑩ 追踪式提问。追踪式提问是指提问者把握事物的矛盾法则,抓住重点,循着某种思路、某种逻辑,进行连珠炮式的提问。这种提问既要按照事物的内在联系,把基本情况和事实真相了解清楚,又要抓住重点,深入挖掘,达到应有的深度。一般来说,提问者对于触及事物本质的关键性材料,以及对方说话中的疑点,或者从对方谈话中发现的有价值的新情况、新线索,往往会抓住不放,打破砂锅问到底,直至水落石出。但是追问,既要问得对方开动脑筋,又要让对方越谈越有兴趣,在态度、语气上都要与谈话的气氛协调一致,不要把追问搞成逼问,更不要变成变相"审问"。

⑪ 假设式提问。假设式提问法是指提问者通过假设的方式提出一些假设性的问题,是一种"试探而进"的提问方法。这种提问方法采用"如果""假如"一类的设问方式,不但可以了解采访对象的观点、看法和见解,而且还能深入了解对方的内心世界。假设提问法往往用来启发沟通对象的思路,引导对方说出对某个问题、某种事情的真实想法,或者设身处地地为对方着想,积极帮助对方回忆某种情景,或者用来调节对方的情绪,促使对方谈出一些不大想说、不大好说的事情或想法,或者由提问者对人物或事物进行合乎规律的推断、预测,促使对方产生联想和想象,或者提问者已经有了一定的认识,再提出一些假设性问题,同沟通对象开展讨论,促使自己认识的深化。

提问的类型丰富多样,提问者都可以根据沟通中的具体情况,灵活地加以运用。同时,以上各类型提问既是相对独立,又是互相联系的。它们可以单独使用,也可以交替或交叉使用。掌握了每种类型的要领,就可以在商务沟通的过程中运用自如,获取最佳沟通效果。

(3) 提问的注意事项。在商务交流中,以下提问的注意事项务必引起高度重视,以提高提问的效果,取得良好的商务沟通效果。

① 注意提问的速度。提问时说话速度太快,容易使对方感到你不耐烦,甚至有时会感到,你是在用审问的口气对待他,引起对方的反感。反之,如果说话太慢,则容易使对方感到沉闷、不耐烦,从而也降低了你提问的力量。因此,提问的速度应该快慢适中,既使对

方听懂弄懂您的问题,又不要使对方感到拖沓、沉闷。

② 注意对方的心境。商务交流中,要尽可能创造出一个好的沟通气氛。但商务人员受情绪的影响在所难免,要随时留心对手的心境,在你认为适当的时候,提出相应的问题。例如,对方心境好时,常常会轻易满足你所提出的要求,而且还会变得粗心大意,很容易吐露一些相关的信息。此时,抓住机会,提出问题,通常会有所收获。

③ 注意提问后给对方以足够的答复时间。提问的目的,是让对方答复,并最终收到令我方满意的效果。因此,商务人员在提问后,应该给对方以足够的时间答复。同时,自己也可以利用这段时间,对对手的答复以及下一步的提问,进行必要的思考。

④ 注意提问应尽量保持问题的连续性。在商务交流中,双方都有各种各样的问题,不同的问题存在着内在的联系。所以,提问时,如果要围绕着某一事实,则提问者应考虑前后几个问题的内在逻辑关系。不要正在谈这个问题,忽然又提出一个与此无关的问题,使对方无所适从。同时这种跳跃式的思维方式,也会分散对方的精力,使各种问题纠缠在一起,没办法理出头绪来。在这种情况下,你的提问当然不会获得对方的圆满答复。

⑤ 注意提问目的的鲜明性。在提问时要带着鲜明的目的性而提出问题。或者为了寻找答案,或者为了引导对方进一步说明问题,或者作为问题的假设和可能……这些都是提问的目的。鲜明的目的,能够让提问变得有效;然而,鲜明并不等于完全的直接,在某些情况下,通过旁敲侧击或者"曲线救国"反倒会比直接询问更有效果。此外,还应注意在旁敲侧击、"曲线救国"的时候,一定要紧扣提问的目的,切中实质,不能迷失于连环的询问中,而失去根本。

⑥ 注意提问方式的多样性。提问方式首先应因人而异,即从客户的年龄、身份、职业、性格以及不同的民族文化背景出发,选择不同的提问方式和技巧。

在提问过程中,不要拘泥于一种提问方式,单一的提问与回答的形式会使沟通变得不自然、不活跃,会影响到回答者的思考模式。提问的方式要多样,要根据不同的沟通内容、不同的沟通目的、不同的环境,使用不同的提问方式。如提前给出问题,让回答者进行准备,有利于获得相对完整和系统的回答;在现场沟通中进行提问,则可以得到直接而相对真实的回答。连环式的提问具有引导作用;跳跃式的提问则可以开拓思维;设问式的提问可以给出以问为答;反问式的提问则具有权势的威压……

还要注意提问的表述方法。如一个保险推销员向一名女士提出这样一个问题:"您是哪一年生的?"结果这位女士恼怒不已。于是,这名推销员吸取教训,改用另一种方式问:"在这份登记表中,要填写您的年龄,有人愿意填写大于 21 岁,您愿意怎样填呢?"结果就好多了。经验告诉我们,在提问时先说明一下道理对洽谈是有帮助的。

⑦ 注意提问语言的简明性。提问的语言不宜过长,要通俗、干净、利索,不要拖泥带水、含糊其辞,但应具有启发性和诱导性。提问中的语言必须能为对方所能理解,同时要注意提问中不要提一些"是不是""对不对"等不需要动脑,冲口而出的问题,因为得不到正确的或者提问者想要的答案。

⑧ 注意提问难度的适中性。提出的问题要与沟通的内容相关,不要出现风马牛不相及的"提问",也不要出现重复的"错问",同时,提出问题的难度要具有量力性,必须考虑到沟通对象的年龄特征、知识水平和接受能力。一般说来,低难度的问题是针对较为具体的

特殊的事例,中难度的问题则可以是一些抽象的带有一般规律性的问题,高难度的问题则是以开放式为特征,考量回答者的综合素质。在对群体提问时,难度应控制在中等水平,以大多数的回答者经过思考能够回答为前提,既不要过于简单,也不要过于繁难。

⑨ 注意提问留余地的艺术。提问一定要留有余地,以免伤害别人。美国明尼苏达大学拉尔夫·尼科斯基博士对此作了四点概括:一是忌提明知对方不能或不愿作答的问题;二是用对方较适应的"交际传媒"提问,切不可故作高深,卖弄学识;三是不要随意搅扰对方的思路;四是尽量避免你的发问或问题引起对方"对抗性选择",即要么避而不答,要么拂袖而去。

口才小故事

在美国举行的体操世锦赛上,美国 NBC 电视台女记者采访奥运会冠军李小鹏时的问题是:"你平时喜欢干点什么?你最好的朋友是谁?拿了冠军之后你的生活会发生怎么样的改变?"而《洛杉矶时报》记者采访中国体操队总教练黄玉斌时的提问则是:"如果不当教练你最想做什么工作?你的家人对你从事体操运动有抱怨吗?你有孩子吗?"相比之下,中国记者的提问就显得很严肃认真,他们紧皱眉头问道:"中国队的失误为什么会这么多?我们为什么会落后美国队两分多?赛前准备会你对队员讲了些什么?"更有中国记者问黄玉斌:"你估计明年奥运会中国体操队能拿几块金牌?当然不可能拿全部了,一半应该能到手吧?"如此,就难怪我们的运动员在回答美国记者的提问时往往显得非常开心,而在回答中国记者的提问时经常结结巴巴了。

(资料来源:http://www.people.com.cn/GB/14677/21966/2041100.html。)

(4) 提问的基本原则。在商务交流,尤其是推销中,如能够坚持以下提问的基本原则,可赢得客户,收到良好的商务沟通成效。

① 必须保持礼貌和谨慎。在提问时,商务人员对客户必须要保持礼貌以及亲和力,不要给客户留下不被尊重和关心的印象;同时还必须在提问之前进行谨慎思考,切忌漫无目的的信口开河。而且,如果商务人员提出的问题因为完全没有经过大脑思考而显得愚蠢时,客户会心生反感,甚至会毫不犹豫地将销售人员赶出门外。不管是什么客户,都不喜欢被鲁莽地打断言论,也不喜欢听销售人员喋喋不休地夸奖自己的产品,因为很多客户在购买产品之前都将销售人员视为怀有"不良企图"的人。但是,如果销售员以征求客户意见的态度向他们提出友好而切中他们需求的提问时,他们会渐渐放松对销售员的警惕和抵触心理。

② 交谈时用肯定句提问。在开始交谈时用肯定的语气提出一个令顾客感到惊讶的问题,是引起顾客注意和兴趣的可靠办法。如:"你已经……吗?""你有……吗?"或是把你的主导思想先说出来,在这句话的末尾用提问的方式将其传递给顾客。"现在很多先进的公司都使用计算机了,不是吗?"这样,只要你运用得当,说的话符合事实而又与顾客的看法一致,会引导顾客说出一连串的"是",直至成交。

③ 询问顾客时要从一般性的事情开始,然后再慢慢深入下去。向顾客提问时,虽然没有一个固定的程序,但一般来说,都是先从一般性的简单问题开始,逐层深入,以便从中

发现顾客的需求,创造和谐的推销气氛,为进一步推销奠定基础。

④ 先了解顾客的需求层次,然后询问具体要求。了解顾客的需求层次以后,就可以掌握你说话的大方向,可以把提出的问题缩小到某个范围以内,而更易于了解顾客的具体需求。如顾客的需求层次仅处于低级阶段,即生理需要阶段,那么他对产品的关心多集中于经济耐用上。当你了解到这些情况以后,就可重点从这方面提问,指出该商品如何满足顾客需求。

⑤ 提问要遵循合理顺序。据美国营销专家 Neil Rackham 研究,成功销售的提问遵循被称作"SPIN"的顺序进行。简而言之,"SPIN"指的是如下四步提问。

第一步是情景提问(Situation Question)。在上门推销一开始,优秀的推销员喜欢问一些关于具体事实和背景的问题以搜集数据。典型的情景提问包括:"请问这台仪器你们使用多长时间了?""能否请你告诉我贵公司的发展计划?"尽管这一类情景提问非常有用,但精英们不会滥用,因为太多这样的问题要么令人厌烦,要么惹人讨厌。

第二步是问题提问(Problem Question)。在掌握了足够多的关于买家的基本信息之后,经验丰富的推销员就会问:"这套操作系统你们用起来困难吗?""你们有没有对旧仪器的质量有所担心?"这一类问题我们称作"针对问题的提问",这样一来,推销员就可以找到自己产品可以发挥作用的领域以解决对方的问题、疑难以及不满。而经验不足的推销员在这方面往往比较欠缺。

第三步是暗示提问(Implication Question)。如果推销员面对的只是小金额的销售,而他又很好地掌握了前两种提问技巧,那就已经非常棒了。但是,如果你要做的是一项金额较大的生意,这还不够。明星推销员们会提出第三类问题。我们叫它"针对隐患的提问",这是更加复杂、结构更加精细的问题。典型的例子是:"这样的问题会对贵公司将来的盈利能力有任何不利影响吗?""如此高的废品率不会影响消费者对贵公司的满意度吗?"所谓针对隐患的提问就是把握住顾客的问题,并揭示这个问题会带来的不良影响和后果。通过这样的提问,成功的推销员们可使顾客意识到问题的严重性和紧迫性。这类提问对大宗买卖尤其重要,而就算是老道的推销员也很难把握好这样的提问的尺度。这也是本书的重点所在。

第四步是需要回报提问(Need-Payoff Question)。最后,我们发现,极为成功的推销员还会问第四类问题——需要回报提问的典型例子是:"如果这套操作系统的速度提高10%,您觉得有用吗?""如果我们改进了这套操作系统的质量,对您有怎样的帮助呢?"这类问题的功能强大,它能够令顾客自己说出推销员提供的解决方案的好处。这类问题与成功的销售业绩关系密切,研究显示,顶级推销员采用该提问方式的比例是平均水平的十倍。

2. 回答

(1) 巧妙回答的作用。回答问题是商务沟通过程中的重要环节之一,有效的回答建立在对提问者观察、了解的基础之上,具有以下三个作用。

① 有效回答问题能够使提问者的疑问得到解答。当提问者提出问题时,或许期待关于沟通话题的更多内容,或许希望与回答者就某些问题展开辩论。回答者的角度就是要

解答提问者的疑问,通过成功解答问题,可以增强回答者的讲话的说服力,使对方不但获得信息,而且心悦诚服。

② 有效回答问题能够使回答者获得进一步的展示。回答者在回答问题时,更使自己继续立于讲话者的角度,他(她)拥有提问者所不具备的优势,通过回答的系统性与连贯性,使回答者自身的能力与学识获得进一步的展示,得到沟通对象的认可。

③ 有利于减少与沟通者之间的误会。在与提问者沟通的过程中,很多回答者都经常遇到误解提问者意图的境况,不管造成这种问题的原因是什么,最终都会对整个沟通进程造成非常不利的影响。因此,回答者应该根据实际情况进一步了解,弄清提问者的真正意图,然后根据具体情况采取合适的方式进行解答,以减少沟通中的误会。

(2) 回答的三种方式。回答的方式技巧很多,我们介绍以下几种。

① 针对性回答。有时问题的字面意思和问话人的本意不是一回事,我们回答时,就不仅要注意问话的表面意义是什么,更要认清提问人的动机、态度、前提是什么,使回答具有针对性。

口才小故事

一次,英国大戏剧家萧伯纳结识了一个肥头大耳的神父。神父仔细打量着瘦骨嶙峋的剧作家,揶揄地说道:"看着你的模样,真让人以为英国人都在挨饿。"萧伯纳马上接过话说道:"但是,看看你的模样,人们一下子就清楚了,这苦难的根源就在你们这种人身上!"

(资料来源:http://www.233.com/gaokao/zuowen/quwei/20061114/145204440.html.)

② 艺术性回答。这里所说的艺术性包括避答、错答、断答、诡答。

a. 避答。这种方式用于对付那些冒昧的提问者所提的问题。有时,某些问题自己不宜回答,但对方已经把问题提到面前了,保持沉默显然被动,就可以避而不答。如,日本影星中野良子来到上海,有人问她:"你准备什么时候结婚?"中野良子笑着说:"如果我结婚,就到中国度蜜月。"中野良子的婚期是个人隐私,中野良子自然不愿吐露。她虽然没有告诉婚期,却说结婚到中国度蜜月,既遮掩过去,又表现了她对中国人民的友谊。

b. 错答。错答是一种机警的口语表达技巧,既可用于严肃的口语交际场合,也可以用于风趣的日常口语交际场合。它的主要特点是不正面回答问话,也不反唇相讥,而是用话岔开问话人所问的问题,做出与问话意见错位的回答。请看下面的例子:一个美丽的姑娘独自坐在酒吧间里,从她的装扮来看,她一定出身豪门。一位青年男子走过来献殷勤:"这儿有人坐吗?"他低声问。"到阿芙达旅馆去?"她大声地说。"不,不,你弄错了。我只是问这儿有其他人坐吗?""你说今夜就去?"她尖声叫,表现得比刚才更激动。许多顾客愤慨而轻蔑地看着这位青年男子。这位青年男子被她弄得狼狈极了,红着脸到另一张桌子上去了。这是很典型的错答,是用来排斥对方和躲闪真实意思的交际手段,用得很成功。

运用错答的语言技巧,一是要注意对象和场合;二是使对方明白,既是回答又不是回答,潜在语是不欢迎对方的问话;三是有时要利用问话的含混意思,答话虽模棱两可,似是而非,但对方也无法理解。

　　c. 断答。断答就是截断对方的问话,在他还没有说出,或者还没有说完某个意思时,即做出错答的口语交际技巧。它与错答相同之点是答与问都存在人为的错位,即答非所问;它们的不同点是,错答是在听完话之后做的回答,断答是没有听完问话抢着进行回答。为什么不等对方问清楚,就要抢先回答?有以下两种原因:一是等对方把问话全说出,就会泄露出某种秘密,难以收拾;二是待听全问话再回答,就会比较被动,不好应付。因此,考虑对方要问什么,在他的问话未说完时,就迅速按另外的思路回答,一可以转移其他听众的注意力,二可以使问者领悟,改换话题,免于因说破造成尴尬局面和其他不良后果。

口才小故事

　　一对青年男女在一起工作,男方对女方产生了爱慕之情,男方急于要向女方表白心意,女方却不愿将友情向爱情方面发展,女方认为还是不要说破,保持一种纯真的朋友情谊为好。于是,出现了下面的断答。男青年:我想问问你,你是不是喜欢……女青年:我喜欢你给我借的那本公关书,我都看了两遍了。男青年:你看不出来我喜欢……

　　女青年:我知道你也喜欢公共关系学,以后咱们一起交换学习心得。男青年:你有没有……女青年:有哇!互相切磋,向你学习,我早就有这个想法。男青年:……这位女青年三次断答,使得男青年明白了她的想法,于是,不再问了,这比让男青年直接问出来,女青年当面予以拒绝,效果要好得多。

　　(资料来源:www.eywedu.com/Sanguo/65/mydoc007.htm 30K.)

　　d. 诡答。诡答是与诡辩连在一起的回答。诡,怪的意思,诡答,即一种很奇怪的回答。在特殊的情况下,不能、不宜或不必照直回答时急中生智,用诡答技巧做出反常的回答,既增添了谈话的情趣,又应付了难题。

口才小故事

　　清朝乾隆年间的进士纪晓岚在宫中当侍读学士时,要伴皇帝读书。一天,天色已亮,而乾隆皇帝还没来,纪晓岚就对同僚说:"老头子还没来?"恰巧乾隆皇帝跨门而入,听到他的话,就愠怒地责问:"老头子三个字作何解释?"纪晓岚急中生智,跪下道:"皇上万寿无疆叫作'老';皇上乃国家元首,顶天立地叫作'头';皇上系真龙天子,叫作'子'。"于是龙颜大悦。"老头子"本来是一种对老年人不尊敬的称呼。面对乾隆的责难为了开脱自己的罪责。纪晓岚采用文字拆合法来偷换概念,居然把"老头子"变成了对皇帝的敬称。试想,如果纪晓岚不是运用"诡辩"来应付这样的难题,怎么能避免一场杀身之祸呢?

　　(资料来源:http://www.wenxuejiayuan.com/viewthread.php?tid=45082.)

　　③ 智慧性回答。智慧性回答包括否定预设回答和认清语义诱导回答两种。

　　a. 否定预设回答。预设是语句中隐含着使语句可理解、有意义的先决条件。在正常情况下,这种先决条件的存在是不言而喻的,如:"鲁迅先生是哪一年去世的?"这个问话包含有预设:鲁迅先生已经去世。预设有真假之别,符合实际的预设是真预设,反之就是假预设。就问话而言,其预设的真假关系到对问话的不同回答。黑格尔在《哲学史讲演录》中谈到古希腊诡辩学派时曾讲过这么一个例子:有一位诡辩学派的哲学家问梅内德谟:"你是否已经停止打你的父亲了?"这位哲学家提此问题的目的是要迫使从未打过自己父亲的哲学家陷入困境,因为无论梅内德谟做出"停止了"或"没有停止"的回答,其结果都是承认自己打过父亲的虚假的预设。可见,利用虚假预设可以设置语言陷阱。有些智力测试题提问陷阱的设置也是如此。例如,在某次智力测试中,有这样一道题:"秦始皇为什么不爱吃胡萝卜?"选手们都答不上来。此问预设了"秦朝时有胡萝卜""秦始皇吃过胡萝卜"这两点,将思考点定在"为什么不爱"。其实秦朝时还没有胡萝卜。应是:秦朝还没有胡萝卜,秦始皇当然说不上爱吃胡萝卜了。

b. 认清语义诱导回答。人们理解语言会受到已有经验的影响,自然而然地产生某种语义联想。如,由"春天"会想到桃红柳绿,万紫千红;从"冬天"又会想到寒风凛冽,白雪皑皑;见"晚霞"能想到色彩的绚丽;看"群山"就能想到山势的起伏……既然普遍存在着语义联想,那么就可以利用语义联想来设置陷阱,诱导目标进入思维定式的困境。例如在一个没有星星、看不见月亮的时候,有一个盲人身着黑衣,步行在公路上。在他的后方,一辆坏了车前灯的汽车奔驰而来,奇怪的是,司机在未按喇叭的情况下,却安全地将车停在了盲人的身后。这是怎么回事呢?见到"星星"或"月亮"这些词语,我们一般都会联想到晚上。现在出现了"星星""月亮""黑""灯"等字眼,我们就很容易与"黑夜"联系起来了,而这正是本题的陷阱。它通过这些词语诱导你的思维走向"黑夜",那样的话,你就会水尽山穷,百思亦难得其解了。答案应是:这是白天,毫不奇怪。

语言诱导这种陷阱在智力测试提问中可以说随处可见,知道这种陷阱的特征,有些问题就很容易解答了。

(3) 商务沟通中的回答技巧。正如在讲话过程中要把握住要点一样,在问答过程中要把握问答的要点同样重要。如果无法做到的话,说话者就会失去了说服听众、主导话题的重要机会。商务专家俞玉荣就回答问题的技巧进行了总结,值得我们借鉴。

① 尽量多思考后再回答。回答问题之前,要给自己留有思考的时间。商务沟通中所提出的问题,不同于同事之间的生活问题,必须经过慎重考虑后,才能回答。有人喜欢将生活中的习惯带到商务沟通之中去,即对方提问的声音刚落,这边就急着马上回答问题,这种做法很不讲究。其实,在商务沟通过程中,绝不是回答问题的速度越快越好,因为它与竞争抢答是性质截然不同的两回事。

人们通常有这样一种心理,就是如果对方问话与我方回答之间所空的时间越长,就会让对方感觉我们对此问题欠准备,或以为我们几乎被问住了。如果回答得很迅速,就显示出我们已有充分的准备,也显示出我方的实力。其实,经验告诉我们,在对方提出问题之后,我们可通过点支香烟或喝一口茶,或调整一下自己坐的姿势和椅子,或整理一下桌子上的资料文件,或翻一翻笔记本等动作来延缓时间,考虑对方的问题。这样做既显得很自然、得体,又可以让对方看得见,从而减轻和消除对方的上述那种心理感觉,何乐而不为?

② 有针对性地回答对方提出的问题。商务沟通中,要把握对方提问的目的和动机,针对提问者的真实心理答复。客户提出的问题的目的往往是多样的,动机也往往是复杂的。如果我们经过周密思考,准确判断对方的用意,便可做出一个独辟蹊径的、高水准的回答。

在一次宴会上,美国著名诗人艾伦·金斯伯格向中国作家提出一个怪谜,并请中国作家回答。这个怪谜是:"把一只五斤重的鸡装进一个只能装一斤水的瓶子里,用什么方法把它拿出来?"中国作家回答说:"您怎么放进去的,我就会怎么拿出来。您凭嘴一说就把鸡装进了瓶子,那么我就用语言这个工具再把鸡拿出来。"此可谓绝妙回答的典范。

又如,在商务谈判中,有时提问者为获取非分效果,有意识地含糊其词,使所提问题模棱两可。此时,如果答复者没有摸清提问者的真实心理,就可能在答复中出现漏洞,使对方有机可乘。因此,答复者在遇到这种情况时,一定要先进行认真分析,探明对方的真实心理,然后针对对方的心理作答。不可自作聪明,按自己的心理假设答复。对方在谈判时要求我方谈谈价格问题,我方首先应当弄清对方要了解价格的哪一方面的问题,然后再酌情答复。如果我方探明对方所提的问题是因为我方报价太高,那么,我方可根据对方的这一真实心理,回答价格为什么并不算高。可是,如果我方在未弄清对方真实心理的情况下,即想当然地介绍价格的计算,成本的高低,可能会落入对方的陷阱,给对方压低价格提供了根据。

③ 尽量避免一五一十地回答对方的提问。在商务沟通中,对方提出问题或是想了解我方的观点、立场和态度,或是想确认某些事情。对此,我们可视情况而定。对于应该让对方了解的,或者需要表明我方态度的问题要认真回答;对于那些可能会有损己方形象、泄密或一些无聊的问题,谈判者也不必为难,不予理睬是最好的回答。当然,用外交活动中的:"无可奉告"一语来拒绝回答,也是回答这类问题的好办法。我们回答问题时可以将对方问话的范围缩小,或不作正面回答,而对答复的前提加以修饰和说明。例如,对方询问我方产品质量如何,我方不必详细介绍产品所有的质量指标,只需回答其中主要的某几个指标,从而造成质量很好的印象即可。又例如,对方对某种产品的价格表示关心,直接询问该产品的价格,如果彻底回答对方,把价格如实相告,那么,在进一步洽谈过程中,我方可能将陷于被动。所以,应该首先避开对方的注意力和所提问的焦点,作这样的答复:"我相信产品的价格会令你们满意的,请允许我先把这种产品的几种性能作一个说明。我相信你们会对这样的产品感兴趣……"

④ 避正答偏。有时,对方提出的某个问题我方可能很难直接从正面回答,但又不能以拒绝回答的方式来逃避问题。这时,谈判高手往往不要确切答复对方的提问,而采用避正答偏的办法来回答,即在回答这类问题时,故意避开问题的实质,而将话题引向歧途,借以破解对方的进攻,这是应付对方的一个好办法。在商务洽谈中运用此法,既避开了提问者的锋芒,又给自己留下了一定的余地,实为一箭双雕之举。如:当对方询问我方是否将产品的价格再压低一些时,我方可答复:"价格确是大家关心的问题,不过,我方产品的质量和我们的售后服务是第一流的。"也可以这样回答:"是的,我想您一定会提出这一问题,我会考虑您的建议,不过请允许我提一个问题……"

⑤ 不知道的问题不乱说。尽管我们准备得充分,也不能避免在商务沟通中遇到陌生难解的问题、自己不知道如何回答的问题。这时,商务人员切不可为了维护自己的面子强作答复。因为这样不仅有可能损害自己的利益,而且对自己的面子也丝毫无补。有这样一个实例:我国某公司与美国外商谈判合资建厂事宜时,外商提出有关减免税收的请求。中方代表恰好对此不是很有研究,或者说是一知半解,可为了能够谈成,就盲目地答复了,结果使已方陷入非常被动的局面。经验和教训一再告诫我们:谈判者对不懂的问题,应

坦率地告诉对方不能回答,或暂不回答,以避免付出不应付出的代价。

⑥ 答非所问。有些问题可以通过答非所问来给自己解围,比如,可跟对方讲一些与此问题既有关系又无关系的问题,东拉西扯,不着边际。说了一大堆话,看上去回答了问题,其实并没有回答,其中没有几句话是管用的。经验丰富的商务人员往往在商务洽谈中运用这个方法。此法看上去似乎头脑糊涂、思维有问题,其实这种人高明得很,对方也拿这种人毫无办法。答非所问在知识考试和学术研究中是不能给分的,然而从洽谈技巧的角度来研究,却是一种对不能不答的问题的一种行之有效的答复方法。

⑦ 以问代答。商务沟通中有时可以以问代答。以问代答顾名思义,是用来应付沟通中那些一时难以回答的问题的方式。此法如同把对方踢过来的球踢过去一样,请对方在自己的领域内反思后寻找答案。例如,在商务工作进展不是很顺利的情况下,其中一方问对方:"你对双方合作的前景怎样看待?"这个问题在此时可谓十分难回答的问题。善于处理这类问题的对方可以采取以问代答的方式:"那么,你对双方合作的前景又是怎么看待的呢?"这时双方自然会各自在自己的脑海中加以思考和重视,对于打破窘境起到良好的作用。商务沟通中运用以问代答的方法,对于应付一些不便回答的问题是非常有效的。

⑧ 运用"重申"和"打岔"手法。商务沟通时,要求对方再次阐明其所问的问题,实际上是为自己争取思考问题的时间的好办法。在对方再次阐述其问题时,我们可以根本不去听,而只是考虑如何做出回答。当然,这种心理不应让对手有所察觉,以防其加大进攻的力度。另外,如果有人打岔那将是件好事,因为这可为我们赢得更多的时间来考虑。在有谈判经验的国家里,有些富有谈判经验的谈判人员,估计到谈判时会碰到某些自己一时难以回答而又必须回答的、出乎意料的棘手问题,于是,为了能够赢得更多的时间,就事先在本组内部安排好某个人,专门在关键时间打岔。打岔的方式是多种多样的,比如借口外面有某某先生的电话、有某某紧急的文件需要某某先生出来签个字等。有时,回答问题的人自己可以借口去洗手间方便一下,或去打个电话等来拖延时间。

(4) 回答的注意事项。这主要有:第一,不能在不完全了解对方提出的问题时就仓促作答。在商务沟通中,自己的任何一句话都近似于诺言,说出来的话一般情况下是很难收回的。因此,对问题一定要考虑充分以后再作回答。第二,不要不问自答。不问自答是最愚蠢的行为,除非需要,千万不要自作聪明地回答一些并不需要回答的问题。不问自答很容易暴露自己的底细,这是对方求之不得的事。第三,不要在回答问题时留下尾巴,授人以柄。回答问题时要减少问话者继续追问的兴致和机会,即回答问题要特别注意不让对方抓住某一点继续发问。第四,不要滥用"无可奉告"。有些问题你可以直率地告诉对方"无可奉告",但千万不能滥用这词,过分直率,近于冷酷地拒绝回答对方的问题,会令对方不快。拒绝回答问题的方法要温和。

商务沟通的双方是在各方的实力基础上斗智斗勇,这一过程好比是桥牌的叫牌过程,目的在于尽可能多地通过提问和回答过程来了解对方的实力和信息,而尽量避免过早地暴露自己的底细。因此,在提问和回答问题时要有艺术性和技巧性,商务人员必须熟练地加以掌握和运用。[①]

---

① 俞玉荣. 商务谈判中"提问"和"答复"的技巧和运用[J]. 职业技术月刊, 2004(4).

3.7 赞美

日本东京国民素质研究会深刻总结了日本战后迅速发展的原因：日本国民的一大优点是，对外人不停地鞠躬，不停地说好话。可以说，善于发现别人的长处，善于赞美别人是日本走向世界的一个重要原因。对美国500位年薪50万元以上的企业界高级管理人员和300名政界人士进行调查表明：93.7%的人认为人际关系畅通是事业成功的最关键因素。其中最核心的课程是学会赞美别人。赞美是同批评、反对、厌恶等相对的一种积极的处世态度和行为。一个人不管是通过语言还是通过行为，只要表达出对别人的优点和长处真诚的肯定和喜爱，都可以说是赞美。赞美是一种正大光明的处世艺术。

美国著名心理学家威廉·詹姆士说："人类本性上最深的企图之一是期望被赞美、钦佩、尊重。"心理学研究表明，爱听赞美是人们出于自尊的需要，是渴求上进，寻求理解、支持和鼓励的表现，是一种正常的心理需求。赞美就像暖人心灵的阳光。在商务活动中，适时给予交际对象真诚的赞美和夸奖，对方会感到喜悦和兴奋，而作为你自己，也会从中感到快乐，甚至幸福，从而加深双方的友谊，也创造了和谐的人际沟通环境；真诚赞美别人其实也是自己进步的开端。只有当自己抱着开朗、乐观的态度面对生活时，才能被别人的优点和长处所吸引；只有当心胸开阔、对人对己有足够信心的时候，才能由衷地赞美别人，才能和谐地与人相处共事，赞美能够帮助你打造坚实的人脉关系。

赞美是一种艺术，正确运用这门艺术，会让你商务交流获得成功。

1. 赞美的类型

赞美，是一种常见的言语交际形式。从不同角度，赞美可以作不同的分类。

（1）从赞美的场合上分类。从赞美的场合上可以把赞美分为当众赞美和个别赞美。当众赞美是指面对特定的组织、团体、群体等，对某人或某事的赞美。如表彰会、庆功会、总结大会等。这种形式能充分调动全体人员的积极性，鼓动性强，宣传面广，影响面大，能产生一定的轰动效应，营造热烈、向上的气氛，但它受时间、场所限制，运用不好，容易流于形式和走过场。个别赞美是指在会下针对个别人谈话中予以表扬的形式。这种形式使用方便，自如灵活，针对性强，做思想工作比较细致，能解决一些具体问题，效果比较好，时间、地点不受限制。

（2）从赞美的方式上分类。从赞美的方式上可以把赞美分为直接赞美和间接赞美。直接赞美是指直接面对好人或好事予以赞美，以告世人皆知，这是一种常用的表扬方式。在一个社会组织内，出现好人好事，单位领导或管理人员要及时予以表扬，或者通过大会场合，或者通过某种媒介，表扬先进，带动后进，能形成良好的风气。这种形式直截了当，不拐弯抹角，使人们听到后能得到鼓励和好感。间接赞美是指通过第三者来赞美某人或某事的形式。使用这种形式，注意分寸，讲究策略，往往是当面不便直接开口，或者是找不到合适的时机去说，而借用对方传达自己赞美他人的话语。这样使他人听到后，感到心情舒畅。这种形式通过对方，传达佳话，能消除隔阂，增强团结，融洽气氛，创造和维系良好的上下级关系和同事关系。

(3) 从赞美的用语上分类。从赞美的用语上可以把赞美分为直接赞美和反语赞美。直接赞美是指对好人好事用正面言语加以赞美的形式。这种赞美开门见山,直截了当,使用灵活,形式多样,应用范围广泛。反语赞美是指用反语来赞美某人或某事的形式。这种形式在特定的言语环境和背景下使用,幽默含蓄,别致风趣,比一般的赞美有更好的表达效果。例如:某制药厂厂长,赞美一位药剂师大胆实验、大公无私的献身精神,说:"为了减少药物的副作用,在正式投产前,你长期泡在实验室里,对新药不择手段,抢吃抢喝,多吃多占,在自己身上反复实验,我这个厂长真是拿你没有办法。"这种反语赞美的形式,令人感到新奇巧妙,别有情趣。

2. 赞美的条件

一般来说,赞美是一种能引起对方好感的交往方式。赞同我们的人与不赞同我们的人相比,我们更喜爱前者,这符合人际交往的酬赏理论。但令人遗憾的是,不少人把赞美当作取悦他人的简单公式,不分时间、地点、条件对他人一味地加以赞美,实际上,这一做法是很不足取的。因为我们知道,人借助语言进行交际,语言具有影响对方的心理反应,进而影响双方人际关系的效能,任何一种语言材料、语言风格、交往方式对人际关系产生何种影响,常因人、因时、因地而异。赞美这一交往方式也不例外,它的效能也具有相对性和条件性。

美国心理学家阿伦森(Elliot Aronson)曾举例说:假设工程师南希(Nancy)出色地设计了一套图纸。上司说:"南希,干得好!"毋庸置疑,听了这话,南希一定会增加对上司的好感。但如果南希草率地设计了一套图纸(她自己也知道图纸没设计好),这时,上司走过来用同样的声调说出同一句话,这句话还能使她产生好感吗?南希可能得出上司挖苦人、戏弄人、不诚实、不懂得好坏、勾引异性等结论,其中任何一项都使南希对上司的喜爱有所减少。

因此,赞美的效果要受各种条件制约。能引起好感的赞美要借助以下条件。

(1) 热情真诚。每个人都珍视真心诚意,它是人际交往中最重要的尺度。能引起好感的赞美首先必须是发自内心、热情洋溢的,否则那就是恭维。赞美和恭维到底有什么区别呢?"很简单,一个是真诚的,另一个是不真诚的;一个出自内心,另一个出自牙缝;一个为天下人所欣赏,另一个为天下人所不齿。"[卡耐基(Dale Carnegie)语]。大音乐家勃拉姆斯(Johannes Brahms)是个农民的儿子,生于汉堡的贫民窟,享受不到受教育的机会,更无从系统地学习音乐,所以,对自己未来能否在音乐事业上取得成功缺乏信心。然而,在他第一次敲开舒曼(Robert Schumann)家大门的时候,根本没有想到他的一生的命运在这一刻决定了。当他取出他最早创作的一首C大调钢琴奏鸣曲草稿,手指无比灵巧地在琴键上滑动,弹完一曲站起来时,舒曼热情地张开双臂拥抱了他,兴奋地喊着:"天才啊!年轻人,天才……"正是这出自内心的由衷赞美,使勃拉姆斯的自卑消失得无影无踪,也赋予了他从事音乐艺术生涯的坚定信心。在那以后,他便如同换了一个人,不断地把心底里的才智和激情流泻到五线谱上,成为音乐史上的一位卓越的艺术家。正是这一句真诚的赞美,创造了一位音乐大师。

(2) 令人愉悦。赞美的言语应该是对方喜欢听的言语,能达到使人愉悦的目的,我们称它为愉悦性原则。在交际活动中,遵守愉悦性原则,就是要多说对方喜欢听的话语,不说对方讨厌的言辞。这样,往往能收到较好的表达效果。朱元璋有两个过去一块儿长大的穷朋友。朱元璋后来做了皇帝,这两位朋友仍过着苦日子。一天,一位朋友从乡下赶到南京,拜见了朱元璋。他对朱元璋说:"我主万岁!当年微臣随驾扫荡庐州府,打破罐州城,汤元帅在逃,拿住豆将军,红孩儿当关,多亏菜将军。"朱元璋听到他讲得很动听,十分高兴,也隐约记起他所说的一些事情,立刻封他做了御林军总管。事情一传出,另外一个朋友也去了南京,拜见朱元璋,也说了那件事:"我主万岁!从前,你我都替人家看牛,一天我们在芦苇荡里,把偷来的豆子放在瓦罐里煮着,还没煮熟,大家就抢着吃,把罐子打破了,撒了一地豆子,汤都泼在泥地里。你只顾从地下满把地抓豆子吃,却不小心连红草叶也送进嘴去。叶子哽在喉咙口,苦得你哭笑不得。还是我出的主意,叫你用青菜叶子带下肚子里去了……"朱元璋见他不顾体面,没等他说完,就命令:"推出斩了!"从上例可见,第一位朋友将放牛娃偷吃豆子的趣事,赞美为叱咤疆场的赫赫战绩,巧妙比喻,高雅别致,说得动听,使人愉悦。第二位朋友明话直说,粗俗低劣,讲得不爱听,有伤皇帝尊严,自然当斩。①

(3)具体明确。空泛、含混的赞美因没有明确的评价原因,常使人觉得不可接受,并怀疑你的辨别力和鉴赏力,甚至怀疑你的动机、意图,所以具体明确的赞美才能引起人们的好感。对他人总以"你工作得很好""你是一个出色的领导"来赞美,只能引起人家反感。

(4)符合实际。在赞美别人时,应尽量符合实际,虽然有时可以略微夸张一些,但是应注意不可太过分。如某个人对某领域或某个方面提出了一些很好的意见,或者有了一点成果。你可以说:"你在这方面可真有研究",甚至可以说:"你是这方面的专家",可如果你说:"你真不愧是个著名的专家""你真是这方面的泰斗"等,对方如果是个正派人就会感到不舒服,旁观者就会觉得你是在阿谀奉承,另有企图。

(5)让听者无意。赞美者不是有意说给被赞美者听的赞美叫无意的赞美。这种赞美会被人认为是出自内心,不带私人动机的。如《红楼梦》中一次贾宝玉针对史湘云、薛宝钗劝他要做官为宦、仕途经济的话,对史湘云和袭人赞美黛玉道:"林姑娘从来说过这些混账话不曾?要是他说这些混账话,我早和他生分了。"凑巧这时黛玉正好来到窗外,无意中听见这些话,使她"不觉又惊又喜,又悲又叹"。结果宝黛二人推心置腹,感情大增。

据国外心理学家调查,让听者无意的背后赞美的作用绝不比当面赞扬差。有一个员工,在与同事们午休闲谈时,顺便说了上司陈强几句好话:"陈强这个人很不错,办事公正,对我的帮助尤其大,能为这样的人做事,真是一种幸运。"没想到这几句话很快就传到陈强的耳朵里去了,这免不了让陈强的心里有些欣慰和感激。而同时,这个员工的形象也上升了。那些"传播者"在传达时,也顺带对这个员工夸赞了一番:这个人心胸开阔,人格高尚,真不错。四是通过赞美与当事人有密切联系的人、事、物,来折射对其的赞美之意。比如说对方是位异性,为了避免误会与多心,你不便直接赞美对方。这时,你不如赞美他(她)的家人和孩子,而你会发现这比赞美他(她)本人还要令对方高兴。

(6)不断增加。阿伦森研究表明:人们喜欢那些对自己的赞美显得不断增加的人,

---

① http://www.cpd.com.cn/gb/newspaper/2010-09/04/content_1401057.html. 2010-09-04.

并且对自始至终都赞美自己的人与最初贬低逐渐发展到赞美的人,人们会尤其喜欢后者。因为相对来说,前者容易使人产生他可能是个对谁都说好的"和事佬"的感觉;但人们对开始持否定态度的后者会留下这样一种印象:说我不好,一定是经过考虑、分析的,可能有他一定的道理。从而认为对方可能更有判断力,进而更喜欢他。

(7) 出人意料。若赞美的内容出乎对方意料,易引起好感。卡耐基在《人性的优点》中讲过他曾经历的一件事:一天,他去邮局寄挂号信,从事着年复一年的单调工作的邮局办事员显得很不耐烦,服务质量很差。当他给卡耐基的信件称重时,卡耐基对他称赞道:"真希望我也有你这样的头发。"闻听此言,办事员惊讶地看着卡耐基,接着脸上泛出微笑,热情周到地为卡耐基服务。显然这是因为他接受了出乎意料的赞美的缘故。

总之,赞美是人的一种心理需要,是对他人尊重的表现,是一剂理想的黏合剂,它给人以舒适感,使我们拥有更多的朋友。但"赞美引起好感"并不是绝对的,无条件的,它要受赞美动机、事实根据、交往环境诸因素的制约和影响。因此在与客户相处时,必须记住——一味地赞美不足取,赞美是有条件的!

3. 商务沟通中的赞美技巧

(1) 在恰当的时候真诚地表达赞美。对顾客的赞美要在适当地时机说出来,这个时候才会显得你的赞美是非常自然的,同时对于顾客的赞美可以适当地加入一些调侃的调料,这样更加容易调节气氛,让顾客在心里感觉非常的舒服。

口才小故事

有一次,一个顾客在一款地砖面前驻留了很久,导购走过去对顾客说:"您的眼光真好,这款地砖是我们公司的主打产品,也是上个月的销售冠军。"顾客问道:"多少钱一块啊?"导购说:"这款瓷砖,折后的价格是150元一块。"顾客说:"有点贵,还能便宜吗?"导购说:"您家在哪个小区?"顾客说:"在东方绿洲。"导购说:"东方绿洲应该是市里很不错的楼盘了,听说小区的绿化非常漂亮,而且室内的格局都非常不错,交通也很方便。买这么好的地方,我看就不用在乎多几个钱了吧?不过我们近期正在对东方绿洲和威尼斯城做一个促销活动,这次还真能给您一个团购价的优惠。"顾客兴奋地说:"可是我现在还没有拿到钥匙呢,没有具体的面积怎么办呢?"导购说:"您要是现在就提货还优惠不成呢,我们按规定要达到20户以上才能享受优惠,今天加上您这一单才16户,还差4户。不过,您可以先交定金,我给您标上团购,等您面积出来了,再告诉我具体面积和数量。"这样,顾客提前交了定金,两周之后,这个订单就算搞定了。

这个订单得益于这位导购善于赞美。"您的眼光真好,这款砖是我们公司的主打产品,也是本月的销售冠军。"这句话不一定是真话,也可能导购所讲的这款产品是本月最差的产品。但是有一点,顾客喜欢,这就是真理。既然顾客喜欢,我们为什么不能够为顾客这种喜欢提供一些证据让顾客更喜欢呢?每个人都需要认同,顾客更加需要。"本月销售冠军""我们公司的主打产品"就是对顾客选择最好的也是最有力的认同。再看接下来的赞美:"东方绿洲是市里很不错的楼盘,听说小区的绿化非常漂亮,而且室内的格局都非常不错,交通也很方便。"如果是您,相信您也会说这样的话,但是您有没有想到去说?是不是只说:"我们那个小区正在做促销。"这只能让顾客觉得你是虚情假意的。但是,这位导购是这样处理的:先赞美顾客购买的小区是非常的漂亮(实际上是夸客户的选择),再告诉客户不该省钱,让客户感觉到住这么好的小区再谈价钱有点惭愧,然后,再告诉客户我们正在做促销。"即使您不谈,我们也可以给您打折的。"这等于给客户额外的惊喜。如果您是顾客,您的感觉怎样?根据这位导购的谈话技巧,我们来分析,即使顾客当时能够把产品定下来,这个团购价也是能够开出来的。但是,导购没有马上那么做,而是故意让顾客得到这种折扣有点"来之不易"的感觉,只有来之不易的东西,才能够让人们感到非常的珍惜,这就是一种超值的心理感受。

(2)用赞美营造友好和谐气氛。美国华克公司承包了一项建筑,要在一个特定的日子之前在费城建一座庞大的办公大厦。开始时计划进行得很顺利,不料在接近完工阶段,负责供应内部装饰用的铜器的承包商突然宣布:他无法如期交货。这样一来,整个工程都要耽搁了!巨额罚款、重大损失,只因这一个人。

于是,长途电话不断,双方争论不休,一次次交涉都没有结果。华克公司只好派高先生前往纽约,到虎口里拔牙。一路上,高先生盘算好了称赞的策略。高先生一走进那位承包商办公室,就微笑着说:"你知道吗?在该地区,有你这姓氏的人只有一个。"承包商很感意外:"这,我并不知道。"

"哈!我一下火车就查阅电话簿找到你的地址,结果巧极了,别的姓下面都是密麻麻的,只有你的姓下面独一份。"

"我一直不知道。"承包商来了兴趣,急忙地查阅起电话簿来。"嗯,真不错,这是个很不平常的姓。"他有些骄傲地说:"我这个家族是从荷兰移民来的,几乎有200年了。"

他继续谈论他的家族及祖先,看得出来,他很为自己的血统自豪。之后,高先生说:"想不到你一个外来家族,在纽约打出了天下,居然拥有一家这么大的工厂。"承包商说:"这是我花了一生的心血建立起来的一项事业,我为它感到荣耀,你愿不愿意到我的车间里参观一下?"

高先生欣然前往。在参观时,高先生看得相当仔细,不时问这问那,一再地说:"真没想到车间的组织制度这么健全,机器设备全是一流。"这位承包商高兴极了,他声称这里有一些机器还是他亲自发明的呢!高先生马上向他请教那些机器如何操作、工作效率如何。

中午,承包商坚持要请高先生吃饭,他说:"到处都需要铜器,但很少有人对这一行像你这样感兴趣。"

到此为止,高先生一字也没提此次到访的目的。

吃完午餐,承包商说:"现在我们谈正事吧,我知道你这次来的目的,但我没想到我们的谈话竟是如此愉快,你可以带着我的保证回去,你们要的材料一定如期送到,显然这样做我的另一笔生意会有损失,不过我认了。"

高先生的成功在于:抓住了姓氏的特殊之处,推出了具体可感的电话簿,一下子就显出了赞美的真实性,而这,正触及了客户引以为自豪的家族,由家族又赞美其奋斗的业绩。这不仅形成了推销的友好和谐气氛,而且还激起了对方对自己已然忽略的价值又有了新的认识,实际上,又等于鼓励他、帮助他,使其焕发出了事业的成就感。

(3)用赞美扭转局面起死回生。赞美,甚至在形势对你不利的时候,也可以扭转局面,起死回生。

 口才小故事

有一位推销员向一经销公司推销数种装饰材料,待他介绍完后,经理认为价格偏高,并列举了十多种材料的质地、色泽、强度、产地、型号及其价格之比,以及国内外装饰材料的现状和趋势。这位推销员不但没退缩,反而找到了赞美的机会,"哎呀,经理,简直给我上了一堂装饰课,我搞了好几年这类产品推销,要能懂你的一半,也就知足了。请问经理先生,工作这么忙,你是怎么获得这些知识和信息的?"于是,经理很骄傲地讲起了他的奋斗史和学习特点,推销员兴趣浓厚地当了近一个小时的学生。结束时,在一种欢快友好的气氛中,推销员说:"经理先生,不知您愿意试试我们的产品吗?以后你丰富的知识海洋中又将多一个品种了。"经理愉快地说,"好吧,先进一部分来我们试销一下。"

这个事例说明,任何局面下,赞美都是成功的利器。

赞美推销对象,要注意及时,还要注意不留痕迹,尽量天衣无缝。这里的关键,就在于出自于一种真诚、实在,切忌滥用,尤莫是毫无诚意的虚伪、不着边际的吹捧,那无疑是一种嘲讽,只会适得其反。

3.8 说服

说服就是改变或者强化态度、信念或行为的过程。说服是以求得对方的理解和行为为目的的谈话活动,是使自己的想法变成他人的行动的过程。说服的过程是思想、观点的交锋,也是沟通的重要方面。说服是以人为对象,进而达到共同的认识。人们常说:"人生,就是从不间断的说服。"尤其是在商务领域,那里聚集着各种性格的人,为了达到共同的目标,大家必须同心协力,因此说服的场面更是俯拾皆是。所以说工作就是不间断的说服,也并不过分。只有善于说服的人才能够获得他人的尊重和信赖。

1. 说服的基本条件

要想取得良好的说服效果,必须首先具备如下条件。

(1) 说服者具有较高的信誉。说服进行的基础,是取得对方的信任。而信任,来自于说服者的信誉。信誉包括两大因素:可信度与吸引力。可信度高、吸引力强的人,说服效果明显超过可信度低、吸引力弱的人。可信度由说服者的权威性、可靠性以及动机的纯正性组成,是说服者内在品格的体现。吸引力主要指说服者外在形象的塑造。说服者的年龄、职业、文化程度、专业技能、社会资历、社会背景等构成的权力、地位、声望就是权威性。俗话说:"人微言轻,人贵言重",一般来说,一个人的权威性越大,对别人的影响力也就越大。如果说服者在被说服者心目中形成了某种权威性形象,那么他说服别人转变态度的可能性也就越大。要提高说服者信誉,首先要提高说服者自身各方面的素质,使之具有合理的智能结构,具有高尚的道德修养,具备权威性和可靠性,说服才有分量、有威信,才能赢得听者的尊重和信赖。此外,还需重视外在形象的整饰,一个外貌、气质、穿着、打扮能给人好感的人,才具有吸引力,一个言谈、举止、口音等方面能与对方体现出共性的人,才具有吸引力。一个恰当的印象,会产生首印效应,帮助说服者成功说服他人。

(2) 对说服对象有相当的了解。"知己知彼,百战不殆。"在说服他人之前,必须了解说服对象,捕捉对方思想、态度方面流露出的点滴信息,摸清对方思想问题的症结所在,了解对方的心理需求,根据不同情况区别对待,因人而异,有针对性地开启对方的心扉,才能真正实现感情和心灵的共鸣,避免或减少盲目说服造成的错位反应。

首先,要了解对方的性格。苏洵在《谏论》中举了一个有趣的例子:有三个人,一个勇敢,一个胆量中等,一个胆小。将这三个人带到深沟边,对他们说:"跳过去便称得上勇敢,否则就是胆小鬼。"那个勇敢的必定毫不犹豫地一跃而过,另外两个则不会跳,如果你对他们说,跳过去就奖给两千两黄金,这时那个胆量中等的就敢跳了,而那个胆小的人却仍然不会跳。突然来了一头猛虎,咆哮着猛扑过来,这时不待你给他们任何许诺,他们三个人都会先你一步腾身而起,就像跨过平地一样。从这个例子我们可以看出,不同性格的人,接受他人意见的方式和敏感程度是不一样的,有针对性地采取不同的方法去说服对方,更容易达到目的。

其次,要了解对方的优点或爱好。有经验的推销员,一进入顾客家中,总会立刻找到客户感兴趣的话题进行交谈。例如,看到地毯,马上会说:"好漂亮的地毯,我也很喜欢这种样式……"通过各种话题创造进入主题的契机。因为从对方的长处或最感兴趣的事物入手,一方面能让对方比较容易接受你的观点,另一方面在对方所擅长的领域里更容易说服他。

最后,要了解对方的看法和态度。有一位歌星特别爱摆架子,一次要参加一个大型义演的现场节目,时间是晚上九点。可是到了七点,这歌星忽然打电话给唱片公司的总监,说她今天身体不舒服,喉咙很痛,要临时取消当天的演出,唱片公司的总监没有破口大骂,而是用惋惜的口吻说:"唉! 真可惜,这次演出最大牌的歌星才有机会亮相,如果你现在取消,公司里还有很多小牌歌星挤破头在等哩! 可是如果换了人,电视台一定会不满。有那么多后起之秀想取而代之,你这样做恐怕不妥吧?"歌星听后小声地说:"那好吧! 要不你八点来接我,我想那时我身体应该会好一点吧。"这位唱片公司的总监很清楚这位歌星,根本就没什么毛病,只是喜欢摆摆架子,找准了对方拒绝的真实原因,进而有针对性地进行说服。

(3) 能够把握住说服的最佳时机。说服还要能够抓住最佳时机。同样一番道理,彼时说可能不如此时说,现在说不如以后说。时机把握得好,对方才会愿意听,才会用心听,才能听得进。否则,说服过早,会被对方认为神经过敏或无中生有;说服过迟,已时过境迁,对方认为你是"事后诸葛亮",你即便有再好的口才、再好的意见,都不可能收到预期的效果。掌握时机,要将说服对象与时、境、理联系起来考虑,配合起来运用。可利用特定场合,造成境、理相衬,进行深入说服;可利用景中道情,情中说理,进行委婉说服;还可借助眼前实物,进行暗示说服等。

(4) 必须营造良好的说服氛围。说服,总是在一定的语言环境中进行的。环境制约了语言,因此,说服效果的好坏,一定程度上也取决于环境。一个宽松、温和、优雅的环境较之肃穆、压抑、逼人的环境,其说服的效果自然会好得多;在一个自己熟悉的地点环境中施行说服,较之于陌生的环境,自然也会有利得多。营造一个恰当的说服氛围,不仅是必要的,而且是必需的。某啤酒生产厂得罪了一家餐馆的经理,对方就改换销售另一品牌。在直接和负责人谈判无效的情况下,销售人员天天晚上去这家餐馆里帮忙搬运货物,甚至包括竞争对手生产的啤酒。他总是说:"你是我的老顾客了,我要为你服务,即使你不销售我们公司生产的啤酒。"他的诚意终于打动了经理,最后争取到了独家销售权。可见充分体验对方的感受,会营造出融洽的感情,在此基础上再委婉地提出自己的观点,怎么可能不赢得对方的赞许呢?

2. 商务沟通中的说服技巧

商务沟通是用心交往达成合作的双赢过程,而非仅是产品和利益的交往。客户为什么要选择你的产品而不是其他家的呢?除了产品本身的利润和安全性外,更重要的一点是如何从你那里得到与其他产品不一样的信息和价值。所以,这里的核心工作就是如何通过合理沟通来说服客户,实现最终的合作。

(1)对比法。所谓"对比法",指的是通过将自己的产品与同类产品的有效比较,在效果、价格等方面产生较为明显的区别,而让客户真正地产生兴趣达成合作。例如,你是一家二线摩托车品牌的销售人员,去寻找代理商。经销商经常会设置一些陷阱让你往里跳,他们总是要求你承诺一线企业的质量,三线企业以下的价格。这个时候,有经验的销售人员会很快识破并化解这样的陷阱;而缺少经验的人往往是不知道该如何应对,最终让客户得逞后失去合作的机会。其实,这样的问题并不是什么很棘手的问题,核心因素是因为销售人员不够专业,不了解同类产品和厂家的具体情况而出现的。如果是一名专业的营销人员,平时很清楚各个品牌的情况,比如产品的型号、价格、政策等情况,并且可以将你企业本身产品的优势和对方的劣势能进行一个清晰的对比,从而无形中用专业的知识和数字在对比中提升你所在企业的价值,就可以较为轻松地说服客户。所以,商务人员首先应是一个专业的产品顾问和专家。全面系统地掌握自己产品的优缺点之后,还必须了解行业动态以及同类产品的相关信息。这样,当遇到客户说你的产品贵的时候,可以举例与自己产品属于同型号的产品进行比对分析,从而打消客户的疑虑,摆脱客户设置的陷阱,提高沟通的成功率。

(2)举例法。在业务开展过程中,还会经常遇到客户怀疑进行合作后是否可以将市场操作好的问题。这个时候,采用举例法,用他身边可以感受很清楚的例子就可以得到很好的解决,使得客户打消怀疑和摇摆不定,加快做出积极的决定。使用这种说服技巧,需要注意的是所举例子的真实性和可对比性的问题,这点很关键。如果你要面对的本身就是一个小客户,而你总是举一些如何帮助大客户成交的例证,是不会得到客户的认同的。而在所举例子的空间和地域选择上,最好选择举例客户不远且真实的客户,让他有较为强烈的认同感,才有助于合作。否则,忽视了上面的问题,反而会与初衷背道而驰,让客户觉得被欺骗,而引起客户的反感从而失去下一次见面沟通的机会!例如,在药品销售中,你作为业务员所沟通的客户本身就是一个经营口服药的OTC(非处方药)渠道客户,你却硬要将你的临床针剂品种推销给他,还列举了一堆本县、本乡等他比较熟悉的人做得如何好,注定是不会取得什么好的结果的。因为,要让一个人从一个熟悉的渠道转到一个不熟悉的渠道做产品,那难度是相当大的,成功率也是相当低的。

(3) 避实就虚法。避实就虚在兵法上说,就是避开敌人重兵防守的区域,转而在敌人防守薄弱环节实施攻击,从而为最后的胜利奠定坚实的基础。对于我们业务人员同客户的沟通,同样也是适用的。此种方法讲究的核心是通过客户对所表述产品的兴趣程度而定。如果客户对所讲产品表现出了浓厚的兴趣,则通过专业的知识和灵活的沟通技巧促使客户达成合作;如果客户本身因为自身原因或者对你推荐的产品不感兴趣,则应该立刻停止关于该产品话题的沟通,转向客户比较感兴趣话题的沟通。甚至要立即停止沟通,找其他合适的机会再说。防止因为过于"执着"而让客户产生逆反心理,将你所有的产品都否定掉。这个方法考验的是业务人员对客户信息的把握情况,以及谈话过程中对客户心理的把握。可以察言观色,同时也要具备较好的沟通表达能力。平时要多研究一下人的心理,以及不同性别、年纪、家庭背景、性格等喜欢什么样的话题,有什么样的爱好,这才能在及时切换话题的时候有话可说、化解尴尬,从而为以后的进一步跟进打下基础!

(4) 换位思考法。要站在对方的立场考虑问题,理解并同情对方的思想感情,从对方的角度说明问题,体验你的思想感情,进而使他改变自己的看法,达到理想的说服效果。

口才小故事

1977年8月,克罗地亚人劫持了美国环球公司从纽约拉瓜得亚机场到芝加哥奥赫本的一架班机,在劫持者与机组人员僵持不下之时,飞机兜了一个大圈,越过蒙特利尔、纽芬兰、沙浓、伦敦,最终降落在巴黎市郊的戴高乐机场。在这里,法国警察打瘪了飞机轮胎。飞机停了3天,劫机者同警方僵持不下,法国警方向劫机者发出最后通牒:"喂,伙计们!你们能够做你们想做的任何事情,但美国警察已到了。如果你们放下武器同他们一块儿回美国去,你们将会判处不超过2至4年徒刑。这也可能意味着你们也许在10个月左右释放。"法国警察停顿片刻,目的是让劫机者将这些话听进去。接着又喊:"但是,如果我们不得不逮捕你们的话,按我们的法律,你们将被判死刑。那么你们愿意走哪条路呢?"劫机者被迫投降了。

本例中法国警察在劝说中帮助劫机者冷静地分析客观形势,明确向对方指出了两条道路:投降或者顽抗,投降的结果是10个月左右的徒刑,而顽抗的结果只可能是死刑。面对这两条迥异的道路,早已心慌意乱的劫机者识相地选择了弃械投降,符合自己的利益,从而做出正确的选择。商务沟通中,不妨换位思考,赢得客户的理解和认可。

(5) 引起关注法。在说服时,要选择能够引起对方关注和兴趣的方式表达意见,要运用富有吸引力的内容支撑你的观点,从而引导说服对象关注设定的话题,让对方充分了解说服的内容。第二次世界大战期间,国际金融家萨克斯想使罗斯福政府批准试制原子弹。第一次他使用了很多罗斯福听不懂的专业术语,全面介绍了原子弹可能产生的影响,但是罗斯福(F. D. Roosevelt)被冗长的谈话弄得很疲倦,他的反应是想推掉这件事;萨克斯第二次面对罗斯福时,改变了说话的方式,他对罗斯福说:"我想向您讲一段历史。早在拿破仑(Napoléon Bonaparte)当权的时候,法国正准备对英国发动进攻,一个年轻的美国发明家富尔顿(Fulton)来到了这位法国皇帝面前,他建议建立一支由蒸汽机舰艇组成的舰队,拿破仑可以利用这支舰队无论在什么天气的情况下,都能在英国登陆。军舰没有帆能航行吗?这对于那个伟大的科西嘉人来说,简直是不可思议的。他把富尔顿赶了出去。根据英国历史学家阿克顿(Acton)爵士的意见,这是由于敌人缺乏见识而英国得到幸免的一个例子。如果当时拿破仑稍稍多动一些脑筋,再慎重考虑一下,那么19世纪的历史进程也许会完全是另一个样子。"罗斯福听完萨克斯的话后,立即同意采取行动。① 由此可见,选择了能引起说服对象关注的内容和方式,就会取得不同的效果。

(6)巧言点拨法。巧言点拨也是一种说服的手段。一天,有位北方客人来到上海某绣品商店,他是为好友前来购买绣花被面的。一条有一对白头鸟的被面吸引了他,但他又有点犹豫:这鸟的姿态很美,就是嘴巴太尖了,以后夫妻要吵嘴。营业员察觉了这一点后,笑眯眯地向他介绍道:"您看见了吗?这鸟的头上发白,表明夫妻以后白头偕老,它们的嘴巴伸得长,是在说悄悄话,是相亲相爱的表示。"这位北方顾客听了,忙不迭地说:"有道理,有道理。"便买了下来。在营销上,营业员抓住了顾客的心理,打消了顾客在消费时的戒备之心,并顺水推舟地以"白头偕老,相亲相爱"的吉利辞言巧妙点拨,从而使其增强了购物的欲望,达到了销售的目的。

无独有偶。一位顾客来店挑选象征长寿的手绣被面,馈赠侨居国外的长辈。接待他的营业员拿出一条绣有松鹤图案的被面给他看。那人看了觉得意思甚好,想掏钱买,猛地看见松树旁边还有一朵梅花,感到有些不吉利,梅的谐音是"霉",长辈看了犯忌。营业员了解到这点后,连忙向他解释:"这朵梅花也是吉利的象征,您知不知道,有句老话叫'梅开五福'吗?""噢。"那人经这么一点一拨,豁然明白了,于是很高兴地买下被面。

在白宫一次讨论削减预算经费的会议上,里根总统幽默地对大家说:"有人告诉我,紫色的软糖是有毒的。"说着,他随手拾起一粒紫色的软糖塞进嘴里,以此表明不管别人怎样反对,他将要大大削减政府开支的态度和决心。经他这一警告式的点拨暗示之后,本来不同意压缩政府经费开支的官员,便开始动摇了。

在日常生活中,人与人之间常常会因述不清、道不明的原因而产生误解,影响人们间的正常交往。然而,倘若你能以理服人,以情动人,能言善辩面对被说服者,误解就会消除,感情便能融洽,则可达到"口服"而且"心服"的效果。

3.9　倾听

一提到商务沟通,人们往往想到的是要有良好的语言表达技巧,却忽视了倾听。事实上,在实现沟通的过程中,我们不可能总是处于"说"的位置,而是需要学会很好地倾听。斯蒂尔博士的研究表明:人们每天花在与人沟通的时间中,9%用于写东西,16%阅读,30%说话,45%倾听。"听"是"说"的基础,是有效沟通的前提。一些专家认为:沟通并没有什么特别的秘诀,最重要的就是倾听对方的说话,这比任何阿谀奉承都更为有效。学会倾听,才能集思广益,明辨是非,实现有效的双向交流沟通。也就是说,既要会说,说得恰到好处,切中要害;还要会听,听得仔细,理解正确。而现实是人们比较重视说,而忽略了

---

① 陈秀泉.实用情景口才——口才与沟通训练[M].北京:科学出版社,2007.

听,所以,常常导致商务沟通的失败。

1. 商务沟通中倾听的作用

在商务沟通中,倾听是商务沟通的一个重要组成部分和一项技能。是实现有效沟通的一个手段。作为商务工作者,要会听、善听,有效地倾听。倾听在商务沟通中的作用如下:

(1) 倾听能给客户留下好印象。善于倾听,能认真、耐心地倾听客户谈话,就会让对方感到你是一个能听他倾诉的人,是一个值得交往的对象,继而形成良好的印象和信任,打消戒备心理,愿意与你交谈和倾诉并接受你的产品或服务。

(2) 倾听可获取客户重要的信息。倾听在沟通中是一种鼓励方式,能让对方感到被尊重,愿意表露真情。只有认真地倾听对方的陈述,鼓励对方讲出实情,观察对方的语气、语调,捕捉对方的情绪变化,才能及时获得更多的信息。

(3) 倾听才能发现说服对方的关键。在商务沟通中,只有认真地倾听,理解了对方的真正意图,才能找到解决问题的关键,促使商务沟通的实现。

(4) 可掩盖自身弱点。在商务沟通中,当遇到对方很强势时,不要急于表白。先询问对方,耐心倾听,了解对方,掩盖自身的弱点和不足,变被动为主动。特别是遇到投诉、自己违约等,要先耐心倾听,了解对方的意见和态度,再做决定。

(5) 倾听有助于合作的成功。倾听是有效沟通的关键要素,是更好地推动商务活动成功的重要技巧。只有认真用心倾听,才能了解客户,找到商机。

2. 阻碍倾听的因素

在商务活动中,由于双方都是为了争取自己利益最大化,容易发生争执,产生分歧,使商务沟通不能实现,究其原因,很多是因为阻碍倾听的因素造成的。

(1) 听不进对方的谈话。许多商务人员在与客户交流时,不能接受对方的意见。当客户讲述时,看起来是在倾听,而实际上是在找反驳的理由,时刻准备反击对方,听不出客户的真正意图所在,丧失商机。

(2) 急于发表言论,甚至打断客户。在商务场合,有些人为了争取主动,占上风不吃亏,急于发表个人言论,甚至打断客户,常让客户失去信任,不利于与客户的沟通。在回应客户之前,应该先让客户把话说完。对客户缺乏耐心甚至粗鲁地打断他们,这是对客户本人不尊重的表现。之所以会这样,主要是商务人员缺乏自信。缺乏自信会令商务人员产生紧张的情绪,而这种情绪一旦占据了其思维,就会使其无从把握客户所传递的信息。也正是为了掩饰这种紧张情绪,许多人总是在应当倾听时擅自发言,打断说话者。

(3) 排斥异议。很多商务工作者,在与客户的接触交流中,容不得对方提出异议,总是认为自己是做商务工作的,掌握信息多,了解具体情况,比较内行,因此,容不得不同意见。

(4) 歧视对方,心存偏见。商务工作人员常犯的一个错误就是以貌取人,从外表判断对方,印象好,就愿意交谈接待,印象差,就比较冷漠,不愿意与之打交道,也常常失去客户。商务人员心存偏见也会在很大程度上阻碍倾听。偏见让倾听者无法对说话者所传递的信息保持开放和接纳的心态。这是因为,偏见使人在倾听之前就已经对说话者或他所传递的信息做出了判断。

(5) 不愿意与客户交谈。很多商务工作者,缺乏耐心,不愿与客户进行沟通,等着客户上门主动成交,因而失去了耐心倾听的机会,不了解客户的真正需求。

(6) 预先下结论。在没弄清对方要表达的意思之前,就先入为主,凭主观想象下结论,使双方产生矛盾或纠纷,致使商务沟通无法实现。

(7) 理解能力不足。由于个人文化素养和专业基础知识以及文化习俗等原因,对客户所表达的意思理解不到位,听不明白或听不懂而造成了许多误会。

(8) 选择性地听。只关心自己关注的问题,不能站在对方的角度认真倾听,经常是没有听全面,而使沟通失败。

(9) 过分依赖笔记。在听对方讲话时,只重视记笔记,而没有真正听明白对方讲什么。不能完整地领会对方所要表达的意思。

(10) 注意力不集中。商务人员受到内部或外部因素的干扰而无法集中注意力,这是最常见的阻碍倾听的因素。当你疲倦时,胡思乱想时,或是对客户所传递的信息不感兴趣时,你都很难集中注意力。商务人员不能任由自己分心。在倾听时,应该尽可能消除噪声或其他会令你分心的因素。电话铃声、微信提醒或是其他人的打扰都会让你无法专注于倾听。另外,倾听时任由自己分心也是不为说话者着想和不礼貌的表现。

(11) 商务人员过于关注细节。如果商务人员尝试记住所有的人名、事件和时间,那么就会觉得倾听"太辛苦"了。这种紧紧抓住信息中的细节而不抓要点的做法非常不可取,这样做就可能完全不能明白对方的观点。

(12) 商务人员不重视信息。商务人员鲁莽地认为某个信息枯燥乏味,产生"不在乎"的情绪,并且拒绝花费时间和精力去评估这个信息,这些行为都表明倾听者不重视说话者所提供的信息。

3. 商务沟通中倾听的原则

(1) 专心。在商务沟通过程中,始终要保持积极的心态,认真专心地去倾听客户所传达的信息。

(2) 移情。在与客户进行沟通时,要站在对方的角度,设身处地地替客户着想,理解对方的意图,能够移情地去倾听。

(3) 客观。与客户的沟通,要站在客观的角度,考虑双方的利益,坚持互惠互利,自愿买卖,公平交易,客观公正地使双方都能最大限度地获利。

(4) 完整。倾听一定要听完整,听出对方的弦外之音,听明白隐含的意思。商务场合,经常遇到对方的真正意图并不直接表露,所以,有效的倾听是要用心、用脑、用眼去听的。

4. 商务沟通中的倾听技巧

倾听是一门需要不断修炼的艺术。在商务活动中,有效倾听所发挥的作用绝不亚于陈述和提问,良好的倾听技巧可以帮助商务人员解决与客户沟通过程中的许多分歧问题。

倾听如此重要，但大多数商务工作者的倾听能力都不尽如人意，常因没有很好地倾听，而产生矛盾和纠纷。以下商务沟通中的倾听技巧是务必要掌握的。

(1) 做好倾听的准备。要想了解客户，就要让客户讲话，要想实现与客户良好的沟通，就必须重视客户，保持良好的精神状态，做好积极倾听的准备，如心理准备、身体准备、态度准备及情绪准备等。在交谈前，要停止手中的工作，关掉手机，表情放松，注视对方，用平和的心态专注地倾听对方讲话。恐慌的心理、疲惫的身体、黯然的神态及消极的情绪等都可能使倾听归于失败。

倾听时，应该保持开放的心态，这是提升倾听技巧的指导方针之一。这样做不但使你能考虑到事情的各个方面，还能减少你与说话者之间的防御意识，实现良好沟通。回应说话者时，即使你不同意他的观点，也应对其信息保持积极的态度。

(2) 发出倾听的信号。在对方讲话前，要目光专注地注视着对方，表现出对客户的谈话感兴趣，并主动让对方谈谈他的想法。当对方讲话时，要表情放松，注视对方，保持目光接触，专注地倾听。在倾听中，对对方的谈话要不时地赞许性地点头，表示你能接受对方。并让对方继续他的谈话。倾听中要做到充分接收信息，正确倾听"弦外之音"。

倾听时，正确的态势语言很重要。人的身体姿势会暗示出他对谈话的态度。自然开放性的姿态，代表着接受、兴趣与信任。根据达尔文的观察，交叉双臂是日常生活中最普遍的姿势之一，一般表现出优雅，富于感染力，让人看上去自信心十足。但这常常自然地转变为防卫姿势，当倾听意见的人采取这种姿势，大多是持保留态度，向前倾的姿势是集中注意力、愿意听倾诉的表现，所以说二者是相容的。倾听时交叉双臂或跷起二郎腿也许是很舒服，但往往让人感觉这是种封闭性的姿势，容易让人误以为不耐烦或高傲。

在倾听中，要积极配合对方。可用眼神和对方交流，并不时地点头表示在倾听。让对方完整地把话说完。不要中间插话打断对方的讲话，必要时，可以礼貌地打断，请对方再一次表明意思，再请对方继续谈话。有问题待对方讲完后再提出。在倾听时，不能表现出不耐烦，左顾右盼、东摇西晃、发出响声、频繁接打电话等举动。还要避免似听非听，假装附和，而实际却思想游离，并未真正注意倾听。

(3) 对主题或客户产生兴趣。这样做有助于商务人员以积极的态度进行倾听。倾听时，你的目标应当是从每个客户那里获取知识和信息，但如果你对他们不感兴趣，就很难集中注意力。因此，应当消除自己对主题或是客户的偏见，使自己对其产生兴趣。倾听时，应该关注客户提供的信息，而不是他们的外表、性格或是说话方式，不要因为这些因素而对他们加以定论，应该根据他们提供的论据来判断信息的价值。另外，也不要仅仅因为客户的出色表达就立即对他们做出肯定的判断。出色的表达并不意味着其传递的信息有价值。因此，应该等到客户完整地传递了信息之后，再做出判断。

(4) 充分接收信息。商务沟通中，达到有效性的关键取决于能否在双方之间充分地表达和接收信息。倾听就是为了很好地接收。商务工作人员在倾听过程中，要站在对方的角度，理解对方，听完整、听明白对方的话语，特别是有分歧的问题，不要急于争辩，先冷静分析、思考。

在倾听过程中，要明确与对方沟通的目的，维护大局，边听边分析，集中精力努力捕捉信息的精髓，进行思维重组，将对方谈话内容梳理、归纳、转换为自己理解的意思，同时要仔细分辨对方谈话的语气、语速、语调及表情的变化,理解对方的主要信息,理解对方的真正意图。

倾听中还要积极关注自己不熟悉的信息。如果在倾听时遇到此类信息,就更需要高度集中注意力。因为如果不这样做,就有可能抓不住信息中的重点。当对方传递的是自己不熟悉的信息时,不要因为信息复杂而气馁,而要使自己对学习新事物产生兴趣,以充分理解这些信息。

(5) 检查你的理解力。倾听中,要总结归纳对方主要阐明的观点,分析其思想用意,梳理要提出的关键问题。在表明自己的观点前,可以复述对方的谈话,讲清自己对对方谈话的理解,求得对方确认正误,避免自己的理解发生偏差。

(6) 不要过早下结论。要提升自己的倾听技巧,商务人员在倾听时就不要过早下结论。当你不同意说话者的看法时,最自然的反应就是立即不再理会他所传递的信息,尽管你不需要同意客户的所有观点,但是在下结论之前,还是应该听完他的话。只要听完了全部的信息,就可以彻底地检验并公正地评估客户的观点、论据和论证过程。

(7) 复述客户所传递的信息。通过复述,倾听者可以确定自己是否完全理解了该信息。复述时,商务人员可以用自己的话向说话者概括信息的主要内容,这样能减少对信息的误解和错误的推测。

(8) 适时适度地提问。沟通的实现就是要双方相互交流。听完对方的讲话,要做出一些反应。可以提出问题、建议、意见或看法。但一定要适时适度地提问。适时,就是要等对方讲完;适度就是不要一下提出太多的问题,或一个问题反复纠缠不清,还要注意提问的语气,尽量保持平和的心态,一般情况下,不能把提问变成质问。特别是当看法和认识出现分歧时,要学会控制自己的情绪,放松心情,尽量抑制冲动,避免矛盾冲突。

(9) 商务人员不应该过于拘谨。商务人员在倾听时过于拘谨使倾听变成了一种被动行为,此时,商务人员绝不会表达自己的观点,他们根本不参与交流,常常只是以"很好"和"我明白你的意思"之类的话来回应客户。商务人员在倾听时过于拘谨可能是因为害羞,也可能仅仅出于不想给说话者带来麻烦,无论是什么原因,他们的行为都会阻碍有效的沟通。要避免在倾听时过于拘谨,应当遵循以下原则:一是乐于表达自己的想法;二是通过提问参与对话;三是回答问题要干脆;四是与说话者进行眼神交流。

(10) 及时反馈。当双方都表明自己的观点后,要把自己一方的意思向对方表明。有异议要及时提出,双方共同协商解决。

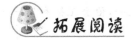

让我们倾听

我读心理学博士方向课程的时候,作业中有一篇是研究"倾听"。刚开始我想,这还不容易啊,人有两耳,只要不是先天失聪,落草就能听见动静。夜半时分,人睡着了,眼睛闭着,耳轮没有开关,一有月落乌啼,人就猛然惊醒,想不倾听都做不到。再者,我做内科医生多年,每天都要无数次地听病人倾倒满腔苦水,鼓膜都起茧子了。所以,倾听对我应不是问题。

　　查了资料,认真思考,才知差距多多。在"倾听"这门功课上,许多人不及格。如果谈话的人没有我们的学识高,我们就会虚与委蛇地听。如果谈话的人冗长烦琐,我们就会不客气地打断叙述。如果谈话的人言不及义,我们会明显地露出厌倦的神色。如果谈话的人缺少真知灼见,我们会讽刺挖苦,令他难堪……凡此种种,我都无数次地表演过,至今一想起来,无地自容。

　　世上的人,天然就掌握了倾听艺术的人,可说凤毛麟角。

　　不信,咱们来做一个试验。

　　你找一个好朋友,对他或她说,我现在同你讲我的心里话,你却不要认真听。你可以东张西望,你可以搔首弄姿,你也可以听音乐或梳头发,干一切你忽然想到的事,你也可以顾左右而言他……总之,你什么都可以做,就是不必听我说。

　　当你的朋友决定配合你以后,这个游戏就可以开始了。你必要拣一件撕肝裂胆的痛事来说,越动感情越好,切不可潦草敷衍。

　　好了,你说吧……

　　我猜你说不了多长时间,最多3分钟,就会鸣金收兵。无论如何你也说不下去了。面对着一个对你的疾苦你的忧愁无动于衷的家伙,你再无兴趣敞开襟怀。不但你缄口了,而且你感到沮丧和愤怒。你觉得这个朋友愧对你的信任,太不够朋友。你决定以后和他渐疏渐远,你甚至怀疑认识这个人是不是一个错误……

　　你会说,不认真听别人讲话,会有这样严重的后果吗?我可以很负责地告诉你,正是如此。有很多我们丧失的机遇,有若干阴差阳错的讯息,有不少失之交臂的朋友,甚至各奔东西的恋人,那绝缘的起因,都系我们不曾学会倾听。

　　好了,这个令人不愉快的游戏我们就做到这里。下面,我们来做一个令人愉快的活动。

　　还是你和你的朋友。这一次,是你的朋友向你诉说刻骨铭心的往事。请你身体前倾,请你目光和煦。你屏息关注着他的眼神,你随着他的情感冲浪而起伏。如果他高兴,你也报以会心的微笑。如果他悲哀,你便陪伴着垂下眼帘。如果他落泪了,你温柔地递上纸巾。如果他久久地沉默,你也和他缄口走过……

　　非常简单。当他说完了,游戏就结束了。你可以问问他,在你这样倾听他的过程中,他感到了什么?

　　我猜,你的朋友会告诉你,你给了他尊重,给了他关爱。给他的孤独以抚慰,给他的无望以曙光。给他的快乐加倍,给他的哀伤减半。你是他最好的朋友之一,他会记得和你一道度过的难忘时光。

　　这就是倾听的魔力。

　　倾听的"倾"字,我原以为就是表示身体向前斜着,用肢体语言表示关爱与注重。翻查字典,其实不然。或者说仅仅作这样的理解是不够全面的。倾听,就是"用尽力量去听"。这里的"倾"字,类乎倾巢出动,类乎倾箱倒箧,类乎倾国倾城,类乎倾盆大雨……总之殚精竭虑毫无保留。

　　可能有点夸张和矫枉过正,但倾听的重要性我以为必须提到相当的高度来认识,这是一个人心理是否健康的重要标识之一。人活在世上,说和听是两件要务。说,主要是表达自己的思想情感和意识,每一个说话的人都希望别人能够听到自己的声音。听,就是接收他人描述内心想法,以达到沟通和交流的目的。听和说像是鲲鹏的两只翅膀,必须协调展开,才能直上九万里。

现代生活飞速地发展,人的一辈子,再不是蜷缩在一个小村或小镇,而是纵横驰骋漂洋过海。所接触的人,不再是几十一百,很可能成千上万。要在相对短暂的时间内,让别人听懂了你的话,让你听懂了别人的话,并且在两颗头脑之间产生碰撞,这就变成了心灵的艺术。

现今鼓励青年励志的书很多,教你怎样展现自我优点,怎样在第一时间给人一个好印象,怎样通过匪夷所思的面试,怎样追逐一见钟情的异性……都有不少绝招。有人就觉得人际交往是一个充满了技术的领域,可以靠掌握若干独门功夫就能翻云覆雨的领域。其实,享有好的人际关系,学会交流,听比说更重要。

从人的发展顺序来看,我们是先学着听。我之所以用了"学着"这个词,是指如果没有系统地学习,有的人可能终其一生,都没能学会如何"听"。他可以听到雪落的声音,可他感觉不到肃穆。他可以听到儿童的笑声,可他感受不到纯真。她可以听到旁人的哭泣,却体察不到他人的悲苦。她可以听到内心的呼唤,却不知怎样关爱灵魂。

从婴儿开始,我们就无意识地在听。听亲人的呼唤,听自然界的风雨,听远方的信息,听社会的约定俗成。这是一种模糊的天赋,是可以发扬光大也可以湮灭无闻的本能。有人练出了发达的听力,有人干脆闭目塞听。有很多描绘这种状态的词语,比如"充耳不闻""置若罔闻"……对"闻"还有歧视性的偏见,比如"百闻不如一见"。

听是需要学习的。它比"说"更重要。如果我们没有听到有关的信息,我们的"说"就是无的放矢。轻率的人,容易下车伊始就哇里哇啦地说,其实沉着安静地听,是人生的大境界。

只有认真地听,你才能对周围有更确切的感知,才能对历史有更深刻的把握,才能把他人的智慧集于己身,才能拓展自己的眼界和胸怀。

读书是一种更广义的倾听。你借助文字,倾听已逝哲人的教诲。你借助翻译,得知远方异族的灵慧。

倾听使人生丰富多彩,你将不再囿于一己的狭隘贝壳,潜入浩瀚的深海。倾听使人谦虚,知道山外有山天外有天。倾听使人安宁,你知道了孤独和苦难并非只莅临你的屋檐。倾听使人警醒,你知道此时此刻有多少大脑飞速运转,有多少巧手翻飞不息。

倾听着是美丽的。你因此发现世界是如此五彩缤纷。倾听是幸福的一种表达,因为你从此不再孤单。

倾听是分层次的。某人在特定的时刻,讲了特定的话。只有当我们心静如水,才能听到他的话中之话。年轻人最易犯的毛病是——他明白所有倾听的要素,也懂得做出倾听的姿态,其实呢,他在想着自己待会儿要说的话。他关注的不是述说者,而是自己。"佯听"是很容易露馅的,只要他一开口讲话,神游天外的破绽就败露了。两个面对面述说的人,其实是最危险的敌人。一切都被心灵记录在案。

倾听是老老实实的活儿,来不得半点虚假和做作。倾听是对真诚直截了当的考验。

所以,如果你不想倾听,那不是罪过。如果你伪装倾听,就不单是虚伪,而且是愚蠢了。

当我深刻地明白了倾听的本质而不是仅仅把它当成讨好的策略后,倾听就向我展示了它更加美丽的内涵,它无处不在,息息相关。如果你谦虚,以万物为师长,你会听到松涛海啸雪落冰融,你会听到蚂蚁的微笑和枫叶的叹息。如果你平等待人,你的耐心就有了坚实的基础,你可以从述说者那里获得宝贵的馈赠。这就是温暖的信任和支撑。

年轻的朋友们,让我们学会倾听吧。当你能够沉静地坐下来,目光清澄地注视着对方,抛弃自己的傲慢和虚荣,微微前倾你的身姿,那么你就能听到心与心碰撞的清脆音响,宛若风铃。

(资料来源:http://zuowen.hkwb.net/content/2012-05/10/content_739989.htm.)

思考题:
(1)作家毕淑敏所言的"倾听的艺术"实质内涵是什么?
(2)你善于倾听吗?阅读本文后,请谈谈你对倾听的理解。

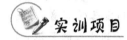

实训项目

1. 自我介绍游戏

"我 是 谁"

实训目标:通过个人选择代表自己的某一件物件进行自我介绍,达到相互认识的目的。

实训准备:每个人的代表自己的某一物件。

实训方法:每位学员课前找一个能够代表自己个性特征或表达自己身份的物件(必须是可以拿得到的),并把它带到课堂上。让每一位成员展示自己所选的物件并解释其表达的含义(例如:"我选择了一块石头,因为它坚硬、光滑、色彩丰富等")。如果人数较多,可以在小组内进行,然后再挑选代表上台展示。

实训思考:
(1)你从其他成员身上学到了什么?
(2)通过这个游戏,你对其他参加者的了解达到了何种程度?

2. 交谈演练

学生A扮演某交电公司营业部经理,学生B扮演某品牌燃气热水器推销员。两人所在公司原来并无业务往来,两个也是首次因业务打交道。当此品牌产品在市场上供大于求时,B到A处了解情况并推销B方的产品,而且希望今后建立长期业务往来关系。

要求:运用所学的社交语言艺术技巧,灵活巧妙地与对方交谈,并尽可能地寻求最佳的社交效益。

3. 问答互动训练

实训目的:通过训练认识提问技巧在口语交流中的作用,提高言语交流中提问的技巧;通过训练培养良好的倾听习惯,分析语言、词汇的功能,提高语言的理解能力。

实训要求:分组进行,不要准备,随意性提问。可以涉及隐私、人身攻击等,但要控制,把握好度。问与答角色可以互换,不严格规定。

实训实施:

学生两人一组,一个扮演提问者,另一个扮演回答者;训练指导老师要求提问者就你想问对方的问题可以随意提问,然后回答者回答,这样一问一答进行,可以反问;训练指导老师要对提问者所提问题进行分析,一方面了解提问者的目的和期望,另一方面分析回答者对所提问题的理解情况,然后辨析所提问题能不能实现提问者的目的;训练指导老师还要分析提问者对回答者的回答是否满意,符不符合自己的要求,是答非所问还是问题理解偏差。

有条件的可以进行录像,然后对照录像与训练对象一同分析。

实训考核:训练双方互评,解决这些问题:你提这个问题的目的是什么?对方的回答有没有达到提问的目的?是问题提得不好还是答非所问?

训练指导老师依据问和答的具体情况给定评价分数。

(资料来源:彭义文. 口才训练教程[M]. 北京:北京师范大学出版社,2011.)

4. 说服技巧训练

实训目标:了解说服在商务沟通中的重要性,在商务沟通中准确把握说服技巧,并正确运用,提高沟通能力。

实训学时:3学时。

实训方法:

(1) 热身准备。分析以下案例中主人公运用了怎样的说服技巧。

卡耐基是美国著名演说家、教育家。他常租用某家大旅馆的礼堂,定期举办社交培训班。

一次,卡耐基突然接到这家旅馆增加租金的通知。更改日期和地点已经不可能了,他决定亲自出面与旅馆经理交涉。下面是两人对话的内容。

卡耐基:"我接到你们的通知时有点震惊。不过,这不怪你,假如我处在你的地位,或许也会做出同样的决定。作为这家旅馆的经理,你的责任是让你的旅馆尽可能多地盈利。你不这么做的话,你的经理职位就难以保住,对吗?"

经理:"是的。"

卡耐基:"假如你坚持要增加租金,那么让我们来合计合计,看这样对你有利还是不利。先讲有利的一面。大礼堂不租给我们讲课,而出租给别人办舞会、晚会,那么你获利就可以更多,因为举行这类活动时间不会太长。他们能一次付出很高的租金,比我们的租金当然要高很多,租给我们你显然感到吃亏了。现在我们再分析一下不利的一面,你增加我的租金从长远看,你其实降低了收入,因为你实际上是把我撵跑了,我付不起你要的租金,势必再找别的地方办训练班。还有,这个训练班将要吸引成千的中上层的管理人员到你的旅馆来听课,对你来说,这难道不是起到了不花钱的活广告作用吗?事实上,你花 5000 元钱在报纸上做广告,也不可能邀请来这么多人到你旅馆来参观,可我的训练课却给你邀请来了,这难道不划算吗?"

经理:"的确如此,不过……"

卡耐基:"请仔细考虑后再回答我好吗?"

结果经理最终同意不加租金。

(资料来源:赵京立. 演讲与沟通实训[M]. 北京:高等教育出版社,2014.)

(2) 情景演练。将全班同学分成若干组;每组 10 人左右。教师出示情景材料——针对某些同学上网成瘾的现象进行说服。学生分组进行说服技巧情景演练。各组在全班进行表演,其他同学进行点评,教师做出小结,针对学生表演的优缺点给予指导。全班可评出最佳说服者若干名。

5. 倾听训练

实训目标:培养学生了解倾听技能;培养语言表达能力和记忆能力;通过活动,密切师生关系、增进相互了解,提高学习趣味。

实训学时:1 学时。

实训地点:教室、礼堂或室外。

实训准备:分组,每组 4~6 人,设一人为组长;教师提供书刊资料,学生根据资料要求进行准备。

实训方法:每人选择一篇文章,其中一人朗读,其他人听,然后选择一个同学复述;轮流一遍。指导教师最后讲评。

6. 倾听能力测试

你的倾听能力如何?请回答下列问题测试一下自己的倾听能力。

(1) 力求听对方讲话的实质而不是它的字面意义。

(2) 以全身的姿势表达你在入神地听对方的说话。

(3) 别人讲话时不急于插话,不打断对方的话。

(4) 不会一边听对方说话一边考虑自己的事。

(5) 做到听批评意见时不激动,耐心地听人家把话说完。

(6) 即使对别人的话不感兴趣,也耐心地听人家把话说完。

(7) 不因为对说话者有偏见而拒绝听他说话。

(8) 即使对方地位低,也要对他持赞态度,认真地听他讲话。

(9) 以适当的姿势鼓励对方把心里话都说出来。

(10) 与对方保持适度的目光接触。

(11) 既听对方的口头信息,也注意对方所表达的情感。

(12) 与人交谈时选用最合适的位置,使对方感到舒适。

(13) 能观察出对方的言语和心理是否一致。

(14) 注意对方的非口头语所表达的意思。

每题回答是得 1 分,得分低于 7 分说明倾听能力需要加强。

(资料来源:http://www.docin.com/p-88065750.html.)

课后练习

一、简答题

1. 小王做销售工作多年,积累了不少经验。近日,领导让他给新来的小张介绍一下接待客户的经验,如果你是小王你应怎样介绍?

2. 在你所在学校的"校园宣传日"里,要接待到校参观的学生家长和当年准备参加高考的考生,如果由你负责这项接待工作,你准备怎样做?(请列出接待方案)

3. 假设你是某超市的客服人员,有客户上门投诉说你们公司售出的手机出现了质量问题,要求退货,你如何应对?

4. 1986 年 10 月 25 日,邓小平会见英国女王伊丽莎白二世和她的丈夫菲利普亲王。邓小平同志说:"这几天北京的天气很好,这也是对贵宾的欢迎。当然北京的天气比较干燥,要是能借一点伦敦的雾那就更好了。我小时候就听说伦敦有雾,在巴黎时,听说登上巴黎铁塔就能看见伦敦的雾。"菲利普亲王说:"伦敦的雾是工业革命的产物,现在没有了。"邓小平风趣地说:"那借你们的雾就更困难了。"亲王说:"可以借点雨给你们,雨比雾好,你们可以借点阳光给我们。"

问题:请问他们在表达怎样的意思?从寒暄的角度分析这段谈话,有哪些值得借鉴的地方?

5. 如何与客户进行寒暄?

6. 你所在单位想招聘一位公关部经理,你认为你的一位老同学很合适,你怎样向主管领导推荐他?

7. 某计算机公司培训部经理刘某到某职业技术学校与校长王某洽谈联合办学事宜,假如你是校办公室主任,你怎样为双方介绍?

8. 假如你是一个企业的新职工,经常与工人们在一起,了解了企业的许多情况。一天,经理在和你聊天时,突然问:"你是新来的,没有什么偏见,经过这一段时间,你觉得我这个人怎么样?""很好,经理。"但经理却固执地说:"你一定要讲真话,我只想听听你的意见,或者从你这里听到别人对我的意见,你不必担心什么。"而这个经理确实也有一些不足和毛病,工人也有所议论。这时,你怎样与经理继续聊下去?

9. 一天,你逛商场时发现一位营销员好像是当年的校友,在学校时没机会交谈,她好像也觉得你面熟,你主动和她打招呼。你们会谈些什么?

10. 放暑假了,你坐车回家,周围坐着几位年龄、身份、性别不同的陌生人,为消除路途寂寞,你先和他们寒暄几句,使大家都有谈兴。你会怎样寻找话题呢?

11. 为什么说一味地赞美不足取?应怎样对客户进行赞美?

12. 如果你的班级有一名同学考入大学后,完全放松自己,整天上网游戏、吃喝玩乐不学习,你作为他的好朋友,如何说服他抓紧时间好好学习呢?

13. 你倾听时存在哪些不良习惯?你准备怎样克服这些不良习惯?
14. 为什么沟通过程中倾听占有十分重要的地位?(请谈谈你的体会)
15. 请阅读以下四个商务情景对话,然后回答问题。

对 话 1

销售员:早上好,王先生,很高兴见到您。

准顾客:你好,有什么事吗?

销售员:王先生,我今天来拜访您的主要目的是给您带来了我们最新研究出来的高智能A100型号的设备。

准顾客:是啊,但你们公司的产品管用吗?

销售员:那当然,王先生,这项设备是引进的德国SA技术,它的制造效率是普通设备的2倍,而且比一般设备的单位能耗要低20%。另外,这款产品的操作平台非常人性化,操控性能很稳定,安全性能非常好。还有就是安装了自检系统,这样,可节省大量的人力成本。您觉得怎么样?

准顾客:不错,那这款产品已经应用在哪些行业呢?

销售员:主要是挖掘机制造、油田开发等领域。

准顾客:一套系统大概需多少钱?

销售员:仅需要20万元人民币。

准顾客:是吗?我知道了。这样吧,你把资料放下,我先了解一下,回头给你电话。

销售员:王先生,我们的设备荣获了国家设备制造金奖,每年销售额达到5000万元呢。

准顾客:我知道了。我们领导班子需要研究才能给你电话嘛。再见。

销售员:唔……

对 话 2

销售员:早上好,王先生,很高兴见到您。

准顾客:你好,有什么事吗?

销售员:(巧妙地切入话题)王先生,我是奔腾公司的王小强,我今天特意来拜访您的主要原因是我看到了《机械工业杂志》上有一篇关于您公司所在行业的报道。

准顾客:(顾客好奇)是吗?说什么呢?

销售员:(展示对行业的了解,提出问题)这篇文章谈到您所在的挖掘机行业将会有巨大的市场增长,预计全年增长幅度为30%,总市场规模将达到50亿元,这对像您这样的领头羊企业是一个好消息吧?

准顾客:是啊,前几年市场一直不太好,这两年由于西部大开发,国家加强基础设施建设,加大固定资产投资,应该还不错。

销售员:(逐渐转入正题,提出问题收集背景资料)王先生,在这样的市场增长下,公司内部研发生产的压力应该不小吧?

准顾客:是啊,我们研发部、生产部都快忙死了。

销售员：(进一步提出问题)是吗？那真是不容易啊。王先生，我注意到贵公司打出了招聘生产人员的广告，是不是为了解决生产紧张的问题呢？

准顾客：是啊。不招人忙不过来啊。

销售员：(进一步提出问题)确实是这样。那，王先生相对于行业平均水平的制造效率——5台/人而言，您公司目前的人均制造效率高一些还是……

准顾客：差不多，大概也就5～6台/人。

销售员：(进一步提出问题)那目前使用的制造设备的生产潜力有没有提升的空间呢？

准顾客：比较难。而且耗油率很高呢。

销售员：(进一步提出问题)那您使用的是什么品牌的设备呢？国产的还是进口的？

结果，谈话一直继续，顾客对销售代表即将推出的产品充满了期待。

对 话 3

准顾客：你们的售后服务怎么样？

销售员：王先生，我很理解您对售后服务的关心，毕竟这可不是一次小的决策，那么，您所指的售后服务是哪些方面呢？

准顾客：是这样，我以前买过类似的产品，但用了一段时间后就开始漏油，再去修，对方说要收5000元修理费，我跟他们理论，他们还是不愿意承担这部分的费用，我没办法，只好认倒霉。不知道你们在这方面怎么做？

销售员：王先生，您真的很坦诚，除了这些还有其他方面吗？

准顾客：没有了，主要就是这个。

销售员：那好，王先生，我很理解您对这方面的关心，确实也有顾客关心过同样的问题。我们公司的产品采用的是意大利AA级标准的加强型油路设计，这种设计具有极好的密封性，即使在正负温差50度，或者润滑系统失灵20小时后，也不会出现油路损坏的情况，所以漏油的概率极低。当然，任何事情都不是绝对的，如果真的出现了漏油的情况，您也不用担心，这是我们的售后服务承诺：从您购买之日起1年之内免费保修，同时提供24小时之内的上门服务。您觉得怎么样？

准顾客：那好，我放心了。

对 话 4

一位电子产品推销员在推销产品时，与客户进行了这样一番对话。

推销员："您孩子快上中学了吧？"

客户愣了一下："对呀。"

推销员："中学是最需要开启智力的时候，您是不是很想提高孩子的智力呢？"

客户："是啊，但是不知道怎样做才有效。"

推销员："我这儿有一些游戏盘，对您孩子智力的提高一定有益。您肯定认为给孩子买游戏盘会耽误她的学习是吧？"

客户："呵呵，是这么想的。"

推销员："我的这个游戏盘是专门为中学生设计的，它是数学、英语结合在一块儿的智力游戏,绝不是一般的游戏盘。"

客户开始犹豫。

推销员接着说:"现在是一个知识爆炸的时代,不再像我们以前那样一味从书本上学知识了,现代的知识是要通过各种现代的方式来汲取的。您不要固执地以为游戏盘是害孩子的,游戏卡现在已经成了孩子的重要学习工具了。"

接着,推销员从包里取出一张磁盘递给客户,说:"这就是新式的游戏盘,来,咱们试一下。"

果然,对方被吸引住了。

推销员趁热打铁:"现在的孩子真幸福,一生下来就处在一个良好的环境中,家长们为了孩子的全面发展,往往在所不惜。我去过的好几家都买了这种游戏卡,家长们对于这种有助于孩子成长的产品都感到非常满意,而且还希望以后有更多的系列产品呢。"

客户已明显地动了购买之心。

推销员:"这种学习型的游戏盘是给孩子的最佳礼物!孩子一定会高兴的!您想不想要一个呢?"

后来的结果是,客户心甘情愿地购买了几张游戏盘。

(资料来源:程文. http://www.cnki.com.cn/Article/CJFDTotal-XSYS200416028.htm;乔拉拉. 销售话术是设计出来的[M]. 上海:立信会计出版社,2014.)

问题:

(1) 对话1中的销售员失败的主要原因是什么?如果你来拜访客户,请问你将怎样与准客户沟通?

(2) 对话2中的销售员为什么能吸引准顾客?其提问有何价值?

(3) 对话3中的销售员是怎样赢得准顾客的信任的?

(4) 请对对话4中的推销员的提问艺术进行评价。

(5) 结合以上四个对话谈谈提问在商务沟通中有哪些作用。

二、实训题

1. 某太阳能热水器公司打算在某地区开展业务,派业务员前来进行市场调研,并对有意向的客户进行初次拜访。全班分组进行情景模拟演练,将组内成员分为拜访方与接待方,根据给定的任务背景撰写模拟拜访的情景台词,熟悉台词,并模拟客户拜访。

2. 收集拜访与接待中经常使用的寒暄语、告别语,并在实践中加以运用。

3. 假如你是新员工,在该单位举行的小型欢迎会上向大家做一次自我介绍。

4. 试把一位你所熟悉的人(如父母亲、同学、老师)得体地介绍给大家。

5. 你去拜访一位名人,进屋之后发现主人家养了一只小猫。请以此为话题,设计一段对话。

6. 有位秘书对经理说:"经理,今天有个人找您,是位女同志,说有点事要商量。穿着一件漂亮的淡青色风衣,背着一个棕色的精致小包,30多岁,她说她在家等您,说你们事先说好的,可能您忘了。她姓张。"这段话有什么毛病,请指出来。

7. 模仿讲话:在生活中找一位口语表达能力强的人,请他讲几段最精彩的话,录下来,供你进行模仿。你也可以把你喜欢的又适合你的播音员、演员的声音录下来,然后进行模仿。

8. 在一家经营咖啡和牛奶的茶室,刚开始营业员总是问顾客:"先生,喝咖啡吗?"或者是:"先生,喝牛奶吗?"其回答往往是否定的。后来,营业员经过培训换一种问法:"先生,喝咖啡还是喝牛奶?"结果其销售额大增。无独有偶。两家卖粥的小店,产品、装修、服务没什么两样,但A店总是比B店多卖一倍的鸡蛋,原因在哪?B店客人进门,服务员会问一句:"要不要鸡蛋?"有一半要一半不要。而A店客人进门,听到的是:"要一个鸡蛋还是两个?"客人有的要一个,有的要两个,不要的很少。这样,A店的鸡蛋就总是卖得多一点。同样一句话,前后一对调或者做点不起眼的变化,就会出现不同的结局,其实质在于说话人掌握了对方思考的方向。请分析这其中的原因是什么?

9. 将全班学生分为三组,一组学生负责提出问题,一组负责回答问题,一组负责进行观察及评判;问题最好涉及一个主题,比如恋爱、学习、理想、网络等。可依照顺序进行轮转。

10. 请说出本宿舍每位同学的优点。

11. 公司总经理在抓好公司业务的同时,结合自己的工作经验写了一本书《经商之道》。一位部门经理这样赞道:"您在企业工作真是一个错误的选择,如果您专门研究经营管理,我想您一定会成为经营管理专家,会有更加突出的成果问世。"总经理听完不满地说:"你的意思是说我不适合做公司的总经理,只有另谋他职了?"见总经理产生了误会,本想给总经理戴高帽子的部门经理连忙解释:"不,不,不,我不是这个意思,我是说……"

这时你过来给部门经理打圆场……

请分组模拟以上赞扬的场景。

12. 与你的同桌(2人一组),自拟情境进行说服训练。

13. 两个同学为一组,每个同学准备一篇有一定信息量的约800字的文章,一位同学将文章读给另一位同学听,倾听者要注意运用以上技巧使自己保持专注。文章宣读完毕,由倾听者陈述自己获得的信息,宣读者检查对方信息是否准确无误。然后,角色互换,再进行一轮。最后双方谈谈自己倾听中的感受。

14. 进行以下"听"的能力训练,并回答问题。

尽管"听"是我们与生俱来的能力,但是它并不是一件容易的事情。以下练习就是最好的说明。

练习1:教师对学生说:"请拿出一支铅笔,一张纸。在纸上画一条约10厘米长的垂直线。把你姓氏的第一和最后一个字母写在直线的上方和下方。"注意不要强调最后一个句子中的两个"和"字。教师会发现大多数人会把第一个字母写在线上方而最后一个字母写在线下方。

练习2:教师让学生迅速回答下列问题。

"有的月份31天,有的月份30天。那么有多少个月份有28天?"

不少学生会回答:"一个。"而事实上所有的月份都有28天。

(资料来源:史振洪,朱贵喜. 秘书人际沟通实训[M]. 北京:人民大学出版社,2008.)

问题:
(1) 以上两个小练习分别说明了倾听中的什么问题?
(2) 从以上练习中我们应该汲取哪些倾听经验?

三、案例分析

案例1 回 答

刘丽是千里贸易公司总经理办公室的秘书,她工作能力强,在公司深受重用。有一天,在接待朝日公司销售经理时,当对方问及公司的营业状况时,刘丽为了向对手炫耀自己公司的实力,便说:"单在今天上午,我公司签订的意向书就可以替公司赚进100万元。"说完,刘丽非常得意,心想:这下,你可不能小觑我们公司了。两天后,刘丽陪同总经理去海鸥宾馆与某国贸易代表团签订正式协议,可左等右等,就是不见对方的踪影,最后贸易公司常驻中国代表打来电话说:"代表团已于昨日回国,就在昨日上午以低于贵公司百分之十的价格与贵市朝日公司签订了购货合同。"朝日公司是怎样抢走千里公司的生意的,他们是如何知道某国贸易代表团的情况的,问题出在哪里,刘丽想了半天也未能找到答案。其实,答案是显而易见的。刘丽在炫耀公司实力时就已将重要情报透露给了对手公司。因订货意向书不是正式合同,不受法律保护,朝日公司就以自己敏锐的商业嗅觉,钻了千里公司的空子,抢先一步与某国贸易代表团签订了合同。刘丽的寒暄不但没有为公司赢得所谓的"面子",反而使公司蒙受了巨额的经济损失。可见公司机密是秘书寒暄时不应涉及的"雷区",切不可因小失大。

(资料来源:唐丽. 接待工作中秘书的寒暄技巧[J]. 秘书之友,2010(5).)

思考题:
(1) 刘丽与客户沟通存在的问题是什么?
(2) 作为商务人员应该汲取怎样的教训?

案例2 客户怎能不买单

我的朋友在大连开了一家木业公司,几天前我去他的办公室闲聊时,来了一位中年女士推销保险。该女士业务能力很出色,不到一小时就轻松地说服经理及公司员工购买了保险。该女士的整个推销过程我始终在场,我深深地被她的娴熟运用赞美艺术和从众心理所折服。

像所有的推销员一样,她很有礼貌地进入办公室后,首先用简洁清晰的语言进行了自我介绍,接着便向经理谈起购买保险的优越性和重要性。客观地说,这段开场白并没有特别的超人之处,应该说是所有的推销员的基本素质。不一样的是,该女士的表情和语言速度掌握得恰到好处,展现出极大的亲和力,致使燃起了经理的兴趣,围绕着她推销的保险问这问那。善于察言观色的该女士见有机可乘,立即见缝插针全力以赴。不但对经理的问题回答得干脆准确,还恰当地运用赞美艺术。例如:勾总,您的木业公司一看效益就好,我们搞保险的整天穿梭在工厂和公司之间,尤其我负责的这片木业公司较多,深知各公司的经营状况,时间久了,也就有了对各家公司的判断力,效益好坏一打眼就能看出来。勾总,你的公司各种板材放置得有条不紊,这说明您经营有方;您的员工都在秩序井然地工作,这说明您深谙用人之道;您的办公室窗明几净温馨可人,说明您很会工作又很有生活情调。这些恭维的话语虽有不准确之处,但人类的天性缺陷就是爱听好话。当经理针对保险业务的有关事项向她提问,她都能够准确回答上,然后还不忘赞美一番。如:勾总,您提的问题很专业,看得出您对保险知识很熟悉,从而看出您是学习型的儒商。在这里她恰如其分地给勾经理戴上一顶"儒商"的高帽,经理肯定会心花怒放的,因为,高层次的人需要高品位的认同。

当她的一席侃侃而谈后,见经理仍然沉吟不决时,该女士开始运用推销的从众心理来推波助澜。她很自然地说:"最近几天,我与黄氏木业、兴达细木工厂、棋盘木业(这都是勾经理的邻居厂家)都谈成了业务,这几个厂的老板都对给工人买保险表现出了极大的兴趣和认同,因为木业的员工整天与木工机械打交道,危险总是难免的。有了保险公司做后盾,到时厂里会减少损失的,现在花一点小钱,买一份省心和放心多划算呀!"她边说边拿出那几个厂的保单存根给经理看。经理看后犹豫的神情顿扫,露出了坚定的神态。

不过,员工来自五湖四海,每个人能在这里干多长时间他心里也没数。于是他对该女士说:"我是认可和接受你的保险了,但是这件事我自己不能完全说了算,因为你的保险一上就是一年的,我不能保证每一位员工都能在我这里工作一年,我只能给他们交他们在我这工作期间的保费,如果某一个员工干不到一年就走了,我要扣除剩余月份的保费。因此,这件事情我要和他们商量,如果他们认可,我就掏钱给他们上,因此,还是听一下他们的意见吧!"尽管该女士心理上极不情愿他这样啰嗦,但是嘴上还是一个劲地夸勾经理:"对呀,勾总想的太周到了,不愧是一个成功人士,想的问题就是全面。"

当经理把工人们都叫到了办公室后,该女士耐心地向他们介绍该险种的功效,还及时抓住他们的心理,有针对性地说服。"师傅们,虽然你们来自五湖四海,可能因种种原因干不了一年,那也不要紧,因为咱们这个保单在全国都好使的,也就是说,如果几个月后您不在这里干了,那么老板扣除一年中剩余几个月的保费,保单在您的手中,您在哪儿都好使的,回家或去别的地方如有任何意外,都会有理赔的。"接着她又说,"你们的老板心肠非常好,别的老板都是老板和员工各出一半的钱买保单,而你们的老板则全部承担,多好的老板呀,我真为你们有这么好的老板而庆幸。"

该女士的一席话说的老板脸上放光,员工感动,员工还能不接受吗!

(资料来源:王占国. https://club.1688.com/article/1314132.html.)

思考题:
(1)案例中的这位女士为什么能够成功地推销这单保险?
(2)本案例对你有哪些启示?

案例3 小王因何无地自容

小王是一位推销员,很会说话。一次他为了推销保健品,去见一位40岁左右的女顾客,一心想说好话的他,一见面就夸这位女顾客非常漂亮。爱美之心人皆有之,顾客非常欢喜,小王更是眉飞色舞:"凭您的眼光,老公一定不是大款就是当官的,您可真有福气呀!"这时女顾客突然一愣,但没有说什么,只是淡淡一笑。小王接着说:"看您这身材,简直太美了,就像没生过孩子一样!"女顾客却说了一句:"对不起,我还没有男朋友呢!"弄得小王无地自容。

(资料来源:李红梅. 市场营销口才训练[M]. 北京:电子工业出版社,2009.)

思考题:

(1) 小王因何无地自容?

(2) 本案例对你有什么启示?

案例4　说服承包商

谋求双赢,是当今商务交往的最高境界,也是现代商务谈判所追求的最佳目标。而把握对手的心理特点,洞察对手的核心利益,不失时机地引导对方沿着双方互惠互利的方向发展,才是实现双赢的有效途径。杰克是一个俱乐部的经理,他想新建一个规模较大的舞场,于是,他找到了一个正想进入建筑行业的承包商,这个承包商承诺愿以低价为他提供一个优质的舞场,同时也提出,在舞场建成之后允许其他客户来参观,并为他宣传工程质量,以便为自己拉更多生意。杰克当即答应了对方提出的条件。但是,舞场建成以后,杰克又进一步要求承包商承担装饰工程,承包商很生气,当即拒绝了这一要求。

杰克既没有指责和怪罪对方,也没有放弃说服对方的努力,他友善而颇有远见地提出:"舞场的美观有助于宣传工程质量,相当于贵公司的'实体广告',我坚信一定会给你们带来更多的生意!"建筑承包商眼睛顿时一亮,毫不犹豫地答应了杰克的新要求,且当即表示要不惜工本地装饰好这个舞场。结果,杰克以优惠的价格得到了一个漂亮的舞场,承包商不仅借此扬了名,而且又获得了好几笔生意。

(资料来源:陈文静. 国际商务谈判中说服技巧的应用[J]. 对外经贸实务,2015(1).)

思考题:

(1) 杰克靠什么说服了建筑承包商?

(2) 本案例对你有何启示?

案例5　切忌随意打断客户的讲话

销售人员:科尔先生,经过我的仔细观察,我发现贵厂自己维修花费的钱,要比雇佣我们来干所花的钱还多,对吗?

科尔:我也计算过,我们自己干确实不太划算,你们的服务也不错,可是,毕竟你们缺乏电子方面的……

销售人员:噢,对不起,我能插一句吗?有一点我想说明一下,没有人能够做完所有事情,不是吗?修理汽车需要特殊的设备和材料,比如……

科尔:对,对,但是,你误解我的意思了,我要说的是……

销售人员:您的意思我明白,我是说,您的下属就算是天才,也不可能在没有专用设备的情况下,干出像我们干的那样漂亮的活儿来,不是吗?

科尔：你还是没有搞懂我的意思，现在我们这里负责维修的伙计是……

销售人员：科尔先生，现在等一下，好吗？就等一下，我只说一句话，如果您认为……

科尔：我认为，你现在可以走了。

（资料来源：史迪文. 世界上最会说话的人[M]. 北京：北京邮电大学出版社，2009.）

思考题：

（1）销售人员为什么被科尔下了逐客令？

（2）本案例对你有何启示？

任务 4

求职面试口才

> 推销自己是一种才华,是一种艺术。有了这种才华,你就能安身立命,使自己处于不败之地。你一旦学会了推销自己,你就可以推销任何值得拥有的东西。
>
> ——[美]戴尔·卡耐基

 学习目标

- 明确面试应做的准备;
- 掌握面试口才的原则;
- 掌握面试中自我介绍的方法;
- 掌握回答面试问题的技巧。

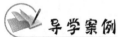 **导学案例**

小林成功应聘

应届毕业生小林到一家外资公司应聘,他顺利地通过了笔试和前两轮面试,这一天是最后一轮面试了。小林前面已经有 5 名面试者,他们先后沮丧地走出面试室,从他们的面部表情可以得知,面试情况不大理想。

小林进入面试室前敲了敲门,得到允许进门后坐在人事经理老邓对面。老邓不动声色地问了几个问题,突然,他将小林的简历递过来说:"你的专业与所申请的职位不对口。"

小林一愣,招聘启事上明明写了"专业不限",而且自己的简历也通过了筛选。他接过简历,认真地望着老邓的眼睛,回答说:"公司有很多专业人员,如果进入公司,我会学得很快。同时,21 世纪最抢手的就是复合型人才,而外行的灵感也许能超过内行,因为他们没有思维定式,没有条条框框。"

老邓的眉头拧紧了,紧接着他一连指出小林身上好几个不足,如工作经验不够丰富、性格内向、不善于与人沟通。老邓的说法相当准确,他几乎一眼看穿了小林。面对老邓表示面试就此结束的冷漠表情,小林不卑不亢地说:"您说得很对,我身上有很多缺点,但也有很多优点。我相信,即便不能得到这份工作,在以后的日子里,我也会在发扬自己优点的同时,努力去弥补自己的不足!当然,我还是非常期待能在贵公司谋得一个职位的。"

说完,小林准备起身离开,不料老邓却热情地伸出了手:"恭喜你,年轻人,你用你的自信通过了我们最关键的一次面试。"原来老邓的步步紧逼是他面试的一种方式方法。前面5名应聘者就是因为禁不住接二连三的否定,情绪陷入低落沮丧而被淘汰。

(资料来源:陶莉.职场口才技能实训[M].北京:中国人民大学出版社,2015.)

思考题:
(1) 老邓为什么要采用这样咄咄逼人的面试方式?他的目的是什么?
(2) 小林为什么能应聘成功?他成功的关键因素是什么?
(3) 本案例给你哪些启示?

基础知识

4.1 面试的准备

无论是刚从学校毕业的新人,还是等待谋求新职的人,都必须面临求职面试这一关。每一个求职的人,都希望在面试时留给主考官一个好印象,从而增大录取的可能性。所以,事先了解面试时的一些必要的技巧和礼节,是非常重要的。可以说,这是求职者迈向成功的第一步。

1. 心理准备

中国有句古话:"知己知彼,百战不殆。"面试就如同一场试探性的战斗,战斗的双方就是面试单位的主考官和参加面试的你自己。面试时应做如下心理准备。

(1) 研究主考官。应聘者"研究主考官",这里所说的"研究"是要试想一下主考官会从哪些方面来考察、评价面试者。综合起来,有以下几个方面:主考官可能会先评价应聘者的衣着、外表、仪态和行为举止;主考官会对应聘者的专业知识、口才、谈话技巧做整体的考核;主考官可能会从面谈中来了解应聘者的性格和人际关系,并在谈话过程中了解应聘者的情绪状况以及人格成熟的程度;主考官会在面试时,观察应聘者对工作的热情程度和责任心,了解应聘者的人生理想、抱负和上进心。

(2) 研究自己。这包括以下几个方面:认识自己,了解自己的长处、兴趣、人生目标、就业倾向等。许多学校都会为毕业生就业求职开设一些辅导,帮助毕业生分析个人的专业和志向,作为毕业生的你,可以充分利用这个渠道,为求职预先做好准备。听取家人和有社会经验的亲友的意见和建议,修正个人的志愿,也是很有必要的;搜集招聘公司的相关资料,了解该公司目前的经营状况、企业文化、未来的发展等情况,这项工作可以使你更能把握现有情况,增强面试时的信心;事前的演练可以帮你发现问题,放松紧张的精神情绪;参加面试一定要抱着谨慎的态度,不浪费每一次机会,并把每一次面试当作重要的经验积累起来,千万不要有随便或侥幸的心理。人与人的作用是相互的,你若是郑重其事,对方也自然会重视你;了解并演练一下必要的面试礼仪。在平时,你可能是一个非常自由、无拘无束的人,对任何繁文缛节都不屑一顾,但在面试之前,你多少要了解一些面试的礼仪,它对你争取那个职位有很大帮助。在面试之前演练一下你并不熟悉的礼仪,会让你在面试中表现得轻松自如;准备一套适合面试的服装。对于一个大学毕业生来说,参加工作意味着社会角色的转变,求职是参加工作的第一步,你的穿着一定要符合你的新社会角色。对男士来讲,拥有一套合身、穿着舒服但不用很昂贵的西装是非常有必要的。对女士来讲,暂时把时装收起来,身着职业套装会平添几分成熟和风韵。

2. 撰写简历

简历主要是针对应聘的工作,将相关经验、业绩、能力、性格等简要地列举出来,以达到推荐自己的目的。由于毕业生就业推荐表栏目和篇幅限制,多数毕业生更希望有一份个性突出、设计精美、能给用人单位留下深刻印象的简历。

(1) 简历的设计原则。真实、简明、无错是简历设计的三个原则。真实原则就是指简历从内容上讲必须真实,比如选修了什么课,就写什么课;如果没有选修,就不要写。兼职工作更是如此,做了什么,就写什么。不要做了一,却写了三或四。因为在面试时,你的简历就是面试官的靶子,他会就简历上的任何问题提出疑问。如果你学了或做了,你就能答上来,否则你和考官都会很尴尬,你在其眼里的信誉也就没有了,这是很不利的。讲真话,不要言过其实,相信自己的判断力是十分重要的。

如果你没有参加任何兼职工作,你可以不写,因为主考官知道你是刚刚毕业的学生,而学生的本职工作就是学习。或许你就是重点地学了本专业,没有顾上其他;或许你在学习本专业的同时选择了第二专业或辅修专业;或许你虽然没有在校外兼职,但在校内系里或班里做了大量社会工作。总之,你会有自己的选择,也会珍惜自己的选择,并为自己的选择骄傲。这样你就没有必要为没有兼职工作而苦恼或凭空捏造。请记住,主考官都是从学生过来的,他们会尊重你的选择。

简历,简历,最好简单明了。这是简明原则的又一重要原则。如果简历内容过多,又缺乏层次感,会给人以琐碎的感觉。必要信息如姓名、性别、出生年月、联系电话和地址等一定要写上。相比之下,体重、血型、父母甚至兄弟姐妹做什么工作并不是非常重要的,这些内容纯属辅助信息,可要可不要,至少不应占据重要位置。可以将自己认为重要的信息全部浓缩到第一页上,然后把认为次要的信息,诸如每学期的成绩单、获奖证书复印件等信息都当作附件。这样的简历主考官只看一页就清楚了,主次分明,非常有效,主考官如果感兴趣,可以继续看附件里的文件。

无错原则是指简历应该没有错误,尽可能在寄出简历之前,一个字一个字地检查一遍,标点符号也不能落下。否则会被认为是一个粗心的人,在激烈的竞争中就可能被淘汰。

(2) 简历的内容。简历并没有固定格式,对于社会经历较少的大学毕业生,一般包括个人基本资料、学历、社会工作及课外活动、兴趣爱好等,其内容大体包括以下几方面。

① 个人基本材料。主要指姓名、性别、出生年月、家庭住址、政治面貌、身高、视力等,一般写在简历最前面。

② 学历。用人单位主要通过学历情况了解应聘者的智力及专业能力水平,一般应写在前面。习惯上书写学历的顺序是按时间的先后,但实际上用人单位更重视现在的学历,最好从现在开始往回写,写到中学即可。学习成绩优秀,获得奖学金或其他荣誉称号是学习生活中的闪光点,可一一列出,以加重分量。

③ 生产实习、科研成果和毕业论文及发表的文章。这些材料能够反映你的工作经验,展示你的专业能力和学术水平,将是简历中一个有力的参考内容。

④ 社会工作。近几年来,越来越多的用人单位渴望招聘到具有一定应变能力、能够从事各种不同性质工作的大学毕业生。学生干部和具备一定实际工作能力、管理能力的毕业生颇受青睐。社会工作对于仍在求学的毕业生来说,主要包括社会实践活动和课外活动,是应聘时相当重要的信息。

⑤ 勤工助学经历。即使勤工助学的经历与应聘职业无直接关系,但是勤工助学能够显示你的意志,并给人留下能吃苦、勤奋、负责、积极的好印象。

⑥ 特长、兴趣爱好与性格。是指你拥有的技能,特别是指中文写作、外语及计算机能力。兴趣爱好与性格特点能够展示你的品德、修养、社交能力及团队精神,它与工作性质关系密切,所以用词要贴切。

⑦ 联系方式。联系地址、电话、邮政编码千万不要忘记写,以免用人单位因联系不到你而失去择业机会。

4.2 面试口才的原则与技巧

1. 面试口才的原则

(1) 尊重对方。求职面谈时,首先,要尊重对方,不能因为招聘者的学历、职称、年龄或资历不如你优越,你就轻视对方。尊重对方、赏识对方,可以使招聘者增加对你的好感;第二,要善解人意,无论对方提出什么问题,你都应该从积极的角度去理解,而不是一味地产生对立情绪,认为是故意刁难你。

口才小故事

某科学院一名博士生毕业时向北京一所高校发出了求职信,并接到了面试的通知书。这位博士生读博士前就已被评为讲师,只是家属工作单位在外地。面谈前,高校的人事干部做了大量的工作,疏通了各种渠道,初步办好了接收工作。可是见面交谈时,这位博士发现坐在自己面前的是一位不足30岁的年轻小伙子,于是他不仅流露出了不尊重对方的神情,而且还刨根问底地询问对方,处处显示出优于对方、待价而沽的情绪,引起了对方的反感,结果毁了一桩好事。这位博士抱着"此处不留爷,自有留爷处"的自信转了十几个单位,可是,不是因为名额已满,就是因不能解决夫妻两地分居的问题而告吹。当他再次找到这所高校时,对方已录用了另外一名硕士毕业生,他只好打起行李回到老家。其实那位和他面谈的年轻人正是录用他的关键人物。虽然看上去年轻,却已是留美博士生,并且是某个国家重点项目的负责人。人事部门有意安排他来负责招聘,主要是从将来开展博士后研究的角度着想的。事后,这位年轻人说:"这位求职者不仅仅是外语水平不符合要求,关键是妄自尊大,目空一切,好像不是他在求职,反倒是我在求职,这种人即使在国外也不会找到合适工作的。而我们现在录用的这个研究生,家也在外地,不但专业水平和外语水平较高,关键是人很谦虚,很有发展前途。"

(2) 充满自信。求职口才既要自知,更要自信。求职过程中的自信表现,是在自大与自卑之间选择合适的一个度,既不过分张扬,也不过分卑下,是指围绕求职、面试的主题,进行自我介绍并回答面试考官的问题,也是指在适当的时候,借题发挥,进一步展示自己本身的能力与才华。在自信的基础上加以训练,能够使求职者在真正的面试舞台上超水平发挥。

(3) 双向交流。富兰克林在其自传中讲道:"说话和事业的发展有很大的关系,你出言不慎,将不可能获得别人的同情、别人的合作、别人的帮助。"在求职过程中,正确使用语言进行表达,无论是描述自己的情况、成绩或意向,还是回答面试考官的问题,都是非常重要的。同样,通过求职交流,也会使求职者获得招聘公司的相关信息,只会答、不会问的求职者正在慢慢被淘汰,因为无法发问、无法进行双向的交流,就意味着一名求职者失去自我思考的能力,而无法达到面试考官的要求。

2. 面试的语言技巧

(1) 仔细聆听。在面试过程中,要仔细聆听。为了表示你在耐心倾听,要伴随适当的肢体动作(如微微点头)或简单的附和语(如"噢、嗯")。回答问题前必须确认已经听清、听准对方的提问,如果对讲话重点不是十分有把握的话,建议用复述性提问加以确认,比如:"您的意思是不是说……""如果我没猜错的话,您是想问我……"

(2) 谦虚诚恳。在面谈中,应聘者如果能谦虚诚恳,则可立于不败之地,从而成功地叩响就业之门。因此,在求职过程中,求职者的真实与诚恳是成功应聘的首要条件,在真实诚恳的基础上,还要力求使自己的就业意向与应聘行业的职业要求相一致,在面谈中尽量回避对自己不利的话题。

口才小故事

某设计院是国家甲级设计院,任务多,待遇高,不少应聘者竞相涉足,企求获得一职之位。其中,一名毕业于该市三流大学的毕业生前来应聘。他先自报所学的是机械制造专业,然后非常认真地询问对方有什么样的要求。设计院的一位老工程师告诉他主要是绘图工作。这位青年马上说:"这是我最拿手的,我课余就帮人家绘图,三天一份,您可以当场试我。"老工程师露出了笑容。因为绘图虽然容易但也并非易事,这种工作单调、枯燥、乏味,年轻人如果肯干,看来不是个眼高手低者。老工程师又问:"你搞过设计吗?"

"搞过四个设计,都获得了优秀,还有一个被实习工厂看中了。"他拿出了证书和获奖图纸。

老工程师饶有兴趣地边看边聊:"搞设计要下现场,有时'连轴转',你行吗?"小伙子拍着厚实的胸脯说:"没问题,让干什么就干什么,只是希望有机会再读个本科。"

"没问题!"这回是老工程师拍着胸脯了。

这位非名牌大学的毕业生之所以能顺利进入名牌设计院,关键在于他语言朴实但又不过分谦虚,表现出诚实稳重的品质。他当然知道自己应聘行业的职业要求是要擅长绘图、能吃苦耐劳,于是就对自己在绘图方面的经验、成果,以及身体强壮、不怕辛苦等优势加以强调,至于自己是来自三流院校、甚至专业并不对口的事实就避而不谈了。

(3)毛遂自荐。在求职过程中,如何在众多的竞争对手中脱颖而出很重要,哪怕只是引起招聘者的注意。当我们在运用求职语言艺术时,"单刀直入、毛遂自荐"也不失为一种方式。我们可以开门见山,对招聘者直截了当地表明自己的选择意向。如果对方针对你的能力或学历提出任何异议的时候,别担心,这恰恰是给了你一个说明和展示的机会。

口才小故事

在某市的大学生供需见面会上,市公安局某研究所的招聘桌前,围满了前来求职的大学生,大部分是男性公民。一位年轻的女学生硬是挤到招聘桌前,向招聘人员表明自己渴望从事刑事检验分析研究的工作。

招聘人员面露难色,因为这个研究所从来没有女工作人员,有的只是清一色的男性公民。可是,面对姑娘恳求的目光,招聘人员决定破例给这位姑娘一个机会。他说:"工作人员需要下案件现场,遇到的尽是血淋淋的场面,姑娘家哪敢去呢?!"

"我就敢去!"这个姑娘快言直陈,毫不含糊,"让我抬死人,我也不怕。"

"你可别说大话,干这行没黑夜没白天,得随叫随到。"

"嘿,我假期打工就是给人家开车,跑起路来没点胆儿行吗?"说着她掏出了驾驶证。人事干部与研究所的干部当场拍板,并与之签订了聘用合同。

这个例子中的女大学生就是借用对方的"发难",适时地用行动或语言展示了自己的优点和长处,反败为胜!

(4)巧用反问。在面试过程中,有些招聘者会针对你的薄弱环节进行发问,其目的有两点:一是确实发现你有不足之处,想得到你的解释;二是想看看你的应变能力和回答技巧。这时,应聘者一定要沉着冷静,迎难而上,用反问的形式巧妙地回答问题。

口才小故事

已婚的刘女士到一家中外合资企业面试,公司经理对她很满意,只是担心她已婚且有孩子,会不会影响工作,下面节选了这次成功面谈的片段。

总经理:"刘女士,你的各方面素质都不错,只是……你孩子还小,这一点公司方面还得考虑一下。"(总经理实际上已经准备淘汰她了。)

刘女士:"我认为总经理的意见有一定的道理。如果我是总经理,可能也会这么想。"(总经理听到这里,有点意外,微微点头。)"公司的任务重,工作忙,谁也不愿意职工拖儿带女、东牵西挂地来上班。"（总经理听到这里哈哈大笑。）

"但是，"刘女士话锋一转，"我想，事情还有另外一面，虽然我的想法不一定对，不过，还是想说出来请总经理指正。因为从公司来说，最重要的是要求职工有责任心。但是不当家不知柴米贵，不养儿不知父母恩，在生活中都没有经过责任心训练的人，在工作中能有很强的责任心吗？我想，这就是一个母亲与一个未婚女子的最大区别，她们对生活、工作和责任心的理解是不会相同的。"（总经理听到这里开始沉思了。）

"况且，"刘女士趁热打铁，"我家里还有老人退休照料家务，我绝不会因家庭琐事而影响工作的，这一点总经理还有什么不放心的？"

总经理最终拍板录用了刘女士。

当然，要想达到预期的求职目的，光有迎难而上的勇气是不够的，还要善于"打太极拳"。当对方猛然向你发来一个快球，大有一击点中要害之势，不要回避，顺势接下，如同上述例子中的主人公，先肯定招聘者的判断，承认自己的"软肋"，进而将球轻柔而有力地推回对方——不卑不亢地分析现状，表明自己的特长和优势，以消除对方的顾虑，最后用反问的形式促使招聘者做出回答。

（5）少用"我"字。由于面试的过程是一个对"我"进行考察的过程，因此，无论是在自我介绍还是在面试谈话过程中，求职者的语言和意识往往会以"我"为中心。例如，"我"的学历、"我"的理想、"我"的才华，以及"我"的要求……殊不知，这样做对方会认为你"以自我为中心""自我标榜""自以为是""自我推销"……尽管事实并非如此。例如，袁女士，35岁，应聘某公司的机械检验员，招聘者问她："这个工作经常要出差，到湖南、湖北、四川等地，条件会比较艰苦，你行吗？"袁女士答道："我是不是看上去比较娇气了一点？我从前在矿山做机械工的时候，可是常在管道里面爬上爬下的，而且我还在装配车间做过检查工作，我想工作再苦都没问题。别看我是女的，我在装配车间干过一年，在铆焊车间干过半年，我在试验场还做过现场施工。当时我在甘肃，现在想起来我真的不想回去，因为机械管道里的味儿很难闻，100米长的管道，我就在里面爬上爬下……"

要不是被招聘者及时打断，袁女士还不知要说出多少个"我"字来。在这个案例中，袁女士的回答本来就不够简洁，再加上"我"字不离口，有强迫性的自我推销之嫌，使得招聘者顿生反感，面试结果可想而知。

（6）灵活应变。最后一条原则，就是"没规则"，不要有那么多的条条框框，记住：在任何情况下，招聘单位都会垂青那些有较强角色意识和应变能力的人。而这种能力多半是书上没有的，要在实践中不断地锻炼，这就是为何有些招聘单位很看重工作经验的原因。

口才小故事

有的单位或部门主管，在对待求职者时会用另一种面试方式，考考求职者灵活多变的能力。

阿华和阿莉同时应聘某公司销售助理一职。在这之前，她们都做到了"胸有成竹"。可是在面试过程中，阿华就是因为缺少起码的应变能力，而使自己痛失一次机会。

当时人事小姐先叫阿华到经理室面试,阿华在经理示意让其坐下以后,心里便盘算着如何来回答经理的提问。可是,经理并没有像阿华想象的那样急于提问,而是面带微笑地看着她,阿华不知道这位经理的葫芦里卖的是什么药,显得不知所措,不免紧张起来,也不敢正视这位经理。最后还是这位经理打破了僵局,按照惯例向阿华提出了几个简单的问题,便叫她出去等候通知。

轮到阿莉面试了。经理同样面带微笑不主动提问。阿莉见状"主动出击",改变被动局面。她首先介绍了自己的基本情况,逐渐把重点转移到自己精通的专业知识上,在交谈中,这位经理不断地穿插一些销售方面的问题……面试的气氛一下子变得轻松自然起来。这位经理给阿莉的评语是:谈吐清楚、头脑灵活、反应敏捷,还在后面打了个"+"号。阿莉顺利过关了。

(资料来源:http://www.govyi.com/fanwen/qiuzhigushi/201604/fanwen_20160406113947_442881.shtml。)

4.3 面试中的自我介绍

求职者自我介绍的根本目的,是让面试考官对自己有个初步的、大概的了解,并且尽可能留下好的印象以便使面试能够深入进行下去,最终赢得面试的成功。求职面试的自我介绍必须讲究技巧,成功的自我介绍往往会给面试考官留下深刻的印象,求职就成功了一半。在人的思想意识中,往往存在这样的误区,认为最了解自己的人一定是自己,把介绍自己当成是一件很容易的事。其实不然,说人易,说己难。在求职面试中,介绍自己是最难的部分,要成功地进行自我介绍,要从以下4个方面着手。

1. 礼貌的问候

在进行自我介绍之前,求职者首先要跟主面试考官打个招呼,道声谢,这是最起码的礼貌。比如:"经理,您好,谢谢您给我这个机会,现在,我向您作个简单的自我介绍……"介绍完毕以后,要注意向主面试考官致谢,并且还要向在场的其他面试人员致谢。

2. 主题要鲜明

求职面试中的自我介绍一般包括这些基本要素:姓名、年龄、籍贯、学历、学业情况、性格、特长、爱好、工作能力和工作经验,等等。因此,不必面面俱全,而是一定要做到主题鲜明,直截了当,切入正题,不要拖泥带水,对于材料的组织要合理,做到详略得当,重点突出。一般来说应按招聘方的要求来组织介绍材料,围绕中心说话。假如招聘单位对应聘人的工作能力和工作经验很重视,那么,求职者就得从自己的工作能力及经验出发做详细的叙述,而且整个介绍都是以这个重点为中心。

口才小故事

下面是某家工艺品总公司招聘业务员的一则对话,这位求职者成功地做了自我介绍。

面试考官:我公司主要是经营有地方特色或民族特色的工艺品,如北京的景泰蓝、景德镇的陶瓷和湖州的抽纱等。这次招聘的对象主要是能开拓海内外业务的湖州抽纱的业务员。现在,请你介绍一下自己的情况。

求职者:我叫李伟,今年24岁,是湖州市人。今年毕业于湖州市商业学校,读市场营销专业。我一直生活在湖州,小时候就经常帮妈妈和奶奶做抽纱活,对于传统的抽纱工艺可以说是比较了解的。在商校学习的两年中,我掌握了营销方面的专业知识,这是我将来搞好业务的资本。我的口才较好,曾参加省属中专学校的求职口才竞赛,得了二等奖,并且还具备一定的英语口语能力。我这个人的特点是头脑灵活、反应快,平时喜欢看报纸,对国内外的经济发展动态很感兴趣,喜欢从事具有挑战性的工作。

应聘的求职者一般应从最高学历讲起,只要面试考官不问,完全没有必要谈及小学、中学甚至是大学。谈所学的专业、课程,不必要说明成绩。谈求职的经历,不要漫无边际,东拉西扯,最好在1~3分钟之内,完成自我介绍,简洁、明快、干脆、有力。

3. 让事实说话

在面试时,有的人为了能给面试考官留下深刻的印象,往往喜欢对自己进行过多的夸张,动辄就"我的业务水平是很高的""我的成绩是全年级最好的",其实,这样反倒会给面试考官留下不好的印象。现在的用人单位往往更注重应聘者的真本事。"事实胜于雄辩",虽然面试的时间很有限,不可能完全展示出求职者的才能,但是,求职者可以通过实际的事例来证明你的能力,把你的才华展示给面试考官。

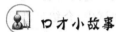

某大学中文系学生小刘,毕业后到报社应聘记者,面对着上百个新闻专业出身的应聘者,可以说小刘并没有什么优势。但小刘对此早有准备,她对面试考官介绍自己时是这样说的:"我叫刘晓明,山西人,毕业于××大学中文系。虽然我不是新闻专业的,但我对记者这个行业却十分感兴趣。在大学期间我是学校校报的记者。4年间,进行了许多次较为重大的校内、外采访,积累了一定的采访经验,再加上我的中文功底,我相信我可以胜任贵报的工作。这是我在大学期间发表过的报道稿,请各位编辑领导批评指正。"

面试考官们看过小刘的报道材料后,觉得眼光独到、语言深刻,都很满意。结果小刘击败了众多的竞争者,不久就收到了录用通知。

4. 给自己留条退路

面试中的自我介绍既要坦诚,又要有所保留;既要介绍自己的能力,也不要把自己搞成事事皆能,使自己进退维谷。在自我介绍中,求职者要尽可能客观地显示自己的实力,但同时应尽可能地避免使用保证式或绝对式的语言,如"我非常熟悉这项业务""我保证让部门改变面貌!"这些话往往没有具体内容,反倒会引起面试考官的反感,如果遇到较为平和、内敛的面试考官,也许不会为难你。但是如果遇到个性较强的面试考官进行追问时,求职者会因无法回答而张口结舌,尴尬万分。

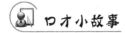 口才小故事

小赵去面试一家国际旅行社的导游。他自我介绍说:"我这个人喜欢旅游,熟悉各处的名胜古迹,全国的风景名胜几乎都去过。"面试考官很感兴趣,就问:"那你去过云南大理吗?"因为面试考官就是大理人,对自己的家乡再熟悉不过了。可惜小赵根本就没去过大理,心想若说没去过这么有名的地方,刚才的话,不就成了吹牛了吗?于是硬着头皮说:"去过。"面试考官又问:"你住的是哪家宾馆?"小赵再也回答不上来,只好说:"那时我是住在一个朋友家的。"面试考官又问:"你的这位朋友家在大理的什么地方啊?"小赵这下没词儿了,东拉西扯答非所问,结果自然是可想而知的。

4.4 面试中的问答

在求职面试的过程中,如何与面试考官进行良性双向沟通,是求职者能否求职成功的重要保证。因此,在面试过程中,要注意以答为基础,以问为辅助的沟通技巧。尽管不同的公司面试的程序和模式有所不同,面试考官的风格各异,但是有些问题是面试考官们比较喜欢问的。应聘者一定要对这些问题有所准备,知己知彼才能百战不殆。那么面试考官喜欢问哪些问题,又有哪些回答的技巧呢?具体而言,可以从以下实际的案例分析中得到。

一般来说,招聘方提出的问题可分为两类:一类是规定性提问,也就是招聘方事先准备好的,对每一位招聘者都要发问的问题;另一类是自由性提问,亦即招聘方随意穿插的问题,这些问题往往是千变万化,涵盖宽泛,招聘方可以从应聘者不经意的对答中发现其闪光点或缺点。无论是哪类问题,应聘者在回答时都应当掌握以下基本技巧:①不要遗漏表现自己才能的重要资料;②保持高度敏锐和技巧灵活的思维状态;③回答既要表现自己的个性气质,又要表现出对招聘方的尊重与服从;④认真倾听对方的提问,并注意对方的反应,以便及时调整自己的不恰当的回答;⑤避免提到"倒霉""晦气""不幸""疾病"之类可能招致对方忌讳的字眼。以下是主要问题的问与答。

1. 你为什么来应聘这份工作?

可以这样回答:我来应聘这份工作,因为我相信我能为贵公司的发展做出贡献,同时我也相信贵公司会为我提供实现个人价值的舞台。我在这个领域具有一些经验,而且我的适应能力使我确信我能把这份工作做好。

2. 你在这类工作岗位上有何种经历?

这是展示才能的黄金时间。但在行动之前,必须绝对清楚对于面试考官来说什么是最重要的。如果求职者不知道自己在工作中起初6个月时间里的工作内容,那么必须向面试考官询问。求职者使用得到的信息,自然能更加贴切地回答问题。但在描述所取得的成绩时,要谦虚,切不可夸夸其谈。

3. 你觉得本公司如何？

这个问题总是可能在你应聘某个工作，进行到第三四次面谈时都会被问到。听起来不是什么问题，但你千万要小心应付。保守地回答这个问题就要用点计谋。你可以告诉面谈者到目前为止你还没有机会做出一个具体的结论，但从你现在的观察所得，却留下了深刻的印象——这个地方会让你感到非常愉快。如果你确实发现有些地方需要改革，而且你也能提供建议，把你的意见提出来，倒不失为一个好方法。但当你在说这些话时千万要小心。不管你是一位多强的应征者或公司多么需要你这位人才，如果你表现得像一位"乱世英雄"，那很可能就是在替你自己掘坟墓。

4. 你想过要自己创业吗？

这是一个很难回答的问题，如果回答是"想过"，那么千万小心，下一个问题可能就是："那为什么你不这样做呢？"要做好继续回答问题的准备。

5. 你最感兴趣的是什么？

你也许对什么工作都提不起劲来，但没有人会期望听到你这种答复。面谈者所需要的，就是值得你下功夫的地方。你可以谈谈你非常欣赏公司的行销理念或其他方面，并且解释为什么欣赏它。

6. 你承担得了压力吗？

别急着回答说："没问题"也许这个压力确实太重了，也许这个压力根本不必加在你身上。不管怎样，先别做下面的答复，避免说你多么善于面对压力，你可以说压力从未给你带来麻烦，或是你很喜欢压力给工作带来的喜悦。

7. 你的长处在哪里？

如果你知道自己的长处是什么，以及它们与这个工作的关系，那么这个问题不难回答。但要记住，一定要有具体例证来支持。切记要强调与工作有关的长处。

8. 你的缺点是什么？

你不是在参加团体治疗，也不是感情交流，因此回答这个问题时，可以做适度的变化。每个人都有缺点，但并不意味着这些缺点一定会严重地妨碍到你做好工作的能力，甚至有些缺点即使提出来或经过适度的转化根本不会影响到面谈者对你的评分。

9. 你能和别人相处得很好吗？

这个问题常出现在一些小公司的面谈中，通常这家公司是老板独裁而不太好相处，面谈者希望能知道你的反应。因此一个较佳、较安全的回答方式是："让我用这个方式说，我从未碰到不能相处的人。"

10. 你要求的薪水是多少？

遇到这类问题最好先问面谈者一个问题："我觉得先让我们弄清楚在薪水之中包含了哪些项目，这样谈起来会更有意义。"如果面谈者坚持你先说出你的要求，可以告诉他你现在的薪水，不要欺骗。

11. 在学校里，你都参加了哪些课外活动？你选择参与了哪些活动？这些活动中你最喜欢哪一个？

面试考官通过这个问题来看看你是否是一个勤奋的、充满年轻人激情的人。面试考官对你的学习成绩可能已经在你的简历或应聘材料中看到了，他现在想了解的是你是否是一个"一心只读圣贤书"的书呆子。

但也要记住，你不能拿这个问题开玩笑。如果你说："我有许多爱好，但我最爱的是在周末的晚上抱着吉他在女生宿舍楼下唱歌。"当然，这也可能是实话，但这样的回答很可能会降低考官对你的评价。

12. 你在哪门课程上得了最低分？为什么？你认为这会对你的工作表现有所影响吗？

对于面试官来讲，在面试你以前，他可能已经看过了你的成绩单，但有些人可能并非如此，这时，如果他问起这个问题，你可千万不要自毁前程！

如果你学的是计算机专业，那你就没有理由说在计算机上得了最低分，即使你能证明你是"高分低能"的最好反证，那也可能使你的面试分数打折扣。而如果你应聘的职位就是搞计算机的，那就更值得怀疑了，不是吗？

但如果你是学文学的，高等数学得了最低分，这恐怕情有可原，因为你可能为搞懂文学史上的一个悬念而花费了大量的时间和精力。

13. 你认为工作中哪些方面是最重要的？

对这个问题的错误回答将使你丧失就职机会。这个问题的设计是要考察你的时间分配能力、分辨轻重缓急以及是否有逃避工作任务的倾向。因此在回答时，要结合你要应聘的职位做出比较妥帖的回答。

14. 你怎样和未来的上司相处？

"我重视的是工作和成果。我能屈能伸，可以和任何人打交道。"回答的主旨在于表现求职者交际能力较强，心胸开阔，在处理与上司的关系时，以服从公司利益需要为原则，决不会陷入个人的恩怨问题中去。

15. 如果公司安排一个与你应聘岗位不同的位置，你将怎么办？

"我会感到遗憾，不过我还是乐意服从分配。我是基于对贵公司业务发展与工作作风的充分了解，才欣然前来应聘的；所以无论在哪个部门都会努力工作，况且我可以学到更多新东西。当然，如果今后有合适机会仍可从事我所期望的工作时将很高兴。"

16. 以你现在的水平,恐怕能找到比我们企业更好的公司吧?

"不可一概而论。或许我能找到比贵公司更好的企业,但别的企业或许在人才培养方面不如贵公司重视,机会也不如贵公司多;或许我找不到更好的企业,我想珍惜现有的最为重要。"

这类问题的特点是面试考官设定一个特定的背景条件,让应试者做出回答,有时任何一种答案都不是很理想,这时就需要用模糊语言回答。

17. 如果本公司与另外一家公司同时录用你,你将如何选择?

"当然还是希望到贵公司工作。对贵公司我已向往很久,若能给我一个机会我是绝不会放弃的。"在未确定最后的归属时,回答这个问题是比较困难的,这时不能有丝毫的犹豫,还是应该强调自己希望进入现在应考的这家公司工作,并且要充满热情和希望。

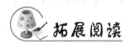拓展阅读

求职面试的语言禁忌

面试是求职的一个重要环节,如同其他考试一样,既要有经验的积累,也要有临场的发挥,语言的技巧尤其显得重要。恰当得体的语言无疑会增强竞争力,更易应聘成功。反之,不得体的语言会损害你的形象,削弱你的竞争力,甚至导致求职面试的失败。因此,在求职面试中更要注意语言的禁忌。

1. 忌问"你们要不要……"

"你们要不要外地人?""你们要不要女性?""你们要招聘多少人?""你们对学历的要求有没有余地?"等。

"你们要不要外地人?"一些外地人出于坦诚,或急于得到"兑现",一见招聘人员就说这么一句,弄得人家无话可说。因为一般情况下,招聘方总是希望多用本地人,但也没有理由说不用外地人。这要看你的实际情况能否与对方的需求接上口,让人家觉得很有必要接纳你。"你们要不要女性?"这样询问的女性,首先给自己打了"折扣",是一种缺乏自信心的表现。面对已露怯意的女性,用人单位正好"顺水推舟",予以回绝。你若是来一番非同凡响的介绍,反倒会让对方认真考虑。"你们要招聘多少人?"对用人单位来讲,招一个是招,招十个也是招,问题不在于招几个,而是你有没有独一无二的实力和竞争力。"你们对学历的要求有没有余地?"本来,研究生、本科生、大专生,甚至于中专生,在学历上肯定是有差距的,但在能力的竞争上却是平等的,任人唯贤的例子是很多的。如果这样一问,招聘方回答没有余地,那么,你也就没有余地了。这些都是缺乏自信的表现,没有自信的人也是不受用人单位欢迎的人。

2. 忌说"我与××相熟"

"我与你们单位的××认识""我和××是同学,关系很不错",等等。有熟人这种话主考官听了会很反感,他会觉得你根本没有实力,就喜欢拉关系。或者是想"拉大旗作虎

皮",如果主考官与你所说的那个人关系不怎么好,甚至有矛盾,那么,你这话引起的后果就会更糟。

3. 忌急问"你们的待遇怎么样"

面试时尽量不要问工资待遇。一般的单位都有固定的工资标准体系,对于应届大学生,单位一般不会在工资上破例,而且很多时候用人单位会提前公布这方面的信息,面试时不适宜过多问这方面的问题,这很容易让面试官反感——"工作还没干就先提条件,何况我还没说要你呢!"

4. 忌直说"我不同意""我不赞成"

某些面试可能是讨论式的。由于个人的经历不同或者所处的社会地位不同,对一些问题的看法必然会有所不同,面试官与求职者讨论问题,双方的观点可能有很大的差异,求职者在发表自己的见解时,要注意避免和面试官的直接交锋,不要直接对抗对方观点。

5. 忌直说"我适合……,不适合……"

如果面试官说:"我们的管理人员很多,一线工人不足,愿意到一线吗?"你该怎样回答。假若你说:"我适合做管理人员,而不适合去一线工作。"这样直接地反对,无疑面试很难进行下去。假若你说"愿意",而不强调自己一定要向高层次发展,对方会觉得你碌碌无为,即使在一线,无上进心也不能很好地完成工作。对此可以说:"发展有难度并不等于不可能,我将尽最大努力去争取最适合我同时对公司有益的工作,并且能做好。"

6. 忌怕说"我不懂""我不知道"

面试中常会遇到一些不熟悉、曾经熟悉现在忘了或根本不懂的问题,面临这种情况时,知之为知之,不知为不知是上策。回避问题是失策,牵强附会更是拙劣,诚恳坦率地承认自己的不足之处,反倒会赢得面试官的信任和好感。

7. 忌不敢说"您问的是不是这样一个问题"

面试中,面试官提出的问题过大,以致不知从何答起,或求职者对问题的意思不明白是常有的事。但许多求职者碍于面子,或者胆怯,不敢问,结果是糊里糊涂,答非所问。应该是确认提问,敢于说"你问的是不是这样一个问题",将问题复述一遍,确认其内容,才会有的放矢,不致南辕北辙,答非所问。

8. 忌说"我从没失败过""我可以胜任一切"

这种说法是自诩。自诩是一种以自我为中心的不切实际的言语辐射,它往往使交流对象感到失去了自己的交际价值。自诩有自我吹嘘和借夸两种表现形式。自我吹嘘者往往言过其实地突出自我的某些情节、某项成就、某种特长。比如,考官问:"请你告诉我你的一次失败经历。""我想不起我曾经失败过。"又如,"你有何优缺点?""我可以胜任一切工作。"这常常会让面试官产生逆反心理,对你的才能乃至你的人品产生怀疑,反倒破坏自己的形象。借夸则不同,他是故意搬出与自己相近相似的某个人,把他品行才干方面的一些与自己相关的杰出表现大肆渲染,进行一番夸耀;或者大言不惭地吹嘘自己与某些名人、大人物的交往,借此抬高自己的身价,这也是一种变相的自夸,都令人生厌。

(资料来源:陈丛耕. 口语交际与人际沟通[M]. 重庆:重庆大学出版社,2015.)

 **实训项目**

1. 职业岗位信息分析

通过各种渠道收集、分析、整理、汇总职业岗位信息,并针对自己的实际情况进行分析、比照,这是面试前必须做的一项准备工作。它要求要填写下面两张表格(见表 4-1 和表 4-2)。

表 4-1 职业岗位信息汇总表

岗位名称	专业知识要求	专业技能要求	性格素养要求	特别说明

说明:可根据具体需要增加表格的行数。

表 4-2 情况比照表

目标岗位名称	职位能力要求	自身能力比照	职位素养要求	自身素养比照
(首选)		已具备:		已具备:
		尚需努力:		尚需努力
(次选)		已具备:		已具备:
		尚需努力:		尚需努力:

说明:可根据具体需要增加表格的行数。
(资料来源:张珺. 实用口才[M]. 南京:南京大学出版社,2013.)

2. 面试中问题的应对训练

(1) 常规问题的应对。
训练目标:
① 掌握应对常规问题的技巧,并能够从容应对。
② 在面试过程中举止自然得体。
建议学时:1 学时。
实施过程:
① 任务导入。请分析以下面试者的回答,哪些地方表达得体?哪些地方措辞欠妥?
问:你最不能容忍的缺点是什么?
答:明天的饭今天吃,今天的事明天做。
问:你来美国是什么身份?现在干什么工作?

答：我是自费留学的,现在为美国某跨国公司的经理助理,主要干的是帮助公司降低成本、提高竞争能力的工作。因为公司只有我一人在做这份工作,因此压力大,责任重。不过,我喜欢富有挑战性的工作。只是为了照顾妻子的缘故我才来贵公司的。

问：如果聘用,你想得到怎样的待遇和好处？

答：除了应得的报酬以外,公司能否给我更大的发展空间呢？比如提高自身的修养,挖掘潜在的能力,还有提升的机会等。

问：在没有天平的情况下,你怎样称出一架飞机的质量？

答：曹冲在没有天平的情况下还能称出大象哩,不过那办法没有效率;所以,还是让我们先造一架能称这飞机的天平吧——如果您出奖金的话,我愿竭诚奉献自己的绵薄之力。

② 常规问题应对的训练。请学生浏览招聘信息,根据所学专业选择意向单位,根据意向单位招聘要求,对应聘职位作应聘的方案设计。此项训练需提前一周布置。

训练方法：

组建一个招聘组,5~6人一组,确定应聘单位的名称、应聘职位、要求等,每位同学轮流做应聘者,准备相应的材料及常规问题的答词。

每位同学都要设计方案,包括准备个人简历,得体的仪容仪表,准备面试时的自我介绍等。常规问题通常有：你的求职动机和意向是什么？你的学习成绩如何？喜欢什么科目？你有工作经验吗？你有什么特点和专项吗？你的家庭背景怎么样？你对本行业当前形势有什么看法？你想得到多少薪酬？

师生对各组进行点评,评出几个最佳表演者。

任务完成：课下将训练内容整理成书面形式,上交组长,各组推荐一份最佳作业,上交任课老师,任课老师将之放在网上,供学生观摩学习。

（2）突发问题的应对。

任务目标：

① 掌握应对突发问题的技巧,并能够从容应对。

② 在面试过程中举止自然得体。

任务实施过程：

① 任务导入。有些人因为害怕在面试中出丑,往往出现"面谈恐惧症",请回答以下问题进行自查,看看自己是否是患此病症的人。

a. 明明更费力也更费钱,但你还是情愿发短信而不是打电话吗？

b. 发电子邮件和打电话相比,你更愿意写邮件吗？

c. 迷路后你情愿查地图也不愿意问别人吗？

d. 有了疑问你更愿意上网查,而不是问肯定知道答案的同事或同学吗？

e. 你更愿意网上购物而不是商场选购吗？

f. 像面试这样比较重要的交谈前,你会不会频繁上厕所？

g. 和陌生人讲话会使你浑身不自在吗？

h. 你经常因为不说话而遭人误解吗？

（你的回答若有6个以上是肯定的,那你可能是患上"面谈恐惧症"。）

② 放松训练。面试之前,有些人因为情绪紧张而错失良机,一套放松操,也许会释放

你的压力。

请全体同学起立,把胳膊伸向前方,手腕放松,用力抖动手腕,直到有些累的感觉为止,可反复多次;双手手指交叉,反掌向天举过头顶,尽量伸展,挺腰,然后向前、后、左、右倾斜,直到肩、背肌肉完全放松;头部轻轻按顺时针方向做相同次数的转动,在放松头部肌肉的同时放松心情;回到座位,坐正,两肩尽量向后拉,然后深深地、缓缓地呼吸,反复多次,呼吸越慢越好。

③ 小组讨论。

案例1 有一家招聘公司招聘管理人员,面试题目是:用发给你的一支气压计,测出这幢30层大楼的高度。应聘者一个个绞尽脑汁想出种种办法:有的楼上楼下量气压,利用物理知识烦琐地计算;有的爬上屋顶,将气压计系上长长的绳子,忙乱地量着;有的在资料堆中忙乱地翻着,希望找到一个更好的方法和公式。但有一位应聘者却拿着气压计来到大楼管理处,对一位老者说:"这支气压计送给您,请您告诉我这座大楼的高度。"这位聪明人入选了,因为他正是一个难得的管理人才。

案例2 张先生去应聘,一切进行得很顺利,甚至商谈到了什么时候开始正式工作。这时面试的考官站起来倒杯水轻松地问:"你喜欢玩游戏吗?"求职者误以为换了一个轻松的话题,随口答道:"通常工作疲倦后玩游戏放松。"招聘人员的脸色马上阴沉下来说:"工作时间玩游戏,这样的工作人员我们不能要。"

讨论题目:求职过程中,可能会碰到各种各样的突发性提问,什么样的心理素质才能以不变应万变?

④ 实地大演练。

活动:现场招聘。组织程序及要求:组建招聘团若干,三组为一团(5~6人为一组)。第一组为招聘单位人员,任务是发布招聘信息并且准备面试提问。第二组为应聘人员,任务是回答面试问题。第三组为评审团,任务是对现场招聘情况从面试提问、应答及相关礼仪角度进行点评。

任务完成:教师对训练情况进行总结,让学生对求职和面试有一个完整的认识。

(资料来源:赵京立. 演讲与沟通实训[M]. 北京:高等教育出版社,2010.)

3. 面试技巧分析训练

观看美国电影 The Pursuit of Happyness(《当幸福来敲门》),然后对影片主人公成功求职的面试技巧进行分析。学生分组讨论,然后每组选一名代表发言,最后教师总结。

The Pursuit of Happyness 这部电影是一部震撼人心、经真实故事改编而成的励志片。值得注意的有两点:

一是片名中的 happyness 一词的拼写。happy 是"幸福的"的意思,而 happiness 才是"幸福"的名词形式。在影片最开始,敏感的主人公克里斯送他的儿子去幼儿园,便发现了墙壁上 happiness 的拼写错误,他就说了"It's a I in happiness, not Y(why) in happiness"。电影片名应该采用哪个? happiness 还是 happyness? 在这部电影里,我们不能单纯从英文的语法上去分析这两个词。happyness 是一个隐喻,体现了电影主人公克里斯的座右铭。影片中他一直强调拼搏,他坚信即便追逐幸福的过程不幸运,也是他追求幸福的一部分。甚至当其他人都觉得克里斯已经成功了,他还坚持认为,这也不是他追逐的全部。因为在他的人生字典里,幸福是由执着的梦想、不断寻找的机遇和坚持不懈的拼搏组成的,它们缺一不可。"It's a I in happiness, not Y (why) in happiness"这句对白,看似纠正错误,而实际所要表达的意思是:别问为什么幸福不在身边,幸福其实一直在身边,就在身边奋斗的过程里。所以,片中的幸福拼成 Happyness 是意味深长的。

二是电影的中文译名为《当幸福来敲门》是否译为《追逐幸福》更好?这部电影取材于美国著名黑人投资专家克里斯·加德纳(Chris Gardner)的真实人生经历:克里斯·加德纳曾经只是一个推销员,他将人生最大的赌注下到一种昂贵到很难为任何医院所接受的手提式骨质密度扫描仪上。他每天的生活就是提着这个 40 磅重的机器去各大医院推销,希望能得到梦想中的幸福。但生活却总是波澜起伏,他在经历了妻子不辞而别,自己被驱逐、被收审,一个人孤独地带着小孩住厕所,住收容所,甚至卖血之后,终于得到了他仿佛已期待了一生的那个答案:他被公司录用了。从此,他并不是一个普通的股票经纪人,而是一个坚持梦想、坚守信念、无论面对什么打击都能从容面对的英雄。

这样一段催人泪下的经历,这样一个励志的故事,如果将 *The Pursuit of Happyness* 这部电影译为《当幸福来敲门》,是否给没有深入了解电影的人一个错觉:只要在家里等待就可以了,幸福自然会来敲门的。请仔细赏析这部催人奋进的电影,你知道主人公克里斯在这部 117 分钟的影片中,他一共奔跑了多少次,奔跑了多久吗?当你全身心地投入影片,与克里斯一起分享生活及工作带给你的各种体会,你会注意到主人公克里斯在 117 分钟的影片中,一共奔跑了 14 次,时间长达 9 分钟。他在这部影片中,一直在与命运赛跑,一直在追逐幸福!

以下是克里斯的面试过程回顾。

(1)去分公司申请。克里斯要去求职的公司是证券界的大亨——迪安·维特公司。迪安·维特公司成立于 1924 年,在当时还只是一家股票经纪人公司。到了 1997 年,迪安·维特一举成功收购了大家熟悉的成立于 1935 年的摩根士丹利公司,从而名声大震。不难想象,要想获得像迪安·维特这样著名的大公司的面试机会是非常困难的。事实上,克里斯获得迪安·维特公司的面试机会也是一波三折。克里斯是一个背景并不出色的人,他没有证券业要求的相关工作经验,没有名牌大学的学历,也没有丰富的人脉资源,更没有扎实的后台支撑,像他这样的人,如果按常规的方式投递简历,也许一辈子都等不到一个面试的机会,因此克里斯采取了主动出击的方式。

> 克里斯提着自己要推销的机器,来到了迪安·维特公司,他发现公司门口挂着"经纪人实习培训,现在接受申请"的牌子,他很想进去打听一下是什么情况。
> 意识到自己提着一个不相关的机器,可能会造成不必要的麻烦,克里斯准备找一个人帮他照看一下机器,他发现了在公司门口卖唱的嬉皮女孩:"能帮个忙吗,小姐?""帮我看下这个行吗,就 5 分钟。""这不是什么重要的东西,我在里面的办公室有个会,带这个进去看上去很不正式。""我先给你一元钱,一会儿我出来再多给你点。好吗?这玩意儿不值钱。"

从这个小小的片段我们可以看出,克里斯对自己形象的重视。虽然那个机器对他很重要,那个机器的价值意味着他一个月的房租,但他也知道,在去一个新公司前,不能附带过多的不相关信息。虽然他也担心他所托付的这个嬉皮女会带走他的设备,但多年来的职场经验还是让他觉得应该冒一次险。

克里斯来到公司人力资源部,如愿以偿见到了负责简历发放的咨询人员:"您好,我是克里斯,我想申请实习生身份。""这样啊,我看看能不能帮你找份实习申请。"咨询人员递给克里斯一张表格,对他解释:"我们这里是分公司,总部的托斯特尔先生是全面负责人事工作的。我的意思是,我只负责在这里收集资料,你看,已经有一大堆人申请了……所以……"克里斯发现窗外那个嬉皮女孩提着他的设备准备离开,他急忙起身:"非常感谢,我得走了,我……我……我会把这个交过来的。谢谢!"克里斯冲出办公室全力去追赶那个嬉皮女孩,虽用尽全力还是没能追上。

所幸的是,他从那个咨询者那里知道了,如果想在迪安·维特公司做一名股票经纪人,他该找谁。

(2) 去公司总部推销自己。想到就做到,他带着填好的表格直接来到了迪安·维特公司的总部。

克里斯为自己精心地打扮了一番。他在公司门口等着托斯特尔先生。他自言自语:"我在等迪安·维特公司人事部主管托斯特尔先生,他的名字听起来很可爱,就好像他会给我份工作,外加一个拥抱。而我所要做的,就是让他知道,我精通数字,而且懂得待人之道。"

"早上好,托斯特尔先生。"克里斯在公司门口堵住托斯特尔先生。

"早上好。"

"托斯特尔先生,我是克里斯·加德纳。"托斯特尔先生行色匆匆。

"我想在您进办公室之前亲手把这个交给您,并和您认识一下。非常希望有机会能和您坐下聊聊我申请表上看起来比较薄弱的几点。"托斯特尔并没有停下自己的脚步。"好的,我们要先看下你的申请表,克里斯,如果需要面试的话会通知你的。""感谢您,先生,祝您愉快。""你也是。"托斯特尔走进办公室。

一个月后,克里斯刻意地来到股票公司门口,希望能再次遇到托斯特尔先生。他的耐心和守候再次没有让他失望。

克里斯看见托斯特尔先生从办公楼里匆匆走出,正准备拦的士。克里斯立即迎了上去:"您好,托斯特尔先生,我是克里斯。""你好,请问有什么事?""我一个月前交了份实习申请表,一直想找机会和您坐下来简单谈谈……""听着,克里斯,我正要赶去诺亚谷,下次再说吧,克里斯,你保重。"

眼看着即将失去这个和托斯特尔先生当面交流的机会,克里斯急中生智,"托斯特尔先生,我正好也要去诺亚谷,我搭个车怎么样?""好吧,上车吧。"

上车后,克里斯马上摆出了一副销售的架势,准备利用这个机会好好说说:"谢谢您,托斯特尔先生。我在海军服役时为一个医生工作,他很喜欢高尔夫,每天都要花很多时间在那上面。我还得替他处理医疗事务,当他不在的时候。我习惯于做出抉择,而且……"

"托斯特尔先生,听我说,这很重要。"克里斯滔滔不绝,急于展现自己的优势。而托斯特尔先生却好像对手上的魔方更感兴趣。他一直在摆弄着魔方,希望能拼出全部图案。"对不起,对不起,这东西不可能拼出来的。"托斯特尔先生冲克里斯扬了扬手中的魔方。

"我可以。""你不行,没人可以的。不可能的。""我确定我能行的。"克里斯坚持道。"让我看看,给我。哦,你真是拼得一团糟啊。"克里斯接过托斯特尔手中的魔方,开始玩起来。

克里斯一边摆弄着魔方,一边说:"这个东西看起来这些是围绕一个轴心转动,中间的这部分保持不动,所以说如果中间那片是黄色这面就应该是黄色的。如果中间那片是红色,那么这面就应该是红色的。"他一边说着,一边飞快地旋转魔方,魔方在他手中好似也越来越多面变得一致起来。"司机,请开慢点吧。""开慢点,我们可以就这么一直开下去,我就不信你能拼出来。"托斯特尔先生先生笑道。"我可以的。""你不行,没人可以的。"

"看到没?我就只能到这一步了。"克里斯好像也和托斯特尔先生一样,碰到了瓶颈。但他依旧很耐心、飞快地旋转着魔方。魔方在他手中越来越整齐,越来越多面的颜色一致了。"那面快拼出来了。哦,你拼出来了。哦,那面也快拼出来了。"托斯特尔先生兴奋地叫道。他有点不相信眼前发生的这些。他很吃惊地注视着克里斯,而克里斯依旧专注地摆弄着魔方,向着最后的成功冲刺。"我能全拼出来的。""真厉害啊,快好了。"

当出租车抵达目的地时,克里斯手中的魔方面终于将所有的颜色都拼齐了。"我到了,你拼得不错。"托斯特尔先生接过克里斯递过来的魔方,赞赏地看着克里斯,若有所思。"再见,克里斯。""再见。"

(3)参加正式面试并获得成功。因为不能如期交纳房租,克里斯不得不干起了替房东粉刷房子的工作。干得正欢的他,被警察带走并因迟交汽车罚款而拘留在警察局。第二天,当他终于从警察局出来的时候,离迪安·维特公司约定的面试只有45分钟了。是选择回去换衣服还是不换衣服去面试场地?克里斯再次做出了智慧的选择,他一路疾跑,冲到了迪安·维特公司。

来到迪安·维特公司,克里斯的内心是不安的。一贯西装领带、注重形象的他在这个他渴望已久的面试的大日子里,却穿着粉刷房子的衣服。在走过公司办公室区域的时候,在到处都是穿着整齐的人的办公室环境中,他感到了不自在。而周围的人们也对他投来了异样的目光。在20个面试者当中,克里斯的形象显得那么突兀。

等候时的克里斯一直在思考,一直在掩饰内心的不安。终于轮到他了,他硬着头皮走进面试办公室。

克里斯走进面试办公室,他不顾托斯特尔一脸诧异的表情,主动走上前打招呼:"我叫克里斯·加德纳,早上好!"边说边依次主动地向面试官伸出手,并向每一个人都介绍一次："我叫克里斯·加德纳,很高兴见到您。"

"我叫克里斯·加德纳,见到您是我的荣幸。"此时,他已经走到了四位面试官的对面,显然,他已经感受到了四位面试官对他服装的迷惑。

克里斯隔着桌子开始叙述:"我在门口等面试的时候,坐了半个小时,就是想应该讲出一个什么故事,来解释面试时我居然穿成这个样子。我想这样的故事应该能够体现一个人的素质,我推测你们一定会尊重这样的素质(此时,他主动地坐在了应聘者应该坐的那个位子上),比如执着、刻苦或者团队合作这样类似的优秀品质,遗憾的是,我想不到任何这样的故事,事实就是事实,我因为没有交汽车罚款单而被拘留一夜……"

"停车罚款单?"面试官之一重复着他的话,并笑出声,表示有一点滑稽。克里斯接着说:"今天早晨,我从波克警察局一路跑来的……"此时,主面试官发话:"在被拘留前,你正在干什么呢?"

克里斯:"我在为房间刷漆。"

主面试官:"那么,它们现在干了吗?"

克里斯:"应该是吧。"

主面试官:"杰森说你非常有决心和毅力。"

杰森插话:"他拎着一个重40磅的什么新鲜发明在我们办公楼前徘徊了一个多月呢。"

主面试官:"他还说你很聪明。"

克里斯:"我同意他的判断。"

主面试官:"你真的想学学这个行业?"

克里斯:"没错,先生,我想学学这个行业!"

主面试官:"你已经开始自学了吗?"

克里斯:"绝对的,已经开始了。"

此时,主面试官转向杰森问道:"杰森,你见过克里斯几次?"

杰森:"不记得了,不过肯定不止一次呀。"

主面试官:"他穿成过这个样子吗?"

杰森:"没有过,一直都是西服、领带,整整齐齐的。"

主面试官转回对克里斯,一边翻阅眼前的简历,一边问道:"在班级里是第一名?中学也是,高中也是?"

克里斯:"是的,先生。"

主面试官:"班上有多少个学生?"

克里斯:"12个。"接着补充了一句,"那是一个小城。"

主面试官将手里的纸张放下,失望地嘟囔道:"原来是这样。"

克里斯抢先一句:"不过,在海军雷达兵我也是第一,那个班有20个人呢。"

主面试官手里拿着铅笔在眼前的纸上随意涂鸦,心不在焉,也没有正眼看克里斯。

克里斯:"我能说一点我的想法吗?我是这样一种人,如果你问的问题我不知道答案,我会诚实地说不知道,但我发誓的是,我肯定知道如何找到答案,并且,最终我确定肯定会找到答案。这样的人您满意吗?"

此时,主面试官抬起头,皱着眉,提高音调问:"克里斯,如果有一个应聘者连正经的衬衣都没有穿,而我却录取了他,你会怎么解释呀?"

克里斯稍微沉思,迅速回答:"那他肯定是穿了绝对优雅的裤子!"

他的这个回答引发了主面试官以及另外三个面试官的笑声,是一种自发的、仿佛听到了机智的笑话一样的笑声。

(资料来源:王旭. 看电影学礼仪[M]. 广州:南方日报出版社,2012.)

4. "怎样才是一个合格的应聘者"自测

怎样在应聘中战胜对手?根据许多人的实际经验设计出的这套自测题,将会帮助你更好地把握求职应聘的一些小窍门。

(1) 面对考官你将穿什么衣服?(　　)
   A. 牛仔装　　　　　　B. 职业装　　　　　　C. 西装加领带

(2) 你的第一句话是什么?(　　)
   A. 等主考官问你再说
   B. "我叫×××,我是来应聘××职位的。"
   C. "您好!我是来应聘××职位的,我可以自荐吗?"

(3) 你为什么离开你先前的雇主?(　　)
   A. 不能发挥自己的专长
   B. 工资太低,不能养活自己及家人
   C. 原先老板人格太差
   D. 工作环境恶劣

(4) 你有信心胜任这个职位吗?(　　)
   A. 应该有　　　　　　B. 有信心　　　　　　C. 绝对有

(5) 应聘时,你的手放在哪里?(　　)
   A. 放在桌上　　　　　B. 边说边做手势　　　C. 放在桌下

(6) 应聘时,你的眼睛往哪里看?(　　)
   A. 盯着对方的脸　　　B. 注意对方的表情　　C. 盯着对方头顶

(7) "你希望什么时候上班?"(　　)
   A. 马上　　　　　　　B. 一周以后　　　　　C. 一个月以后

(8) 如果有上、中、下三等工薪,你申请哪一等?(　　)
   A. 上等　　　　　　　B. 中等　　　　　　　C. 下等

(9) 回答问题时,你准备用哪一种话音?(　　)
   A. 普通话　　　　　　B. 当地话　　　　　　C. 家乡话

(10) 如果主考官和你都坐在沙发上谈,你准备怎么坐?(　　)
   A. 跷起二郎腿同他谈

B. 他怎么个坐相我就怎么个坐相
C. 坐如钟
D. 放松地坐着谈

记分：

(1) A. +1   B. -1   C. +2
(2) A. -1   B. 0   C. +1
(3) A. +1   B. 0   C. -1   D. -2
(4) A. 0   B. +1   C. -1
(5) A. +1   B. -1   C. 0
(6) A. 0   B. +1   C. -1
(7) A. +1   B. 0   C. -1
(8) A. -1   B. +1   C. -1
(9) A. +1   B. 0   C. -1
(10) A. -2   B. -1   C. 0   D. +1

如果你得分在6分以上，那么你极有可能成为竞争中的佼佼者；得分3～5分，说明你还得训练应聘素质；3分以下，说明你不适应应聘。

（资料来源：屈海英. 新编演讲与口才[M]. 杭州：浙江大学出版社，2011.）

课后练习

一、简答题

1. 阅读以下面试对话，然后回答问题。

面试官：你带简历了吗？

求职者（男生）：之前我在网上投过了，不用再带了吧？

面试官：你能做什么呢？

求职者：我喜欢的我都能做好，我不喜欢的我就不会去做。

面试官：你以前做过什么工作吗？

求职者：什么都没做过，我是个应届毕业生，我是来找工作的。

面试官：那你凭什么觉得你能把工作做好呢？

求职者：我觉得只要有信心就能把工作做好。

面试官：你的信心来自哪里？

求职者：来自我的能力，来自我的信念。

面试官：你的人生目标是什么？

求职者：做第二个马云。

面试官：你为什么觉得你能像马云那样成功呢？

求职者：因为他长得那么别致都可以成功，我觉得我更有能力超过他。

面试官：这跟他的长相无关吧？

求职者：开个玩笑啦！我觉得每个人做事都是靠信心完成的！马云能有这样的志向，我也有志向完成我的人生目标。

面试官：你对工资待遇有什么要求？

求职者：试用期你们可以随便给，如果正式录用我要求每月4000元以上。

面试官：我们公司的薪酬达不到这个要求，你为什么要求这么高呢？

求职者：因为到时候你们会看到我的能力，你们会觉得物超所值。

面试官：你对工作还有什么要求？

求职者：我要求自由的上班时间，每天只要我完成了公司布置的任务就可以下班了；我还要求用QQ与外界联系，方便我调用各方资源；我还希望不要让我与外面的客户面对面打交道，因为我不喜欢。

面试官：你之前去其他公司应聘也是这样吗？

求职者：是的，我这个人就是这样的。

（资料来源：屈海英. 新编演讲与口才[M]. 杭州：浙江大学出版社，2011.）

思考题：

(1) 看完这个案例，你的第一感觉怎么样？

(2) 案例中这位男生应答的语言有什么特点？体现出了这位男生什么样的性格？

(3) 如果你是面试官，你对这位男生有何评价？你会给他工作的机会吗？为什么？

2. 设想你对做一位宾馆公关部经理向往已久，现在有了这样的一个机会，但你的竞争对手如林，在面试时你如何推销自己？

3. 日本的一些大公司在招聘人才进行面试时，专门就说话能力规定了若干不予录用的条文。其中有：

应聘者声若蚊子者，不予录用；

说话没有抑扬顿挫者，不予录用；

交谈时，不得要领者，不予录用；

交谈时，不能干脆利落回答问题者，不予录用；

说话无生气者，不予录用；

说话颠三倒四、不知所云者，不予录用；

对于日本大公司招聘人才的以上规定，你有什么看法？

4. 阅读下面短文，然后谈谈你的想法。

成功从第十八次失败开始

"先介绍一下自己吧！"又是老套，每家公司的招聘人员都好像例行公事一样。我强打精神从大学讲起，直到说完最后一份工作，然后"挤"出一个微笑看着面试者，心想：该问问题了吧？

这已是我到第十八家公司参加面试。北京工作机会多，但竞争激烈，一个好职位往往有几十人来竞聘。在吃了一次次"闭门羹"后，我仍旧每天不倦地挤公车、找工作，当我被第十八家公司拒之门外时,我心灰意冷了。心想:要不是原公司经营不力进行裁员,打死我也会留在原公司。想着同事之间友好和睦,回忆工作中的点点滴滴,我的心有一丝惆怅。离职近一个月,我仍没找到工作,开始怀疑自己的能力。夜里,我辗转难眠,心想:自己是重点大学毕业,有两年的销售经验,英语流利,外形不算差,究竟是哪个环节出了问题?冥思苦想后我终于得出答案:自己觉得找工作易如反掌,其实面临着众多应聘者的竞争,因此必须调整自做的心态。

我于是从以下几个方面入手。首先把简历改头换面。原有的简历平铺直叙,体现不出优势。我于是将自己的工作经验按时间顺序一一列出,让人一目了然。联系方式写在最显眼位置,然后在简历右上角贴上了自己得意的"玉照"。接下来我又穿梭于大大小小的招聘会,投递出大约30份简历。我还在网上投简历,看到合适的职位,就投上一份。投之前,我会认真给公司写封短信,谈谈对公司的看法、建议以及发展设想,以期给对方留下深刻印象。"凡事预则立,不预则废",由于积极准备,我赢得了许多面试机会。吸取以往求职失败的经验,我深知面试时千万不能迟到,衣着要得体,到公司就算等上两个小时,也要面带微笑(没准这是公司变相地考察应聘者的忍耐力)。见到招聘人员尤其是年龄比自己大的,一定要讲礼貌。在谈工资之前,要认真了解市场行情,慎开"金口"。每从一家公司走出来,我感觉都是打了一场硬仗。

几轮面试过后,同时有3家公司向我抛出"橄榄枝",特别是一家大型电信运营公司的副总裁助理这个职位,我非常心仪。面试那天,我穿上职业套装,略施粉黛,提前半个小时来到公司敬候。当被前任助理领到副总裁办公室时,我顿时心跳加速,可能是太想得到这份工作吧。当让我读一篇英文文章时,手竟有些发抖,不过由于基本功扎实,还是顺利过关。接着对方问我对这个职位的看法,我当时没有深思熟虑,顺嘴说想多了解业务的事,谋求将来做到更高的职位。没想到就是因为这句话让我失去了这份工作,对方以"阅历浅薄、有野心"将我淘汰。"吃一堑,长一智",在以后的面试过程中,我都小心翼翼地从公司的角度来考虑问题、回答问题。一个月后,我终于被一家马来西亚的计算机服务公司录用了。

说句实话,当被第十八家公司拒绝时,我真有想放弃的念头。现在我才真正明白"坚持就是胜利"这句老话,做任何事情也许再坚持几分钟,成功女神就会眷顾你。

(资料来源:http://www.wlzp.com/News/2769.html。)

5. 面试官问:"关于工资,你的期望值是多少?"应试者反问:"你们打算出多少?"如果是你,会这样反问面试官吗?为什么?

6. 根据面试者的提问,分析哪一种应答更能获得赞许。

(1) 没有工作经验,你认为自己适合我们的要求吗?

应聘者1:可是你们就是来招聘应届大学生的啊。

应聘者2:听说有一只幼虎因为没有狩猎经验,而被拒绝在狩猎圈之外,你认为它还有成长的可能吗?

(2) 为什么你读哲学,却来申请做审计?

应聘者1:你们已经说明"不限专业",所以我想来试试。

应聘者 2：据说外行的灵感往往超过内行，因为他们没有思维定式，没有条条框框。

应聘者 3：我之所以跨专业谋职，是为了给自己提供这样一种动力，终生学习才不会被社会淘汰。

（3）你穿的西装好像质地不怎么样啊！

应聘者 1：穿着并不影响我的表现，何况我还没工作，买不起更好的。

应聘者 2：昨天我怀揣买西装的钱路过书店，发现两套对我来说至关重要的书，可能为今天的面试提供帮助，我于是花掉了凑来买西装的钱。

（4）假如明天你就要死了，你希望自己的墓碑上刻上一句什么话？

（考官实际是想问，这一生你希望自己能达到怎样的成就？）

应聘者 1：找了份好工作，找了个好老公等"老婆孩子热炕头"式的"人生理想"，或者请安息吧，我是个好人之类不着边际的空话。

应聘者 2：我这一生在很多不同行业工作过，这让我很满足。

（5）你不认为你做这项工作太年轻了吗？

应聘者 1：我虽然年轻，但我有干劲，敢于接受挑战，相信我一定能做得很好。

应聘者 2：事实上下个月我就满 23 周岁了，尽管我没有相关的工作经历，但我有整整两年领导学校学生会工作的经验。您可以想象，负责管理全校 3000 多名学生并非易事，没有一定的管理才能和领导艺术，是无法胜任的。所以，我认为，年龄固然能说明一定的问题，但个人素质和能力更为重要。因为这是一个部门经理所不可缺少的。

（资料来源：屈海英. 新编演讲与口才[M]. 杭州：浙江大学出版社，2011.）

二、案例分析

两 次 面 试

一个青年人在一家小信息公司颇有成就，因此想进入一家位列世界 500 强的大公司工作。第一次面试时，面试官问他："你认为自己最显著的成就是什么？为什么？"

他自信地说："我从小到大的求学是非常艰难的，在工作中也遇到很多困难，但我一一努力克服了。"出乎意料的是，他落选了。

经过一番反思，他发现了其中的问题：努力学习在今天是很普通的，而且回答里强调一个过程而不是某一具体活动，没有突出独特性。

当他第二次面试时，他说："我在信息科技公司工作的那段时间是我最骄傲的经历，当时我被聘用为营销部经理助理，帮助开发新型计算机并投放市场。在我上任两星期后，经理突然心脏病发作，管理层决定把这个项目拖延六个月。我认真思考了公司上层的这个决定，认为在飞速发展的市场中，拖延就代表着失败。于是，我找到了主管我们这个部门的副总裁谈了自己的看法，并拿出了一个基本完善的计划。我承认，的确有一些新东西需要学习，但这些困难我可以克服。他勉强同意我为代理经理，这之后的六个月，我学到了很多东西并夜以继日地工作，最后我们的产品取得了成功。"

可想而知，最后，他如愿以偿地进入了那家大企业。

（资料来源：http://www.doc88.com/p-3109055592591.html.）

思考题：
(1) 案例中的这位青年人两次面试的表现有何不同？
(2) 他第二次为什么能如愿以偿地被那家大企业录用？
(3) 在求职面试中如何更好地与面试官沟通？

任务 5

商务演讲口才

别败在不会当众讲话上。

——唐戈隆，中国十大金口才奖得主、职业演讲术教练

 学习目标

- 了解演讲的含义、特征和创作过程；
- 做好命题演讲的准备，运用相关技巧成功地进行命题演讲；
- 能够成功地进行即兴演讲。

 导学案例

食品店"小经理"的就职演说

各位：

今后我们八个人就要同舟共济了。抵押承包，可不像张飞吃豆芽菜那样轻松，搞不好会赔了夫人又折兵的。我是不想把夫人赔上的，不知各位意下如何？这个食品店为啥由咱八个人承包呢？这个"八"字，从古到今就是一个有魔力的字码。八极图变幻莫测，含阴阳相济、相生相克的哲理于东西南北、于金木水火土最基本的方位和物质之中；八卦掌柔中有刚，在平缓绵连、滴水不漏的步法掌式中出奇制胜。咱八个人，又应了一句"八仙过海，各显神通"的古话。各位有什么绝招，不管是宝葫芦、芭蕉扇，还是何仙姑的水莲花，都可以使出来。不过，常言道：没有规矩，不成方圆，咱们也立个章程。

第一，要遵纪守法，讲职业道德。该交的交，该留的留，不能含糊，不能做缺德买卖。将心比心，我们哪位要是买了掺了假、爬了虫的点心，也会骂人家祖宗十八代的！

第二，对顾客要热情，情暖三冬雪，诚招天下客。脸上少挂点霜，不善于笑的，多看几段相声，多听几句笑话，案头上摆个弥勒佛。还要讲点仪表美，济公心灵够美了，请他老人家来站柜台恐怕不行。

第三,说出来有点不好听,大家在家不妨吃得饱一点,最好不要到店里来补充营养。咱们这个店去年有一个月损耗点心200多斤,人人都说闹耗子。这也太有损我们的形象了。

最后,请各位回家转告自己的妻子、对象,我们堂堂八条男子汉,绝不会把她们赔上的,请她们等着抱"金娃娃"好了。

(资料来源:http://www.zgmsxz.com/Article/E01/E03/201209/1858.asp.)

基础知识

5.1 商务演讲概述

小米科技雷军在最近一次演讲中说:"我的演说水平远远没办法跟马云相比。"由此不难发现一个现象:现在的企业家越来越像演讲家了,特别能说,特别会说。当今时代,商务演讲变成了一种社会化营销,通过演讲展示企业家独特的人格魅力,或对公益事业的关心,或对社会责任的担当,或对民族企业的宏大理想,从而完成企业家对企业和产品的有力宣传,企业家成为企业和产品最好的形象代言人。企业家的演讲如此重要,甚至有人认为:演讲力是总裁的核心竞争。商务演讲不但对企业家来说非常要重,对商务人员来说同样重要,作为商务人员掌握演讲技巧,提升演讲水平,才能在职场如鱼得水,取得成功。

1. 演讲

(1)演讲的含义与特征。一个人面对广大听众以口头语言为主、以态势语言为辅,就公众关注的某一问题发表意见、陈述观点、抒发情感,以说服和感染听众的社会活动过程即演讲。任何一种演讲活动都有四种要素构成:演讲者(演讲主体)、听众(演讲客体)、演讲的传达手段(有声语言和态势语言)和演讲的时境(时间和环境)。与其他口语形式相比,演讲具有以下几个基本特征。

① 声形同步,以声带形。演讲的基本形态是一人讲,众人听。对演讲者而言,一句话和相应的表情、动作等态势语传达一个相对完整的信息;对听众而言,既听有形象的声音,又看有声音的形象,看与听有机结合。整个演讲就是在这种特定的场景下进行的,演讲者运用有声语言并力求其具有表现力和感染力,同时辅之以得体的体语,以达到"使人知,使人信,使人感动,使人赞同"的演讲目的。

② 说服力强,鼓动性大。从传播学的角度看,演讲这种"一对多"的形式受众面大,可以针对听众的特殊要求作专题性传播,具有说服力强、鼓动性大的特点。这是由于:其内容经过精心准备,材料经过多方搜集,结构经过缜密安排,语言经过反复推敲;演讲者态度明朗,爱憎分明,对听众的思想情感和价值取向有直接的引导作用;演讲者情绪饱满,语气恳切,在用自己的心声呼唤听众心声的同时,必然会得到真诚的回报。

③ 时代感强,效果显著。演讲是一种针对性很强的社会实践活动。演讲的主题往往

不以个人的好恶确定,必须是能引起公众共鸣的社会现实问题。所以,演讲者要始终把握时代脉搏,敢于直面现实社会,回答人们普遍关心而又疑惑不解的问题,说出人们想说而又不敢或不愿说出的大实话,用自己对现实生活的体验和思考向听众陈述自己的主张和看法。

④ 艺术性高,感染力强。演讲的艺术魅力源于内容的周密安排和演讲者的风度仪表,尤其是演讲者的语言艺术。一位演讲家说过,在每一场演讲中他都力求做到八个字:相声、小说、戏剧、朗诵。即演讲伊始要有相声似的幽默,演讲过程要贯穿小说中的形象,高潮阶段应该具有戏剧般的冲突,结束之前要迸发诗朗诵般的激情。一场演讲如果同时做到了这几点,就具有了极高的艺术观赏性和审美价值。

(2) 演讲的类别。

① 按演讲内容分大致分为四种,各种演讲的内容及特点见表 5-1。

表 5-1 演讲的内容及特点

种 类	主 要 内 容	例 举	特 点
政治演讲	涉及政论国事、以阐述政治主张为目的	竞选演说、就职演说、外交演讲、时事报告	政治倾向鲜明,富有雄辩性和鼓动性
经济演讲（商务演讲）	涉及经济政策解读、经济发展形势分析及企业经营管理等	经管类的专题讲座、学术报告以及企业推介、产品推介	高度的求实性,极强的针对性,严密的逻辑性,丰富的信息量
学术演讲	展示学术研究成果,传播科学知识和学术见解	学术会议发言、学位论文答辩、学术报告	内容科学,论证严密,语言准确
礼仪演讲	在社交场合发表的旨在表示赞美、感谢、祝福、庆贺或悼念等情意的礼节性讲话	贺词、开幕词、闭幕词、答谢词、祝酒词、欢迎词、欢送词、开业致辞、祝婚词、悼词、祭词	抒情为主,寓理于情

② 按演讲方式分,也可分为四种:一是读稿式演讲。即事先准备好稿子,临场逐字逐句地读。因为失误少,较适合重大场合应用。如政府工作报告、外交部声明、迎接外宾的欢迎词等。其缺点是不够灵活,与听众交流少。二是命题演讲。又叫背诵式演讲。即事先由组织者拟定演讲的主题或题目,演讲者写好稿子并反复熟悉演练后所做的演讲。学校组织的师生演讲比赛、企事业单位组织的职工演讲比赛等均属此类。其优点是成竹在胸,不慌不忙;缺点是表演痕迹太浓,缺乏真实感。三是提纲式演讲。演讲者没有详细、完整的讲稿,仅凭反映演讲结构层次的提纲进行演讲,如赛后点评、非正式场合的讲话或发言等。其优点是有所准备但不拘泥,临场发挥而不致离题万里。四是即兴演讲。又称即席演讲或即时演讲,指演讲者事先并没有充分准备,受特定的人物、环境或气氛的激发,兴之所至,有感而发所做的临时性演讲。如领导人的即席讲话,会议的开场白、结束语,座谈会上的发言,各种礼仪性讲话等。其特点是话题集中,针对性强;临场发挥,直陈己见;生动活泼,短小精悍;以小见大,借题发挥。随着社会文明程度的提高和人们交往的日益频繁,这种能体现演讲者真实能力和水平的演讲越来越受重视。

2. 商务演讲

商务演讲是一种功利性和目的性都很强的演讲形式,虽然属于演讲的一种,但较之其他类型的演讲,商务演讲的难度更大一些。因此,演讲者要想吸引并说服听众,就不得不掌握一些独到而又实用的窍门,以此来博得众人的掌声,达到预期的效果。

(1) 商务演讲的目的。一次好的商务演讲应该达到提供信息,让听众感到有趣,动之以情,使听众行动起来的目标。商务演讲的目的主要体现在以下方面。

① 宏观目的。从总体上看,商务演讲的最终目的就是商务演讲者通过生动的演讲令听众信服,激发听众的兴趣,使听众产生想法并付诸行动,从而实现商家最终的经济目的。

② 微观目的。无论是销售人员所做的销售演讲,还是企业家发表的商务演说,也不管是为了推销产品,还是扩大企业的知名度,它们都有一个共同的目的——推销,使其产生直接或间接效益。

③ 现场目的。每一个商务演讲者都希望演讲能取得成功。这一目的完全可以从现场的直观效果反映出来,如听众的表情、情绪,或者高呼口号,或者掌声雷动,这就表明商务演讲者的实际目的得到了听众的响应,引起了共鸣。

④ 散场后的目的。任何商务演讲者都不会仅停留在现场目的上,而是追求散场后的目的——听众的实际行动,这才是商务演讲者最终的目的。[①]

(2) 商务演讲的类型。商务演讲按照演讲目的大致可分为信息型商务演讲、说服型商务演讲两种类型。

① 信息型商务演讲。信息型商务演讲的目的是通过讲解使听众听懂或明了演讲者所传达的商务信息,常见的类型是信息交流演讲和培训演讲。

信息交流演讲是商务会议主要内容之一,如:商务经理对下一年度商务工作计划的详细讲解;公司部门经理会在会议上向公司管理人员陈述各自管理部门的工作进展情况或所遇到的问题,以便在会议上进一步讨论、解决。在国际商务活动中,为提升自己本公司的知名度,开拓或扩大国际市场,促进国际贸易,商务人员经常通过解说型演讲来介绍自己的公司或公司的产品等。

培训演讲是在培训课上,培训人员给受训人员讲授各种商务技能或知识的过程中所进行的演讲,如:时间管理、销售技巧、管理艺术以及如何应付工作场所中的压力等,培训演讲是一种授课形式的演讲。

在进行信息型商务演讲时一定要考虑听众的情况,为避免过高估计听众已知的情况,在进行演讲准备时可以考虑把听众当作对你所讲的内容一无所知,事实上也是如此,否则就没有必要进行此类演讲。因此,在信息型演讲中要简明、清晰、具体、准确、循序渐进、一步一步地进行讲解。同时,避免使用过多的术语,避免抽象化(当然,有时要视听众而言),所讲解内容一定与主题密切相关。在进行信息型商务演讲时一定要客观、诚实,不能带有个人的偏好、厌恶的感情成分在里边,使听众感觉演讲者只是在客观地描述、讲解而已,只有这样听众才能相信演讲商务信息的真实性、客观性,才能相信讲解的内容。

---

① 陶莉.职场口才技能实训[M].北京:中国人民大学出版社,2015.

② 说服型商务演讲。说服型商务演讲的目的是强化或改变人们的观点或看法,具有劝说的功能,是商务演讲中经常使用的一种。常见的类型有销售演讲和动员演讲等。

销售演讲应该是说服型商务演讲的最常见演讲类型之一,是力图劝服别人的演讲。日常生活中人们不断地推销自己,说服对方,让对方接受自己的想法或其他东西;在商务场合中,推销员则要推销他们的产品和服务,并极力说服客户购买他们的产品和服务。在公司商务业务中,如何使自己设计的商务计划得到老板的认可,也就是说如何成功"销售"自己的计划。

动员演讲是商业管理人员在会议场合或其他场合所从事的重要活动之一,是促使行动的演讲,旨在激励的演讲。如果是针对自己公司内部的,演讲的主要目的是为了给员工鼓足干劲,激励员工,说服员工努力工作,积极行动起来,为企业或公司做出更大贡献。如果是在国际商务的环境下进行的演讲,旨在加速促进贸易往来,促进大单产品的销售或购买,促进商务谈判的成功,促进商务合同的签订等。

说服型商务演讲的过程,实际上是演讲者与听众之间"给"与"得"的一个心理过程。首先,演讲者要努力在听众心目中建立可信度,使听众首先信任演讲者。演讲者还要揣度听众的心理,说服过程要和听众的心理活动过程同步,在演讲者提出问题时恰恰也是听众在自己心里问着自己,而演讲者提出的问题恰恰也是听众想弄明白的,只有这样,听众才会觉得演讲者说到他们心里去了,他们才会与演讲者产生共鸣,才会认同演讲者,认同演讲者的劝说,接受演讲者的说服。其次,在说服型商务演讲中,逻辑推理的作用不容忽视,合理的推理、有力的论证、丰富翔实的佐证材料是演讲者进行说服的根本依据和工具。

在进行说服型演讲时,演讲者要讲得流畅、生动、充满活力、热情洋溢,要表明演讲者自己的观点。说服型商务演讲和信息型商务演讲的区别也正在此,进行信息型商务演讲时要采取中性的态度,至少使听众产生这样的感觉;而进行说服型商务演讲时,演讲者的目的已不言自明,是带有一定的倾向性的,演讲者要说服听众接受他的观点、意见。

纯粹的说服型商务演讲和信息型商务演讲是不多见的,很多情况下,二者是相互交叉存在的,尤其在国际商务活动中商务演讲更是如此。一个商务演讲的前半部分可能是信息型演讲,后半部分可能就是说服型演讲;有的商务演讲是信息型演讲和说服型演讲交叉进行的。

3. 演讲的创作过程

无论是一般的演讲,还是商务演讲,其创作一般可分为三个阶段,即构思阶段、确定内容与形式阶段、现场创作阶段。

(1) 构思阶段。这一阶段主要任务是确定演讲主题、中心思想、演讲风格、结构形式,其中演讲主题是关键。演讲如果没有主题,听众不知道演讲者讲的是什么问题,势必影响演讲效果。演讲的主题应单一,紧紧围绕一个中心,便于听众理解和记忆。构思阶段实际上是对演讲的创意策划,演讲者考虑的问题较多,包括如何上台、如何开头、如何打动观众、如何结尾、何时停顿、何时提高声调等。演讲者思考得越细致,演讲的逻辑结构越清晰、深刻,中心思想的表达也就越透彻。

(2) 确定内容与形式阶段。这一阶段主要内容是确定演讲内容,拟写演讲稿,确定演讲方式及其准备工作。演讲的内容应根据演讲主题确定,其构成要素有四点:一是事物(演讲的事项);二是道理(演讲事物本身蕴涵的道理);三是情感(演讲者由客观事物引发的内在激情);四是知识(演讲者的学识、修养)。演讲者要综合协调运用以上四个要素拟写演讲稿。

拟写演讲稿之前,应编写演讲提纲。演讲提纲以表格方式列出演讲观点、材料以及它们的组合与安排方式等。演讲提纲一般包括以下内容:演讲题目、演讲的中心论点和分论点、临场需要的各种材料、演讲内容的顺序和层次、开头与结尾的安排等。演讲提纲可分为概要提纲和详细提纲。概要提纲就是列举出演讲者的主旨、材料、层次、大意,一般包括开场白、论题、正文、结尾。详细提纲就是具体细致地列出演讲题目、层次结构、论述要点、典型材料、引文材料以及有关材料,显示出演讲的基本内容和详细论证过程。

演讲稿一般包括开头、正文、结尾三部分。开头要精彩、吸引听众,或开门见山,或引经据典,或恰当比喻,引出话题。演讲者在正文阐述观点、表述内容,应抓住演讲内容的四要素,充分揭示各要素之间的内在联系,进行逻辑推理,使听众晓之以理,动之以情。结尾既是演讲的结束,也是强化演讲效果的部分。为了加深听众对演讲的理解和记忆,常采取概括、展望、幽默、含蓄等方式伴以热情洋溢的鼓动结尾。

(3) 现场创作阶段。现场创作阶段即指登台演讲。这一阶段的关键是演讲者要有信心,全身心投入。演讲者只有进入角色,才能驾轻就熟,通过生动、具体、中肯的语言,辅之以动作、表情,准确地向听众传播信息,才能活灵活现、融会贯通地与听众交流思想和观点,才能抓住听众的心,达到相互沟通的目的和效果。

接下来,我们主要就围绕商务活动中的命题演讲和即兴演讲进行详细介绍。

5.2　命题演讲

命题演讲是根据指定题目或限定的主题,事先做了充分准备的演讲。一般都写好了讲稿并经过精心设计和反复演练,也有不写讲稿,只拟提纲或只准备腹稿的。

命题演讲大致分为两类:一类是定题演讲,即根据邀请单位或主办单位事先确定的题目进行演讲。这种演讲对主题和内容都做了较严格的限制,例如《我心目中的秘书职业》,就必须谈秘书职业,必须谈个人经历和体会。另一类是自拟题目的演讲,即主办单位只提出演讲的主题要求和范围,题目由演讲者自定。这种演讲的限制虽不及前一种,具有一定的自主性,但演讲的内容同样必须符合主办单位的有关要求。

命题演讲一般具有严谨、稳定、针对性强的特点。

1. 命题演讲的准备

众所周知,1863年11月19日林肯在葛底斯堡国家烈士公墓落成典礼上的演讲被尊为英语演讲史上的最高典范。那么,林肯是怎样成功的呢?

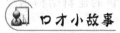

林肯是在举行典礼前两周才接到通知的。主办者请他在埃弗雷特先生演讲之后"说

几句话"。埃弗雷特先生是当时美国最负盛名的演讲家,又是主讲人,而林肯不过是国家纪念委员会出于政治上的考虑才邀请他"说几句话"的。林肯深谙其中的缘由。所以在演讲前做了充分准备。他先要来了埃弗雷特的演讲稿,该演讲长达两个小时。富有经验的林肯从被邀请"说几句话"的背景及演讲心理学出发,准备做两分钟的演讲。在这两周内,不论是在路上,还是在办公室,一有时间他就思考着他的演讲,在内容上、艺术上都做了整体的考虑。写出演讲稿之后,他随身携带,有空就思索、推敲。演讲的前一天晚上,他还在葛底斯堡旅馆的小房间里润色讲稿并高声试讲,请秘书提意见;第二天,骑马去公墓的路上,面对夹道欢呼的人群,他旁若无人,嘴里仍念念有词,练习他的演讲。

可见,巨大的成功与演讲前的精心准备是分不开的。演讲前的准备工作是多方面的。苏联著名演讲家阿普列相在《演讲艺术》一书中指出:"真正的演讲家总是一身而三任:既是作者('剧作家'),又是导演,还是完成自己的演讲、谈话的表演者。"这段话形象地说明了演讲者肩负的职责,也道出了命题演讲的主要准备工作。命题演讲的准备一般包括研究听众、酝酿构思和试讲演练三个阶段。

(1) 研究听众。听众是演讲活动的客体,不了解听众的演讲是无的放矢乱讲一气,是无望获得成功的。研究听众,就是通过不同渠道设法了解听众的职业、身份、性别、年龄、文化程度、生活阅历、兴趣爱好及现时的心理活动。其目的在于因人制宜,采取令对方喜闻乐见的形式传达自己的思想和主张,有效影响听众的思想和行动。

口才小故事

某市公共关系培训班的学员们以演讲方式竞选班长。前面发表竞选演讲的十几位学员都是以冷静的风格说明"我当班长要做好哪几项工作"或"我具备了哪些当班长的条件"。台下学员对千篇一律的演讲开始厌烦,有的开始起哄,会场秩序呈现混乱状态。这时,一位男学员大踏步地走上讲台,说:"我——竞选班长!如果我当班长,我将是各位忠实的代表!(掌声)请记住——选我,就是选你们自己!"(热烈掌声)

这位学员针对听众心理,及时调整演讲角度和风格,运用极富号召力的语句和语调,再辅之以大幅度的态势语言,造成了强烈的现场情绪。取得了较好的效果。

在研究听众时还应特别注意了解听众的意愿要求,有针对性地做好确定主题、选择材料等准备工作。听众参加演讲会的意愿要求大致有:

① 慕名而来。当著名政治家、科学家、演讲家、学者、明星等发表演讲时,往往有大批听众慕名前往。此时听众的主要目的大多是为了一睹名人的风采,一般不太计较演讲水平的高低。同时,由于潜在的崇拜心理,名人的演讲往往能激起异乎寻常的热烈反响。

② 求知而来。为了获取新的知识和能力,听众会自觉地选择哪些满足自己求知欲的演讲,如学术讲座、技术辅导、国外见闻等。如果演讲内容充实、条理清晰,听众一般不会过于挑剔演讲技巧。

③ 解惑而来。听众对自己渴望的演讲话题总是抱着极大的兴趣。如果关系自己的切身利益,听众会十分主动地参与演讲的沟通过程。此时,所要做的是分析听众希望了解的话题和存疑之处。此类听众只要求把演讲内容交代清楚,对演讲者的身份、地位和演讲

水平不会有太苛刻的要求。

④ 欣赏而来。此类听众的目的在于欣赏演讲者的表达技巧,在其潜意识中隐藏着对高水平演讲者的崇拜和学习演讲的强烈愿望。面对这样的听众,演讲者要充分展示自己的口才魅力和表达技巧。

⑤ 被动而来。工作报告、经验交流、各类庆典的会场上,有些听众是由于纪律约束或出于礼貌而不得不来的。这类听众对演讲内容不甚关心,演讲过程中心不在焉,反应冷漠。演讲者想征服这类听众,必须掌握高超的演讲技巧。

(2) 酝酿构思。不管是自愿还是受命,一旦准备登台演讲,就必然有一个由酝酿到构思的过程,而这一过程的结果就是演讲稿。这一过程包括审定题目、确立题目、收集和选择资料,再进行构思,最后完成演讲稿。这是一个十分艰难的创作过程。这既是一系列的封闭式的个人劳动,同时又是以社会、听众为背景的艺术创作活动。

① 审定题目。分两种情形:对规定了题目的演讲,要研究审定题目中的关键词,譬如《党在我心中》,关键词就有"党"和"我",既要歌颂中国共产党,又要与我的经历和见闻联系起来;对只限定了大致范围或主题的演讲,要研究审定其切入点,譬如《传承文明,弘扬美德》,要求演讲者只作关于道德文明方面的演讲,演讲者可以自拟题目,也可从多个角度切入和演讲。

审题要把握两个关键点:一是选择角度。角度要新、要适度。新,是相对于同台演讲者而言,尽可能避免与别人的演讲相同或相近,尽可能给人耳目一新的感觉。适度,是相对于自己而言的,太大,驾驭不了,讲不透;太小,容量不够,发挥不好。二是选择自身的优势。1994年,在新加坡举行的第二届全国华语演讲大赛中,印度姑娘鲁巴·沙尔玛一举夺魁。她在复赛和决赛中的演讲分别是《汉学在印度》《我与汉学》。因为她出生在印度,父母都是高级知识分子,从小又跟父母到了中国,从小学到大学都是在中国上的学,她既熟悉印度,又了解中国的文化。因此做这方面的演讲,就特别得心应"口",也特别能迎合新加坡听众的需求。

② 确立主题。主题是命题演讲的核心。确立主题应特别注重把握以下两个方面。一是主题要适时,即适合社会的需求,具有时代感;适合听众的需求,考虑听众年龄、职业、文化程度的共享性。二是主题要单一。演讲稍纵即逝,讲得太多、太杂,反而适得其反。正如德国著名演讲家海因兹·雷曼说的:"在一次演讲中,宁可牢牢地敲进一个钉子,也不要松松地按上几十个一拔即出的图钉。"

③ 选择材料。演讲是信息的传播,信息的载体是材料。信息有疏有密,有强有弱。前者表现为量,即材料的多寡;后者表现为质,即材料的优劣。选择材料,就是在具有一定数量的基础上,对材料进行优化组合。组合的依据:一是能恰当地表现主题;二是能满足听众的预期需要;三是真实典型;四是具体新颖。

④ 构思框架。命题演讲的构思包括两个方面:一是构思演讲稿;二是精心设计演讲的现场实施。演讲稿的构思,包括开场白、主体、高潮、结尾,这实际上就是材料的安排与处理。同时也包括思维框架与基本语言形态的选定。精心设计现场实施,实际上在构思演讲稿的过程中,就基本上包含了现场实施的设计。但两者比较,后者更具体、更细化、更具有操作性。这种设计是在演讲稿构思的基础上,进一步琢磨实施过程中的处理与表现,

其中包括各种演讲技巧的运用,譬如手势、眼神、声音、应变等。构思在命题演讲过程中是较为重要的一个环节。

⑤ 撰写讲稿。执笔成文,是上述各个环节总的归宿。命题演讲的成败,取决于演讲稿的优劣。演讲稿必须精心写作,最好是自己动手写稿,保持个人的风格。怎样写稿,隶属于应用写作课程教学,不在此赘述。

(3) 试讲演练。试讲演练是命题演讲必经的一个阶段,主要目的是背诵和处理演讲稿、斟酌演讲的技巧应用。有的演讲者以为只要把讲稿记牢背熟就万事大吉了。其实不然,演讲稿中记载的只是演讲的内容和架构,至于演讲的技巧与方法,包括语调、节奏、停顿、体姿、手势、表情、眼神等的设计与应用,演讲稿中却无法体现,这些都需要在试讲演练中细心揣摩,精心处理。在试讲和演练中特别要处理好以下几个问题。

① 情感基调的把握。或平实、或激昂、或欢快、或悲壮,都要根据稿件内容作相应的处理。自己写的讲稿相对好处理些,别人代写,或者经过别人加工的稿子,就更要仔细琢磨。如果情感基调把握不准,感情处理不到位甚至错位,再好的稿子也难有好的演讲效果。

② 语音的处理。由文字转化为语音,一定要经过处理,否则便会在演讲中出现念稿或背稿的现象。演讲既要自然,又要作恰当的艺术处理,否则,便会造成整篇演讲的不协调。

③ 态势的处理。服饰、化妆是事先可以设计好的,而手势、姿势、表情是随着演讲内容与情感的变化而不断改变的,原则上很难做出精确设计。

2. 命题演讲的技巧

"靡不有初,鲜克有终。"一场精彩的商务演讲是一个完整的有机整体,要做到有始有终,高潮迭起,引人入胜,这是很困难的。因为商务演讲中,演讲者是主动的,听众是被动的,听众的参与度和兴趣主要取决于演讲者。商务演讲对演讲内容和演讲者的表达技巧有较高的要求。商务演讲效果的好坏,关键取决于演讲者本人的演讲技巧。

命题演讲的技巧体现在很多方面,现仅从登台演讲必须经历的关键环节入手加以分析。

(1) 新颖别致的开场白。开场道白,如同乐器定调,这个调定得如何,将决定全部演奏的成败。演讲的开场白是演讲者与听众之间的第一座桥梁,是演讲者给听众留下的第一印象。开场白的作用是引起注意、控制会场、创造气氛、引入正题,演讲成功与否,开场白往往起关键作用。然而,商务演讲自身所带有的功利性和目的性决定了演讲中听众的不合作性。要想抓住听众的心,使其有兴趣听下去,在开场白上就要做足文章,如果演讲者的开场白能像凤凰之冠那样引人入胜、扣人心弦,让听众迅速进入规定的情节中去,接下来的商务活动就会取得旗开得胜的效果。所以,开场白要精心设计,造成一种气氛,务求三言两语即能抓住听众,先声夺人。

① 开场白的作用。俗话说:万事开头难。演讲稿也是如此,而且不论任何形式的演讲,开头总是关键的。在演讲开始后的几分钟或者几秒钟内,听众通常会决定是否接受演讲,是否听下去。有趣的是,准备演讲从来不是从开头入手,而是应当先确立演讲的目的,

然后围绕题目收集材料,并将材料加以组织整理,最后要做的才是着手准备开头。只有这样才能更好地选择正确而恰当的开头方式。那么,应当怎样做好演讲的开头呢?在写演讲稿的开头时,需注意以下要点。

一是吸引听众注意力。演讲开头成败的关键,在于能否吸引并集中听众的注意力。演讲时获取听众注意力的方式随题材、听众和场景的不同而改变。一般可以运用事例、逸闻、经历、反诘、引言、幽默等手段达到目的。

麦克米兰石油公司副总裁迈克斯·艾萨克松在一次演讲的开头中,便运用了引言和反诘的方法来吸引听众。

> 我们都知道,演讲是件很难的事,但是请听听丹尼乐·韦伯斯是怎么说的吧,"如果有人要拿走我所有的财富而只剩下一样,那么我会选择口才,因为有了它,我不久便可以拥有其他一切财富。"

二是解释关键术语。如果演讲的成功与否取决于听众能否理解演讲中的某些术语或概念,那么在演讲开头时,对关键术语加以解释,就显得格外重要了。一位公司副总裁在就记者执行会的用途发表演讲时,就很好地运用了这一技巧:"公共关系,简单地说,就是指'与公众的关系',即任何涉及公司或个人的关系。它的主要目的就是有效利用媒体——最常见的是书面形式——为公司谋取最佳印象或形象。"

三是提供背景知识。演讲时,得被认为是专家或权威。因此,如果听众对演讲的主题不熟悉或是知之甚少,那么很有必要在开头部分对听众讲述主题有关的背景知识,它们不仅是听众理解演讲所必要的,而且它们可以体现出主题的重要性。美国空军少将鲁弗斯·L.比拉普斯在夏努特空军基地的一次宴会上演讲时,就对"黑人遗产周"的有关背景知识及其对美国空军的重要性作了介绍。

> 我很高兴来到此地,同时我也很感谢应邀和在座各位讨论有关美国黑人问题。为保持和增进民族间的理解,美国各州又开始纪念"黑人遗产周"。在夏努特空军基地,我们庆祝它,则可以对美国空军进行完整无缺的教育。我们民族的主旋律是:"黑人历史,未来的火炬。"这个已成为美国人民生活一部分的纪念活动,是弗吉尼亚州纽坎顿市的卡特·G.伍德森最先提出并计划的,他现在被誉为美国"黑人历史之父"。伍德森先生在1915年成立了"美国黑人生活和历史协会"。后来,他又于1926年发起了"黑人遗产周"纪念活动……

四是阐述演讲结构。演讲时,应当利用开头部分对演讲内容加以概述,让听众了解演讲的中心思想和结构。特别是当演讲的主题很复杂,或是专业性较强,或是需要论证几个观点时,这样做就能使演讲显得清楚而易于理解。汉诺威信托制造公司的主席及总裁约翰·F.麦克基里卡迪在一次演讲的开头中,就很明了地陈述了他演讲的结构及范围。

> 女士们,先生们:
> 晚上好!
> 我很荣幸应科里主任的邀请,来参加这个在我国很有权威的商业论坛,在见解上,它可以与底特律和纽约的经济俱乐部相提并论。

首先，我们对最近的国内经济形势加以展望。我认为，它并非人们有时所想象的那样严峻。

其次，谈谈近期欧佩克的经济增长对国际经济增长的影响——对包括我们自己在内的许多国家来说是件痛苦的事，但又是完全有办法应付的。

再次，对总统的能源建议作几点评论，我认为它既令人鼓舞，又令人失望。

最后，我将就演讲逐渐成为一种时尚和必要的现象，以及对美国的现状谈一点个人看法。

五是说明演讲目的。在大多数情况下，演讲的开头应揭示出演讲的目的。如果做不到这一点，那么听众要么会对演讲失去兴趣，要么会误解演讲的目的，甚至于会怀疑演讲者的动机。美国快递公司主席詹姆斯·鲁宾逊三世，在短短的15秒钟内，便把他的演讲目的陈述给了听众。

女士们，先生们：

早上好！

谢谢大家给予我这个露面机会。美国广告联盟是美国传播工业的一个重要组成部分。当前，美国传播工业还面临许多问题，而重担则落在大家的肩上。我今天演讲的目的，便是就这些问题及它们呈现出的挑战，谈谈我的看法。

六是激发听众的兴趣。从本质上说，听众是很自私的，他们只是在感到能从演讲中有所收获时，才专心去听演讲。演讲的开头，应当回答听众心中的"我为什么要听？"这一问题。在对美国会计协会罗切斯特分会的一次演讲中，演讲顾问唐纳德·罗杰斯通过表达他对听众需要的关心，而激发起他们的兴趣。

我今晚要演讲的题目是"信息的透露"。确定这个题目之前，我先是查阅了本地的会计年鉴分册和全国会计协会的学术专刊，然后又询问了我的同事亚历克斯·莱文斯顿和戴夫·汉森："今晚来听演讲的人都有哪些？他们希望我讲什么？"

他们告诉我，在座的各位都是些很热心的人，希望我的演讲有趣而富有启发性。因此，我将告诉大家一些有用的知识，我也同时希望，我的演讲简明扼要，并留给大家一定的提问时间。

七是获得听众的信任。有时候，听众可能会对演讲者的动机发出疑问，或是与演讲者持相反的观点。在诸如此类的场合——特别是想改变听众的观点或行为时，要使演讲成功，就需要建立或是提高听众对演讲者的信任感。

对于这个问题，应注意下面几条建议：一是承认分歧的存在，但是着重强调共同的观点和目标；二是对那些连演讲还没有听，就对演讲者的名声和所作所为进行攻击的行为给以驳斥；三是否认演讲的动机是自私和个人的；四是唤起听众的公道意识，让他们仔细地去听演讲。

② 开篇的方式。演讲的开头是不拘一格、活灵活现的，因时、因地、因人而有所不同。正如一个乐队的演奏，既可以用嘹亮激昂的号角开端，又可以用轻柔舒缓的提琴声作为开

端。只要能打动听众的心,使他们产生"继续听下去"的强烈愿望,使其感到不是"要我听"而是"我要听",那么这个开头就应该认为是成功的。这里介绍几种演讲常见的较受欢迎的开头方式。

一是开门见山式。这是一种最常见的成功的方式。演讲一开始就直截了当地进入演讲本题,简明爽快地讲清所要演讲的论题是什么。这个问题在当前情况下有什么重要性和迫切性,使听众直接明了演讲的重要内容。例如:李斯的《谏逐客书》一开场就直截了当地指出:"臣闻吏议逐客,窃以为过矣。"然后用事实作论据,进行分析、推理。这无疑是一个成功的开场白。它可以使听众一目了然地把握演讲的要领,从而把握住听众的注意力,使其聚精会神地围绕演讲者的思路展开联想。

二是故事导入式。故事能激发听众的好奇心,启迪听众的思维,调动听众的想象力。用讲故事的方式自然巧妙地开讲,让生动的情节扣人心弦,不失为一种好的演讲开头方式。选择故事应遵循这样几个原则:要短小,不然就成了故事会;要有意味,促人深思;要与演讲内容有关。例如在题为"母爱,世间至纯无私的爱"的演讲中,一位选手是这样开讲的。

去年11月22日凌晨时分,市郊发生了一起特大交通事故,一辆客车从数十米高的悬崖上坠落。就在人们想当然地认为所有乘客无一幸免时,突然听到一个婴儿微弱的哭声。经过仔细搜寻,发现一个不满周岁的婴儿正在一位已经死去的年轻妇女怀里啼哭。为抱出孩子,民警和医护人员费了好大的劲,才将她已经僵硬的手臂掰开。这位妇女后被证实是婴儿的母亲,是母亲的本能让她在危及生命的紧要关头放弃了求生的欲望,用两条柔弱的胳膊和温厚的胸脯为婴儿构筑了一个安全的"生命之巢"……

这个故事惨烈惊险,扣人心弦,与主题紧密相连,很快吊起了听众的胃口,使听众产生了急于听下去的强烈欲望。故事中的年轻母亲在灾难降临时,舍生救子的壮举震撼着每一位听众的心,牢牢地吸引了在场听众的注意力,同时也为进一步展开演讲做了良好的铺垫。

三是设问祈使式。演讲时以设问或祈使方式开端,提出几个问题或者一个问题,引起听众思考,不仅能吸引听众的注意力,将其置于沉思的境界中,而且能激起听众参与对演讲内容的讨论。被人称为第一演讲家的马相伯在《第一次国难》演讲中,一开头就是:"请看,今日的中国,是谁家的天下?"这一问,一下把听众的精神都震动了。

四是即景生情式。一上台就开始正正经经地演讲,会给人生硬突兀的感觉,让听众难以接受。不妨以眼前人、事、景为话题,引申开去,把听众不知不觉地引入演讲之中。可以谈会场的布置,谈当时的天气,谈此时的心情,谈某个与会者的形象……例如,你可以说:"我刚才发现在座的一位同志非常面熟,好像我的一位朋友。走近一看,又不是。但是我想这没关系,我们在此已经相识,今后不就可以称为朋友了吗?我今天要讲的,就是作为大家的一个朋友的一点儿个人的想法。"在教师节庆祝大会上,如果天气阴沉沉的,你可以这样开头:"今天天气不太好,阴沉昏暗,但是我却在这里看到了一片光明。"接着转入正题,赞美教师职业精神和意义。

1863年,美国葛底斯堡国家烈士公墓竣工。落成典礼那天,国务卿埃弗雷特站在主席台上,只见人群、麦田、牧场、果园、连绵的丘陵和高原的山峰历历在目,他心潮起伏,感

慨万千,立即改变了原先想好的开头,从此情此景谈起:

> 站在明净的长天之下,从这片经过人们常年耕耘而今已安静憩息的辽阔田野放眼望去,那雄伟的阿勒格尼山隐隐约约地耸立在我们的前方,兄弟们的坟墓就在我们的脚下,我真不敢用我这微不足道的声音打破上帝和大自然所安排的这意味着无穷的平静。但是我必须完成你们交给我的责任,我乞求你们,乞求你们的宽容和同情……

这段开场白语言优美,节奏舒缓,感情深沉,人、景、物、情是那么完美、那么自然地融合在一起。据记载,当埃弗雷特刚刚讲完这句话时,不少听众已泪水盈眶。

即景生情不是故意绕圈子,不能离题万里、漫无边际地东拉西扯。否则会冲淡主题,也使听众感到倦怠和不耐烦。演讲者必须心中有数,还应注意渲染的内容必须与主题互相辉映,浑然一体。

五是反弹琵琶。听众对于平庸普通的论调都不屑一顾、置若罔闻。倘若发人未见,用别人意想不到的见解引出话题,造成"此言一出,举座皆惊"的艺术效果,会立即震撼听众,使他们急不可耐地听下去,这样就能达到吸引听众的目的。例如,在一次毕业欢送会上,班主任给毕业生致辞。他一开口就让学生们疑窦丛生——"我原来想祝福大家一帆风顺,但仔细想一想,这样说不恰当。"这句话把学生们弄得丈二和尚摸不着头脑,大家屏声静气地听下去——"说人生一帆风顺就如同祝福某人万寿无疆一样,是一个美丽而又空洞的谎言。人生漫漫,必然会遇到许多艰难困苦,比如……"最后得出结论:"一帆不顺的人生才是真实的人生,在逆风险浪中拼搏的人生才是最辉煌的人生。祝大家奋力拼搏,在坎坷的征程中,用坚实有力的步伐走向美好的未来!"十多年过去了,班主任的话语犹在耳边,给学生们留下了永难磨灭的印象。"一帆风顺"是常见的吉祥用语,而老师偏偏反弹琵琶,从另一个角度悟出了人生哲理。第一句话无异于平地惊雷,又宛若异峰突起,怎么能不震撼人心?

需要注意的是,运用这种方式应掌握分寸,弄不好会变为哗众取宠,故作聋人之语。应该结合听众的心理和理解层次,出奇制胜。再有,不能为了追求怪异而大发谬论、怪论,也不能生硬牵扯,胡乱升华。否则,极易引起听众的反感和厌倦。须知,无论多么新鲜的认识始终是建立在正确的主旨之上的。

六是诙谐幽默式。演讲时用幽默法导入,不仅能够较好地表现演讲者的智慧和才华,而且使听众能在轻松愉快的气氛中自觉不自觉地进入角色,接受演讲的内容。同时,在幽默趣味的开场中,不时发出一种与导入语的语感、语义十分和谐的笑声,这轻松的一笑,不仅给人以美的感受,而且能沟通双方的感情。约翰·罗克作为一个黑人哲学家,面对白人听众,其开场白是:"女士们,先生们:我来到这里,与其说是发表讲话,还不如说是给这一场合增添了一点'颜色'。"这诙谐幽默的开场白令听众大笑,牢牢地吸引了听众的注意力,一下子使听众兴趣盎然。

七是制造悬念式。人们都有好奇的天性,一旦有了疑虑,非得探明究竟不可。为了激发起听众的强烈兴趣,可以使用悬念手法。在开场白中制造悬念,往往会收到奇效。

制造悬念不是故弄玄虚,既不能频频使用,也不能悬而不解。在适当的时候应解开悬念,使听众的好奇心得到满足,而且也使前后内容互相照应,结构浑然一体。比如,有位教师举办讲座,这时会场秩序比较混乱,学生对讲座不感兴趣,老师转身在黑板上写了一首诗:"月黑雁飞高,单于夜遁逃。欲将轻骑逐,大雪满弓刀。"写完后他说:"这是一首有名的唐诗,广为流传,又选进了中学课本。大家都说写得好,我却认为它有点问题。问题在哪里呢?等会儿我们再谈。今天,我要讲的题目是《读书与质疑》……"这时全场鸦雀无声,学生的胃口被吊了起来。演讲即将结束,老师说:"这首诗的问题出在哪里呢?不合常理。既是月黑之夜,怎么看得见雁飞?既是严寒季节,北方哪有大雁?……"这样首尾呼应,能加深听众印象,强化演讲内容,令人回味无穷。

人们都有好奇心理,对于未知的东西有一种探索未知的冲动,这是人的一种本性。在演讲中利用悬念吸引听众一般有语言悬念和实物悬念两种类型。

第一,语言悬念。就是一开口出语奇拔,引人入胜,激起听众的好奇心。例如美国著名新闻报告家洛威尔在讲述劳伦斯上校在阿拉伯的冒险故事时,是这样开头的。"有一天,我走到耶路撒冷的基督街上,看见一个人,身上穿着东方皇帝所穿的华服,腰挂一柄穆罕默德子孙常佩的金质弯刀;但这个人的外貌却一点也不像阿拉伯人,因为眼睛是蓝色的,阿拉伯人的眼睛却永远是黑色或棕色的。"这段话立刻引起了听众的好奇心,他们张大嘴巴,急欲想听下文,他们在暗地里想:"这个人究竟是谁?为什么他打扮得像一个阿拉伯人,他做过什么事?后来怎么样了?"等。

第二,实物悬念。就是在演讲的开头,用一件或几件实物的展示来"抓"住听众的兴趣,而这些实物既与演讲的主题相关又不同寻常,又能勾起听众的好奇心理。例如,有一位日本教授给大学生演讲,一开始场面乱哄哄的。老教授并没生气,他从衣袋里摸出了一块黑乎乎的石头扬了扬,然后说道:"请同学注意看看,这是一块非常珍贵的石头,在整个日本,只有我才有这么一块。"同学们顿时静了下来,被这块并不起眼的石头吸引了,人人都在暗自发问:这是一块什么石头呢?如此珍贵?全日本才一块?老教授的悬念收到了效果。他面对静下来的同学和那一双双充满好奇的眼睛,才开始了他关于南极探险的演讲。最后大家都知道了那块黑乎乎的石头是从南极探险时带回来的。

八是插叙解释式。演讲开头,恰当地运用插叙的方法,不仅可以补充人物和事件,使演讲内容丰富和充实,引人入胜,还能使演讲波澜起伏,神采飞扬。冯小刚在题为《温故而知幸福》的演讲开头讲道:

"为什么要讲'温故而知幸福'这个话题呢?在回答大家这个问题前,我想先讲讲《温故 1942》的拍摄初衷。"接着,他插叙道:"那是,1993 年一个阳光明媚的下午,王朔从他的客房走到我这个客房来,扔给我一本小说,是刘震云写的《温故 1942》。我就一口气看完了,非常受触动。小说里写了 1942 年发生在河南的一场灾荒,三千多万人向陕西逃荒,途中有三百万人饿死。刘震云去采访那些幸存的当事人时,大家也都说记不清了。是不是我们是善于忘记的一个民族,还是说我们这个民族遭遇的苦难实在太多了?所以我下定决心要拍这个电影。"然后,冯小刚接着讲道:"如果你生在 1942 年的河南,你真的是叫生不逢时。你会觉得在今天,你怎么想你遇到的所有的挫折,你都不会想我被饿死了。跟饿死了相比,咱们目前的这些挫折、这些的不幸,其实都不在话下。所以,温故之后,才知道幸福。"

冯小刚运用的就是插叙解释式开头,即在叙述的过程中,对事件发展的原因,做一些解释和说明。温故知幸福,是从哪想到的,插叙的"那个下午的故事",就解释说明了这个问题。这种插叙,能够让听众了解事情的前因后果、来龙去脉,从而接受你的观点。演讲中,当我们需要解释说明时,可以运用这种开头方式,深刻演讲主旨。

九是材料引人式。俗话说万事开头难,演讲也是如此。一场演讲的开头十分重要,开头要像磁石一样,深深地吸引住听众,才能为接下来的演讲打开局面。因为讲理论或者作论述相对比较枯燥,所以很多演讲者会选择用一个精彩的材料作为开头,那么用什么样的材料作开头,才能达到磁石般的效果,成功地吸引听众的注意力呢?

要材料引人,首先要选用能激发听众兴趣的材料作为开头。如编剧郑晓龙的演讲《审美的变迁》是这样开头的。

> 从中世纪开始,欧洲人都认为洗澡是不健康的行为,会带来疾病,有人甚至认为,洗澡是一种罪。当时的肥皂非常昂贵,即使要用,也只能在面部、颈部和双手涂抹,偶尔也在脚上涂一点。因此,那个年代的人自然是体味浓郁,嘴里也是一股子臭气。为了掩盖体臭,女士们会在腰上别一个绣着精美花纹的袋子,里面装着香料。实际上,香水的问世,就是为了掩盖令人不快的体味。当时,英王伊丽莎白一世一个月洗一回澡,结果,同时代的人都嘲笑她有洁癖。当时,人们以不洗澡为荣,不洗澡甚至可以成为个人成就,发现新大陆的哥伦布很骄傲,因为他说自己一生只洗过两次澡,一次是出生的时候,一次是结婚之前。昨天的美有可能变成今天的丑,潮流总是随着时代的发展在不停变换。

在古代的欧洲,竟然以洗澡为耻,以不洗澡为荣,这也太不可思议了吧。演讲者开头的这段材料可谓妙趣横生,一下子就激发了听众浓厚的兴趣,吸引住了听众,使听众对接下来的演讲充满了期待。听众们会想,那么,接下来人们的审美是如何发生了变化的呢?这就为整场演讲定了成功的基调。

要材料引人,其次要选用能给予新知的材料作为开头,如一位演讲比赛选手在进行《合适的距离产生美》演讲的时候是如此开头的。

> 据专家介绍,如果地球和太阳的距离再近1%,地球就是一个永恒的"火焰山";如果再远3%,地球就是一个永恒的"广寒宫"。而现在的距离不偏不倚,恰到好处。仰望那些孤寂荒芜的星球,需要庆幸我们拥有多姿多彩的天气、舒适宜人的温度,庆幸我们与太阳之间合适的距离。所以不是距离产生美,而是合适的距离产生美。我们与人交往也是如此,就算关系再好,也不要不分你我,肆意去窥探别人的隐私,每个人的心里都有一个不愿被别人触及的角落;即使你与一个人合不来,也不要水火不容,正常的交往还得保持,不要"欲除之而后快",给自己树立敌人。

演讲者这段作为引子的开头材料,一般的听众是不可能了解到的,听众一开场便获得了新知,顿时产生了一种"没有白来"的感觉。而这个引子还打破了人们一贯的认识:距离产生美,更具体更到位地阐释了距离与美的关系:合适的距离产生美。开头新意盎然,听众自然愿闻其详。

十是实物开讲式。演讲者在开讲前,先展示某种实物,能给听众一个新鲜、感性的直观印象,实物展示式开头可以引起听众的注意,充分地调动起听众的兴趣和期待心理,一下子抓住听众。在某单位举办的以"珍惜时间"为主题的演讲会上,一名选手首先将一片黄叶展示给在场的听众:"亲爱的朋友们,你们看,我手中拿的是什么?是一片落叶吗?不错。然而这仅仅是一片落叶吗?不,它是穿越时空隧道的过客,是一首哀叹时间一去不回头的诗。我们读它,仿佛是在与那来去无踪的时间对话。从这里,我们不只看到了时间的伟大力量,同时也看到了时间的无情和冷峻。绿叶婆娑,那是时间的恩典;黄叶飘零,那是时间的摧残。面对它,我们还有什么理由不珍惜时间呢?……"演讲者灵活自然地选取"道具"——黄叶作为"切入点",并将其与演讲的主题巧妙地结合起来,用富有朝气与活力的语言,深入浅出、形象鲜活地唤起了听众对时间的哲理性思考,激起了听众心中的波澜,给他们带来耳目一新的感受。

十一是主动示弱式。在演讲的开头根据自身和现场的实际情况,主动示弱,就能一下子增强演讲的亲和力和感染力,收到活跃气氛、融洽关系的良好效果。例如,著名外交家吴建民先生刚到法国当大使时,在一次演讲中是这样开头的:"我在大学里学的是法文,但我从来没有在法国工作过。比起我的前任蔡方柏大使,我有很大的劣势。蔡大使前后在法国度过了 23 个年头,当了 8 年大使。而我在此之前,到法国的各种出差加起来不到 23 天,我不了解法国,非常需要大家的帮助……"话音一落,台下就响起了热烈的掌声。吴建民先生的演讲之所以能赢得听众的掌声,一个重要的原因是他在演讲的开头主动示弱:学的是法文,但没在法国工作过,显得谦逊;拿前任蔡方柏大使"在法国度过了 23 个年头,当了 8 年大使"与自己"到法国的各种出差加起来不到 23 天"相比较,言下之意是"请各位多多关照",显得不张扬。这样,他就在第一时间拉近了与听众之间的距离,赢得了听众的好评。

(2)引人入胜的演讲主体。主体是演讲的主干部分,演讲的价值和意义,集中体现在演讲的主要组成部分,即演讲主体中。

① 演讲主体的构成。演讲的主体至少应该包括四个方面。

一是独到的见解。演讲者要有自己的真知灼见,要能讲出别人想讲而未讲或根本没有想到的却对做人做事很有启发意义的道理,这样才能启迪人心,使人感动佩服。演讲最忌讳人云亦云,老生常谈。《让青春飞扬》是一篇优秀的充满时代气息和人生理趣的演讲词。她不谈古而论今,论的是当下许多青年人中流行的一种人生观,她从一首青年人喜爱的流行歌曲《再回首》的歌词开始,巧妙入题,单刀直入,直切主题,见解独到,三言两语切中要害,通过饱含情感的分析,批驳了一种无为的消极人生观,而鼓励青年大学生树立起积极向上的人生观和生活态度,相信许多青年朋友尤其是大学生们听了这样的演讲以后一定会有所感悟,受到启发。全篇演讲稿洋溢着一种浓郁的青春气息,给人一种昂扬向上的蓬勃感。

二是真挚的情感。"感人心者,莫先乎情。"演讲具有真诚而热烈的感情才能打动人心,引起听众心灵的交汇和共鸣。20 世纪 80 年代,曲啸的《心底无私天地宽》的演讲在中央电视台播出之后,深深拨动了千家万户、男女老少的心弦。许多观众都说:"曲啸同志的报告有血有肉,充满了对党、对祖国、对人民的无限信赖和热爱,而且充满了对生活、对事业、对信仰的执着追求,特别是曲啸同志结合他自身的实际、自身的经历,告诉人们应当如何正确对待社会、对待人生、对待爱情婚姻。"曲啸自己也说:"在演讲过程中,我讲'爱',我就满腔挚诚地爱;我讲'恨',就痛心疾首地恨。我用我的心血,甚至生命真实地表达着我个人的喜怒哀乐。于是,使我看到:听众与我一同进入了共同的喜怒哀乐。"

三是典型的事实。"事实胜于雄辩。"因为人的大脑对外界种种信息的接受,总是具体的易于抽象的,感性的易于理性的。事实具有直接现实性的品格,它能够以自己丰富多彩的活生生的形象直接打动听众的思想和感情,浅显易懂地体现和证明深奥的道理,无须听众多费脑筋去思考、消化、转换。因此,事实和道理是演讲主体部分相辅相成的两个方面,分担着说服和感染听众的共同任务。著名演讲家李燕杰在题为《德才学识与真善美》的演讲中,列举大量事实说明"人要想有学问,就得付出艰苦的劳动"这一朴素的道理:一位高考落榜、三十开外的青年工人,在两年半的时间里,在身份"三合一"(大学旁听生、工人、好爸爸)的情况下,发奋努力,最后通过考试,被录取为社科院科研人员;一个得过黄疸性肝炎的男青年,每月挣四十几元钱,节衣缩食买下七八百元的书,工作之余刻苦学习知识,寻求事业和理想的出路;一名患有眼病、肝病和胳膊先天畸形的女青年,却自强不息,矢志学习,等等。此外,他还提到了李四光、爱迪生、高尔基、贝多芬等多位名人年轻时发奋努力的事实。

四是动人心弦的高潮造势。"文似看山不喜平。"演讲也要求节奏鲜明,张弛相间,跌宕起伏。要有引人入胜的内容和动人心魄的高潮,力避平铺直叙,泛泛而谈。一次成功的演讲总会高潮迭起,扣人心弦,使听众达到"快者掀髯,愤者扼腕,悲者掩泣,羡者色飞"的出神入化的佳境。动人心弦的高潮造势常采用以下两种方式。

一种是以重复形成高潮。在演讲中有意识地进行重复,不仅是为了让听众记住一些重要词句,更重要的是在重复时通过有声语言的变化来加强语气、强调观点和升华感情,从而增强语言表达效果。1963年8月28日,马丁·路德·金站在林肯纪念碑的台阶上发表了"我有一个梦想"的演讲。在高潮阶段,他高举双臂,以充满电力的嗓音高声朗诵一位老黑人的精神赞歌,借此来呼唤黑奴的解放:"当我们让自由之声轰响,当我们让自由之声响彻每一个大村小庄,每一个州府城镇,我们就能加速这一天的到来。那时,上帝的所有孩子,黑人和白人,犹太教徒和非犹太教徒,耶稣教徒和天主教徒,将能携手同唱那首古老的黑人灵歌:'终于自由了!终于自由了!感谢全能的上帝,我们终于自由了!'"

另一种是以排比形成高潮。根据演讲内容的需要,运用排比的修辞方法,可以把演讲者的思想感情表达得淋漓尽致,把演讲和听众的情绪推向高潮。例如,周恩来在延安一次欢迎会上演讲的两个片段就成功地运用了排比形成高潮:"要胜利,不是拖而是打!要胜利,不是消极的抗战而是积极的抗战!要胜利,不是国内的分裂而是国内的团结!要胜利,不是政治的压迫而是政治的民主。""有办法!办法就出在陕甘宁边区!办法就出在八路军、新四军和敌后抗日根据地!办法就出在中国人民的身上!真正抗日的党派和军队中间!办法就出在中国共产党尤其是在我们的毛泽东的手中!"

② 引入激发听众兴趣的元素。在一开场营造有利的演讲气氛后,演讲进入主体阶

段,这时更需要你继续付出努力,紧紧抓住听众的注意力。人的注意力的集中是相对的,因为人们的思维活动是一刻不停的,在吸引听众注意力方面不能指望一劳永逸。一旦演讲者用平淡的口气叙述时,听众就会感到乏味,注意力就难免会分散。在演讲过程中,主题贯穿于整个演讲过程,可以只是一个,也可以由若干要点组成。注意不要涉及过多的要点,否则就会向听众填鸭式地灌输过多的信息,而听众是记不住那么多信息的。可以在演讲的过程中加入以下令听众感兴趣的元素来营造高潮。

a. 故事。听众都喜爱听故事,但是你与听众分享的故事应是与你的演讲主题、要点有关的故事,简短精练,发人深省的故事能帮助你把抽象的概念转换成与听众有关的情境,给听众以强烈的印象和深深震撼。

b. 逸事。所有的业务领域都有一些逸事。对于那些以前没有听说过这些逸事的人来说,这会引起他们的兴趣。逸事通常能够帮助听众去理解一个难以理解的概念。

c. 类比。类比能帮助听众了解复杂的概念。就用演讲来举例。做演讲就像学习开车,你还记得你第一次上驾校的课程吗?控制汽车多么让人沮丧,你是什么时候才让自己的驾驶动作协调起来,并开始享受驾车的感觉的?演讲也是一样,有许多事情需要顾及,可一旦你接受了好的建议并多加练习,不仅能成为好的演讲者,还能享受演讲的全过程。

d. 举例。试着讲述关于你的想法,或产品是如何成功地被运用到客户的实践中去的例子。

e. 事实和数据。以一种令人感兴趣的方式去讲述事实和数据,能够帮助听众把你提供的信息,与那些和他们有关的概念联系起来。例如:某个演示者正在谈论道路上的拥堵情况。他谈到在头两个月里售出了48万辆以上的汽车。接着他告诉听众,这么多的车辆能够填满整条沪宁高速公路上的所有6条车道。此时,听众就会容易理解这些数字的意义。

f. 定义。你可以通过定义,以简要生动的方式去阐述某个要点。比如,可以把市场营销定义成"以一种有利可图的方式去发现、预测和满足客户需求的管理过程",也可以对它进行更加简洁的定义——"以令客户满意的方式向客户推销产品"。

g. 幽默。幽默是最为有效的一种保持听众兴趣的方式。幽默不仅能够使你的听众放松,也能帮助你放松。许多人会认为,在向高层人士进行演讲的时候,最好不要掺入幽默因素。其实这是一种常见的误解。实际情况是,几乎所有的听众都乐于在演讲过程中享受放松。你不需要讲述一连串的笑话,通常可以讲述一个有意思的个人经历,或者一句经过仔细推敲的具有幽默感的话。

(3)耐人寻味的结束语。演讲的结束语,是演讲走向成功的最后一步,也是极为重要的一步,是演讲中给听众留下的一个"最后印象"。各种研究表明,演讲的结束比起其正文来说,更能被听众注意。好的结尾应该既是收尾,又是高峰,既水到渠成,又戛然而止;既铿锵有力,又余音袅袅、耐人寻味;既别开生面、不落俗套,又显得自然精妙。因此,讲究演讲结束语艺术,是保证演讲获得成功的重要环节。演讲结尾的语言艺术大致有如下几种。

① 总结全篇式。这是演讲结束语最常见的方式,就是用极其精练的语言,总结收拢全篇的主要内容,概括和强化主题思想。这样通过"近因效应",使演讲的要点更深刻地留在听众的记忆之中。毛泽东的《实践论》这篇演讲就是这样结尾的:"通过实践而发现真

理,又通过实践证实真理和发展真理。从感性认识而能动地发展到理性认识,又从理性认识而能动地指导革命实践,改造主观世界和客观世界。实践、认识、再实践、再认识,这种形式循环往复以至无穷,而实践和认识之每一循环的内容,都比较地进到了高一级的程度。这就是辩证唯物论的全部认识论,这就是辩证唯物论的知行统一观。"在商务命题演讲中,进行技术性和销售性的演讲时,演讲者可以运用总结去确保听众记住演讲要点。例如:"这些就是我提出的重组建议能够带来的利益,首先是……其次是……"在进行总结之前,演讲者要对如何回答听众提出的问题进行准备。

② 号召呼吁式。这种结尾方式就是运用一些情感激昂,富有鼓动性、号召性的语言,激励他们,号召听众采取行动,在美国独立战争前夕,国务卿裴特瑞克·亨利在弗吉尼亚州会议上的演讲便是采用这种方法结束的:"我们的同胞已经身在疆场了,我们为什么还要站在这里袖手旁观呢?先生们希望的是什么?想达到什么目的?生命就那么可贵?和平就那么甜美?甚至不惜以戴锁链、受奴役的代价来换取吗?全能的上帝啊,结束这一切吧!在这场战斗中,我不知道别人会如何行事,至于我,不自由,毋宁死!"亨利以"至于我,不自由,毋宁死"九个字的结束语来激励听众行动起来,争取他们站到自己的立场上来。当他话音刚落,先是全场愕然,随后就响起"拿起武器"的呼声。在商务演讲中,某销售经理通过告诉其销售团队关于新产品的详细信息,并予以鼓励之后,说:"准备工作已经就绪,你们说你们喜欢这款新产品,那就行动起来,努力销售这款新产品!"这也是典型的号召呼吁式结尾。

③ 引用名言式。心理学家研究表明:在演讲的结束语中引用权威人物的名言警句激励后人,比一般性的结尾,对人心理控制度可提高 21%~37%。恰当地结合演讲内容及要求,运用名人的名言警句结尾,可借助名人效应,使通篇演讲得以升华,给听众以深刻的启迪和印象。胡适的《毕业赠言》结尾,运用名言颇耐人寻味:"诸位,11 万页书可以使你成为一个学者了。可是,每天看三种小报,也得浪费你一点钟的工夫,四圈麻将也得费你一点半钟打发光阴。看小报呢?还是努力做一个学者呢?全靠你自己的选择!易卜生说:'你的最大责任,是把你这块材料铸成器。'学问便是铸器的工具,抛弃了学问便是毁了你自己。再会了!你们母校眼睁睁地要看你们 10 年之后成什么器。"这样的结尾,情真意切,令人心悦诚服地接受他的见解。

④ 重申重点式。成功的演讲者往往在演讲结尾重申此次演讲的重点,以加强听众的记忆。日本松下电器产业公司创始人松下幸之助在公司培训演讲的结束语中应用了这种方法:"我已讲过的六条,其重要性是不一样的。唯有第一条和第三条是公司生存发展中最致命的,即松下永远以质量战胜一切竞争者,松下的凝聚力高于一切。这两条将成为我们的法宝和座右铭,也是我要求全体员工切记的。"

⑤ 提出问题式。如果演讲者在演讲开场时提出了某个问题,那么,在收场时也可以回到那个问题上。例如:"如果你们不只依靠养老金去安度晚年的话,那你们在退休时是不是会更无忧无虑?"这种技巧的优势在于,听众对演讲者提出的问题会进行深思。

⑥ 故事收尾式。演讲者可以选择一个合适的故事去结束自己的演讲。以下是某个公司人事经理在一次演讲结束时讲述的一个故事:"最近我对一个年轻人进行了面试。他说他喜欢这份工作,但是令他感到失望的是,这份工作的工资比他前一个工作的工资要

低。我告诉他,我们这里提供可观的假期津贴,他说他以前任职的公司提供的假期津贴更好。我又告诉他,我们将向他提供公务车,他说他以前任职的公司提供的汽车性能更好。于是我问他为什么要跳槽,他告诉我说:那家公司破产了。"

⑦ 可供选项式。"可供选项式"的结语是一种久经考验的技巧。原因在于,它关注的是听众对你提出的方案进行考虑和选择。例如:"你们可以自己做出选择。我们是要继续仅在中国市场销售我们的产品,还是要做好准备应对进入国际市场的挑战呢?"

⑧ 引入高潮式。运用高潮式结尾应注意以下两点:第一,演讲者不要告诉听众要结束演讲,最好不用"我现在做个小结和归纳"之类的话,也不要用某种表情或动作来显示演讲即将结束。否则听众就会开始计算时间,分散注意力,很难继续专心听演讲。第二,应当让听众有一种余音绕梁、意犹未尽的感觉。高潮式结尾如果运用恰当的话,会收到很好的效果。

⑨ 诗词收束式。诗词结尾是指演讲者恰当地引用适当的诗词作结束语,情绪激昂,文字优美,使听众得到更深的启发,给听众留下一种余韵,极富感召力。可以收到余音绕梁不绝于耳、言有尽而意无穷的演讲效果。

(4) 气度不凡的演讲者形象。演讲者的形象是由演讲者形体动作的思想意志等构成的总体。它是演讲者通过演讲活动所表现出来的形体动作和思想意志的综合特征并给听众留下的突出、集中、深刻的总体印象。因此,演讲者的形象一方面是他的身材、容貌、表情、姿态、手势和动作等给听众的直观印象;另一方面是他的思想、意志、观念、智慧、精神和气质等给听众的思辨感觉。这两个方面的有机结合构成了气度不凡的演讲者形象。

演讲者的形象虽然是由这两方面有机结合而构成的,但是后者比前者更为主要,它是演讲者形象构成的主要方面。比如,我们今天已经无法获得闻一多和林肯演讲的直观形象,但是却可以通过表现他们思想、意志、观念、智慧、精神和气质的演讲词体会到关于他们的思辨感觉,并在脑海里构筑起演讲者的形象。有人研究《林肯的第二次就职演说》后,发现那是一个"倡导和平与正义的善良形象"。由此可见,后者是构成演讲者形象的主要方面。不但给听众以第一印象,而且是演讲者总体形象的组成部分。为此,优秀的演讲者对它都十分重视。

① 演讲者的仪表。仪表,通常是指人的外表。而演讲者的仪表应指经过点缀、修饰和打扮的外表。为此演讲者的仪表是需要特定设计的。演讲者的仪表是演讲者形象给听众直观印象的重要因素之一,讲究仪表,寻求外在的美,是理所当然的。

首先,讲究仪表是由演讲的目的所决定的。仪表,作为演讲者形象给听众以直观印象的重要因素,是给听众的"第一印象"的主要部分,对于获得听众的好感、尊重和爱戴是至关重要的。所以演讲者对仪表不能不讲究。

其次,人都是按照美的规律打扮自己、建造世界。"爱美之心人皆有之",每个人都希望在社会活动中展现自己的美,在演讲中这种欲望将更加强烈,演讲者绝对不能给听众留下一个蓬头垢面、不修边幅的印象;同样,听众也决不愿意在眼前晃动着一个邋邋遢遢、衣衫不整的演讲者。只有堂堂仪表才能满足演讲者和听众对美好形象的追求。

再次,演讲者讲究仪表是对听众的尊敬,体现一个人仪表的主要方面是容颜和服装。讲究仪表是提高自信心、增强自尊心的重要途径和手段。女性可以通过化妆突出面部优点,掩饰其瑕疵,美化肌肤和五官,使演讲者更加朝气蓬勃、容光焕发、充满成功的信心。值得注意的是无论服装、饰品还是化妆,最要紧的是和谐、自然、文雅、大方。过分地追求可能弄巧成拙,事与愿违。演讲者着装打扮要注意做到四个一致:一是要和演讲者的思想感情及演讲内容的基调一致。表示喜悦、欢庆内容的演讲最好穿浅色服装会让人心情愉快;而在发表严肃、庄重、哀痛等内容的演讲时应穿深色或黑色的衣服,这样能更好地表达演讲者的情感,烘托气氛;以青春、理想为主题的演讲,则可穿较简洁、时尚些的服装,以传递青春气息和奔放的热情。二是要和肤色、体型、年龄相一致。一般来说,服装不能和自己的肤色反差太大(不过肤色较黑的最好不穿黑色的服装)。稍胖者宜穿深色和竖条的服装,较瘦者宜穿暖色和明度较高的服装,青年宜穿款式活泼(不是奇装异服)和色彩鲜艳些的,中老年人可穿淡雅些的等。三是要和自己的气质、性格及职业相一致。好动的人可借助蓝色,增加文静的感觉,沉稳的人可借助浅色增添活力;在特定的情况下,有时可以穿职业装(如民警、税务人员、军人、护士等),以显示自己的身份和对自己工作的热爱。四是要和演讲环境相一致。在建筑工地或救灾一线进行即兴演讲,大可不必换装,带着泥水的工作服要比笔挺的西装更有感染力。

最后,要穿出"和谐统一"的美感来,所谓和谐统一,一是注意服装和鞋子要配套(如不要西服配旅游鞋之类);二是上装和下装从款式到颜色要和谐;三是装饰物要和服饰及人物身份统一等。

此外,演讲者还要注意恰当选择装饰物。常见的装饰物有围巾、帽子、头饰、耳环、首饰、胸针等,不同体形和肤色,不同的年龄和性别对装饰物要求不一样。各种装饰的佩戴必须符合一定的礼仪规范与佩戴原则,才能达到合理渲染的效果。戴眼镜也是一门艺术。从女性看,方圆形脸应选择窄型眼镜;椭圆型脸,一般眼镜均可。从男性看,圆脸型宜选用长方形镜架,尖型脸最宜戴有锐角形镜架;方形脸选用大方型镜架,这样会产生坚定、沉稳的效果。只要人们切实根据自身特点与实际做出恰当、正确的选择,定会使服饰表现出不同风格的艺术魅力。20世纪60年代初美国总统竞选时,尼克松本来处于优势,但由于他没有注意修饰自己,以憔悴不堪的形象出现在电视屏幕上,结果失去了许多拥护者。而他的竞争对手肯尼迪却服饰整洁、气宇轩昂,以微弱的优势战胜了尼克松,这个结果与肯尼迪的仪表不无关系。

② 演讲者举止礼仪。演讲者的举止,即演讲者整个身体的姿势,而礼仪是指演讲者在演讲前后和演讲过程中对听众的礼节。举止与礼仪是演讲者的思想、品格、修养的外在表现,是演讲者风度和形象构成的重要因素。这是演讲前听众就能见到和感到并给听众留有的"第一印象",所以历来为演讲者所重视。

演讲者的举止,泛指演讲者的整个身体姿势。它要求演讲者在演讲过程中举手投足及细枝末节都要落落大方,得体自然。有人在台上常常不自觉地做出些"小动作"来,背手低头不敢正视听众;用手不住地抻衣角或扭动衣扣;男士用手挠脖子,女士则不住地用手往耳后拨弄本来没有掉下的头发。尤其是忘词时,一些人的举止更是不雅,向旁边的"词托儿"或主持人翻眼求援;耸肩缩脖不知所措;摆着手连连说"sorry"(对不起)等。因此,作为一名演讲者不论遇到什么情况,都要保持自己高雅得体的形象。具体策略是:以"静"制"动",即不管情况多糟糕,也要沉着冷静。比如,紧张时做深呼吸,调整心态之后再演讲,中间忘词时可以大大方方地拿起稿子念上一段。当会场纷乱时可以调整自己的语气、语调,或微笑行注目礼,等稍安静后再接着讲。

演讲者在演讲过程中(包括演讲前后),其举止与礼仪应做到潇洒自如、落落大方、彬彬有礼、温文尔雅。因此要注意以下几个方面。

一是进入会场。有人陪同时,听众可能已经坐好,若几个人同时进入会场,不可在门口推托谦让,而应以原有的顺序进入会场。听众如果起立、鼓掌欢迎,演讲者应边走边表示谢意,不可东张西望,更不要止步与熟人打招呼、握手;没有人陪同时,听众可能没有完全入场,要寻找靠近讲台的边坐好。不要在门口观望或等听众坐好后进场。

二是入座前后。有人陪同,要等陪同人指示座位,并应等待与其他演讲者同时落座,先人而坐有失礼节。如果先进入会场,被主持人发现时给调换座位,应马上服从,按指定座位坐好,并表示谢意。坐好后不要回头或左顾右盼找熟人,更不要主动与别人打招呼,那样显得轻浮。

三是主持人介绍。演讲前主持人常常要向听众介绍演讲者,主持人提到名字,演讲者应主动站起来,立直身体,面向听众,并微笑致意,估计听众可以认清再转身坐下,如果主持人介绍词中介绍了演讲者的成绩或事迹,听众反响强烈,演讲者应再次起身,向听众致谢,并向主持人表示"不敢当""谢谢"之意。如果反响一般就不必再次致意,否则,多此一举,反而不美。要不要再次表示谢意,应审时度势,当机立断,过频或过分都有失礼节。

四是走上讲台。当主持人提到名字,演讲者应站起身来,首先向主持人点头致意,然后走向讲台。走路时上身要平稳直立,不躬腰,不腆肚,步伐不疾不徐。目视前方,虚光转弯,面向听众站好,正面扫视会场,仿佛与听众进行一次目光交流,然后以诚恳、恭敬的态度向听众敬礼,稍稍稳定一下后,再开始演讲。注意,有经验的演讲者一定不会一上讲台就马上开讲。

五是站位和目光。站位不但考虑演讲时活动的方便,更要考虑听众观察演讲者的方便,听众不论在什么地方都能看清演讲者的演示,方便情感双向交流。要讲究站立的姿势,站姿得当,会显得英姿干练,生气勃勃,给人以美感。站姿不当,不但形象不美,而且不利于动作,如果失去平衡造成失态,这是对听众的不敬。目光要散向全场,落到每位听众的脸上,听众仿佛觉得光顾到他,仿佛与每位听众都进行过目光的交流。但是目光又不要总与一个听众的目光相撞、交流。演讲者的目光集中一隅、盯住不放就是对听众的失礼。

六是走下讲台。演讲完毕,要面向听众敬礼,向主持人致意。如果听到掌声,应再次向听众表示谢意,然后下台回到原座位。走路要和上台一样,不要因为"这下可讲完了"或者为了抓紧时间就匆匆忙忙、慌慌张张。这会给听众留下不好的印象,甚至影响下面演讲者的演讲。这就有失礼节,对人不敬。

七是走出会场。演讲全部结束,演讲者可能由主持人陪同先行退场,听众出于礼貌,或站起身来,或热情鼓掌,这时演讲者要同样热情回报,或鼓掌或招手以致意,直至走出会场。如果听众先退出会场,演讲者应起立,面向听众,目送听众。

③ 演讲者的手势和面部表情。在商务演讲中,手势动作的出现,一不要过多,否则会喧宾夺主,分散听众的注意力。二不要过多地重复同一个动作。一个手势动作在演讲的整个过程中最多不能超过三次,否则会引起听众的厌烦心理,而影响演讲效果。三是手势

应当与语言、声音、表情协调一致,自然大方,以赋予手势以悦目赏心的自然美。

波兰著名经济学家格列科夫斯基在研究商务演讲效果时,通过对 1945 个典型案例的分析,总结了这样一个公式:商务演讲的效果＝15％的言辞＋34％的音量传动波＋47％的面部表情效果＋4％的动作效应。从这个分析中,我们不难看出,演讲者的面部表情对商务演讲效果的重要作用。如何通过演讲者的面部表情有效地表达其丰富的内心世界呢?一般地说,要注意鲜明感、灵敏感的统一。鲜明感是指演讲者的面部表情伴随其演讲的内容而准确、明朗地表现出来。该喜则喜,该悲则悲,该怒则怒,该忧则忧,不能似是而非。灵敏感是指演讲者伴随演讲的内容,能够迅速、敏捷地反映出内在的情感。在演讲中,演讲者的面部表情是通过两者的有机统一而表现出来的。眼睛是心灵的窗口,不同的眼神表现着不同的思想感情。眼神坦荡、清澈,表现演讲者为人正直,心胸宽广;眼神狡黠、阴诈,表现演讲者为人虚伪,心胸狭窄;眼光执着,表现演讲者志向高远,信念坚定;眼光浮动,表现演讲者为人轻薄浅陋。因而,一个高明的公共关系演讲者,应善于恰当而巧妙地运用自己的眼睛去辅助有声语言,充分表达自己的感情。

(5) 从容应对的控场技巧。所谓控场技巧,是指演讲者对演讲场面进行有效控制的办法。在演讲的过程中,由于种种原因,可能导致听众情绪不佳、注意力分散或现场秩序混乱等。演讲者为有效地调动听众情绪,集中听众的注意力,驾驭场上气氛及秩序,使其朝着有利的方向发展,就需要借助控场技巧来完成。关于控场,不同的演讲者有着不同的方法,常用的有以下几种。

① 注重气势。气势不是刻意地让听众感受到演讲者在演讲时的凌厉,或者演讲者的高大和威风,而是感受演讲者的气质和风度、在台上的镇定自若和演讲中的自信态度,使听众感受到演讲者的思想力量。这需要从演讲内容、肢体语言等方面下功夫。手势、眼神、语气的运用起着重要作用,手势要精当,眼神要真诚坚定,语气要充满感情,有起伏变化。

② 调动气氛。演讲者要注意观察听众的反应。一般来说,如果听众注意力集中,专注地看着演讲者,或者互动情况很好,说明演讲者能吸引听众,主导着现场气氛,演讲者的情绪也会越发高涨,越讲越好。如果演讲者自己沉浸在某一问题的陈述中,而听众却表现出不关心、没兴趣或者做小动作等,就要马上调整内容,加入生动的事例等,以吸引听众的注意,调动听众的热情。气氛越活跃,演讲效果才会越好。幽默是调节现场气氛的润滑剂、缓冲剂。如胡适在一次演讲时这样开头:"我今天不是来向诸君做报告的,我是来'胡说'的,因为我姓胡。"话音刚落,听众大笑。这个开场白既巧妙地介绍了自己,又体现了演讲者谦逊的修养,而且活跃了场上气氛,沟通了讲者与听众的心理,一石三鸟,堪称一绝。

③ 控制气息。在发声的过程中,有的人声音微弱,底气不足,听众听不清楚演讲者在说什么,听得昏昏欲睡;有的人嗓门过大,嗓子很快就哑了,听众听着也觉得不舒服。因此在演讲中,领导干部一定要学会控制自己的气息,适当地学习一些发声技巧,把握发声节奏,保持气流通畅。

④ 细节处理。一是话筒问题。话筒是演讲者语言力量的输出口,是影响演讲效果的重要技术因素。要注意话筒与演讲者之间的距离。如果离得过远,传出来的声音就显得单薄,音效就不好,特别是在露天中的演讲更应注意。如果离得太近,过强的音量冲击话

筒,会使声音变质。正常情况下,演讲者与话筒应该保持10厘米左右的距离。要提前试音,尽可能按照自己正常的音量去讲,并请音响工作人员予以调整。二是喝水时机。如果演讲者感觉嗓子有点干,或者不舒服,该喝水的时候就喝,不用避讳。有些人端着水杯趴到桌子底下喝,大可不必这么做。喝的时候稍微低下头或侧下脸就行了。如果喝完水后嗓子还不舒服,就清一下嗓子,注意不要对着话筒即可。三是场上意外。会场上可能还会发生一些小的意外,这时,演讲者不要惊慌,尤其不要因此而影响自己的思路和情绪。如果话筒被别人碰倒,扶起来接着讲就是;杯子不小心被碰倒了,抓紧处理一下也没有什么影响;有人打断演讲者的话或者有人递纸条表示不同意见,也完全正常,不要因为生气而中断演讲。要自如地解决这些会场上的突发事件,保持对现场的控制力。演讲场所的气温环境如果超出自己的想象和准备,要及时采取补救措施。如果太热一直出汗,要备好纸巾;如果天气过冷,也会造成被动。笔者就曾遇到过领导干部大冷天穿得单薄冻得说不出话的情况,因此要提前做好保暖措施。妥善应对这些细节问题,保持得体的风度,也是领导者具有较强应变能力的体现,不可等闲视之。

⑤ 脱稿演讲。既有助于增强听众对演讲者的信服感,也有利于更好地和听众交流。

总之,演讲者控场的最高境界在于——营造一个让听众和自己完全融为一体的氛围,并确保这个氛围始终如一。演讲者熟练地把握好控场技巧,恰当使用,演讲就将会游刃有余,成功在望。

5.3 即兴演讲

随着人们交际范围的日益扩大和人们演讲水平的提高,即兴演讲已经更广泛地应用于答记者问、观后感、来宾介绍、欢迎致辞、婚事贺词、丧事悼念、宴会祝酒、赛场辩论自由发言等场合。作为商务工作者,也许你要参加一次会议,或者被同事邀请参加聚会,或者在参加一次集会或推介会时被要求现场发言,这就对你的即席发言能力提出了一定的挑战。本章就与大家探讨一下即兴演讲的有关问题。

即兴演讲是一种广义的演讲,是演讲者在无准备情况下临场构思起来"讲几句话",故被人称为"脱口而出的艺术"。在纷繁复杂的日常交际活动中,凡集会、讨论、访问、会谈、参观甚至致贺等,都要用到它。考察各种即兴演讲的发生,不外乎两种情况:一种是演讲者身临其境、有所见、有所感、有所想,产生强烈兴致而做的演讲,这是主动的即兴演讲。另一种是演讲者受邀请,遭"袭击"而被迫发表的演讲,这是被动的即兴演讲。

(1) 即兴演讲的特点。较之一般的演讲,即兴演讲有其特殊性,这主要表现在以下四个方面。

第一,话题明确,针对性强。由于即兴讲话一般是对近期或眼前情况的"有感而发",这就使话题的内容在一定的范围内,显示其鲜明的针对性。所以选题宜小,内容比较集中,议论求准、求精。

第二,态度明朗,直陈己见。即兴讲话是在有限时间内对现实话题所做的迅速的反应,所以一般是直截了当地表明自己的看法,褒贬分明,毫不含糊,很少山高水远地绕弯子。

第三，有感染力，有说服力。即兴演讲注重临场发挥，但临场发挥并不是信口开河，要力求说在点子上，以内容的深刻精辟及其无懈可击的逻辑力量令听众信服，同时力求贴近生活实际，以饱满的热情感染听众。

第四，短小精悍，生动活泼。即兴讲话常以简明扼要显其力度，并以亲切生动的表述给听众留下深刻的印象。但短小并不是空洞无物，恰恰相反，它要言之有物，信息密度大，应当实现思想性、知识性和趣味性的统一，显示出一种"磁性"。

（2）即兴演讲的要求。即兴演讲要取得成功，关键在于运用言语思考能力在头脑中进行快速构思。其基本要求体现在以下几个方面。

① 要有明确的目的。由于场合、气氛、主题各不相同，当站起来说话时，要紧扣主题，并尽可能与场上的气氛和谐一致。在喜庆的场合，不要说丧气话；在庄严的场合，少说玩笑话。最好围绕主题，有一说一，有二说二，切忌东拉西扯。

② 要有敏捷的思维。自己要讲的内容应迅速筛选，挑选与之有关的内容来讲，其他的"忍痛割爱"。对在场听众的反应也不可等闲视之，即便在讲的过程中也要通过"察言观色"体察听众的反应和场上的气氛，并对要讲的内容、语气、节奏等做出相应的调整。

③ 要快速组合材料。在中心和材料确定以后，先讲什么，后讲什么，要做到心中有数。一边讲，一边也要用语言去充实，使之条理清楚，内容充实。一般来说，是先有思维，后有语言，二者之间有那么一点点间隙，反应迅速就能心到口到，使讲话一气呵成。

④ 要讲出有见地的内容。即兴讲话要求讲话人反应迅速，不论是主动演讲，还是被动应付，都能就地随时产生出思想，找到话题、资料和语言，并有机地组合起来，在口头上如声应响地表达出来，所以即席发言者注意力高度集中，其睿智常在此时迸发，深邃敏捷的思考能给听众以极大的启迪。即兴讲话虽然没有过多时间作充分准备，但不等于说可以草率处之。其实，就是一两分钟的讲话，也应有新的见解，争取引人入胜。因此，在别人说话时要留心听，对别人的意见或观点要认真思考。到自己发言时，或补充发挥人家的观点，或另辟蹊径，提出新的观点。千万不要重复别人讲话内容，若真那样，听者反应冷淡，自己也自讨没趣。

（3）即兴演讲的语言特色。即兴演讲独特的时境状态和交际氛围，决定了它必然具有区别于备稿演讲的语言特色。这种语言特色主要应该有以下四点。

① 符合情境。众所周知，即兴演讲是演讲者在特定场合、有感而发的演讲。客观情境，不仅能对演讲者的心理予以刺激，促使其增强演说欲，启迪思维，而且会对演讲者的语言产生影响，致使其口头表达呈现出鲜明的情境特色。在即兴演讲的具体情境中，有许多可以让演讲者借以说开去的媒介，比如时间、地点、天气、景物等。因此，只要即兴演讲者巧于捕捉这些媒介，触景生情，使其成为刺激源，化静为动，让情境为我所用，激发出演讲兴奋点，并由此引申开去，生发观点，就能很容易地引起听众的兴趣，使你的即兴演讲应情应景，溢彩生辉。

例如，上海市新闻工作者协会主席，原《解放日报》总编辑王维同志，一次出席上海市企业报新闻工作者协会成立大会，这次会议是在上钢三厂新建的俱乐部会议厅召开的。他即兴演讲的开头是这样的："我来参加会议，没有想到有这么好的会场，这个会场不要说是市企业报记者协会成立大会，就是市记协成立大会也可以在这里召开。没想到有这么多的企业报记者、编辑参加这个大会,它说明企业报的同人是热爱自己的组织、支持这个组织的。没有想到今天摆在主席台上的杜鹃花这么美丽。鲜花盛开,这标志着企业报记者协会也会像杜鹃花一样兴旺、发达。"他的演讲激起阵阵掌声。在这里,引发王维同志作这场精彩即兴演讲的显然是令人赏心悦目的会场布置。置身于美丽的俱乐部会议厅,王维同志触景生情,感慨万千。首先,他就地取材,巧妙地在演讲会场、到场人员和灿烂鲜花上做文章,连用三个"没想到"构成排比句式,生发出一番对企业报记者协会的由衷赞美,含蓄地揭示了企业报记协雄厚的经济实力。接着,他以目光所及的杜鹃花,以一句"鲜花盛开,这标志着企业报记者协会也会像杜鹃花一样兴旺、发达",充分表达了对企业报记者协会的美好祝愿与支持,既符合演讲的主题,又显得生动形象,自然贴切,动情感人,着实令人叹服。

② 口语表达。演讲是一种口语表达活动。在备稿演讲中,演讲者就不能不注重它的口语色彩。同备稿演讲比,即兴演讲更具有鲜明的口语特色。实践经验表明,演讲者只有运用通俗明快、朴实自然的口语表情达意,才能在即兴演讲中创造一种观众喜闻乐见的现场气氛。例如:"对一个人,不同的人有不同的感觉。我的下属看见我就觉得可怕。他们想到的就不是魅力,就可能是恐惧。南方有句话,叫空谈误国,实干兴邦。我每天工作到午夜,不是我勤快,是事情逼到这份儿上了。我对干部说,我一天工作十几个小时,你们干8小时能干好?现在讲潇洒,讲休息,我就不信这话。我说不把干部们累死我不甘心,不过这两年先别累死,还得让他们干活呢。"这是一位市长听了记者称赞他给人"感觉非常好""很有魅力"之后的一段即兴讲话。由此可见,这位政府官员讲话既不带官腔,也不事雕琢。他善于运用浅显的词语、灵活的句式和变化的语气坦诚直言,给人以朴实亲切的感觉。正是这通俗易懂、切实感人的口语,体现了一个勤政为民的领导干部平易近人的作风和求真务实的精神。

③ 简洁鲜明。即兴演讲是在特定的场景中进行的。一个明智的演讲者,不会毫无顾忌地喋喋不休。因为这种饶舌,不仅会给人以啰唆之感,令人讨厌,而且由于准备不充分,说多了也难免出现口误。倒不如讲得少而精,讲得多些见解,表达效果反倒会好些。例如:

你们好!此时,面对大家,我真的有些紧张。我在想,你们能接受我吗?

我是一名医学硕士研究生。传统观念里,人们常常把研究生和书呆子联系在一起。在这里,我要用自己的实际行动告诉大家:研究生同样有美的理想、美的追求,同样热爱美的生活。

作为一名未来的医生,我从未后悔过对救死扶伤这一崇高职业的选择;作为一名现代女性,我更珍视拥有充实多彩的人生。

在此,我要用敢于参与的实际行动来证明:春城的小姐都不是花瓶,而我们女硕士研究生也都不是书呆子。

这是一位女研究生在礼仪小姐决赛场上的即兴演讲。演讲者走上台来,并不奢谈本次竞赛活动的重要意义,也不畅叙本人求学成功的曲折经历。短短几句话,中心明确,层次清晰。不仅陈述了自己现场的真实心境、参赛的独特动机,而且表达了自己崇高的职业理想、远大的人生追求,给听众以强烈的感染和深刻的启发。如此精粹的即兴演讲,突出体现了语言简洁的鲜明特色。

④ 幽默风趣。幽默感,作为一种特定的审美态度,是演讲者人格魅力的生动体现。演讲心理学研究表明,在即兴演讲中,激发演讲者产生说欲的"兴",不仅可以成为幽默语言的心理触媒,而且能够增强语言幽默的现场效应。因此,演讲者应当根据现场实际需要,善于运用多种艺术手段,表现出语言的幽默特色,使即兴演讲充满情趣性和感染力。例如,"新东方"创始人俞敏洪先生在上海新东方总部的一次即兴演讲。

> 上海我已经一年没来了,所以今天很多同学来不是来听我的讲座的,而是来看看我长什么样的。我在新东方算是长得比较难看的,但是,自从陈向东老师来到新东方以后,我就比较自信了。我在新东方讲英语也算讲得最差的,但是,自从陈向东老师来了,我也有自信了。我相信,这次他从哈佛回来,他的英语口语到今天依然排在我后面。当然我和陈向东老师两人都是从农村出来的,陈向东老师更加保持了乡村的淳朴风味。
>
> 我想说的是,其实外表并不重要,真正重要的是一个人的知识、技能、生活经验、工作经验、判断力,以及最后把所有这一切加起来,上升成你这个人的智慧。当拥有智慧以后,这个世界就会变得非常美好,当你没有智慧,你会发觉这个世界处处与你作对,甚至有的时候你连生存下去都不可能。

在演讲中,俞敏洪没有正面开题,而是从反面切入,先拿自己开涮,一步一步地为展开演讲话题做铺垫。开场的第一句,俞敏洪就单刀直入,从自己身上寻找即兴演讲的刺激源,以"我在新东方算是长得比较难看的""我在新东方讲英语也算讲得最差的",向自我开炮,大胆巧妙地自嘲,并且拿陈向东与自己比较,加以调侃,吊足了在场听众的胃口,使人们对下面的讲述充满了猜测和期待,显示出了演讲者的幽默、智慧、坦诚与自信。最后,俞敏洪用"我想说的是……"一句引出了话题——一个人的智慧重于外表。三言两语,一下子就将听众的注意力凝聚起来,为接下来的精彩演讲打响了第一炮。

(4) 即兴演讲的成功要素。即兴演讲是事先无准备、临场现发挥的演讲,它要求演讲人既能快速构思,又能流利表达。怎样才能达到这样的境界,取得即兴演讲的成功呢?必须从以下三个方面入手。

① 储备材料。作为即兴演讲,临时构思必须有素材,现场表达必须有内容。倘若脑袋空洞无物,即使嘴皮子再灵,也免不了犯"无米之炊"之难,受"思路枯竭"之苦。可见,储备材料是关键所在。材料不是天上掉下来的,而是从平时的学习(也包括向生活学习、向社会学习)中积累起来的。一个人的知识面越宽、阅历越广,他的素材就越丰富,思路也就越开阔。当然,"积累"必须以"观察""多思"为基础。如果看书走马观花、听广播看电视过而不留、生活现象熟视无睹、社会新闻充耳不闻,讲话构思还是免不了"搜索枯肠"。积累,就是把所察所思储存起来,积累的东西方方面面,但归结起来不外两大类:一是典型事例;二是理性思辨。前者使我们说话有"凭据",后者使我们分析有"道理"。需要时,可顺手拈来,使其为某一论题服务。当你用一根思想的红线把材料的珍珠串起来时,一篇有理有据的"腹稿"就形成了。

② 构筑框架。材料有了,怎样迅速构筑起演讲的框架呢?请熟练掌握以下一些构筑框架的方式。

首先是开头部分。"好的开头往往是成功的一半。"即兴演讲一般时间都不会太长,精彩而有力的开头就显得更为重要。以下两种基本开头方式入题快、吸引人,可供采用。

一是直入。演讲开头直接进入论题,亮出观点。这样的开头干净利落,醒人耳目,而且无须费时费心去找寻其他的"引子"使用这种方法切忌含含糊糊,要求观点明确,态度明朗。

二是借境。这是指演讲者利用当时当地的环境特点来烘托会议气氛、激发听众热情的一种演讲方法。这种方法灵活生动,富于情感。但描绘的环境特点必须与主题思想相吻合,切不可牵强附会,卖弄风骚。鲁迅先生曾在厦门中山中学作过一次演讲,他开头时说:"今天我能够到你们这学校来,实在很荣幸。你们的学校,名叫中山中学,顾名思义,是为了纪念孙中山。中山先生致力国民革命 40 年,结果创造了'中华民国'。但是现在军阀跋扈,民生凋敝,只有'民国'的名目,没'民国'的实际。"鲁迅先生从自然环境中的学校名称讲起,一针见血地指出了名与实之间的巨大反差,从而激发出中山学校的师生们为完成中山先生未竟事业而奋斗的革命热情。

其次是主体部分。主体部分是用来展开演讲内容、充分阐释自己观点、见解的部分。即兴演讲也要求结构的简明完整,达到基本的要求:主题鲜明、中心突出、层次分明、条理清晰、前后连贯、首尾呼应。它的构架方式多种多样,最基本的有以下几种。

一是一事一理式。这是最简明的结构,通过一个典型的事例,从中说明一个深刻的道理。先立论再举实例,然后再分析道理。例如:

> 在求职应聘的时候,什么是最重要的呢?有人认为是扎实的专业知识、过硬的职业技能;有人认为是多种综合素质;有人认为要有敏锐的头脑;我认为除了以上条件以外,最重要的是要有正直的品行。
>
> 一名学生刚从学校毕业,在一家医院谋求到实习护士这一职位,试用期为一个月。在这一个月内,如果能让院方满意,就可以正式获得这份工作;否则,就得离开。
>
> 一天,交通部门送来一个因车祸而生命垂危的病人,实习护士被安排做外科手术专家——该院的院长亨利教授的助手。复杂艰苦的手术从清晨进行到黄昏,眼看病人的伤口即将缝合,这名护士忽然严肃地盯着院长说:"亨利教授,我们用的是 12 块纱布,可你只取出了 11 块。"
>
> "我已经全部取出来了。一切顺利,立即缝合。"院长头也不抬,不屑一顾地回答。
>
> "不,不行!"这名护士高声抗议道:"我记得清清楚楚,手术中我们用了 12 块纱布。"
>
> 院长没有理睬,命令道:"听我的,准备缝合!"
>
> 这名护士毫不示弱,她几乎大声叫起来:"你是医生!你不能这样做!"
>
> 直到这时,院长冷漠的脸上才浮起欣慰的笑容,他举起左手心里握着的第 12 块纱布,向所有的人宣布:"她是我最合格的助手。"

这篇题为《正直的品行》的即兴演讲，采用了最简洁的一事一理式结构，短小精悍。

二是结构精选式。美国演讲专家理查德总结了一个"结构精选模式"，称为即兴演讲的"四部曲"，这四部是：

  a. 喂，请注意！（开头就激起听众的兴趣）

  b. 为什么要浪费这个口舌？（强调指出听演讲的重要性）

  c. 举例子。（用具体事例形象化地将一个个论点印入听众的脑海里）

  d. 怎么办？（具体讲请大家该做些什么）

第一步"喂，请注意！"提示我们必须首先唤起听众的兴趣。理查德以《保障行人生命安全，减少交通事故》这一主题的即兴演讲的两种构思方式比较为例，认为不要平铺直叙地开始演讲："今天，我要讲的内容是保障行人生命安全，减少交通事故。"而应该用耸人听闻的悬念做开头，引起听众的注意："上星期四，特地购买的450具晶莹闪亮的棺材已运到了我们的城市……"理查德设计的这一开头，虽然不符合我们中国人的忌讳心理，但它无疑具有一种先声夺人的气势，它能激起听众质疑，使他们很想弄清事情的究竟。

"为什么要浪费这个口舌？"是第二步。理查德说，接下去你应向听众讲明为什么应当听你演讲。若谈交通安全问题，可这样讲："不讲交通安全，那订购的450具棺材也许在等待着我，等待着你！等待着我们的亲人。"理查德所讲述的"为什么"既联系着"我"（演讲者），又联系着"你"（听讲者），还联系着场外和你我有关系的千千万万的"亲人"，这就使所有的与会者不知不觉地成了他的"俘虏"，在心理上与他产生了共鸣。

紧接着的第三步为"举例子"。理查德指出，比如谈交通安全问题，你若用活生生的事例来说明那些会使人们送命的潜在因素，远比只讲那些干巴巴的条文："造成交通事故的原因有如下几点：……"要好得多。可以举个实例："就在前几天我目睹了一起惨不忍睹的交通事故，一名身怀六甲的妇女艰难地穿过马路，一辆重型卡车疾驰而过，孕妇躲闪不及，被撞倒在地，随着一声惨叫，她在车轮下丧生，躺在血泊中的还有她未出生的、已经是血肉模糊的婴儿。闻讯赶来的丈夫一手搂着死去的妻子，一手托着没有一丝气息的婴儿，当场昏死了过去。在场的人无不捶胸顿足、扼腕叹息。据调查，这是一起因司机酒后驾车造成的恶性交通事故。"事例震撼人心，效果强烈。

"怎么办？"是最后一步，理查德要求演讲者注意的是，这一步一定要告诉听众，你谈了老半天是想让人家做些什么，最好能讲得生动一点、具体一点、实际一点。从根本上说，"怎么办"是演讲者的目的所在，如果演讲者忘记了这一步，或者这一步处理不好，就会给听众留下无的放矢或不知所云的感觉。演讲者应当明确告诉听众："下面我想告诉大家，当……时，应当……；当……时，应当……；当……"

理查德还认为，"为什么"和"举例子"这两部分如同馅饼里的馅儿，味道全在这里面。但是，这两部分要与引人注意的"喂，请注意！"和结尾的"怎么办"相呼应。掌握理查德的"四部曲"，能使我们在大庭广众之中泰然自若地、有条不紊地陈述自己的观点，而不会陷入张口结舌、东扯西拉的窘境。

三是提纲挈领式。为了使演讲的内容层次分明、条理清晰，可采用提纲式结构，也就是在演讲的时候提纲挈领地分点论述自己的观点。在构思的时候，首先要对阐述的问题有深刻的理解，然后对信息进行筛滤、选择，并分解为几个方面，每个方面用几句最精当的话去论述。这种舍弃旁枝侧叶的演讲,给人以浓缩的信息,可收到以少胜多的效果。以下是几种提纲挈领式分解的具体手法,供参考。

a. 并列。把讲话的主体分为几个部分分别阐述,这几部分的关系是并列关系。例如,指导教师在"儿童口才培训班"结业汇报会上的讲话就采用了这种方式。

领导的支持坚定了我们搞儿童口才培训事业的决心——向领导致意;

家长的信赖与配合给予了我们无穷的精神力量——向家长致谢;

小朋友们在培训班这个集体中刻苦练习、切磋琢磨,充分展示了自己——向小朋友祝贺;

希望大家随时随地练口才,将来做一个口才棒棒的栋梁之材——喜候小朋友进步佳音。

b. 连贯。按事情发展经过和时空顺序来安排讲话的层次,各层次间的关系是连贯的。例如,以"家乡变奏曲"为题作即兴演讲就可采用这种构架方式。

昨天,这里是一片荒凉;

今天,一片新绿在眼前;

明天,从这里走向辉煌。

c. 递进。把讲话主体分为几个层次,层次与层次之间是层层深入的关系。例如,对"商业贿赂"问题发表意见就可以这样构架。

"商业贿赂"的现状;

"商业贿赂"的实质与危害;

"商业贿赂"问题的根本治理。

d. 正反。主体部分是由正、反两方面的内容构成的,即一方面围绕着正面阐述,另一方面围绕着反面论述。例如,论证必须给企业"放权"的问题。

企业没有自主权时,举步维艰;

企业有了自主权时,效益可观。

最后是结尾部分。好的结尾犹如撞钟,响亮而有余音。以下几种方式可根据需要选择。

一是祈愿式。表达(可用借境、作比等方法)良好的祝愿。如"祝中、尼(尼泊尔)两国人民的友谊像联结我们两国的喜马拉雅山冈那样巍峨永存"。

二是感召式。或抒发真挚、激越的情感,或展望光明美好的前景,或发出鼓动性的号召。如"让我们用创造性的劳动去迎接新世纪的到来吧"。

三是理喻式。用寓意深刻的道理(可引用哲言警句等)启发听众去深思、探索。如:"'世有伯乐,然后有千里马'。人才辈出的时代首先应该是'伯乐'辈出的时代。"

四是总结式。用简洁的语句总结全篇、点明题意。例如,"说一千道一万,归根结底还是这句话:扭转社会风气,要人人从'我'做起。"

切忌"泄劲"式的结尾。如:"我讲得不好,耽误大家时间了,请原谅。"

③ 完美展说。对即兴演讲来说，选材料、立框架，这一切都是在瞬间完成的，因而只是以一些片段的、轮廓式的、提纲大意的内部语言形式储存在头脑里。要把这样的内部语言转化为连贯的、具体的、有血有肉的外部语言，演讲者还必须具备一种"展说"能力，即把提纲大意"展说"成一篇内容具体、前后连贯的演讲词的能力。怎样来"展说"呢？

首先，要把"框架"中的每一个层次都看作是一个"意核"或一个"中心句"，心中把握住几个意核的顺序及内在联系。然后，不慌不忙先从第一个意核开始，围绕着它，或举例、引用、或回忆、联想、或比兴、引申、或补充、发挥……把意核这个"中心句"扩展为"句群"。待这个意核充分发挥后，再进入第二个意核，也把它扩展为句群。这样仿效"扩展"下去，一篇内容具体、逻辑严密的即兴演讲就顺理成章地完成了。如果某个意核的含量太大，还可以把它分解为几个"小意核"，按顺序把它们逐个展开。这种"扩句成群"的"展说"能力是即兴演讲的必备能力。很多人在心中打好了"腹稿"的前提下，说出来却吭吭哧哧，前言搭不上后语，就是因为缺乏这种"展说"能力。没有或缺乏这种能力，内部语言就很难顺利、迅速地转化为外部语言。因而，我们平时就应有意培养这种"展说"能力。

以上三个方面，前两步立足于"快速构思"，第三步着眼于"流利表达"。既能快速构思，又能流利表达，你就是一位成功的演讲家了。

5.4 即兴演讲开场艺术

即兴演讲是一种最能反映人的思维敏捷程度和语言组织能力的口头表达方式。而在极短的时间里构思出一次成功的演讲，开场白就显得尤为重要了。下面介绍的即兴演讲开场艺术对演讲者的快速构思是大有裨益的。

（1）自我介绍。这种方法适合于演讲者与听众初次相交后者对前者的身份、工作和生活经历不很熟悉的情况。演讲者介绍的情况应是听众想了解的或是与会议主题内容相关的。某乡党委书记，一到任就深入某村搞调研，正值村召开青年大会，进行形势教育，于是乡党委书记就作即兴讲话，他是这样开头的："大家可能不很熟悉我，因为我到这里工作的时间不长。我姓余，当然我不希望我今天的讲话对大家是多余的。我参加工作五年，一直在农村度过，打交道的对象主要是像你们一样的农村青年。我的老家距这里只有几十华里之远，在座的大多数同志可能到过那里，因为驰名中外的屈子祠就坐落在我家的门前。"接着，他便从屈子祠讲起，转入了爱国主义教育的正题。

（2）综合归纳。这是指演讲者对其他人已经发言的内容进行综合，分析其特点，进而表明自己的观点或态度的一种演讲方法。一位领导者应邀去参加一个"领导干部与市场经济"的研讨会，在听取大多数同志的发言之后，他这样开始他的讲话："以上很多同志做了发言，有的从宏观的角度谈了领导干部怎样去适应市场经济，有的结合工作实际从微观的角度论证了领导干部在市场经济中如何去搞好服务。前者具有较强的理论性，后者具有较强的针对性和操作性。我认为都讲得很好，至少可以说明，在'领导干部与市场经济'这个新的课题中，确实有很多新问题值得我们去思考去探讨。今天我要讲的是……"

（3）提出问题。演讲者根据活动的主题思想有针对性地提出一些问题，进而进行解答。使用这种方法关键在于所提出的问题是否与主题思想相关，是否带有倾向性或争议性,解答问题时有明确的立场观点和充分的理由。在一次对高职学生进行就业观教育的会议上,一位演讲者是这样发言的:"为什么一些高校毕业生包括高职学生,总想着进企事业单位做管理性工作而不愿意去做一线的高级技工?为什么一些高职学生不发挥自己的专业特长去创业而甘愿闲居家中眼睁睁地盯着父母那几个血汗钱?我认为,这主要是我们的年轻人,包括一些年轻人的父母们还没有破除旧的就业观念。"

(4) 故事启发。演讲者首先讲一个故事,然后从中启发性地提出问题,进而亮出自己的观点。使用这种方法应注意两个问题:一是讲的故事要短小精悍,并且具有趣味性或新闻性。二是这个故事的内容与会议主题相吻合,提出的问题应与会议的目的相吻合。在一次反腐倡廉的座谈会上,某与会者的发言是从一个古代故事讲起的:"春秋时代,孙子带着兵书去晋见吴王,吴王看后要孙子演习他的带兵方法。于是孙子挑选若干宫女分为两队,并挑选两名吴王的宠妃为队长。演习中尽管孙子三令五申,宫女们仍不听指挥,结果孙子置吴王命令于不顾,认为'臣既已受命为将,将在外,君命有所不受',硬是将吴王的两名宠妃杀了。之后,宫女个个乖乖听话,无人抗命……"从这个故事,便引出了其发言的主题:要取得反腐的阶段性成果关键在于不畏权势,敢于碰硬。

(5) 借物寓意。它是指在事物寓于象征的意义上借"兴"而发。有的演讲者在开场白中采用以物证事的方法,借用某种具体事物,达到暗示事理的目的。在上海市"钻石表杯"业余书评授奖会上,在众人的即兴演讲中,《书讯报》主编贾伟同志的演讲独具一格,他的开场白尤为精彩。

> 今天,我参加"钻石表杯"业余书评授奖会,我想说的是一句话:钻石代表坚韧,手表意味着时间,时间显示效率。坚韧与效率的结合,这是一个人读书的成功所在,一个人的希望所在。

贾伟同志的开场白超脱了恭维话的俗套,以"钻石"象征"坚韧""手表"象征"时间"的修辞手法,给人的是力量、启迪与深思。语义深刻、言简意赅地揭示了读书求知、读书成才的道理,令人回味无穷。

(6) 话题承转。它是指在演讲主旨上借"兴"而发。演讲者巧借会议司仪的某个话题,转入演讲的主旨,提出自己的观点。例如:

> 抗日战争时期,陈毅率领抗日游击队打日寇。有一次,部队在浙江开化县华埠镇休整,有一抗日组织请陈毅讲话,司仪主持会议时说:"今天请一位将军给大家讲话。"陈毅同志这样开场:"我姓陈,耳东陈的陈;名毅,毅力的毅。称我将军,我不敢当,现在我还不是将军。但称我将军也可以,我是受全国老百姓的委托去将日本鬼子的军。这一将,一直到把它们将死为止。"话音刚落,爆发出雷鸣般的掌声。

陈毅同志这段十分精彩的开场白,在演讲主旨上做了发挥,洋洋洒洒,气势磅礴,为深化演讲主旨作了铺垫,有力地鼓舞了抗日群众的斗志。

(7) 借题发挥。演讲有特定的地点、特定的内容以及各不相同的气氛。演讲者即兴演讲可以当场捕捉住这特殊的气氛,借题发挥,烘托气氛。可以根据演讲场地的布置、大小、标语引发话题,可以以看到的物品的某方面特点触"物"生情,借"物"抒情,也可以由此

物品的属性,与要阐述的道理巧妙结合,引申出一个论点来。例如:

"我们大家都来看看摆在讲台上的这一盆盆鲜花,它们颜色鲜艳、形态美丽,还发出诱人的香味,它的美丽和芳香是土壤肥沃、阳光、雨露滋润,花匠辛勤劳动共同造就的。虽然它们是优良品种,但如果一旦失去土壤、阳光雨露和人们的精心呵护,它们会有怎样的命运呢?它们将没有机会绽放,它们将过早地枯萎,它们将无法奉献给这个世界美丽与芬芳。现在在我们生活的这个地区,有一些学龄女童,她们聪明、美丽、渴望读书,她们就像这一盆盆花一样可爱,但是贫困使她们失学。她们就像失去肥沃土壤、阳光雨露的花儿一样,不能正常地成长,她们聪慧的大脑不能用于学习,她们不能学到谋生的技能和建设国家的知识……让我们奉献爱心,为她们做一点捐赠吧!我们的捐赠将使她们获得受教育的机会,获得正常成长的环境!"

在一次"春蕾工程"资金筹措会上,这位演讲者就是以演讲台上摆放的一盆盆鲜花,作为即兴演讲的触点,借题发挥,展开了这场精彩演说。他拿一盆盆鲜艳美丽的花朵与像这一盆盆花一样可爱美丽的女童巧妙类比,很自然地发出了最后的呼吁,真是水到渠成,自然、形象,现场效果极佳。

(8)以情感人,"动人心者莫先乎情",演讲必须以情感人,情感是演讲的生命线。而那些感人的事例,总会打动听众的心扉,这样演讲者就很容易与大家沟通感情,有了感情的共鸣,你的演讲就很具感染力了。某旅游公司组织大家围绕"八荣八耻"进行即兴演讲。一位年轻的导游走上演讲台,拿出一张照片,开始了她声情并茂的即兴演讲:

大家认识这张照片上美丽的女孩吗?也许大家会以为她是位影视明星呢,不,这位美丽的女孩文花枝和我们一样,也是一位普通的导游,但她又不是一位普通的导游,她用行动为我们诠释了当代青年应有的荣辱观。她年仅22岁,当导游也只有半年,可面对突如其来的特大车祸,她想到的却是自己的责任和游客。当救援人员在第一时间来到她面前时,她用有些微弱却坚定的声音说道:"我是导游,后面是我的游客,请先救游客!"救援人员看她思维敏捷,以为她伤势不重,就先展开了对其他游客的紧急救援。看到受伤的游客被抬上救护车忍受着剧痛的她绽开了放心的微笑。疼痛难忍时,她就安慰自己,只要游客能少受点伤痛的折磨,就是让自己再痛,也是值得的啊!救援持续了2个多小时,这期间,她的血在流,伤口在痛,但她却不断用充满激情的话语鼓励着大家:"大家坚持住啊……我们一定要活着回去。"当所有受伤的游客被救出后,几乎已虚脱的她才被抬上救护车。因为延误了宝贵的救治时间,她的伤口已严重感染,随时会有生命危险。为了避免伤势进一步恶化,专家小组只能为她做了截肢手术……事后,主治大夫痛惜地说:"要是能早一些,她的这条腿是完全能够保得住的啊!"但与轮椅为伴的她却乐观地说:"等安好假肢,还要做导游,还要继续为游客服务……"

这段演讲赢得了大家雷鸣般的掌声,这掌声是送给演讲者的,也是在表达大家对舍生忘我的女导游的由衷敬意。这真实感人的事例,就像一场催人泪下的电影,一幅幅感人至深的画面,带给听众深深的感动,这样的演讲无疑是有感染力的。

1. 即兴演讲出错补救

即兴演讲中语言出错是一种常见现象。我认为,解决这个问题的途径是,一方面,通过长期的实践锻炼,不断提高自己即兴演讲的心理素质和表达水平,尽可能减少这种失误。另一方面,要掌握和运用一些必要的应变方法,以及时避免或消除因语言出错而可能造成的消极影响。

(1)将错就错。即兴演讲是在某种特定的现实场景中进行的,他的现场效果,要受演讲者和听众两个方面的制约。无论是主观因素还是客观条件,一旦发生干扰,就可能造成演讲者无法预料的语言差错,而使自己陷入尴尬的境地。倘若出现这种情况,演讲者不妨将错就错,来一番即兴发挥,就会消除窘困,获得意想不到的现场效果。例如,一位节目主持人参加海南省狮子楼京剧团建团庆典,当她用充满激情的语言介绍京剧、介绍剧团、介绍来宾的时候,由于事先不了解情况,错把原本是花白头发的老汉——海南师范学院党委书记南新燕介绍成"小姐",面对"全场哗然"的以外,她先向被介绍人真诚地道歉,然后侃侃而谈。

您的名字实在是太有诗意了。我一见这三个字,立即想起了两句古诗:"旧时王谢堂前燕,飞入寻常百姓家。"这是一幅多么美丽的图画。今天,这里出现了类似的情景,京剧一度是流行在北方的戏曲,而现在,京剧从南到北,跨过琼州海峡,飞到了海南,而且在这里安家落户,这又是一幅多么美好的图画啊!

这位主持人的应变能力实在让人叹服。她在表示"对不起,我是望文生义了"的歉意之后,语意一转,就即兴发挥起来,由自己的语言失误引出活动的话题,并进行了富有诗意的生动描述。这一将错就错的补救方式,赢得了全场观众异乎寻常的热烈喝彩,就是十分自然的了。

(2)巧妙辨析。实践表明,在即兴演讲中,演讲者有时会因为过于紧张或过于激动而造成一时的口误,在这种情况下,演讲者既不可能为了面子而置之不理,也不可能因为自尊而掩饰错误。"最好的办法是按正确的讲法再讲一遍"(邵守义语),也就是把错误改正过来。倘若能够根据现场的实际情况,有针对性地将正误对照起来巧作辨析,给听众的印象反而会更加深刻。例如,一位师范学校的班主任在新生入学后的第一次班会上即兴演讲,他说:

同学们,大家好!你们从四面八方来到这所师范学校,开始了新的学习生活,我相信同学们一定会刻苦学习,不断进步。将来希望每一位同学都能成为合格的小学教师。不,应当这样说——希望将来每一个同学都能成为合格的小学教师。因为这希望是现实的,它表达的是我此刻的真实心情;而你们将来才会真正走上讲台,开始从事太阳底下最光辉的职业……

这位老师在即兴演讲中凭敏锐的语感发觉了一句话的语序错误,并在迅速改正过来之后,进行了巧妙的辨析。这样,既表明了语言的毛病,又解释了改正的原因。不仅没有造成语言失误的尴尬,反而强化了表达的效果,实在是一种高明的补救方法。

(3)自圆其说。在即席讲话中,演讲者一旦察觉自己的语言错误,往往会因为心理紧张而产生思维障碍,以至无法讲下去。倘若出现这种情况,演讲者应立即针对自己的失误,进行一番合乎情理的阐释,只要能够自圆其说,也不失为一种化错为正的补救方法。例如,在一次婚礼上,主持人热情地邀请来宾讲话,一位职业中学的教师上台即兴致辞,他说:

> 今天,是职业中学的夏明先生和经贸公司的叶红小姐喜结良缘的好日子……也许有人以为我说错了,夏先生和叶小姐不是同在一个公司上班吗?是的,夏明从商了,但一个月前,他还是职中的一名优秀青年教师。在我们心目中,他永远是我们的好同事。我愿借此机会,代表职中全体教职工,向一对新人表示最真挚的祝福!

显然,这位来宾由于一时激动,把新郎现在供职的单位介绍错了。也许他从听众异样的表情上察觉了自己的口误,于是,稍稍停顿之后,巧妙地进行了阐释。听了此番入情入理的言辞,谁还会责备他语言上的差错?演讲者这一化错为正的表白,不仅可以自圆其说,而且增强了抒情的真切感,产生了独特的现场表达效果。

(4)随机应变。进行即兴演讲,有时会出现这样的情况:演讲者自己不知为什么,竟说出一句错话,而且,马上意识到了。怎么办呢?倘若遇上这种失误,演讲者不妨采用调整语意、改换语气等接续方式予以补救。只要反应敏捷,应变及时,就可以收到不露痕迹的纠错效果。例如,一位公司经理在开业庆典上发表即兴演讲,他这样强调纪律的重要性。

> 公司是统一的整体,它有严格的规章制度,这是铁的纪律,每一个员工都必须自觉遵守。上班迟到、早退、闲聊、乱逛、办事推诿、拖沓、消极、懈怠,都是违犯纪律的行为。我们允许这种现象的存在——就等于允许有人拆公司的台,我们能够这样做吗?

这位经理的反应能力和应变能力是很强的。当他意识到自己把本来想说的"我们绝不允许这些现象的存在"一句话中的"绝不"二字漏掉之后,马上循着语言表达的逻辑思路,续补了一句揭示其后果的话,同时用一个反问句结束,增强了演讲的启发性和警示力。这样的续接补救,真可谓顺理成章,天衣无缝。

2. 即兴演讲成功要诀

(1)实例引导。即兴演讲一开始便先举例,有三个好处:第一,你可以从苦苦思索下一句需要讲什么中解脱出来。第二,可使初开始的紧张飞逝无踪,使你有机会把自己的题材逐渐温热起来,渐渐进入演讲的情景。第三,可以立即获得听众的注意,因为,事件——实例是立刻摄取听众注意力万无一失的方法。

听众凝神谛听你所举出的饶富人情趣味的实例,可使你在最迫切需要时——演讲开始后的极短时间里,对自己的能力重新获得肯定。共同是一种双方面的过程,能捉住注意力的演讲者马上就会感知到这一点,当他注意到那种接纳的力量,并感受到那种期盼的目光,如电流般在听众头上交射时,他就感受到有种挑战,要他继续讲下去。讲演者与听众之间建立的和谐关系,是一切成功演说的关键所在,没有它,真正的沟通就不可能发生。这就是要以实例进行演说的原因,尤其是在别人请你说上几句话时,举例最为管用。

(2) 充满生机。演讲者若拿出力量和劲头来,外在的蓬勃生气便会对其内在的心理过程产生极有益的效果。身体的活动与心理的活动,关系极为密切,身心交流,可使演讲产生最佳效果,慷慨激昂、侃侃而谈,很快便使演讲说得头头是道了,从而也开始引起听众的注意。一旦使身体充起"电"来,充起蓬勃的生气来,正如威廉·詹姆士所说:我们就能很快地使心灵快速展开活动。

(3) 联系现场。即兴演讲时,首先,向主持人致意,说上两句,可以有个喘息的机会,然后最好便要发表与听众有密切关系的言论了,因为听众只有对自己和自己正在做的事情感兴趣。有三个来源可供演讲者摘取意念,作为即席演讲之用。

一是听众本身。为使演讲轻松易行,千万要记住这一点:谈论自己的听众,说说他们是谁,正在做什么,特别是他们对社会和人类做了什么贡献,使用一个明确的实例来证明。

二是场合。当然那也可以讲讲造成这次聚会的情况缘由,是研讨会?表彰大会?年度聚会?还是政治集会?

三是前面人的演讲。善于演讲者往往也善于倾听,在听的过程中受到提示和启发,以此激发自己的演讲灵感。对前面的演讲话题,后面的演讲者或者可以拾遗补漏,或者可以转换角度、甚至可以因某个词、某句话的启发,构思一篇精彩的演讲。例如某大学中文系一次毕业生茶话会上,首先是系总支书记讲话,3分钟的即兴讲话主要是向毕业生们表示祝贺。然后是彭教授的讲话,他讲话的主题是希望同学们继续努力学习,还引用了列宁的名言。第三个讲话的潘教授朗诵了高尔基的《海燕》片断,以此勉励同学们学习海燕的精神。第四个讲话的系主任希望同学们永远记住母校和老师们。紧接着,毕业生们欢迎王教授讲话。王教授一字一顿地说:"我最喜欢说被人说过的话。(笑声)第一,我要祝同学们顺利毕业!(笑声)第二,我希望同学们'学习、学习、再学习'!(笑声)第三,我希望同学们像海燕一样勇敢地搏击生活的风浪!(笑声)第四,我希望同学们不要忘记母校,不要忘记辛勤培育你们的老师们!(大笑、热烈的掌声)"王教授通过对前面四人演讲的主题的简练概括,完成了一次机智、风趣且具有个性特点的演讲。

(4) 围绕中心。即兴演讲不是即席乱说,手中无稿并非心中无谱,不着边际地胡扯瞎说,既不合逻辑,也不会成功。因此,必须围绕一个主题来把自己的思想合理归纳,而这个主题就是演讲者要说明的,演讲者所举的事例要与这个主题一致;同时再强调一次,若能抱着至诚来演讲,演讲者一定会发现自己所表现的主题的充沛活力和无穷效力是有准备演讲所不能企及的。

(5) 必要准备。著名的演讲大师卡耐基曾经说过:无任何准备的演讲只是信口开河,根本不是真正的演讲。因此,即席演讲虽不像一般演讲那样需要有充足的时间来进行准备,但也应在尽可能的条件下进行准备。

① 心理准备。在参加一个会议或活动之前,可以先设想一下:自己是否有可能需要讲话?如果讲,讲什么?怎么讲?在心理上做好准备。有了这种心理准备,可避免突然被"点将"后的那种吃惊、慌乱、尴尬或恐惧心理,能够迅速实现角色转换:由配角转向主角,由听者转向讲者,快速进入演讲会姿态。

② 材料准备。如果事先已经知道会议或活动的主题,可以简单地翻阅一下相关资料,临时扩大知识储备量以充实自己的大脑。这样,在被突然"点将"发言时,你就能对某一问题旁征博引,讲得头头是道,从而使听众对你刮目相看。

③ 酝酿腹稿。如果时间和情况都允许的话,演讲者还可以酝酿一下腹稿,形成一个大体框架,如迅速概括演讲的主题,组织演讲结构等,明白自己要讲一个什么问题,如何讲清楚,先讲什么,后讲什么,如何结尾,把要讲的内容提要有条理、有层次地组织起来。值得注意的是,这个腹稿并不是一成不变的,随着演讲内容的逐步深入,可能在讲话过程中会随时改变或打乱原先的设计。

④ 临场准备。有时,演讲者也可能在毫无思想准备和心理准备的情况下被突然"点将",这时就要尽量争取临场准备时间。临场性准备的时间虽短暂,却为演讲者提供了宝贵的思考空闲。由于临场性准备是以拖延时间为目的的,主要有以下两种。

一是动作拖延。利用某种动作来拖延时间,在施展动作的同时,让大脑快速进行工作,然后再开始讲话。比如,端起茶杯喝口茶水,拉拉椅子,向听众点头或招手致意等。这些动作延宕的时间虽然很短,却给了演讲者一个喘息的机会,让大脑在进行紧张快速的思考同时调整了自己的心理状态。

二是语言拖延。语言延宕就是先说些与主题关系不大的、无须深入思考且易于表达的题外话,以便大脑迅速组织材料。确立讲话的主旨、中心等,然后再慢慢切入主题。这样,就可避免演讲中冷场的尴尬。比如,在一次演讲当中,忽然有人向演讲者提问一个刁钻的问题,这位演讲者用语言延宕方法解围:"这位听众问了一个很好的问题,我想大家也一定像他一样,很想知道我对这个问题的看法。那我就给大家做一下解答……"这样,在说这段话的同时,演讲者就可以使自己的大脑迅速活动和思考,等这段话说完了,他的答案也就组织得差不多了。

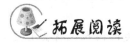

马云临阵改稿 26 处

1. 26 处修改

中美企业家座谈会在西雅图时间 2015 年 9 月 23 日举行,习近平出席并发言。与会的中国企业家包括中国互联网巨头 BAT 等 15 家公司高管。

阿里巴巴董事局主席马云,在讲话前临时对演讲稿进行了至少 26 处修改。修改的方式,包括删除、增添、替换等。

比如文首,他将"尊敬的企业家代表"改成了"各位企业界的同行"。

在"我借了 2 万元人民币开始创业"这句话后面,马云加了 5 个字——坚持到现在。

原稿中写到"43 年前,尼克松访问杭州",马云特意在"杭州"前面加上了"我的家乡"。

原稿中说"我们总是在花昨天的钱,花自己存下来的钱"。马云在这句话后面补充了一句——"中国人喜欢存钱"。

在谈到创业经历时,马云还特意加了一句——"今天的世界经济,更要呼唤企业家的开拓、创新精神。"

而在谈到中美企业家交流的话题时,马云在"沟通非常必要而且重要"之前,加上了"真诚坦诚"四个字。

马云还在原稿中添加了——"双方企业达成高度一致,我们中美两国谁也离不开谁,企业家要成为沟通的重要桥梁,建立互信,达成市场共识,将会是我们共同的未来。"

在原稿最后的"感谢环节",马云还特别加上了——"谢谢主席,保重身体,预祝访问成功!"

此外,马云还对演讲稿进行了多处替换和修改。至于为何临时改稿,且修改多达26处,参会的新闻记者未能得到阿里方面的回复。

2. 马云的演讲

尊敬的习主席、姜会长、鲍尔森主席,各位企业界的同行:

很荣幸参加今天的会议。

昨天晚上我度过了一个"西雅图不眠夜"。整整20年了,20年前我还是一名老师,第一次来美国就来到了西雅图。在市中心一栋写字楼里,我人生第一次使用计算机,第一次上网,发现当时的互联网上几乎没有中国的信息。在感受到互联网巨大魅力的同时,也让我发现了市场机会所在。回国后,我借了2万元人民币开始创业,坚持到现在。

43年前,尼克松访问我的家乡杭州。杭州那时候来了很多外国游客,我正好上初中,但英语老师是我们中文老师客串的。坚持在宾馆门口给外国游客做免费导游练习英文9年之后,我不仅掌握了一些语言能力,更了解了美国的文化。今天想来,没有当时的中美邦交正常化,没有对外开放,就不太可能有现在的阿里巴巴。

这两件改变了我个人命运的大事,都跟中美友好合作分不开。

可以说,西雅图是我创业梦想开始的地方,互联网启发了我,在中国20年的坚持,我们梦想成真。中国人说中国梦,美国人说美国梦,其实,本质上中国梦和美国梦,都是追求美好生活,都是追求更健康、更快乐、更幸福。

所以,我相信只要中美两国能真诚合作,达成新型大国关系,中美两国人民将会有更多更美好的美国梦、中国梦和世界梦。

刚才,在座的中外企业家都提到了,我们都是中美友好合作的受益者。正因为大家满怀希望和信心地参与到中国改革开放的大市场当中,才有了今天的我们。当然,中美企业家也是中美友好合作的积极建设和推动者,没有企业家的努力,我们很难想象会有今天中美之间如此巨大的成果。

当然中国和美国也有很大的不一样,正是因为既有不同,也有相同,所以才会既有竞争,又有合作。过去的几十年,成功的全球化企业总是在寻找彼此的共同之处,学会欣赏,尊重和理解彼此的不同之处。因为只有这样,我们的企业才能合作共赢,共同面向未来。刚才会谈中,双方企业家达成高度一致,我们中美两国谁也离不开谁,企业家要成为沟通的重要桥梁,建立互信达成市场共识,将会是我们共同的未来!

今天误解有没有,当然有。不同的文化背景、不同国情,甚至不同的宗教信仰产生误解很正常。优秀的企业懂得,沟通是解决误解的唯一钥匙。永远积极沟通,共同正视困难,没有什么问题说不清楚的。

今天问题有没有,当然也有。但是哪个时代没有问题?人类从来没有哪天容易过,在中国做生意不容易,在美国做生意同样也很不简单。但今天看到的问题,就是留给我们的机会,就看我们是着眼于未来,还是执着在当下。我想也正是因为当年两国领导人对未来中美关系的远大战略构想,才有今天的成果。我永远相信只有把目光放在明天,才能解决今天的问题。

同样对中国经济的认识,除了一些误区,还有一点是中美之间的文化差异。美国认为中国经济有下行压力,中国人就不消费了。但事实上并非如此。阿里巴巴平台的消费者数据显示,今年以后,中国的消费信心依然强劲,上升趋势明显,在投资和出口放缓的大背景下,内需消费不减反增。这个美国人是不理解的,他们想不到。因为美国人善于花明天的钱,花别人的钱,但是中国人的危机意识是历史文化造成的,我们总是在花昨天的钱,花自己存下来的钱。中国人喜欢存钱,中国是居民储蓄最高的国家之一,中国老百姓存钱为了困难的时候能够花。因此你会发现,经济困难了,但中国人仍然有钱花。

昨天,习主席说,目前中国有近三亿中等收入人群,未来10~15年会增加到近5亿中等收入。这部分人收入是中等了,但消费水平还是初等。这里面有巨大的消费潜力,不仅是中国经济转型的巨大动力,也会对世界经济的拉动带来巨大作用。

同样,今天在谈论中国传统企业经营压力增大,我们似乎更应该看到新经济的增长,势头不亚于美国。短短12年时间,阿里巴巴网络的消费规模可以比肩 WalMart 公司全球的规模,这不是我们做得多么了不起,而是中国巨大的市场潜力。

我相信,中国巨大内需市场的开发和中国高科技和新兴产业的迅猛发展,正是中国经济转型升级的方向,也是世界经济对中国经济的期待。特别反腐倡廉和依法治国思想打下的公开透明的基石,中国市场经济的发展和秩序正在越来越走向成熟,走向完善。

尊敬的习主席,各位企业家,从教师到企业家,20年的创业经历告诉我,具有企业家精神的企业家是经济社会发展的稀缺资源,各国都一样。企业家精神需要尊重市场,创造独特价值,乐于创新,勇于担当。人是生产力发展的第一要素。企业家是为了解决经济社会发展中的问题而存在的。今天的世界经济,更要呼唤企业家的开拓精神。

感谢今天独特的中美企业家之间的交流和沟通,特别感谢习主席的出席和重视。我们认为这样积极的交流和真诚坦诚沟通非常必要而且重要。我们希望能够把这样的中美企业家交流机制得以常态化、固定化。能一次在中国,一次在美国。特别希望两国领导人也能出席交流指导,从而能进一步完善两国经济贸易的合作环境。

最后,我想说,昨天晚上习主席的演讲,我听了非常激动。其中中美互换5万名留学生,这将是中美往来历史上里程碑式的事件。昨天基辛格博士的发言令人印象深刻,以他为代表的中美友谊的友好使者成就有目共睹。我相信未来这十万个留学生会诞生出无数个小基辛格博士。为此,我想阿里巴巴也希望做一点贡献,我们计划未来5年内,将为500名美国学生提供在阿里巴巴中国的实习机会,我们也会优先录取中美两国的留学生来阿里巴巴就业。既帮助阿里巴巴实现全球化战略,也以之作为中美友谊的桥梁。

(资料来源:佚名. 面对习近平马云演讲临阵改稿26处[J]. 现代营销(经营版),2015(11).)

思考题:

(1) 请对马云的这篇演讲做出评价。

(2) 马云为什么要做诸多修改？演讲稿的修改有何意义？

实训项目

1. 演讲测试

1) 你的演讲能力如何？请回答下列问题测试一下自己的演讲能力。

(1) 你喜欢当众发表自己的见解吗？（　　）
　　① 喜欢(2分)　　　② 不太喜欢(1分)　　　③ 不喜欢(0分)

(2) 你习惯于当众讲话或演讲之前做充分准备吗？（　　）
　　① 是(2分)　　　② 有时是(1分)　　　③ 从不(0分)

(3) 你能在演讲之前精心设计仪表仪容、手势动作、表情眼神等态势语吗？（　　）
　　① 能(2分)　　　② 有时能(1分)　　　③ 不能(0分)

(4) 你能在演讲一开始就迅速抓住听众的注意力吗？（　　）
　　① 能(2分)　　　② 有时能(1分)　　　③ 不能(0分)

(5) 你能紧紧围绕演讲主题，寓理于事、情理交融地表达自己的观点，使听众一目了然并心悦诚服吗？（　　）
　　① 能(2分)　　　② 有时能(1分)　　　③ 不能(0分)

(6) 你能在演讲过程中密切注意听众的反应并及时调整自己演讲的内容与方式吗？（　　）
　　① 能(2分)　　　② 有时能(1分)　　　③ 不能(0分)

(7) 你能在演讲出现忘词、停电等意外情形时从容应对吗？（　　）
　　① 能(2分)　　　② 有时能(1分)　　　③ 不能(0分)

(8) 你能否在必要时与听众进行有效互动？（　　）
　　① 能(2分)　　　② 有时能(1分)　　　③ 不能(0分)

(9) 你的普通话标准、声音清晰悦耳吗？（　　）
　　① 是(2分)　　　② 一般(1分)　　　③ 不(0分)

(10) 当众讲话或演讲时，你有紧张得语无伦次的现象吗？（　　）
　　① 从无(2分)　　　② 有时(1分)　　　③ 经常(0分)

测试结果分析：

以上10题满分为20分。如果你的得分在17分以上，说明你的演讲能力很好；12～16分之间为一般，11分以下则说明你演讲能力较差，必须加强学习和训练。

2) 你的演讲智力素质如何？

演讲者必须具备一定的智力素质，这种素质有先天的因素，但主要还在于后天的锻炼与培养，主要包括记忆力、想象力、分析力、概括力和应变力等。下面六组题中每组第1题，根据自己的感觉，填"上""中"或"下"；每组第2、3题，肯定的打"√"，否定的打"×"；每组第4、5题，请回答"能"或"否"。

第一组:
(1) 良好的记忆力与理解力是演讲者的必备素质,你的记忆力怎么样?   (   )
(2) 你能否记起小学五年级的同桌?   (   )
(3) 你记得你成为少先队员或团员的确切时间和介绍人吗?   (   )
(4) "CGQJNM"这几个字母,你能否看一遍后默写出来?   (   )
(5) 你能否在两分钟之内背诵下面这首诗?   (   )
城上斜阳画角哀,沈园非复旧池台;伤心桥下春波绿,曾是惊鸿照影来。

第二组
(1) 分析是思维的重要组成部分,你的分析能力如何?   (   )
(2) 你觉得你很有主见吗?   (   )
(3) 你喜欢自己思考问题吗?   (   )
(4) 遇见一件你从未经历过的怪事,你能迅速做出自己的判断吗?   (   )
(5) 一杯牛奶酸了,你能想一想是什么原因吗?   (   )

第三组
(1) 概括力是提纲挈领表达问题的关键,你的概括力如何?   (   )
(2) 你常会有一些深刻的话引起别人注意吗?   (   )
(3) 别人说过你言语表达不清吗?   (   )
(4) 你能用几句话就把刚看完的一部电影的大意讲出来吗?   (   )
(5) 你能使自己喜欢数学甚于喜欢语文吗?   (   )

第四组
(1) 演讲中需要推理和演绎能力,你以为自己的演绎能力如何?   (   )
(2) 你说话常给对方留下把柄吗?   (   )
(3) 你阅读推理小说,能在中间部分就猜出故事的真相吗?   (   )
(4) 你能在五秒之内回答下面问题吗?姑姑哥哥的儿子的妈妈是自己的什么人?
   (   )
(5) 你认为喝冷水可能导致腹泻吗?   (   )

第五组
(1) 丰富的想象是能使你演讲更精彩的重要条件,你的想象力如何?   (   )
(2) 你平时爱做梦吗?   (   )
(3) 你喜欢耍贫嘴吗?   (   )
(4) 你阅读小说时,能找出作者构思失败的地方吗?   (   )
(5) 你能编故事讲给别人听吗?   (   )

第六组
(1) 演讲者必须具备良好的应付突发事件的能力,你的应变能力如何?   (   )
(2) 别人用言语讥笑你,你能在瞬间找到言词反击吗?   (   )
(3) 一个球向你飞来,你会抱脑袋吗?   (   )
(4) 朋友来了,你正生气,你能笑着去开门吗?   (   )
(5) 在混乱的场合,你能让大家安静下来吗?   (   )

测试结果分析：

如果累计有一个"中"，五个"上"，十个以上的"√"，十个以上的"能"，那就说明你演讲智力比较出色。

如果累计有两个"上"，四个"中"或更少，六至九个"√"，六至九个"能"，说明你演讲智力一般。

如果累计有一个"中"，五个"下"以上，五个以下的"√"，五个以下的"能"，说明你演讲智力较差。

3）你的演讲修养怎样？

演讲修养是演讲素质最重要的组成部分，主要包括以下几方面的内容：演讲者的仪表气质是否大方得体，演讲者的知识结构是否全面，表情是否自然亲切等。下面是六组测试题，分别有上、中、下三种情况，得分分别为 2 分、1 分和 0 分。请根据自我感觉回答问题，计算得分，最后累计为总分。

第一组

(1) 你平时看书的时间多吗？ （ ）
(2) 你关心自己专业以外的问题吗？ （ ）
(3) 同事们常向你请教问题吗？ （ ）
(4) 你常与同事讨论新闻吗？ （ ）
(5) 你认为学习是一种乐趣吗？ （ ）

第二组

(1) 你说话有幽默感吗？ （ ）
(2) 你讲话时同事们爱听吗？ （ ）
(3) 你对理论问题感兴趣吗？ （ ）
(4) 你能在别人找不到确切的语言表达时代替他说吗？ （ ）
(5) 你善于讲故事吗？ （ ）

第三组

(1) 你漂亮且有气质吗？ （ ）
(2) 你认为世上好人多吗？ （ ）
(3) 别人说你比较和气吗？ （ ）
(4) 你经常一个人生闷气吗？ （ ）
(5) 你经常会原谅别人吗？ （ ）

第四组

(1) 你爱观察演讲主持人的形象吗？ （ ）
(2) 你喜欢模仿别人说话的语气吗？ （ ）
(3) 你对你自己的音质欣赏吗？ （ ）
(4) 你总是爱照镜子吗？ （ ）
(5) 别人很少发现你的不良习惯吗？ （ ）

第五组

(1) 你会老觉得别人不如你吗？ （ ）

(2) 家里来了客人，你会主动跟他攀谈吗？　　　　　　　　　　　　（　　）
(3) 有人说你爱出风头吗？　　　　　　　　　　　　　　　　　　　（　　）
(4) 你经常发现别人与你说话时紧张吗？　　　　　　　　　　　　　（　　）
(5) 你不在乎别人的评价吗？　　　　　　　　　　　　　　　　　　（　　）

第六组
(1) 不高兴的时候，你能不让别人发现吗？　　　　　　　　　　　　（　　）
(2) 看电影时，你比别人更投入吗？　　　　　　　　　　　　　　　（　　）
(3) 你是一个讨人喜欢的人吗？　　　　　　　　　　　　　　　　　（　　）
(4) 你认为当今人情味太淡吗？　　　　　　　　　　　　　　　　　（　　）
(5) 你有心事，愿意向别人倾诉吗？　　　　　　　　　　　　　　　（　　）

测试结果分析：

满分为 60 分。如果你积分在 45 分以上，说明你的演讲修养很好；30～45 分为一般；而 30 分以下则较差，尚需努力提高。

(资料来源：屈海英. 新编演讲与口才[M]. 杭州：浙江大学出版社，2011.)

2. 即兴演讲实训

任务目的：通过训练提高学生的综合表达能力和语言的综合运用能力。测试学生普通话水平、态势语言运用、现场语言生成、语言技巧等综合口才能力。

任务要求：

每个同学轮流进行，现场随机抽题，20 秒钟准备，每人演讲 3～5 分钟。

训练指导老师训练前要进行比较详细的安排：评审委员会的确定，工作人员的安排，最重要的是要准备即兴演讲试题集，训练过程中不能出现重复或者将重复的可能性降到最低点。训练指导老师要注意维持训练课堂的教学秩序，已完成训练的同学不能离场。

任务实施：训练对象顺序是随机抽取的，演讲话题也是现场抽题号来确定的，然后短暂准备。正式演讲时间 3～5 分钟，现场计时员会给提示，超时要扣分。

任务考核：成立专门的评价小组，从学生中抽取口才相对好一点、公正、公平的学生 5 人或者 7 人组成。依据评分表逐个评分，安排工作人员进行统计。具体评分办法如下。即兴演讲评分表见表 5-2，即兴演讲话题集见表 5-3。

即兴演讲评分标准

评分采取 100 分制，评委当场评分，去掉一个最高分和一个最低分后的平均得分为参赛人员最后得分。具体说明如下：

(1) 演讲内容。切合主题，中心突出，观点正确、鲜明、深刻，格调积极向上，富有真情实感。

(2) 仪表风采。要求衣着整洁，仪态端庄大方，举止自然、得体，体现朝气蓬勃的精神风貌；上下场致意，答谢；表现力强，整体印象好。

(3) 语言表达。态势语言：运用肢体、头部动作以及面部表情等的表现与所讲内容相吻合；口头语言：普通话标准，声音洪亮，语言流利，现场语言组织能力强；语言技巧：

运用幽默、模糊、委婉、诡辩、发问等使演讲更加生动和富有表现力。

表 5-2 即兴演讲评分表

学号	姓名	仪表风采 20分	语言表达 40分			演讲内容 40分			总分 100分
			态势语言 10分	口头语言 10分	语言技巧 20分	内容结构 10分	内容层次 10分	内容价值 20分	
1									
2									
3									
4									
5									
6									

表 5-3 即兴演讲话题集

我的父亲	假如我是班长	春天的雨露	感悟小镇
我的母亲	假如我是校长	理解万岁	路
童年趣事	假如我是市长	人无完人	校园的路灯
我的大学	韩剧的优与劣	平凡与伟大	我宿舍的兄弟（姐妹）
我的家乡	名与利	工作的意义	我的专业
我的理想	假如我是义工	生命的宝贵	我的母校
我的祖国	反腐倡廉	QQ农场带来的	灯塔
成功背后	珠江	文凭的价值	姚明与中国篮球
失败的意义	广州	回头看	刘翔与中国田径
勤能补拙	北京	梅花香自苦寒来	我与中国
春华秋实	阴霾的都市天空	滴水之恩当涌泉相报	实习感言
战争与和平	长城	人无远虑必有近忧	龙
红花与绿叶	黄河	生活的真谛	我最尊敬的人
生活的真谛	"授人以渔而非鱼"之我见	感悟失去	财与才
善意的谎言	我所在的集体	我的未来不是梦	我喜欢的明星
母以善小而不为	船到江心补漏迟	人生处处是考场	从饭后打包说起
迷信与崇拜	拒绝平庸	处处留心皆学问	时尚之我见
当你被人误解时	妈妈的眼睛	悠悠那一缕父子情	风中那一缕白发
感恩父母	师恩难忘		

评分项目和分值标准(总分 100 分)

(1) 演讲内容(占总分比例 40%)

【优等】(90~100 分)主题突出,内容充实,结构严谨。

【良等】(75~90 分)主题明确,内容具体,结构完整。

【中等】(60~75 分)主题一般,内容集中,结构齐全。

【差等】(60 分以下)主体偏离,内容空泛,结构混乱。

(2) 语言表达(占总分比例 40%)

【优等】(90~100 分)语言生动,表情灵活,反响热烈。

【良等】(75~90 分)语言通畅,表情自然,反响积极。

【中等】(60~75 分)语言一般,表情迟滞,反响一般。

【差等】(60 分以下)语言生硬,表情造作,反响冷淡。

(3) 仪表风采(占总分比例 20%)

【优等】(90~100 分)举止大方,精神饱满,穿扮得体,表现力强。

【良等】(75~90 分)举止得体,神采奕奕,穿扮正式,表现力不错。

【中等】(60~75 分)举止正常,精神集中,穿扮一般,表现力一般。

【差等】(60 分以下)举止紧张,精神恍惚,穿扮夸张,缺乏表现力。

说明:

(1) 演讲内容:切合主题,中心突出,观点正确,格调积极。

(2) 仪表风采:衣着整齐,仪表大方,表情自然,体态语言适当。

(3) 语言表达:语言准确生动,口齿清晰,表达流畅,有感染力,能处理好各种情况。

(资料来源:彭义文. 口才训练教程[M]. 北京:北京师范大学出版社,2011.)

3. 商务演讲综合实训

学习目标:

(1) 能够灵活运用商务演讲中的开场、营造高潮、活跃现场气氛以及控场等环节的技能;

(2) 克服商务演讲的胆怯心理,避免语言和思维混乱的状况;

(3) 提高驾驭语言的综合实践能力,能够正确阐述自己的观点;

(4) 能够感受到商务演讲内容与形式的多方位美感。

案例导入:

青春与年龄无关——俞敏洪在中央电视台《创业榜样》节目中的演讲

青春是什么?想来想去,我发现,青春是犯傻的同义词,我们很难把老于世故、老奸巨猾这样的词语跟青春连在一起,也很难把正确和青春画等号。也许,青春最大的奢侈就是可以犯傻,可以犯错误。犯傻,被人欺负,对于青春是不可避免的事情。

就像在大学的时候,我们班一起上山唱歌通宵不归,两个男生为了一个女生围着校园一路厮打,为了写出一首好诗咬断一堆铅笔,全班同学跳贴面舞被学校点名批评,这些都是我们青春的记忆。我在大学帮一个女生扛包,后来发现这个女生跟另外一个男生在散步。我就问这个男生是谁,她说是她男朋友。我就说有男朋友为什么还让我给你扛包?她说,她要让男朋友休息一下。我们班的另一个男生为了向所爱的女生表白,在女生宿舍楼前拉小提琴,结果被泼了一盆洗脚水。这些犯傻,也许就是青春的代名词。

青春没有后悔。如果我们计算好了,能从一个人身上得到什么,再去做自己该做的事情,我们就已经变成了一个计算型的人物,而计算型的人物等同于老奸巨猾,和青春无关。

青春的第二特征就是爱情无悔,爱情纯粹。现在,很多女生在找男朋友的时候,先计算这个男生是什么家庭出身,到底有多少钱,家庭地位如何。这样计算的女生,跟巫婆差不多,基本上很难说跟青春有关。青春是一种脱离世俗的真爱,当男生看上女生,或者女生看上男生,不管她是灰姑娘,还是红姑娘,不管他是富二代,还是穷二代,你都全身心去爱,不顾一切去爱,而他/她的背景,只是一缕云淡风轻,这就是青春的爱情。

其实,如果你先计算,然后按照计算的标准去寻找爱情,常常会是一场错误。《红楼梦》里说"机关算尽太聪明,反误了卿卿性命",我觉得恰恰是对计算爱情和计算人生的批判。像我这样的人,在大学的时候如果用计算的眼光看,是没有女生会看上我的。我在大学的时候,家里一穷二白,穿着打补丁的衣服,知识一片空白,文艺、体育方面一无所长,而且我长得还非常土。

青春的第三个特征,是无怨无悔、不计得失地交往生命中最好的朋友和同学。《中国合伙人》这部电影是以新东方为背景拍的,那个电影中的角色之一——成冬青是以我为原型拍的。这部电影唯一让我觉得有魅力的地方,就是三个哥们,从大学开始,一起变成朋友,一起创业,最后不断为了公司发展,打打闹闹,共同努力,让公司成功上市。在现实中,这个故事一直延续到今天,因为里面的另外两个人物就是新东方的徐小平和王强,他们都是我在大学时代交往到的最好的朋友。到今天为止,我们依然在一起共事,所以我们的青春一直延续到今天。

在大学的时候,如果说你跟宿舍同学打了架,就一辈子不再理睬,这是失去青春的标志。因为青春就是,不管为了什么打架——为了利益打架,为了女朋友打架,为了分数打架,为了虚荣打架,但打完架后,哥们还能在一起抱头痛哭,那才是真正的青春。在大学的时候,我跟宿舍同学,无数次喝醉了酒,为了自己的成绩落后,为了自己生命的卑微,为了自己被看不起而抱头痛哭,互相鼓励着一直到能够坚强地抬起自己的头颅。所以,在我的生命中,到今天依然拥有青春时代的朋友。

青春其实跟三个"想"有关,叫作理想、梦想和思想。如果我们能够坚持自己的理想,追逐自己的梦想,并且探索自己独立的思想,我们的青春就开始成熟了。当我们坚持自己的理想,就会有永不放弃的精神。这一点,我在小时候就学会了,所以我在16岁开始高考,第一年失败,第二年失败,坚持考了第三年。但是,人世沧桑,我们很容易放弃自己的理想和梦想。梦想常常跟青春有关,因为青春是一个多梦的时节。但当岁月流逝,我们常常会屈服于现实放弃梦想,当我们放弃梦想,也就意味着精神生命的结束。

柳传志先生,当他追逐自己梦想的时候,已经是40岁的年龄。大多数40岁的人,都已经习惯于习惯了的生活,抛弃一切去追逐梦想是不容易的,尤其在过去,个人梦想不易实现的情况之下。但正是因为这样的勇气,主动丢掉铁饭碗,最后柳传志创造了伟大的联想,创造了联想电脑走向世界的奇迹。人年轻的时候很容易有梦想,但是当青春消失,你还能坚持梦想,你才能把自己叫作伟大,你才能把自己叫作生命的榜样、青春的榜样。

当然,光有梦想和理想是没有用的,人必须同时有思想,有良好的价值体系。在大学的时候,如果我们没有为普希金、拜伦的诗歌所感动,我们没有因为康德、黑格尔的理论争得面红耳赤,我们没有苦苦追寻尼采、亚里士多德和柏拉图的脚步,没有去分辨这些伟大的思想家和马克思、恩格斯的区别在哪里,没有通过阅读去体会西方社会制度跟中国社会制度的差别到底在什么地方……如果我们从来没有独立思考过,你就不能叫自己"大学生",因此你也就不是一个真正拥有青春的人。因为青春最伟大的标志,是思想的困惑和在困惑中苦苦地寻求,寻求真理,寻求人类进步之道,寻求心灵的自由。

青春最大的标志是坚决不承认失败,历经挫折,初心不改。青春的心是永远拥有一颗美丽的心,一颗希望的心,从绝望中寻找希望的心,拥有一颗勇敢的心。面对任何挫折、失败和打击,你都还能够站起来,挺立生命向天空呐喊,依然感到世界充满美丽,依然能用快乐之心来面对苦难。当你遇到绝望,被人侮辱欺骗,你依然相信,世界上大多数人都是好的,这个世界上永远会有机会。被踩到泥土里,你依然能像种子一样,破土而出,让生命成长。面对失败的考验,是每一个人都将经历的。在我的生命中,失败比成功多太多了。从高考三次失败,得肺结核在医院住了一年,到最后被北大处分,每一次都是失败。但是,所有这些失败,都是我走向成功的垫脚石。

请真的相信,青春跟年龄没有任何关系,有的人在16岁、20岁的时候,青春已经死亡,他对生命已经没有任何期待,也不再具有奋斗精神。有的人到了80岁,依然具有青春的色彩,在思考未来的生命到底应该怎么过。生命不息,战斗不止,这才叫作青春。

青春就是拥有热情,相信未来。中国诗人食指所写的一首诗,就叫《相信未来》:

> 朋友,坚定地相信未来吧,
> 相信不屈不挠的努力,
> 相信战胜死亡的年轻,
> 相信未来,热爱生命!

实训任务:

任务1:掌握商务演讲的方法与技巧。

(1)通过观看《青春与年龄无关——俞敏洪在中央电视台〈创业榜样〉节目中的演讲》视频,了解俞敏洪先生演讲时的相关体态语言,并运用到实际的工作中去。通过小组成员的模拟训练,学习商务演讲的服饰、仪表、姿态等相关知识。

(2)上网查询"超级演说家"的相关演讲资料,了解商务演讲的基本方法和技巧。

任务2:《青春与年龄无关——俞敏洪在中央电视台〈创业榜样〉节目中的演讲》案例分析和情景模拟。

(1)以小组为团队,运用所学的演讲相关知识,分组研讨本案例中俞敏洪先生通过哪些方法阐述了青春与年龄的关系。他演讲成功的原因是什么?俞敏洪先生本人成功的因素有哪些?作为职场新人,在准备演讲稿的过程中可以从哪些方面入手?

每组制作一份本案例的分析报告;派1名代表登台演讲,时间不超过5分钟。

(2) 从演讲与口才的角度,分组进行情景模拟演示。

任务评价:

任务1:学生自我评价任务完成的情况和所获体验等。

任务2:各组评价+教师评价。评价要点:对各组任务实施的目标、计划、过程和效果进行评判,肯定成绩,提出建议,指导学生进一步总结和提高。

评分参考:《青春与年龄无关——俞敏洪在中央电视台〈创业榜样〉节目中的演讲》案例分析和情景模拟各占50%。具体为:

案例分析报告书面文本(30分)。

案例分析登台演讲(20分)。

案例操作情景模拟演示(30分)。

情景模拟沟通脚本(20分)。

(资料来源:陶莉. 职场口才技能实训[M]. 北京:中国人民大学出版社,2015.)

课后练习

一、简答题

1. 第一次参加演讲时你感到紧张吗?你是怎样克服紧张情绪的?

2. 你和几位同学一起到一家公司实习,在公司的一次全体职工大会上,该公司经理把你们这些实习生介绍给大家,并致了欢迎词后,同学们推你代表实习生发言,你该怎么办?

3. 谈谈你对以下开场白的看法。

"大家让我来讲几句,本来我不想讲,一定要讲就讲吧。"

"同学们,我没什么准备,实在说不出什么。既然让我来讲,那就随便讲点,说错了请大家原谅。"

"同学们,这几天实在太忙,始终抽不出时间,加上身体欠安,恐怕讲不好,请大家原谅。"

4. 假如你的企业作为东道主组织以下活动,你作为企业代表作即兴讲话,你想讲些什么?

(1) 洽谈会。

(2) 记者招待会。

(3) 客户联欢会。

(4) 开业典礼。

(5) 宴会。

二、实训题

1. 由同学们试着运用本任务介绍的演讲技巧,轮流到讲台上演讲,题材不限,时间为3分钟。

2. 根据下面的"变",设计"应变"演说。①

(1) 上台演讲,由于太紧张,头脑里一片空白。

(2) 在一次推广普通话的演讲会上,上台一开口,就没能讲好普通话。

(3) 听众向你提问:你说"大学生求学期间谈恋爱,结果往往是苦涩的",但你为什么也正在谈恋爱?

3. 以下是人们总结的演讲经验十六条,请演讲时对照检查与练习。

(1) 演讲的前一晚必须睡眠充足,使喉咙获得良好的休息。

(2) 穿着合宜得体的服装。

(3) 在演讲前,如果有机会与听众打成一片,应该把握住,与听众握握手,对他们微笑,或打个招呼。

(4) 心理上、情绪上、精神上保持放松,预先假设可能发生的事,但不要被它困扰。

(5) 在讲台上,要轻松自在地站好。

(6) 最应该注意的当然是演讲的内容。在做引言时,应先将重点主题陈述出来,然后在正文中,将主题一一剖析,并且赋予新的观点。试着多讲一些辞藻丰富的话。如果可能,最好掺入一点幽默的字眼(千万不能使听众觉得无聊)。注意强调重点,戏剧性地把它们说出来,随后降低声音,再安静下来。

(7) 准备周全的题材,并且做充分的预备和练习。

(8) 演讲前不要进食。乳制品尤应禁止,因为它可能使你的喉咙充满黏液。

(9) 演讲前对自己说:"你很棒!"

(10) 上台前做几次张大嘴巴的动作,当然,大笑也可以,如果有理由,这样你的下腭会变得柔韧舒服。

(11) 要开始说话时,保持微笑环视所有听众,然后做一次深呼吸。

(12) 头几句要轻松一点,引领听众不由地发笑。

(13) 在听众人群中找一两张快乐友善的脸,经常望望他们,这会令你觉得自己被重视。

(14) 仔细听一听麦克风传来的自己的声音,以确定自己的嘴巴是应靠麦克风近一点,还是远一些。

(15) 多用一些肢体语言,借此帮助你吸引听众的注意。

(16) 手边放一杯冰水,喉咙干燥时就啜一口。

(资料来源:http://www.qinghuaonline.com/news/59983.html.)

4. 当你走进演讲世界的神秘大门时,有没有魔咒能令你奇迹般打开这扇神秘的大门呢?如果你能记住演讲魔咒,每天不断默念诵读,并在实践中不断演练,你一定能打开通往演说家乐园的大门。咒语如下:

——我喜欢演讲;

——我有演讲的天分;

——我天生就是演说家的料;

---

① 付春丹. 演讲与口才案例教程[M].北京:中国水利水电出版社,2011.

——我用生命准备我的演讲；

——我的脚下就是演讲的舞台；
——我的身边就是演讲的大众；
——每天都是我演讲的第一时间；
——每件事都是我演讲的最好素材；

——只要有机会演讲我就演讲；
——只要演讲我就要激情演讲；
——只要演讲我就大声演讲；
——只要演讲我就快速演讲；

——只要演讲我就全身心演讲；
——只要演讲我就用眼睛演讲；
——只要演讲我就用手势演讲；
——只要演讲我就用身体演讲。

(资料来源：乔宪金. 四维演讲兵法[M]. 北京：北京工业大学出版社,2008.)

三、案例分析

案例1 奥巴马的"狗论"何以"咬"伤自己

2010年9月6日是美国的劳动节，总统奥巴马为了自己中期选举的支持率，来到威斯康星州密尔沃基劳动节集会上发表演讲。一开始，身为民主党的奥巴马就攻击起共和党来："共和党无论在什么情况下，都设法阻碍两党合作，他们是一个只会说'不'的政党，如果我说天空是蓝的，他们会反对；如果我说鱼生活在海洋里，他们也会说不。他们所考虑的，是如何在选举前使用各种手段得分，而不是如何解决各种问题。"

接下来，奥巴马越讲越激动，情绪越来越难以控制，甚至"发飙"说："一些强有力的共和党人，已经很长一段时间主导着华盛顿的日常事务，他们一直不满意我，他们一直当我是狗一般谈论我。这番话并不是我事先准备的演讲稿中想要提到的，但事实明摆着。"

随即，奥巴马的"狗"言论引起一片舆论哗然，"奥巴马演讲发飙""怒称共和党当他是条狗"的新闻充斥全球各大媒体。人们纷纷指出，奥巴马的这次演讲是"严重错误的演讲""自己'咬'伤了自己"。

(资料来源：侯爱兵. 奥巴马的"狗论"何以"咬"伤自己[J]. 演讲与口才,2011(1).)

思考题：
(1) 请分析奥巴马在演讲中犯了哪些错误呢？
(2) 本案例对你有何启示？

案例2 人人都可以把不可能变成可能
——××品牌讲师的商务演讲稿

把握好机会,人人都可以把不可能变成可能。我们现在的生活水平要谈得上享受的恐怕要月收入达3万元,拥有3万元月收入的人今天在座的有几位?请站起来。

好,有一位!你真棒!谢谢,请坐!

很少,只有一位,他不能代表大家,你们说是不是?(是!听众答)。那么××这个品牌会给你带来20万元、30万元甚至更多,你们要不要听?(要!掌声)

好,我这就告诉大家如何取得这种成功。

这里我要说明一个事,就是现在也有成功人士达到月收入上万元的,但他们做得很辛苦,要守传统,要面对很多的人,有可能需折腰。

中国古代不就出现过许多有气节和骨气的人吗?如留下千古绝唱"采菊东篱下,悠然见南山"的陶渊明先生,诗句中超然生活的他确实在南山下体会过,可最终他是以饿死为代价才创造了那种境界。

在那种特定的历史条件下,陶渊明的饿死是件非常光荣的事情,但在今天,饿死却不一定代表光荣,是不是?所以你一定要把握好现在的机会。

今天你不为自己努力,明天你可能就会在贫困中饿死。

我们必须把握好××品牌事业这个机会,你一定要告诉自己生活中不是没有机会而是要学会把握好机会。

那么刚才谈到我们一个月赚30万元,不讲那么多,就说1万元吧!

在××品牌你稍加努力就可以做到。

(资料来源:陶莉.职场口才技能实训[M].北京:中国人民大学出版社,2015.)

思考题:
(1) ××品牌讲师是如何说服听众接受自己的品牌的?
(2) 这在商务演讲中属于什么类型的演讲?

案例3 我为什么报考导游
——在招聘业余导游员口试场上的即兴演讲

各位主考:

你们好!

本来我想朗诵一首诗,但在听了前面十几位考生的口试后,我忽然醒悟:导游工作更多的应该是娓娓而谈,才能更好地完成导游任务。因此,我在这儿想和各位主考说说心里话,题目呢,就叫《我为什么报考导游》。

我报考导游,有两个不利条件。

第一,是我的年龄。你们的启事上说的是招17~22周岁的,而我却已是25岁了。不过,任何事物都不是绝对的。一方面,我可以通过充满青春活力的热情和幽默来弥补;另一方面,年龄大些或许可以成为成熟、稳重、可以信赖的标志呢!——而这些,好像正是导游工作所需要的。

我的第二个不利是我的性别。毋庸讳言,对导游工作,人们大多是愿意由温柔美丽的女性来干的。但是，当今世界，旅游已不是女性们的专利权了。在某些情况下，具有男性阳刚之气的导游或许备受青睐呢！

因此，我来了。而且我知道，报考导游我还有7个有利条件！

第一，我热爱导游工作。

第二，由于职业关系，夏季这个烟台旅游的黄金季节，正是我们中小学放暑假的时候。我有充裕的时间，我可以做到招之即来，来之能战。

第三，由于长期坚持锻炼身体，我有充沛的精力和体力。我可以胜任长途奔波、连续作战的任务。

第四，由于对家乡的热爱，由于对史地知识的爱好，我相信我可以在烟台市范围内的导游工作中做到有问必答。

第五，由于在大学四年中经常有外地同学来烟台，由我为他们担任向导，所以，我自认已初步具备了导游工作的实际经验。

第六，经过三年多教师工作的锻炼，我认为自己的普通话和语言表达能力均能胜任导游工作。

第七，我的性格气质属多血质型，从心理素质上讲，适应环境的能力和应变能力也较强，而这种心理、气质类型，正是被认为做导游工作最适宜、最优秀的类型。

所以，我来了，并且相信，如果我被录取，我一定不会辜负你们——各位主考的选择的！

我的话说完了，谢谢各位为我提供这次机会。

（资料来源：http://www.yangleyang.com/zuowen/yingyong/qita/200911/622211.html.）

思考题：

(1) 案例中这位应聘者的演讲在结构上有何特点？

(2) 案例中这位应聘者的演讲给你哪些启示？

案例4　蹩脚的演讲
——某领导在会议上的发言

今天嘛，开个新员工培训的总结会。这个，啊——本来嘛，没什么可讲的，可是这个，总要讲几句嘛！（嗒——打火机声，嗤——长长的吸烟声）没有什么准备，这个，啊——昨天上午才确定要来讲，晚上，看了个戏。这个这个，今天在车上，翻了简报。厚厚的一大沓呢，只看了其中几篇的标题。我在这个方面是个外行，既没有调查，也没有研究。今天，啊——我的卷子怕不及格，弄不好，也许要交白卷。（哗——水倒进杯子的声音，嗤——徐缓的喝茶声）

好在百家争鸣嘛！有了这一条，啊，我的胆子壮了。说错了，我可以收回，你们要揪我，我可以不认账。（哈哈哈……发言人自己笑起来）

这个新员工培训了一个半月了。（耳语声）唔，是半个月，不算长，啊——会开长了是不好的，开短会，我赞成，这个好。讲话也一样嘛！

啊，我在车上看了几眼简报，这个会是4月1日开始的（不知谁扑哧一笑，接着是耳语声），唔，是5月2日。可是简报上写的……（沙沙沙——翻简报的声音）啊——这简报，是另外一个会的。怎么搞的？这个,在车上我看的就是这个,啊——就随便讲一点感想吧!我想说十个问题——(呼噜呼噜,会场上响起鼾声)

(资料来源:http://bbs.esnai.com/thread-4798058-1-1.html.)

思考题:

(1) 案例中的这位领导在新员工培训总结会议上的演讲为什么是失败的?

(2) 在商务演讲过程中应该注意哪些方面?试分析该领导演讲失败的原因。该领导应该怎么做?

四、演讲手操

为了练习演讲的手部动作,演讲专家乔宪金编练了三套手操,即领袖手操、战士手操和交心手操。请注意联系,以提高演讲后总手势的运用效果。

(1) 领袖手操。领袖手操由"我行、你真棒、请进来、抓住你、给我冲"五个环节组成。

"我行"——右手放到胸口;

"你真棒"——拇指向身前伸出;

"请进来"——手掌摊开、掌心向上伸向对方;

"抓住你"——右手做强力抓握动作;

"给我冲"——右手向前平推。

这套手操是模仿领袖人物的手部动作设计的,开放,大气,大度,长期练习有助于培养领袖风范。

(2) 战士手操。战士手操由"不要这样、斩断你的尾巴、砍掉你的魔爪、砸烂你的狗头、给我滚"五个环节组成。

"不要这样"右手伸开,手臂呈90°角,整个手掌由后上向前下拍打;

"斩断你的尾巴"——掌心向下、五指并拢构成砍刀状,然后在胸前快速划弧,由前上向右下方斩去;

"砍掉你的魔爪"——五指并拢,手掌作刀片状,从右上向左下快速直击,快刀斩乱麻;

"砸烂你的狗头"——右手握掌,掌心向外直击出去;

"给我滚"——右手半握,快速向前伸展,好像有东西从手里撒出去。

(3) 交心手操。交心手操由"掏出来、举起来、举上去"三个环节构成。

"掏出来"——两手在腰侧翻摊,好像心都要掏出来了;

"举起来"——手在腰侧打开后向前向上摊开,给人开诚布公的视觉形象;

"举上去"——双手自肩上向眼睛的前上方摊开,表示自己用于接受新事物,用于面对挑战,更预示着演讲者对美好事物的追求。

(资料来源:乔宪金. 四维演讲兵法[M]. 北京:北京工业大学出版社,2008.)

任务 6

商务谈判口才

你能得到的不是你应得到的,而是你所能争取到的。

——[美]切斯特·卡拉斯,作家、谈判及技巧培训师

 学习目标

- 了解商务谈判的含义和主要阶段;
- 做好商务谈判的准备工作;
- 明确商务谈判的语言特点;
- 掌握商务谈判的技巧。

 **导学案例**

索 赔 谈 判

在《哈佛谈判技巧》一书中有这样一个著名的真实案例:杰克的汽车意外地被一部大卡车给整个撞毁了,幸亏他的汽车买了全保。为争取最大权益,于是他与保险公司调查员展开了以下"谈判"。

调查员:我们研究过当事人的案件,根据保单的条款,当事人可以得到 3300 元的赔偿。

杰克:我知道,但你是怎么算出这个数字的?

调查员:依据这部车的现有价值。

杰克:你是按照什么标准算?你知道我现在要花多少钱才能买到同样的车子吗?

调查员:多少钱?

杰克:我找一部类似的二手车价钱是 3350 元,加上营业与货物税后大概是 4000 元。

调查员:4000 元太多了吧!

杰克:我所要求的不是某个数目,而是公平的赔偿。你不认为我买了全保而得到足

够的钱来换一部车是公平的吗？

调查员：好，我们赔你 3500 元，这是我们可以付的最高价。公司政策是这样规定的。

杰克：你的公司是怎么算出这个数字的？

调查员：你知道 3500 元是类似情况所能得到的最高数，如果你不想要的话，我就爱莫能助了！

杰克：我可以理解你受公司政策约束，但除非你能客观地说出我只能得到这个数目的理由，我想我们最好还是诉诸法律，然后再谈。

调查员：好吧。我今天在报上看到一部 1978 年的菲亚特汽车，出价是 3400 元。

杰克：喔，上面有没有提到行车里数？

调查员：49 000 公里，那又怎样？

杰克：我的车只跑了 25 000 公里，你认为我的车子可以多值多少钱？

调查员：让我想想……150 元。

杰克：假设 3400 元是合理的话，那么就是 3550 元了。广告上提到收音机没有？

调查员：没有。

杰克：你认为一部收音机值多少钱？

调查员：125 元。

杰克：冷气呢？

2.5 小时以后，杰克拿到了 4012 元的支票。

（资料来源：http://jgxy.ncgxy.com/jingpinkecheng/xnews.asp?id=134.）

基础知识

6.1 谈判与谈判口才

1. 谈判

谈判说起来既简单又复杂。说它简单，是因为谈判与我们的生活息息相关，随处可见。说它复杂，是因为它的内容极为广泛，是一项充满智慧、勇气，又充满艺术和技巧的人类活动，要给它下一个准确的定义，并不是一件容易的事。一般认为，谈判是参与各方为了满足各自的需求，协调彼此之间的关系，通过磋商而共同寻找双方都能接受的方案的活动。谈判有广义和狭义之分。广义的谈判泛指一切为寻求意见一致而进行协商、交涉、商量、磋商的活动，比如说，公司职员为加薪或升职与老板进行的沟通，父母为孩子购买玩具进行的协商等都属于广义的谈判。可以说，广义的谈判在日常工作和生活中是随处可见的。狭义的谈判仅仅是指正式场合下的谈判，并且用书面形式予以反映谈判结果。

（1）谈判的特征。谈判具有如下几个基本特征。

① 非单一性。谈判不能是自己跟自己谈判，必须要有两方或多方参与。这是谈判的首要特征。谈判必须要有两方或多方参与，自己和自己谈不能称为谈判。当谈判参与方

为两个以上时,则称为三方谈判、四方谈判或多边谈判等。例如,2004年在我国举行的关于朝鲜问题的"六方会谈"就是由朝、韩、中、美、俄、日六国参与的。

② 目标性。谈判一定要有明确的目标。谈判产生的直接动因就是谈判的参与者有需求并希望得到满足,这种需求无法自我满足,必须有他人的许可。谈判者参与谈判的最终目的是为了实现和满足各自的利益需求,而这种需求的满足又不能无视他方需求的存在。满足利益的需求越强烈,谈判的需求也越强烈。没有明确的目标,谈判就没有产生的理由。

③ 交流性。谈判是一个相互交流的过程,谈判不能由一方说了算,谈判各方的目的和需求都会涉及和影响他方需要的满足。对于谈判而言,谈判的开始意味着某种需求希望得到满足或某个问题需要得到解决。由于谈判参与者的各自利益、思维方式不尽相同,存在一定的差异和冲突,因而谈判的过程实际上就是各方相互作用、磋商和沟通的过程,在此过程中不断调整各方的利益关系,直至最后达成一致意见。

④ 公平性。只要谈判各方是自愿参与谈判,在谈判时对谈判结果具有否决权,这样的谈判就是公平的,无论它的结果看起来是多么的不公平。其公平性体现在谈判的自愿参与、自主决策和自我负责上,只要是没有强迫性,不存在一方"打劫"的谈判就都是公平的谈判。

(2) 谈判的要素。谈判的构成要素,是指从静态的角度分析构成谈判活动的必要因素。没有这些构成要素,谈判就无从进行。

① 谈判主体。所谓谈判主体,是指参加谈判活动的当事人。谈判主体具有双重性:一是指参加谈判一线的当事人,即出席谈判、上谈判桌的人员;二是指谈判组织,即出席谈判者所代表的组织。一线的当事人,除单兵谈判外,通常是一个谈判小组。小组成员包括谈判负责人、主谈人和陪谈人。其中,谈判负责人是谈判桌上的组织者、指挥者,起到控制、引导和场上核心的作用;主谈人是谈判桌上的主要发言人,他不仅是谈判桌上的主攻手,也是谈判桌上的组织者之一,其主要职责就是根据事先制定的谈判目标和策略,同谈判负责人密切合作,运用各种技巧与对方进行协商和沟通,使对方最终接受己方的建议和要求或和对方一起寻找双方都能接受的共同点;陪谈人包括谈判中的专业技术人员和记录员、翻译,他们主要为谈判提供技术咨询服务以及记录谈判过程,消除语言障碍。谈判的当事人可以是双方,也可以是多方。

② 谈判客体。谈判客体是指谈判中双方所要协商解决的问题,也就是谈判议题。谈判客体大致要具备三个条件:一是它对于双方的共同性,也就是这一问题是双方共同关心并希望得到解决的;二是可谈性,亦即谈判的时机要成熟;三是它必然涉及参与各方的利益关系。

③ 谈判目的。谈判目的是构成谈判活动不可缺少的因素。只有谈判主体和谈判客体,而没有谈判目的,就不能构成真正的谈判活动,而只是闲谈。正因为谈判各方鲜明的目的性,才使得谈判是在涉及各方的利益、存在尖锐对立或竞争的条件下进行的,无论谈判桌上表面看来是多么谈笑风生,实质上都是各方智慧、胆识、应变能力的一次交锋。而闲谈由于不涉及各方的利害关系,通常都是轻松愉快的。

④ 谈判的背景。谈判背景是指所处的客观条件。任何谈判都不可能孤立地进行,而

必然处在一定的客观条件之下并受其制约。客观存在的谈判条件能为谈判者实施谈判策略与技巧提供依据。这种背景既包括了外部的大环境,如政治、经济、文化等,也包括了外部的微观环境,如市场、竞争情况等,还包括了参与谈判的组织和人员背景,如组织的行为理念、规模实力、财务状况、市场地位等,谈判当事人的职位级别、教育程度、工作作风、心理素质、谈判风格、人际关系等。

以上因素是构成谈判的四个基本要素,这些要素不仅影响谈判活动的具体进行,也是分析和研究谈判的依据。

2. 商务谈判

商务谈判(business negotiation)是指参与各方为协调彼此的经济关系,满足贸易的需求,围绕标的物的交易条件,通过信息交流、磋商协议达到交易目的的行为过程。英国谈判专家马什下了这样的定义:"所谓商务谈判(或称交易磋商)是指有关贸易双方为了各自的目的,就一项涉及双方利益的标的物在一起进行洽商,通过调整各自提出的条件,最终达成一项双方满意的协议,这样一个不断协调的过程。"商务谈判是买卖双方为了促成交易而进行的活动,是最普遍的谈判类型,具体包括商品买卖、投资、劳务输出输入、技术贸易、经济合作谈判等。

产生商务谈判的前提是:双方(或多方)有共同的利益,也有分歧之处;双方(或多方)都有解决问题和分歧的愿望;双方(或多方)愿意采取一定行动达成协议;双方(或多方)都能互利互惠。

(1) 商务谈判的特点。商务谈判既有谈判的一般特征,又有它独特的一面。

① 以利益为目的。谈判是具有鲜明的目的性的,通常来说,谈判不止一个目的,但不同类型的谈判都有自己的首要目的。比如说,政治谈判关心的是政党、团体的根本利益,军事谈判的目的涉及双方的安全利益,虽然这些谈判都可能会涉及经济利益,但其重点并不在经济利益。而商务谈判的首要目的则是以获取经济利益为主,在满足经济利益的前提下才涉及其他非经济利益。当然,各种非经济利益也会影响到商务谈判的结果,但其最终目的仍是经济利益。比如,在购销谈判中,供方希望把价格定得尽量高一些,而需方则希望尽量压低价格。在借贷谈判中,借方总是希望借款期限长些,利息低一些;而贷方则希望利息高一些,期限短一些。所以,人们通常以获取经济利益的大小来评价一项商务谈判的成功与否。

② 以价格为核心。价格谈判是商务谈判的核心环节,有人把商务谈判称为讨价还价,这是因为商务谈判所涉及的因素很多,但其核心角色是价格。双方经过谈判,最后经济利益的划分,主要通过价格表现出来,双方在其他利益上的得失,多数情况下或多或少都可以折算为价格,并通过价格的升降反映出来,例如,在购销谈判中,买方可以加大购买量来诱使卖方降低价格,这是数量因素在价格上的折算。另外,产品质量、付款条件等因素都可以影响最终的价格。但是,有些情况下这种折算是行不通的。比如,卖方提供的产品质量低于买方的最低心理标准,这时候,即使卖方大幅降低价格,买方也可能不会接受,或者会退货,甚至提出索赔。

了解了这一点之后,在商务谈判中,我们应该一方面要以价格为中心,坚持自己的利益;另一方面又不能仅仅局限于价格,应该拓宽思路,设法从其他利益因素上争取应得利益。因为,与其在价格上与对手争执不休,还不如在其他利益因素上使对方在不知不觉中让步。这是从事商务谈判的人需要注意的。

③ 以合同条款为结果。商务谈判的结果是由双方协商一致的协议或合同来体现的。合同条款实质上反映了各方的权利和义务,合同条款的严密性与准确性是保障谈判获得各种利益的重要前提。有些谈判者在商务谈判中下了很大气力,好不容易为自己获得了较有利的结果,对方为了得到合同,也迫不得已作了许多让步,似乎已经获得了这场谈判的胜利,但在拟订合同条款时,掉以轻心,不注意合同条款的完整、严密、准确、合理、合法,其结果是被谈判对手在条款措辞或表述技巧上,设置陷阱并引诱掉进,不仅把到手的利益丧失殆尽,而且还要为此付出惨重的代价,这种例子在商务谈判中屡见不鲜。因此,在商务谈判中,谈判者不仅要重视口头上的承诺,更要重视合同条款的准确和严密。

④ 以时效性为要求。与其他政治、军事谈判相比,商务谈判更注重时效性。这是因为商场上竞争激烈,商机稍纵即逝,错过了时机,即使在谈判中取得了胜利,也会使谈判的结果失去了价值和意义。比如,在零售购销谈判中,错过了销售旺季,就只能大打折扣或不计成本销售了。所以,商务谈判中,谈判者都非常讲求谈判的自身效率和合同履行的时间保证。

以上是商务谈判的个性特点。对于国际商务谈判,由于其业务是一种跨国界的活动,所以还具有一定的特殊性。其特殊性表现在政治性强,适用的法律以国际商法为准则,以及由于经济体制和社会文化背景、价值观、思维方式、风俗习惯、语言等不同,影响谈判的因素大大增加,造成谈判的难度加大。

(2) 商务谈判的主要阶段。商务谈判是一场知识、信息、心理的较量,也是礼仪修养的竞赛。一场事关组织发展前途的谈判,谈判人员在谈判程序的任何阶段都需注意礼仪,以留给对方良好的印象。

① 导入阶段。谈判的导入阶段时间不多,主要是通过介绍,相互认识,自始至终保持轻松愉快的合作气氛。在介绍时,个人以自我介绍最为适宜;团体则可由团长或司仪介绍,把参加谈判的每一个成员的姓名、身份、职务简要介绍给对方。一般先由职务高的开始介绍,然后按程序介绍下去,介绍到谁时可起立,也可坐在原来的位置上,面带微笑点头示意。在一方介绍时,另一方要认真倾听,注意力集中,切不可东张西望,心不在焉。

口才小故事

1972年2月,美国总统尼克松访华,中美双方将要展开一场具有重大历史意义的国际谈判。为了创造一种融洽和谐的谈判环境和气氛,中国方面在周恩来总理的亲自领导下,对谈判过程中的各种环境都做了精心而又周密的准备和安排,甚至对宴会上要演奏的中美两国民间乐曲都进行了精心的挑选。在欢迎尼克松一行的国宴上,当军乐队熟练地演奏起由周总理亲自选定的《美丽的亚美利加》时,尼克松总统简直听呆了,他绝没有想到能在中国的北京听到他如此熟悉的乐曲,因为,这是他平生最喜爱的并且指定在他的就职典礼上演奏的家乡乐曲。敬酒时,他特地到乐队前表示感谢。此时,国宴达到了高潮,一种融洽而热烈的气氛感染了美国客人。一个小小的精心安排,赢得了和谐融洽的谈判气氛,这不能不说是一种高超的谈判艺术。美国总统杰弗逊曾经针对谈判环境说过这样一句意味深长的话:"在不舒适的环境下,人们可能会违背本意,言不由衷。"英国政界领袖欧内斯特·贝文则说,根据他平生参加的各种会谈的经验,他发现,在舒适明朗、色彩悦目的房间内举行的会谈,大多比较成功。

② 概说阶段。谈判概说阶段的目的是让对方了解自己的期望目标和谈判设想,同时隐藏不想让对方知道的其他资料、信息。这个阶段只需要单纯地说出基本想法、意图与目的,而不宜过早地把谈判意图全部提出。因此,概说阶段要注意以下两个要求。

一是保持愉快的气氛。发言的内容要简短,要能把握重点及表示情感。比如:"很高兴来这里开会,今天有关引进设备的讨论,希望能有圆满的结果。使双方都满意。"发言时要面带笑容,以示诚恳,在得到对方首肯以后,也要以目光和点头致意,表示彼此意见相投,成功的可能性很大。

二是倾听对方的发言。在谈判的概说阶段应留出时间让对方发表看法,待认真听完对方的意见后,进一步思考分析,找出双方目的的差别。

③ 明示阶段。明示阶段,谈判双方不再隐瞒自己的真实意图,而把自己的谈判目的和盘托出,使对方明了自己的需求,为交锋阶段做好准备。但是在明示时要注意分寸,把握谈判内容的"度",决不要流露自己迫切需要解决问题的心情,否则,就会被对方利用为施加压力的砝码;同时,对自己的真实实力,包括谈判"底线"等,应给予保密,否则在交锋时会使自己处在被动地位。

④ 交锋阶段。谈判的目的就是为了获得自己想得到的利益。谈判双方的对立状态是从交锋开始的。由于双方都想说服对方以获得更大的利益,因此,彼此都充满信心,运用计谋,斗智斗勇,使争论相当激烈。

在交锋阶段要有应付各种困难的思想准备,随时准备回答对方的质询,并表现出适当的强硬态度。但是高明的谈判者,又不是有勇无谋的人,因为交锋并不是为了证明一方强于另一方,而只是寻求双方利益一致的妥协范围,否则,谈判将导致破裂。因此,谈判者的态度应"硬中有软",适时地"软硬兼施"。

⑤ 妥协阶段。妥协是交锋的结果,在相互僵持过程中总有一方主动做出让步,使另一方也相应退让,若双方都不让步就无法达成妥协协议。让步要选择时间,把握让步的幅度,讲究让步的艺术。谈判中不恰当的让步会让己方难以实现最终愿望。正确的让步是使双方都得益,互为补偿,如果是单方面的让步,就不是成功的谈判。这里要注意两点。

一是在谈判中要慎用妥协。妥协不是目的,而是手段,妥协就其实质而言,是不得已而为之。因此,要慎用妥协,一般在谈判前就应设想自己的妥协范围,并在谈判过程中依据双方情况的变化,寻找理想的妥协时机。妥协不是无限度地一味退让,而是有限度、有范围的,以不损害自己的根本利益为尺度,使对方能接受,从而达成互利互惠协议。

二是让步要讲究方式。在开始阶段,谈判人员代表组织可做较大的让步,然后在长时间内再缓慢地一点一点地做小的让步。这样,一开始大的让步能取悦对方,建立好感再逐步做点小的让步,也就比较顺理成章,容易被对方所接受。当然,具体选择何种让步,还要视对方情况而定。

⑥ 协议阶段。谈判双方认为已基本上达到自己的谈判目标,共同以签订协议宣告谈

判的结束。签订协议是很重要的仪式,双方除了出席谈判的代表外,还可请组织和政府的领导人出席,以示重视。谈判的双方代表在协议上签字后,要交换协议书,并握手祝贺。协议书签订的会场、服务、接待等各项工作都要由专人负责。最后,双方还要发表简短的祝词,以及摄影留念。协议签订的仪式结束后,还可组织招待会、新闻发布会、宴会、舞会等庆祝活动。

3. 谈判口才

谈判是"谈"出来的,离开了话语言谈,就不称其为谈判了。谈判与口才密不可分,谈判都要经过双方人员的口才较量,然后才能达成协议。谈判的过程就是口才的运用和发挥的过程。谈判口才具有以下四个方面的特征。[①]

(1) 目的的功利性。促使谈判的动力是人们的需要,谈判各方都是为了满足自己的需要而走到谈判桌前。因此,无论是个人间、组织间,还是国家间的谈判,都为着不同功利需要而在进行着言语交锋。

(2) 话语的随机性。谈判必须根据不同的对象、内容、阶段、时机来随时调整自己话语的表达方式,包括不同的句型、语气、修辞,随机应变地运用口才技巧与对方周旋。

(3) 策略的智巧性。谈判与论辩一样,既是口才的角逐,也是智力的较量:或言不由衷,微言大义;或旁敲侧击,循循暗示;或言必由衷,一语道破;或快速急问,或絮语软磨……出色的谈判大师总是善于鼓动巧舌如簧,调动手中的筹码,而取得理想的成功。

(4) 战术的实效性。谈判不同于朋友之间天南地北地聊天,也不同于情人之间的绵绵絮语,谈判注重效率,在战术上具有实效性的特征,这也是它独有的特征之一。谈判之初,参谈各方都有自己预定的谈判决策方案,其中包括各谈判阶段所安排的内容、进度、目标,以及谈判的截止日期等。这种实效性特征也可以用作迫使对方让步的武器。

6.2 商务谈判的策略

商务谈判策略是指在商务谈判中,根据谈判的实际情况,所采取的方针、技巧、方式、方法。在长期的商务谈判实践中,人们积累了丰富的经验,总结出许多谈判的技巧、方法。商务谈判的策略可分为时机性策略和方位性策略。时机性策略指如何把握谈判时机,控制谈判的策略。其主要方法有:忍耐策略、出其不意策略、休会策略、死线策略、让步策略、适时发问策略。方位性策略是指根据不同的谈判场合、条件、局势采用不同的手段的策略。其主要手段有:合伙、联系和排斥,以攻为守、运用代理人等。下面介绍几种常用的谈判策略。

1. 忍耐策略

忍耐策略是交锋阶段经常采用的策略。当对方咄咄逼人,或情绪激动之时,采用忍耐策略,以缓制急,以静制动,使各方都保持冷静,避免直接冲突,直至时机成熟,再给对方以

[①] 蒋红梅,张晶,罗纯. 演讲与口才实用教程[M]. 北京:人民邮电出版社,2015.

明确答复。无论是正式谈判或非正式谈判中,谈判者一定要控制住情绪,审时度势。俗话说:"小不忍则乱大谋。"忍耐不是屈服,忍耐是为了掌握具体情况,寻找应对措施。

2. 休会策略

休会,即暂时中止谈判。休会是种缓和矛盾和冲突,使谈判各方冷静思考,重新审视谈判方针、方案,有利于谈判继续进行下去的一种策略。休会策略是一种时机性策略。当谈判处于以下几种情况时,应采用休会策略。

谈判时间过长而没有实质性的进展,谈判人员已精疲力竭,处于生理低潮。

谈判进入交锋阶段,达到白热化程度,各方彼此唇枪舌剑,各不相让,谈判已进入"临界点",面临破裂的可能性,应提出休会。

对方采用出其不意策略,在某一问题上突然提出一个新的方案,令己方措手不及,此时可提出休会。

谈判各方意见分歧过大,一时难以磋商,可建议休会。

谈判进行到正常就餐、入寝休息时间可建议休会。

在休会期间,谈判各方应本着谈判的原则,高瞻远瞩总结,审视原来的方针、方案是否切实可行。如若不合适,应做相应调整,重新部署新的谈判方针、方案,采用新的谈判策略。

3. 出其不意策略

"攻其不备,出其不意"是我国古代名著《孙子兵法》的一种军事策略。在谈判中,主要是指突然改变谈判方针方案,令对手措手不及。公共关系谈判尽管是合作型谈判,但并不排斥正常的合理的竞争手段。当谈判处于以下情形时,可采用出其不意策略。

对手在某一问题上占绝对优势,而该问题又是己方基本利益需求,此时可考虑采用一个与原方案截然相反的提案,以另有所图。

当对手迫于成交,而己方感到成交时机不成熟、条件不具备时,可采用出其不意策略。

对手轻易接收己方认为非常重要的谈判条件,己方难以揣测其真实意图,此时可采用出其不意策略,测试对手反应,积极把握谈判的主动权。采用出其不意策略应十分慎重。否则,盲目使用该策略,容易造成紧张局面,招致谈判破裂。但如果适时使用会使对方感到措手不及,也会达到很好的效果。

4. 解剖"死线"策略

"死线"是指谈判对手势在必得,不可摆脱的关键问题。解剖"死线"策略是指在谈判中,掌握对方的利益需求,当对方在非重要问题或细枝末节上斤斤计较时,及时解剖"死线"阐明利害,迫使对方让步,积极争取主动的一种策略。

"死线"往往是对方谈判的希望所在,属于对方的长远利益需求,是对方十分需要决不肯轻易放弃的关键问题。谈判者在谈判过程中,必须仔细分析,找出对方的"死线",在关键时刻及时抛出,并给对方以思考的时间。这样,对方必然要权衡利弊,让步的可能性极大。

5. 以攻为守策略

以攻为守策略是指在对谈判做了充分准备的前提下,积极主动进攻,以提问为主,咄咄逼人。以细枝末节问题让步,换取较大利益需求的满足。

以攻为守策略的主要手段有两个:一是不断提问。在谈判中,寻找更多问题适时发问,是占据主动地位的一种方式。提问也是一种技巧。提出的问题越尖锐棘手、越多,从对方答复中获取的信息就越多。二是主动让步。如果对谈判的情况了如指掌,对对手可能做出的让步范围心中有数,知晓这一让步,可能会得到更多的补偿,即可主动让步。这种让步,看似妥协退让,其实是一种更有利的进攻。

6. 运用代理人策略

运用代理人策略是指选用非谈判利益的直接承受人,即"代理人"作己方的谈判代表,赋予其一定的权限与对方进行谈判。它属于间接谈判。代理人一般都是谈判的行家里手,具有丰富的知识和较高的应变能力、表达能力。利用代理人进行谈判,代理人可以向当事人提出任何问题或要求,而无须向对方做出任何承诺。代理人凭其专业水平和丰富的实践经验,容易在谈判中掌握主动,成功的机会相对较大。利用代理人谈判也可以在处于不利局面时,以问题了解不全面、不具体、代理有限等为理由,暂时休会。

运用代理人谈判时,应注意以下几个问题:代理人必须持有当事法人的委托代理书;代理人不能超越委托权限,越权代理;代理人必须全力以赴,实行真实代理;代理人应随时与当事人进行信息沟通,寻找解决问题的方法和途径。

6.3 商务谈判的语言艺术

谈判,离不开一个"谈"字,不管是和风细雨地劝说,还是理直气壮地唇枪舌剑,时时刻刻都离不开语言。谈判中最重要的工具就是语言,谈判双方必须利用语言来传播信息、交流情感,表达自己的意向。没有语言,谈判根本无法进行。谈判是智慧的较量,而语言又是谈判者思想与智慧的表达方式。谈判语言关系到谈判的成败,其原因就在于谈判语言不同于一般生活中的语言,他需要在紧张、激烈对抗中,始终把握己方的目标,同时运用各种语言技巧来突破对方的防线。

1. 商务谈判的语言特征

谈判语言的主要特征表现在以下几个方面。

(1) 鲜明的功利性。谈判语言是一种目的非常明确的语言,不管是谈判中的陈述、说服,还是提问、回答,都是为了自己的利益需要而进行的。不带有任何功利目的、无求于对方的谈判是不存在的。20 世纪 70 年代初,中美建交谈判时,美国前国务卿基辛格在与邓小平对话时曾说:"我们的谈判是建立在健全基础之上的,因为我们都无求于对方。"第二天,毛泽东主席接见基辛格时,就其前一天的谈话进行了反驳。毛泽东说:"如果双方都无求于对方,你到北京干什么?如果双方都无求于对方的话,那么,我们为什么要接待你和你们的总统?"毛泽东一针见血地指出,谈判是一种双向的需要,谈判带有明确的目的性。谈判的目的性决定了谈判语言必然具有鲜明的功利性。

口才小故事

在这年秋季广交会上,我国的外贸人员在一个清雅的接待室里与外商谈判。中方人员讲:"由于国际、国内铅价猛涨,这次出口的蓄电池,我们准备适当提高价格。"听到新的价格,外商连连摇头。再谈下去,对方却说:"还是以前的报价就谈,否则谈判就结束。"眼看谈判陷入僵局。外贸人员找到北京电池厂负责人,要求他们压一压出厂价。副厂长等人一算账,认为压价就肯定赔钱,无法接受这个建议。怎么办?经过充分的准备,王副厂长等人开始与外商直接谈判。在两天半的时间里,厂方详细谈到国际市场铅价及蓄电池价格上涨的幅度,原料价格上涨对产品成本的影响,本厂产品与外国同类产品价格的对比情况,如果双方成交的话各自可获取的盈利。厂方摆出的事实和数据清晰明确,具有无可辩驳的说服力,外商不得不叹服:"你们对市场行情真是一清二楚。"买卖最后终于谈成了。

(2) 灵活的随机性。谈判是一个动态过程,瞬息之间,变化万千。尽管一般情况下,谈判双方事前都要做充分的准备,对谈判的内容、己方的条件、可能做出让步的幅度、对方的立场、对方可能采取的策略,都进行了研究,并对谈判过程进行了筹划。但是,谈判过程常常是风云变幻、复杂无常,任何一方都不可能事前设计好谈判中的每一句话。具体的言语应对仍然需要谈判者临场组织,随机应变。

谈判中,谈判者要密切注意信息的输出和反馈情况,根据不同内容和阶段,针对谈判对象、主客观情况变化,及时、灵活地调整谈判语言。尤其是在双方就关键性的问题短兵相接时,一问一答、一叙一辩,都要根据当时谈判场上的变化而变化,这就是灵活的随机性。如果谈判中发生意料之外的变化,而仍然拘泥于既定的对策,思想僵化,方式呆板,语言不能机智应变,则必然在谈判中失去优势,导致被动失利。

(3) 巧妙的策略性。因为谈判是一种智慧的较量,所以在谈判中,一方为了获得尽可能多的利益,往往采取各种策略,诱使对方按照己方的条件达成协议。因而成功的谈判者常常在谈判双方的利益冲突和利益协调中,从合作的立场出发,以其特有的机警和敏锐,不放过有利于自己的任何一个机会。同时,运用各种计谋、多种恰到好处的言谈,使谈判朝着有利于己方的方向发展。谈判语言的策略性表现在:一样的话,可以有几种说法;同样的意见,用不同的说法表达,以产生不同的效果。

口才小故事

有一次,日本一家公司与美国一家公司进行一场许可证贸易谈判。谈判伊始,美方代表便滔滔不绝地向日方介绍情况,而日方代表则一言不发,认真倾听,埋头记录,当美方代表讲完后,征求日方代表的意见,日方代表却迷惘地表示"听不明白",只要求"回去研究一下"。几星期后,日方出现在第二轮谈判桌前的已是全新的阵容,由于他们声称"不了解情况",美方代表只好重新说明了一次,日方代表仍然以"还不明白"为由使谈判不得不暂告休会。到了第三轮谈判,日方代表团再次易将换兵并故伎重演,只告诉对方,回去后,一旦有结果便会立即通知美方。半年多过去了,正当美国代表团因得不到日方任何回音而烦躁不安、破口大骂日方没有诚意时,日本突然派了一个由董事长亲率的代表团飞抵美国,在美国人毫无准备的情况下要求立即谈判,并抛出最后方案,以迅雷不及掩耳之势催逼美国人讨论全部细节,措手不及的美方代表终于不得不同日本人达成了一次明显有利于日方的协议。事后,美方首席代表无限感慨地说:"这次谈判,是日本在取得偷袭珍珠港之后的又一重大胜利。"

(资料来源:http://book.17173.com/chapter/271087_6359125.html。)

(4)迅捷的反馈性。谈判中的双方斗智斗勇,往往会出现许多稍纵即逝的机会。谈判者不仅要反应敏捷,而且要立即做出判断和回答。抓住了机会,也就抓住了成功。所以谈判的语言一方面对己方的谈判条件争取到最大的满足;另一方面要迅速捕捉对方谈话中的矛盾之处或者漏洞,不失时机地加以利用,这就是谈判语言迅捷的反馈性。

口才小故事

一次某外商向我国一个外贸单位购买香料油,出价每千克40美元,我方要价48美元。外商一听我方要价就急了,说:"不,不,你怎么能指望我出45美元以上来买呢?"我方代表立即抓住这一机会,巧妙地反问说:"这么说,你方是愿意45美元成交了?"外商情急之下露了底,只好说,可以考虑。结果双方以每千克45美元成交,比我方原定的成交价高出3美元。

(资料来源:http://www.docin.com/p-223151277.html。)

谈判中对时间的要求是严格的,这与平常的生活语言大不相同。谈判中双方的陈述、说明、提问、回答等都是紧张的智力较量,要求在极短的时间内立即对对方的发言做出反馈。或同意,或拒绝,或反驳,或提出新的建议,都要求谈判者迅速做出反应。迟迟不予回答,或在谈判桌上说错了又收回来,都会被认为是不礼貌的,或者是不负责任的表现。

2. 商务谈判的语言技巧

就像美国著名律师尼伦伯格在其著作《谈判的策略》一书中举的例子那样:"最近,我那两个儿子为分吃一块苹果馅饼而争了起来,两个人都坚持要切一块大的给自己,结果他们始终分不好。于是我建议他们,有一个人先切,由另一个先拿自己想要的那块,两个人似乎觉得这样公平,他们接受了,并感到自己得到了公平的待遇。"谈判应该是一种"赢—赢"式谈判,而非"赢—输"式谈判,这是谈判的最高境界。我们在谈判时,一定不要忽视这一基本点。商务谈判的语言技巧主要体现在以下几个方面。

(1)积极倾听,用心理解。先让我们看一个例子:日本松下电器公司的创始人松下幸之助先生曾谈到自己初次交易谈判中的一个教训,他上东京找批发商谈判,意欲推销他的产品,批发商和蔼可亲地说,"我们是第一次打交道吧?以前我好像没见过您。"这是明显的探测语,批发商想要知道面前的对手是生意老手还是新手。松下先生恭敬地回答,"我是第一次来东京,什么都不懂,请多多关照。"这极平常的寒暄语却使批发商获得了重要信息:对手原来是一个初出茅庐的新手。批发商问:"你打算什么价格出卖你的产品?"松下又如实亮底说:"产品成本 20 元,我准备卖 25 元。"按当时市场价格 25 元钱价格适中,产品质量又好,但由于松下无意间暴露了自己的弱点,因此批发商说:"你首次来东京做生意,刚开张应当卖得更便宜些,20 元卖不卖?"批发商了解对手人生地不熟,又有急于打开销路的愿望,因此趁机杀价。松下先生后来才悟到当初的吃亏,正是由于自己缺少经验,没有能感觉到对方的探测性语言。在许多人看来,谈判中要多发言,这样才能把自己的意图说清楚,使另一方完全明白自己的观点、看法。其实,真正高明的谈判家并不这样做。他们采用的办法大多是"多听少说"。尽量少发表自己的看法,多听对方的陈述,这种听是主动的,并非只是简单地用耳朵就行了,还需要用心去理解,探求对方的动机,积极做出各种反应。这不仅是出于礼貌,而且是在调节谈话内容和谈判气氛。

① 要耐心倾听。谈判中一般交谈内容,并非总是包含许多信息量的。有时,一些普通的话题,对你来说知道的已经够多了,可对方却谈兴很浓。这时,出于对谈判对方的尊重,应该保持耐心,不能表现出厌恶的神色,也不能表现出心不在焉的神情。越是耐心倾听他人意见的人,谈判成功的可能性越大。因为聆听是褒奖对方谈话的一种方式,能提高对方自尊心,加深彼此感情,为谈判成功创造和谐融洽的环境和气氛。

② 要虚心倾听。谈判的一个主要目的是沟通信息,联络感情,而不是智力测验或演讲比赛,所以在听人谈话时,应该有虚心聆听的态度,不要中途打断对方的谈话,这也是不尊重对方的表现。正确的做法是听话者在谈判中应随时留心对方的"弦外之音",回味对方谈话的观点、要求,并把对方的要求与自己的愿望做互相比较,预想好自己要阐述的观点、依据的理由,使谈判走向成功。

③ 要注意主动反馈。在对方说话时,听话者不时发出表示倾听或赞同的声音,或以面部表情及动作向对方示意,或有意识地重复某句你认为很重要、很有意思的话。若一时没有理解对方的话,不妨提出一些富有启发性和针对性的问题,这样对方会觉得你听得很专心,重视他的话。

(2) 善于提问,控制局面。有这样一个例子:有一位教徒问神父:"我可以在祈祷时抽烟吗?"他的请求遭到神父的严厉斥责。而另一位教徒又去问神父:"我可以吸烟时祈祷吗?"这个教徒的请求却得到了允许,悠闲地抽起了烟。这两个教徒发问的目的和内容完全相同,只是语言表达方式不同,但得到的结果却相反。由此看来,善于提问,语言技巧高明才能赢得期望的谈判效果。俗话说:"知己知彼,百战不殆。"了解谈判对手,是保证谈判获得成功必不可少的。要深入了解双方,除了仔细倾听对方发言,注意观察对方的举止、神情、仪态以捕捉对方的思想脉络、追踪对方的动机之外,通过适当的语言手段,巧妙提问,随时控制谈话的方向,并鼓励对方说出自己的意见,这是获取必要信息的更为直接的有效方式。

① 不要羞于提问。很多谈判者坐在谈判桌前时,羞于提问。虽然没听明白对方的意思,但是因为有众多的谈判人员在场,认为提问题暴露了自己的无知,会让别人瞧不起,有碍面子,因此不懂装懂,不提问题;或者有些时候怕自己提问题太多,会引起对方的反感,因而尽量少提问题,这些都是不正确的态度。谈判牵扯到双方的重要利益,而且谈判时双方都在使用各种策略以争取自己的利益。有时是故意说得复杂让对方听不懂,如果此时

稀里糊涂地答应了条件,正合对方心意。因此,如果有疑问,就必须要向对方提问,这不仅使得己方了解了事实真相,而且很大程度上控制了局势。我们可以想想在日常生活中,是提问题的人掌握了主动权呢,还是回答问题的人掌握了主动权?当然是提问题的人,因为他控制了对方的思维,回答问题的人更多是被牵着鼻子走,因此,如果在谈判时适时适度地提问不仅不会让己方陷于被动,而且很大程度上占了主动权。

②注意提问的恰当时机,应该等对方发言完毕再问。日常生活中,我们都知道打断别人的谈话是不礼貌的,在谈判中,更是如此。要注意听对方的谈话,不明白的地方可以先记下来,等对方陈述完后再问。这样有三个好处:首先,是尊重他人的体现,不会因中途打断对方而引起不快;其次,听完了对方的谈话可以完整地了解对方的思路和意图,避免断章取义,错误地理解对方的意图;最后,听完对方的陈述再提问,也为自己争取了思考的时间,可以思考怎样提问比较合适,以免出现漏洞。如果对方的话冗长,也可以适时地打断对方。在打断对方前,要注意当时的气氛和对方的情绪。我们知道在日常生活中如果要向某人提要求,一般是选择该人比较高兴的时候,在谈判中也是如此。如果打断对方提问题,要选择对方说话的间歇,而且要气氛融洽,对方认为形势有利于他们的时候提,这时对方心理往往较少设防,回答得比较详细、充分,己方获取信息充足。如果气氛紧张时,对方会很谨慎地回答,己方获得的信息有限。

③讲究提问方式。提问有不同的方式,在谈判中的提问更要注意提问方式的选择。为了保证谈判气氛的融洽,一般来说,较多地使用选择性问句。如:"您认为我们应该先讨论交货方式的问题还是价钱的问题合适呢?"这种问句方式,给对方一个选择的空间,以免引起对方的逆反心理,再配以得体的措辞,柔和的语调,对方比较容易接受。而且这种问法看起来是让对方选择,实际上己方已经设定了选择的范围"交货方式还是价钱",表面看起来是让对方选择,实际上己方已经设定了选择的范围"交货方式还是价钱",表面看起来主动权给了对方,实际是己方在掌握了主动权的基础上给了对方少许的自主权,而就是这"少许自主权"往往使得对方心理比较满足,因此,在谈判中经常会使用选择性问句。在提问时应多使用比较委婉的词语,比如:"您觉得这样处理怎样?""我们是不是还需要讨论一下供货方式的问题?""麻烦您解释一下刚才的建议,我们还不是很清楚"等,再辅以诚恳的态度,一定会取得比较理想的效果。

另外,提问应该避免几个问题:一是不要使用盘问、审问式的问句,避免几个问题连着问,因为对方既不可能一一给以详细的回答,还会引起对方的反感,破坏了谈判的气氛。二是提问题的态度要诚恳,避免给对方讽刺、威胁等感觉,对方才乐于回答。三是要有疑而问,不要为了表现自己而问。有的人为了表现自己的口才或专业,故意卖弄,结果往往会弄巧成拙。四是对方不愿回答的问题,不要一而再,再而三地追问,可以委婉地换种方式获得信息,不一定非得逼问对方。

口才小故事

在一场货物买卖谈判中,双方就价格问题难以达成一致时,买方经过精心策划,提出了下列问题:"尊敬的先生,当一件成品所需的原材料开始降价,那么随着成本的下降,其价格是否应降低呢?""是的,毫无疑问。""当一件产品的包装改用简易包装了,那么它的价格是否应降低呢?""是的。""那么你方在原材料价格大幅度下降,产品又改用简易包装的情况下,为什么还坚持原来的价格呢?"直到这时卖方才发现落入了陷阱,无言以对,只能应对方的要求降低产品的价格。

(3) 巧妙回答,避实就虚。在谈判中,如何回答对方的问题更重要,如果回答得不好,往往会掉进对方设置的"陷阱",被对方牵着鼻子走。因此,在很多的政治谈判、军事谈判和商贸谈判中,"回答"比"提问"还重要。同提问一样,回答应为谈判效果服务,该说什么,不该说什么,应该怎么说都要由"有利于谈判效果"来决定。回答问题时的总原则就是"经过慎重思考,再三斟酌,能不答的就不答,能少答就不要多答,尽量少说"。

实际上,擅长回答的谈判高手,其回答技巧往往在于给对方提供的是一些等于没有答复的答复。潘肖珏在其所著的《公关语言艺术》中列举了以下实例来说明这一问题。

例1 在答复您的问题之前,我想先听听对方的观点。

例2 很抱歉,对您所提及的问题,我并无第一手资料可作答复,但我所了解的粗略的印象是……

例3 我不太清楚您所说的含义是什么,是否请您把这个问题再说一下。

例4 我们的价格是高了点,但是我们的产品在关键部位使用了优质进口零件,增加了产品的使用寿命。

例1的应答技巧,在于用对方再次叙述的时间来争取自己的思考时间;例2一般是属于模糊应答法,主要是为了避开实质性问题;例3是针对一些不值得回答的问题,让对方澄清他所提及的问题,或许当对方再说一次的时候,也就找到了答案;例4是用"是……,但是……"的逆转式语句,让对方先觉得是尊重他的意见,然后话锋一转,提出自己的看法,这叫"退一步而进两步"。我们应当很熟练地掌握和运用这些回答技巧。在谈判中,回答还要注意以下几个方面。

① 尽量避免正面回答。对方提问的目的是想从我们的回答中获取信息,因此在回答时就要尽量避免正面回答,防止泄露太多的信息。如果对方知道得太多,我们就丧失了主动权。如果对方问:"你们的报价是多少?"就不应直接回答是多少,可以回答:"跟市场上其他同类产品的价格差不多,但是我们的产品比市场上的同类产品质量要好得多,相信价格方面你们会满意的。"多使用模糊性的词语,回答不要太确切。比如有的谈判人员,想知道对方打算在什么时候结束谈判,以便运用限期策略迫使对方做出让步,于是在见到对方一开始就非常热情地询问:"贵方打算什么时候离开呀?最近机票不好买,如果需要的话,我们可以帮忙预订。"这时可千万不能被对方的热情打晕了头,说出类似"我们打算下周一走,那就麻烦你们帮忙订机票吧"之类的话,这样就掉进了对方的"陷阱"里了,对方可能会在谈判时"故意"地拖延时间,迫使我们最后做出巨大让步,陷于被动。可以回答:"我们不着急,难得来一趟,有时间我们还要四处玩玩。"这就委婉地向对方表明"时间不是问题,我们有足够的精力进行谈判"。对方也就不敢使用限期策略了。

口才小故事

明朝的刘伯温,是个堪与诸葛亮相比的智者。有一次,朱元璋问他:"明朝的江山可坐多少年?"刘伯温寻思,无论怎么回答都可能招致杀身之祸,不由汗流浃背地伏地回答说:"我皇万子万孙,何须问我。"他的回答用"万子万孙"的恭维话作为掩护,实际上却是以"何须问我"的托词作了回答,朱元璋抓不到刘伯温的任何把柄,自然也就无可奈何。

② 不要一一作答。有时,对方的问题很多,如:"我们想知道关于价格、数量、交款方式等问题贵方是怎样考虑的。"不要一一给予答复,被对方控制思维,可以就其中的己方考虑成熟的问题予以答复,如:"我们先讨论一下对我们双方都很重要的问题,就先说说价格吧。"后面的问题,如果对方不追问,就没有必要一一作答了,否则有些像学生回答老师的提问,心理、气势都处于弱势,不利于谈判的平等进行。

最好能把问题"踢"给对方,让对方作答。前面已经说过,问者往往控制局势,所以要学会把问题"踢"给对方,把问题"踢"给对方的同时也把压力转移给了对方。如对方问:"贵方对价格是怎样考虑的?"可以这样回答:"一般说来,价格通常跟货物的数量相关。如果贵方要的数量多,价格就稍微低些;如果贵方要的数量少,价格就相对高些,贵方打算要多少呢?"这样把问题再踢给对方,先让对方思考如何应答"要多少"的问题。己方可以根据对方的回答灵活应答价格问题,可以变被动为主动。

③ 遇到难以回答的问题,使用缓兵之计。在谈判中,如果遇到难以回答的问题,不要急于回答,可以含糊其词,拖延回答。

口才小故事

美国的一位著名的谈判专家有一次替他邻居与保险公司交涉赔偿事宜。理赔员先发表了意见:"先生,我知道你是谈判专家,一向都是针对巨额款项谈判,恐怕我无法承受你的要价,我们公司若是只出100元的赔偿金,你觉得如何?"

专家表情严肃地沉默着。根据以往经验,不论对方提出的条件如何,都应表示出不满意,因为当对方提出第一个条件后,总是暗示着可以提出第二个,甚至第三个。

理赔员果然沉不住气了:"抱歉,请勿介意我刚才的提议,我再加一点,200元如何?"

"加一点,抱歉,无法接受。"

理赔员继续说:"好吧,那么300元如何?"

专家等了一会儿道:"300元?嗯……我不知道。"

理赔员显得有点惊慌,他说:"好吧,400元。"

"400元?嗯……我不知道。"

"就赔500元吧!"

"500元?嗯……我不知道。"

"这样吧,600元。"

专家无疑又用了"嗯……我不知道",最后这件理赔案终于在950元的条件下达成协议,而邻居原本只希望要300元!

这位专家事后认为,"嗯……我不知道"这样的回答真是效力无穷。

(4) 婉言拒绝,不伤情面。谈判过程中,不仅要经常说服对方,还要避免被对方说服,即拒绝对方的某些要求。拒绝对方也意味着己方在某个问题上的承诺,因此,拒绝是谈判中一项难度较大的技巧,谈判者需要认真掌握,才能做到得心应手。

① 委婉语言拒绝。谈判中在拒绝对方时尤其应该使用委婉的语言,如果觉得对方的要求太过分,己方难以承受,我们可以试想,下面两种方式哪种更有利于谈判的进行?一是不等对方把话说完,就怒火中烧,拍案而起,不惜用尖刻的语言回击对方,情绪失控;二是神情平静地听对方把话说完,然后微笑地看着对方,说:"我们完全理解您的要求,也希望双方尽量达成一致意见,但是我方的确承受不了这种让步,还希望你们能够理解。"哪一种解决方式更有利于问题的解决呢?当然还是第二种。委婉、真诚中透露着坚定的语气,不容对方置疑,效果远远高于前者。

委婉地拒绝对方还要注意一些词语和句式的选择,如"这件事情恐怕目前我们还难以做到。"要比"这件事,我们做不到"更容易让对方接受,"这个建议也还可以,但我们能否想一个更好的解决办法呢?"要比"这个建议不好"更有利于谈判的进行。这些说法,都是侧面否定对方的建议,不易激起对方的反感心理,也使己方的观点顺理成章。当然,委婉地拒绝对方并不等于不拒绝对方,虽然说法委婉,但一定要让对方清楚是拒绝了他,以免引起误会。例如,某公司谈判代表故作轻松地说:"如果贵方坚持这个进价,请为我们准备过冬的衣服和食物,总不忍心让员工饿着肚子瑟瑟发抖地为你们干活吧!"这样拒绝不仅转移了对方的视线,还阐述了拒绝的理由,即合理性。

② 幽默语言拒绝。直接地拒绝对方有时会难以说出口,如果能恰当地使用幽默等手法会使拒绝不再尴尬,而且不失风度。美国一家电视台在中国采访知青出身的作家梁晓声,现场拍摄电视采访节目,采访进行一段时间后,记者让摄像停了下来,记者对梁晓声说:"下一个问题,希望您做到毫不迟疑地用最简短的一两个字来回答,如'是'或'不是'等。"梁点头认可。记者问:"没有'文化大革命',可能就不会产生你们这一代青年作家,那'文化大革命'在你看来是好还是坏?"梁晓声略微沉思一下,反问道:"没有第二次世界大战,就没有以反映第二次世界大战而著名的作家,那么您认为第二次世界大战是好是坏呢?"美国记者哑口无言。这一回答可谓"妙极了"!它使梁晓声变被动为主动,而且有力回击了记者的故意刁难。

口才小故事

1923年5月,苏联驻挪威的全权贸易代表柯伦泰与挪威商人进行购买鲜鱼的谈判。挪威商人利用苏联国内急需大量食品的机会而索价昂贵。由于双方在价格上的距离较大,谈判陷入了僵局。为了打破僵局,柯伦泰在第二天的谈判中似乎作了让步,但语言却是幽默、委婉的:"好吧,我同意你们提出的价格,如果我的政府不批准这个价格,我愿意把自己的薪金拿来支付差额。不过,我的工资有限,这笔差额要分期支付,可能要支付一辈子。如果你们同意的话,就这么决定吧!"挪威商人被他的话惊呆了,最后无可奈何地降低了鲜鱼的价格。可见,柯伦泰是表面做出让步,实质并未让步。

③ 模糊语言拒绝。巧妙地使用模糊语言也可以避免矛盾激化,变被动为主动。模糊的回答可以避开一些敏感话题,避免泄密,还可以为自己以后的行为留有余地。如当对方提出要参观我方的工厂时,己方不想让对方窥探一些行业信息,于是给出一个模糊的回

答:"我们也希望贵方在合适的时候参观我们的工厂,只是现在我方还没有招待参观者的经验,等我们各方面准备一下,到时候我们一定邀请贵方来参观。"这样的回答就巧妙地拒绝了对方,将主动权握在了自己手里。

(5)摆脱窘境,反败为胜。谈判中,有时会出现一些意想不到的场面,此时缺乏经验者往往会一时语塞,无言应答,窘态百出。遇到紧急情况要冷静、沉着,充分运用语言这根"魔棒"调节谈判气氛,尽快摆脱窘境。

① 引申转移法。谈判时遇到紧急情况,应尽力以新话题、新内容引申转移,把尴尬的情况引开,千万别拘泥一端,执着不放,那会弄成僵持不下,甚至使谈判失败。

口才小故事

我国一贸易代表团到美洲一个国家洽谈贸易,由于会谈十分成功,参加谈判的成员十分高兴。这时,对方一位年长的谈判者为表达兴奋之情,竟热烈地拥抱了我方的一位女士,并亲吻了一下。该女士十分尴尬,不知所措。这时,我方代表团团长走上前来,用一句话打破了窘境。他说:"尊敬的××先生,您刚才吻的不是她本人,而是我们代表团,对吧?"那位年长者马上说:"对!对!我吻的是她,也是你们代表团,也就是你们中国!"尴尬的气氛顿时在笑声中烟消云散了。

② 模糊应答法。模糊应答可以应付一些尴尬的乃至困难的场面,使一些难以回答、难以说清的问题变得容易起来。例如:在谈判中,对方提出了一个你既不好当即肯定,也不好当即否定的问题,怎么办?不妨这么回答:"这个问题很重要,我们将注意研究。"这就是一种特定语境中的模糊应答。

③ 反思求解法。有时面对一些很难从正面回答的问题,可是换个角度,从话题的反面去思考,这样常可找到新颖的答案,使人脱离窘境。

口才小故事

我方与美方的一次商务谈判已进行到尾声阶段,双方只是就一些细节反复协商。这时,美方有人送来一封信,美方首席谈判者打开一看,信封内空空如也。原来送信人疏忽了,信没装入信封,美方送信人十分尴尬。这时我方代表为缓和气氛,使谈判顺利进行下去,微笑着说:"没有消息就是最好的消息。"一句话,使美国送信人解脱了尴尬,冲淡了紧张气氛。这句话是美国人常用的一句谚语,我方代表借此语"反思求解",使气氛恢复正常。

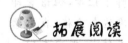

主要国家的谈判风格

1. 美国人的谈判风格

美国人对自己的国家深感自豪,对自己的民族具有强烈的自尊感与荣誉感。这种心理在他们的谈判活动中充分表现出来。他们在谈判中,自信心和自尊感都比较强,加之他们所信奉的自我奋斗的信条,常使与他们打交道的外国谈判者感到美国人有自我优越感。

美国人谈判中坚持公平合理的原则,他们认为双方进行交易,双方都要有利可图。在这一原则下,他们会提出一个"合理"方案,并认为是十分公平合理的。他们的谈判方式是喜欢在双方接触的初始就阐明自己的立场、观点,推出自己的方案,以争取主动。在双方的洽谈中充满自信,语言明确肯定,计算也科学准确。如果双方出现分歧,他们只会怀疑对方的分析、计算,而坚持自己的看法。

美国人喜欢批评别人,指责别人。当谈判不能按照他们的意愿进展时,他们常常直率批评或抱怨。这是因为,他们往往认为自己做的一切都是合理的,缺少对别人的宽容与理解。美国人的谈判方式往往让人觉得美国人傲慢自信。他们说话声音大、频率快,办事讲究效率,而且很少讲对不起。他们喜欢别人按他们的意愿行事,喜欢以自我为中心。美国人的自信让他们赢得了许多生意,但是也让东方人感到他们咄咄逼人、傲慢、自大甚至粗鲁。

美国人做交易,往往以获取经济利益作为最终目标。所以,他们有时对日本人、中国人在谈判中要考虑其他方面的因素表现出不可理解。尽管他们注重实际利益,但一般不漫天要价,也不喜欢别人漫天要价。他们认为,做买卖要双方都获利,不管哪一方提出的方案都要公平合理。所以,美国人对于日本人、中国人习惯在注重友情和看在老朋友的面子上可以随意通融的做法很不适应。美国人注重实际利益,还表现在他们一旦签订了合同,非常重视合同的法律性,合同履约率较高。在他们看来,如果签订合同不能履约,那么就要严格按照合同的违约条款支付赔偿金和违约金,没有再协商的余地。所以,他们也十分注重违约条款的洽商与执行。

美国人属于性格外向的民族,他们的喜怒哀乐大多通过言行举止表现出来。在谈判中,他们精力充沛,感情洋溢,不论在陈述己方观点,还是表明对对方的立场态度上,都比较直接和坦率。如果对方提出的建议他们不能接受,也是毫不隐讳地直言相告,甚至唯恐对方误会了,所以他们对日本人和中国人的表达方式表示了明显的异议。美国人常对中国人在谈判中的迂回曲折、兜圈子感到莫名其妙。对于中国人在谈判中用微妙的暗示来提出实质性的要求,美国人感到十分不习惯。他们常常惋惜,不少美国厂商因不善于品味中国人的暗示,失去了不少极好的交易机会。谈判中的直率也好,暗示也好,看起来是谈判风格的不同,实际上是文化差异的问题。东方人认为直接地拒绝对方,表明自己的要求,会损害对方的面子,僵化关系,像美国人那样感情爆发,直率、激烈的言辞是缺乏修养的表现。同样,东方人所推崇的谦虚、有耐性、涵养,可能会被美国人认为是虚伪、客套、耍花招。

美国是一个高度发达的国家,生活节奏比较快。这使得美国人特别重视、珍惜时间,注重活动的效率。所以在商务谈判中,美国人常抱怨其他国家的谈判对手拖延时间,缺乏工作效率,而这些国家的人也埋怨美国人缺少耐心。在美国人的企业,各级部门职责明确,分工具体。因此,谈判的信息收集、决策都比较快速、高效率。加之他们个性外向、坦率,所以,他们一般谈判的特点是开门见山,报价及提出的具体条件也比较客观,水分较少。他们也喜欢对方这样做,几经磋商后,双方意见很快趋于一致。但如果对方的谈判特点与他们不一致或正相反,那么他们就会感到十分不适,而且常常把不满直接表示出来,就更显得他们缺乏耐心。人们也就常常利用美国人夸夸其谈、准备不够充分、缺乏必要的耐心的弱点,牟取最大利益。当然,美国人干脆利落,如果谈判对手也是这种风格,确实很有工作效率。美国人重视时间,还表现在做事要一切井然有序,有一定的计划性。不喜欢事先没安排妥当的不速之客来访。与美国人约会,早到或迟到都是不礼貌的。

2. 日本人的谈判风格

日本文化所塑造的日本人的价值观念与精神取向都是集体主义的,以集体为核心。日本人认为压抑自己的个性是一种美德,人们要循众意而行。日本文化教育人们应将个人的意愿融于和服从于集体的意愿。所以,日本人认为,寻求人们之间的关系和谐是最为重要的。任何聚会和商务谈判,如果是在这样的感觉和气氛下进行的,那么它将存在一种平衡,一切也就进行得很顺利。正因为如此,日本人的谈判决策非常有特点,绝大部分美国人和欧洲人都认为日本人的决策时间很长,这就是群体意识的影响。日本人在提出建议之前,必须与公司的其他部门和成员商量决定,这个过程十分烦琐。日本人决策如果涉及制造产品的车间,那么决策的酝酿就从车间做起,一层一层向上反馈,直到公司决策层反复讨论协商,如果谈判过程协商的内容与他们原定的目标又有出入的话,那么很可能这一程序又要重复一番。

对于谈判人员来讲,重要的是了解日本人的谈判风格不是个人拍板决策,即使是授予谈判代表有签署协议的权力,那么合同书的条款也是集体商议的结果。谈判过程具体内容的洽商将反馈到日本公司的总部。所以,当成文的协议在公司里被传阅了一遍之后,它就已经是各部门都同意的集体决定了。需要指出的是,日本人做决策费时较长,但一旦决定下来,行动起来却十分迅速。

与欧美商人相比,日本人做生意更注重建立个人之间的人际关系。以至许多谈判专家都认为,要与日本人进行合作,朋友之间的友情、相互之间的信任是十分重要的。日本人不喜欢对合同讨价还价,他们特别强调同外国合伙者建立可以相互依赖的关系,如果能成功地建立了这种相互依赖的关系,几乎可以随便签订合同。因为对于日本人来讲,大的贸易谈判项目有时会延长时间,那常常是为了建立相互信任的关系,而不是为防止出现问题而制定细则。一旦这种关系得以建立,双方都十分注重长期保持这种关系。这种态度常常意味着放弃另找买主或卖主获取眼前利益的做法。而在对方处于困境或暂时困难时,则乐意对合同条款采取宽容的态度。

在商务谈判中,如果与日本人建立了良好的个人友情,特别是赢得了日本人的信任,那么,合同条款的商议是次要的。欧美人愿意把合同条款写得尽可能具体详细,特别是双方责任、索赔内容,以防日后产生纠纷;而日本人却认为,双方既然已经十分信任了解,一定会通力合作,即使万一做不到合同所保证的,也可以再坐下来谈判,重新协商合同的条款。合同在日本一向就被认为是人际协议的一种外在形式。如果周围环境发生变化,使得情况有害于公司利益,那么合同的效力就会丧失。要是外商坚持合同中的惩罚条款,或是不愿意放宽业已签订了的合同条款,日本人就会感到极为不满。所以,专家建议,当外商在同从未打交道的日本企业洽商时,他们必须在谈判前就获得日方的信任。公认的最好办法是取得另一个日方认为可靠的、信誉甚佳的企业的支持,即找一个信誉较好的中间人,这对于谈判成功大有益处。在与日本人的合作中,中间人是十分重要的。在谈判的初始阶段,中间人会告诉你是否有可能将洽谈推向成功。总之,中间人在沟通双方信息、加强联系、建立信任与友谊上都有着不可估量的作用。所以,在与日方洽商时应千方百计地寻找中间人牵线搭桥。中间人既可以是企业、社团组织、皇族成员、知名人士,也可以是银行或为企业提供服务的咨询组织等。

日本是个讲究礼仪的社会。日本人所做的一切,都要受严格的礼仪的约束。许多礼节被西方人看起来有些可笑或做作,但日本人做起来却一丝不苟、认认真真。正因为如此,如果外国人不适应日本人的礼仪,或表示出不理解、轻视,那么他就不可能在推销和采购业务中引起日本人的重视,不可能获得他们的信任与好感。

针对日本人的特点,在谈判中要注意以下几个方面。

一是日本人最重视人的身份地位。在日本社会中,人人都对身份地位有明确的概念。而且在公司中,即使在同一管理层次中,职位也是不同的。这些极其微妙的地位、身份的差异常令西方人摸不着头脑,但是,日本人每个人却非常清楚自己所处的地位、该行使的职权,知道如何谈话办事才是正确与恰当的,而在公关场合、商业场合更是如此。

二是充分发挥名片的作用。与日本人谈判,交换名片是一项绝不可少的仪式。所以,谈判之前,把名片准备充足是十分必要的。因为在一次谈判中要向对方的每一个人递送名片,绝不能遗漏任何人。如果日方首先向我方递上名片,切不要急急忙忙马上塞进兜里,或有其他不恭敬的表示。日本人十分看重面子,最好把名片拿在手中,反复仔细确认对方名字、公司名称、电话、地址,既显示了你对对方的尊重,又记住了主要内容,显得从容不迫。如果收到对方名片,又很快忘记了对方的姓名,这是十分不礼貌的,会令对方不快。同时,传递名片时,一般是职位高的、年长的先出示。另外,很随意地交换名片,日本人认为是一种失礼。

三是日本人有要面子的普遍心理。在谈判中表现最突出的一点就是,日本人从不直截了当地拒绝对方。许多西方谈判专家明确指出:西方人不愿意同日本人谈判,最重要的一点就是,日本人说话总是转弯抹角、含糊其词。我国的谈判者也喜欢采用暗示或婉转的表达方法,来提出我方的要求或拒绝对方。当对方提出要求,日本人回答"我们将研究考虑"时,不能认为此事已有商量的余地或对方有同意的表示,它只说明,他们知道了你的要求,他们不愿意当即表示反对,使提出者陷入难堪的境地。同样,日本人也不直截了当地提出建议,他们更多的是把你往他的方向引,特别是当他们的建议同你已经表达出来的愿望相矛盾时,更是如此。

对此,把保全面子作为与日本人谈判需要注意的首要问题。有以下四点需要注意:①千万不要直接指责日本人。否则肯定会有损于相互之间的合作关系。较好的方法是把己方的建议间接地表示出来,或采取某种方法让日本人自己谈起棘手的话题,或通过中间人去交涉令人不快的问题。②避免直截了当地拒绝日本人。如果你不得不否认某个建议,要尽量婉转地表达,或做出某种暗示,也可以陈述你不能接受的客观原因,绝对避免使用羞辱、威胁性的语言。③不要当众提出令日本人难堪或他们不愿回答的问题。有的谈判者喜欢运用令对方难堪的战术来打击对方,但这种策略对日本最好不用。如果让他感到在集体中失了面子,那么完满的合作便不会存在。④要十分注意送礼方面的问题。赠送各种礼品是日本社会最常见的现象,日本的税法又鼓励人们在这方面的开支,因为送礼的习惯在日本是根深蒂固的。

四是耐心才能保证谈判成功。日本人在谈判中的耐心是举世闻名的。日本人的耐心不仅仅是缓慢,而是准备充分,考虑周全,洽商有条不紊,决策谨慎小心。为了一笔理想的交易,他们可以毫无怨言地等上两三个月,只要能达到他们预想的目标,或取得更好的结果,时间对于他们来讲不是第一位的。另外,日本人具有耐心还与他们交易中注重个人友谊、相互信任的特点有直接的关系。要建立友谊,信任就需要时间。像欧美人那样纯粹业务往来,商务交往只限于交易上的联系,日本人是不习惯的。欧美人认为交易是交易,友谊是友谊,是两码事。而在东方文化中,二者是密切相连的。所以一位美国专家谈道:"日本人在业务交往中,非常强调个人关系的重要性。他们愿意逐渐熟悉与他们做生意的人,并愿意同他们长期打交道。在这一点上,他们同中国人很相像。中国人在谈判中总是为'老朋友'保留特殊的位置。所谓'老朋友'就是那些以前同他们有交往的人,和那些受他们尊重或信任的人介绍来的人。"

3. 德国人的谈判风格

德国人的谈判特点是准备工作做得完美无缺,德国谈判人员喜欢明确表示他希望做成的交易,准确地断定交易的形式,详细规定谈判中的议题,然后准备一份涉及所有议题的报价表。在谈判过程中,他的陈述和报价都非常清楚、明确、坚决和果断。

德国商人对本国产品极有信心,在商务谈判中,常常会用本国产品作为衡量的标准。他们办事认真,在签订协议前对各种细节的研究十分重视,一经签订,就会严格信守合同,履约率很高。

他们不太热衷于采取让步的形式,这种谈判方式同德国人的性格有着惊人的相同之处,他们考虑问题周到又系统,准备充分,但是缺乏灵活性和妥协。如果经验丰富的谈判人员运用这种谈判谋略的话,它的威力是很强大的,这在报价阶段尤其明显。一旦由德国人提出了报价,这个报价就显得不可更改,讨价还价的余地会大大缩小。

与德国人打交道的方法,从程序上看,最好在德国人报价之前就进行摸底,并做出自己的开场陈述。这样,可以阐明自己的立场。但所有这些,要做得快速,因为德国人在谈判以前已经做了充分的思想准备,他们会非常迅速地把谈判引入磋商阶段。德国人认为:"研究研究""考虑考虑""过段时间再说"等拖拖拉拉的作风,对一个谈判者和生意人来说简直是耻辱。他们的座右铭是"马上解决"。

在卓越的德国人的办公桌上,你看不到搁了很久又悬而未决的文件。他们认为一个谈判者是否有能力,只要看一看他经手的事情中是否快速有效地处理就知道了。如果他手头事情积了一大堆,大多是"待调查""待讨论""待考虑""待研究"而拖了又拖的事,那就可以断定他至少不是一个称职的谈判者。

德国人还有"契约之民"的雅称,他们崇尚合同,严守合同信用,要求谈判协议上的每个字每句话都十分准确。在德国商人中,不论发生任何问题也决不毁约。他们之中很难找到一个背信弃约的人,如有的话,那是要严加追究责任,承担赔偿损失的。正因为如此,在谈判交往和贸易市场上,德国人才显得吃香,生意兴隆。其实,在谈判场合恪守合同、保证信用本身,正表明谈判者作风正派、信用可靠,人家才愿意与你交易来往,也使谈判协商容易成功。

(资料来源:李品媛. 现代商务谈判[M]. 大连:东北财经大学出版社,2016;付春雨. 商务谈判

[M]．北京：化学工业出版社，2009．)

 实训项目

1．谈判能力测试

你的谈判能力如何？请回答下列问题，测试一下自己的谈判能力。

（1）在买议价商品的时候，你是否觉得很为难？（　　）
　　① 一般不会　　　　② 很难说　　　　③ 是

（2）你觉得谈判就是让对方接受你的条件吗？（　　）
　　① 不是　　　　　　② 很难说　　　　③ 是

（3）在一次谈判没有取得预期效果的时候，你会尝试换一种方式再次努力吗？（　　）
　　① 会　　　　　　　② 有时会　　　　③ 不会

（4）你觉得和别人谈判之前是否必须尽量全面了解对方的情况呢？（　　）
　　① 是　　　　　　　② 很难说　　　　③ 不必

（5）在谈判的时候，你是否觉得充分考虑对方的利益自己就会吃亏？（　　）
　　① 不是　　　　　　② 难说　　　　　③ 是

（6）在谈判时，你是否觉得应该居高临下不给对方留足面子？（　　）
　　① 不是的　　　　　② 要视情况而定　　③ 是的

（7）你觉得对方坚持自己的立场是"冷漠无情"吗？（　　）
　　① 不是　　　　　　② 难说　　　　　③ 是

（8）在谈判的时候，你喜欢用反问句式代替直接陈述吗？（　　）
　　① 非常喜欢　　　　② 有时会用　　　③ 几乎不用

（9）你觉得为了赢得一场谈判而失去一个朋友值得吗？（　　）
　　① 不值得　　　　　② 难说　　　　　③ 值得

（10）你是否认为只有达成"双赢"的谈判才是成功的谈判？（　　）
　　① 是　　　　　　　② 难说　　　　　③ 不是

得分指导：

（1）每个问题选择①，得 2 分，选择②，得 1 分；选择③，得 0 分。

（2）总分在 0～12 分，说明你的谈判能力较差，必须加强这方面的学习；13～16 分，说明你的谈判能力一般，仍需要继续学习和锻炼，不断提高自己；总分在 17 分以上，说明你的谈判能力很强。

（3）这个评价并不是对你的谈判能力的一个准确衡量，而是一种定性的评估。你的得分表明你目前的水平，而不是表明你潜在的能力。只要不断学习，积极实践，你完全可以改善自己在这方面的能力。

（资料来源：http://www.doc88.com/p-976391087778.html.）

2. 模拟谈判训练

(1) 案例介绍

比三个商人更聪明的专家

这年4月5日,美国谈判专家史蒂芬斯决定建个家庭游泳池,建筑设计的要求很简单:长30英尺、宽15英尺,有温水过滤设备,并且在6月1日前竣工。

隔行如隔山。虽然谈判专家史蒂芬斯在游泳池的造价及建筑质量方面是个彻头彻尾的外行,但是这并没有难倒他。史蒂芬斯首先在报纸上登了个建造游泳池的招商广告,具体写明了建造要求。很快有A、B、C三位承包商前来投标,各自报上了承包详细标单,里面有各项工程费用及总费用。史蒂芬斯仔细地看了这三张标单,发现所提供的抽水设备、温水设备、过滤网标准和付钱条件等都不一样,总费用也有不小的差距。

于是4月15日,史蒂芬斯约请这三位承包商到自己家里商谈。第一个约定在上午9点钟,第二个约定在9点15分,第三个约定在9点30分。三位承包商如约准时到来,但史蒂芬斯客气地说,自己有件急事要处理,一会儿一定尽快与他们商谈。三位承包商人只得坐在客厅里一边彼此交谈,一边耐心地等候。10点钟的时候,史蒂芬斯出来与承包商A先生进到书房去商谈。A先生一进门就介绍自己干的游泳池工程一向是最好的,建史蒂芬斯家庭游泳池实在是胸有成竹、小菜一碟。同时,还顺便告诉史蒂芬斯,B先生曾经丢下许多未完的工程,现在正处于破产的边缘。

接着,史蒂芬斯出来请第二个承包商B先生进行商谈。史蒂芬斯从B先生那里又了解到,其他人提供的水管都是塑料管,只有B先生所提供的才是真正的钢管。

后来,史蒂芬斯出来请第三个承包商C先生进行商谈。C先生告诉史蒂芬斯,其他人所使用的过滤网都是品质低劣的,并且往往不能彻底完成工程,而自己则绝对能做到保质、保量、保工期。

不怕不识货,就怕货比货,有比较就好鉴别。史蒂芬斯通过耐心地倾听和旁敲侧击地提问,基本上弄清了游泳池的建筑设计要求,特别是掌握了三位承包商的基本情况:A先生的要价最高,B先生的建筑设计质量最好,C先生的价格最低。经过权衡利弊,史蒂芬斯最后选中了B先生来建造游泳池,但只给了C先生提出的标价。经过一番讨价还价之后,谈判终于达成一致。就这样,三个精明的商人,没斗过一个谈判专家。史蒂芬斯在极短的时间内,不仅使自己从外行变成了内行,而且还找到了质量好、价格便宜的建造者。

这个质优价廉的游泳池建好之后,亲朋好友对其赞不绝口,对史蒂芬斯的谈判能力也佩服得五体投地。史蒂芬斯却说出了下面发人深省的话:"与其说我的谈判能力强,倒不如说用的竞争机制好。我之所以成功,主要是设计了一个公开竞争的舞台,并请三位商人在竞争的舞台上做了充分的表演。竞争机制的威力,远远胜过我驾驭谈判的能力。一句话,我选承包商,不是靠相马,而是靠赛马。"

(资料来源:http://www.360doc.com/content/12/0323/13/9065836_196937446.shtml.)

(2) 实训要求

以案例提供的情景为背景,四个学生为一组,分别模拟史蒂芬斯以及承包商A先生、

B先生和C先生,进行谈判练习。

3. 模拟谈判综合训练

这是一个关于盘店的谈判案例。

(1) 案例的背景资料。

刘才拥有一家比萨快餐店(兼营外卖)。去年它的营业额为 193 750 元,税后利润 36 750 元。这家店已经经营了数年,所处地段位置非常好。它的对面是一家生意兴隆的购物广场,离它最近的同行竞争对手麦当劳,位于购物商场的另一端,距离也在 800 米以外。

刘才打算趁生意还红火的时候及早把它盘出去。广告上要价 175 000 元,即存货价值 5000 元;厨房设备估价 25 000 元(原价 35 000 元);餐厅设施在三年前是花了 19 000 元购买的;其余部分为对房产所有权和商业信誉等无形资产的估价。

作为买家,王鸣已经在本市的其他地方拥有了两处比萨快餐店。为了扩大经营,打算只要价钱公道,位置适中就再购进一家新店。王鸣现有的两处快餐店利润都相当丰厚。王鸣信心十足,认为自己有成功的经营管理经验,严格的财务管理制度,加上产品适销对路,购进新店后定能再次获得成功。

为此,王鸣曾经尝试过购买其他快餐店,但均因价钱谈不拢而作罢。现在王鸣看重刘才的店和另外一家,认为条件不错,符合自己的要求。王鸣面临的问题在于:尽量能从银行获得一些贷款,但还不足以支付刘才的要价。同时,王鸣最多只能先支付一半的现金,其余部分要在今后两年,最好是希望 4 年内分期付款。

(2) 谈判任务和实施方法。谈判实训演练前,请仔细阅读背景资料。凡是背景资料里没有提到的东西,或者可以询问对方,或者可以花点费用作调研。所有参加者每 3~5 人组成一个小组。每两个小组分别扮演店主刘才和准备盘店者王鸣的角色,进行谈判。最后务必要求成交,如果最后未能成交则表示两组都失败。

整个班级中,成交价最高的卖方,以及成交价最低的买方并列为冠军,然后可以依次排出并列亚军和并列季军等。

谈判结束后,每组都要求撰写一份感受报告,分析在模拟谈判中应用了哪些谈判技巧,总结谈判体会及谈判中遇到的问题和困惑。

(3) 关于王鸣的谈判提示和建议。

第一,关于刘才的快餐店,王鸣必须弄清的主要情况有哪些?

第二,如果王鸣决定价钱超过 170 000 元就不买,那么在向刘才还价时应考虑哪些因素?

第三,如果王鸣准备采用分期付款的方式,则可接受的最高价为 185 000 元,但是只能最多先付一半,其余分 4 年付清,那么将如何引导刘才向这一方向靠拢?

第四,王鸣对刘才声称的盈利情况持有保留态度。王鸣将提出何种建议,以使自己不致付出太多,又能使刘才不失公道,达到双赢的效果?

(资料来源 [英]加文·肯尼迪. 万物皆可谈判[M]. 兰天,译. 北京:中国人民大学出版社,2006;胡介埙. 商务沟通原理与技巧[M]. 大连:财经大学出版社,2014.)

 课后练习

一、简答题

1. 假如你与一位采购商进行价格谈判,他处于绝对优势地位,采取了轻视与傲慢的态度,那么你如何与他谈判,你的策略如何?

2. 为了给学生的一次公关礼仪大赛筹集一点资金,将派两名学生到校内一家眼镜店争取赞助费。假如你就是代表,你将怎样去和眼镜店的老板谈判以取得他们的支持?

3. 你有一部已经开了几年的汽车,想把它卖掉。如果能卖到七万元,你就很满意,就在你准备刊登出售汽车广告的当天下午,有人想八万元买你这部车。此时,你如何与买家谈判?请注意你的语言技巧和非语言技巧的运用。

二、实训题

1. 注意观察市场上买卖双方讨价还价的技巧,并结合所学的谈判知识,写一篇观察报告。

2. 瑞士一家著名钟表公司在法国"登陆"时,急需找一家法国代理商来为其销售产品,以弥补他们不了解法国市场的缺陷。当瑞士钟表公司准备与法国的议价公司就此问题进行谈判时,瑞士钟表公司的谈判代表路上塞车迟到了。法国公司的代表抓住这件事紧紧不放,想要以此为手段获取更多的优惠条件。谈判伊始,就咄咄逼人地提出各种条件。面对这种非常被动的谈判形势,瑞士谈判代表将怎样改变局面使谈判进行下去,并能达到最初的目的。

请你为其设计一种策略,体现你高超的语言艺术。

3. 分析下列谈判对话,为什么谈判没有结果?

A:你们需要的卡车我们有。

B:吨位是多少?

A:四吨。

B:我们要两吨的。

A:四吨有什么不好?万一货物太多,不就很适宜吗?

B:我们算过经济账,那样浪费资金。这样吧,以后我们需要时再与你们联系。(谈判不了了之,没有任何结果。)

三、案例分析

案例1 中意公司之间的一次谈判

意大利某电子公司欲向中国某进口公司出售生产半导体使用的设备,派人来北京与中方洽谈。其设备性能良好,适应中方的需求。双方很快就设备性能指标达成协议,随即进入价格谈判。中方认为:"设备性能可以,但是价格不行。希望降价。"意大利方面认为:"货好,价格自然就高。不能降价。"

中方:"不降我们接受不了。"

意方:"东方人爱讲价,我们意大利人讲究义气,只能降0.5%。"

中方:"谢谢您的义气之举,但是价格是不合理的。"

意方:"怎么不合理了?"

中方:"设备是中等性能,但是价格远远高于性能,不匹配。"

意方:"贵方不是很满意我们的设备吗?"

中方:"是的,性能方面符合我们的需求,但并不意味着性能是最佳的水平。如果用拟好的报价,我们可以买到更好的设备。"

意方:"我需要考虑一下。"

休息片刻后,双方再谈。意方改为价格再优惠3%,但是中方仍然不能满意,没有达到中方的成交线,要求意方再降。意方坚决不同意,要求中方还价,中方给出价格优惠15%的条件。

意方听后沉默了一会,从包里拿出机票说:"贵方条件太苛刻,我方难以接受。为表示诚意,我再降2%。如果同意,我们签订合同;如果不同意,我的机票是明天下午2点的,按时离开。"说完站起离开,临走说:"我住在友谊宾馆,如果有了决定请在中午12点前给我答复。"

中方研究之后,不能接受5.5%的优惠,至少应该降7%。如何再谈呢?中方调查了第二天下午两点是否有飞往意大利或者欧洲的航班,得到了否定的答案。第二天早上10点,中方给宾馆打电话,说明了诚意,表示中方也愿意让步,只要求优惠10%。意方看到了诚意,也看到谈判的希望,表示愿意见面,继续谈判。最后双方再次都做出了让步,以优惠7.5%的价格成交。

(资料来源:http://www.66test.com/Content/1638444.html。)

思考题:

(1)试分析,该谈判中,双方是如何促成交易的?

(2)双方是否形成了僵局?

(3)双方使用了什么样的谈判策略?

案例2　服装店里的谈判

一位女顾客在一个服装店里看衣服。店主指着一身套装说:"小姐,你身材这么好,这套衣服你穿着准合适。先试一下吧。"

女顾客试了一下,很合身,便问:"多少钱?"

店主回答:"360元。"

"太贵了。"女顾客说着把衣服脱了下来,准备离开。

"这可是名牌,大商场要卖600多元呢,我这是最后一套了,昨天还卖480元呢。"店主说。

女顾客转回身,拿起衣服看了又看说:"180元,我就买。"

店主道:"实话跟你说,我是300元进的货,这样吧,就按进价给你,300元,我就不赚你的钱了。"

女顾客又仔细检查了一下衣服说:"你看,这衣服就剩一套了,袖口还脏了一块,有的扣子还松了,最多值250元。"

店主道:"250元?多难听呀,图个吉利,280元。"

女顾客:"别啰唆了,260元要卖我就买,否则就算了。"

店主:"您真会砍价,260元,成交了。"

(资料来源:http://wenku.baidu.com/view/69fb354ae45c3b3567ec8b90.html。)

思考题:

(1)用你掌握的谈判技巧分析商家成功的原因。

(2)你的生活中有没有类似的情况发生,你是怎么砍价的?

案例3 中日之间的一次索赔谈判

我国从日本S汽车公司进口大批F8货车,使用时普遍发生严重质量问题,致使我国蒙受巨大经济损失。为此,我国向日本提出索赔。

谈判一开始,中方简明扼要地介绍了FP148货车在中国各地的损坏情况以及用户对此的反应。中方在此虽然只字未提索赔问题,但已为索赔说明了理由和事实根据,展示了中方谈判威势,恰到好处地拉开了谈判的序幕。日方对中方的这一招早有预料,因为货车的质量问题是一个无法回避的事实,日方无心在这一不利的问题上纠缠。日方为避免劣势,便不动声色地说:"是的,有的车子轮胎炸裂,挡风玻璃炸碎,电路有故障,铆钉震断;有的车架偶有裂纹。"中方察觉到对方的用意,便反驳道:"贵公司代表都到现场看过,经商检和专家小组鉴定,铆钉非属震断,而是剪断,车架出现的不仅仅是裂纹,而是裂缝、断裂!而车架断裂不能用'有的'或'偶有',最好还是用比例数据表达,更科学、更准确……"日方淡然一笑说:"请原谅,比例数据尚未准确统计。""那么,对货车质量问题贵公司能否取得一致意见?"中方对这一关键问题紧追不舍。"中国的道路是有问题的。"日方转了话题,答非所问,中方立即反驳:"诸位已去过现场,这种说法是缺乏事实根据的。""当然,我们对贵国的实际情况考虑不够……""不,在设计时就应该考虑到中国的实际情况,因为这批车是专门为中国生产的。"中方步步紧逼,日方步步为营,谈判气氛渐趋紧张。中日双方在谈判开始不久,就在如何认定货车质量问题上陷入僵局。日方坚持说中方有意夸大货车质量问题:"货车的质量问题不至于到如此严重程度吧?这对我们公司来说,是从未发生过的,也是不可理解的。"此时,中方觉得该是举证的时候,并将有关材料向对方一推说:"这里有商检、公证机关的公证结论,还有商检拍摄的录像。如果……""不!不!对商检公证机关的结论,我们是相信的,我们是说贵国是否能够做出适当让步。否则我们无法向公司交代。"日方在中方所提质量问题攻势下,及时调整了谈判方案,采用以柔克刚的手法,向对方踢皮球,但不管怎么说,日方在质量问题上设下的防线已被攻克了,这就为中方进一步提出索赔价格要求打开了缺口。随后,对FP148货车损坏归属问题上取得了一致的意见。日方一位部长不得不承认,这属于设计和制作上的质量问题所致。初战告捷,但是我方代表意识到更艰巨的较量还在后头。索赔金额的谈判才是根本性的。

随即,双方谈判的问题升级到索赔的具体金额上——报价、还价、提价、压价、比价,一场毅力和技巧的谈判竞争展开了。中方主谈判代表擅长经济管理和统计,精通测算。他翻阅了许多国内外的有关资料,甚至在技术业务谈判中,他也不凭大概和想当然,认为只有事实和科学的数据才能服人。此刻,在他的纸笺上,在大大小小的索赔项目旁,写满了密密麻麻的阿拉伯数字。这就是技术业务谈判,不能凭大概,只能依靠科学准确的计算。根据多年的经验,他不紧不慢地提出:"贵公司对每辆车支付加工费是多少?这项总额又是多少?""每辆车10万日元,总计5.84亿日元。"精明强干的日方主谈人淡然一笑,与其副手耳语了一阵,问:"贵国报价的依据是什么?"中方主谈人将车辆损坏后各部件需如何修理、加固、花费多少工时等逐一报价。"我们提出的这笔加工费并不高。"接着中方又用了欲擒故纵的一招:"如果贵公司感到不合算,派员维修也可以。但这样一来,贵公司的耗费恐怕是这个数的好几倍。"这一招很奏效,顿时把对方将住了。日方被中方如此精确的计算所折服,自知理亏,转而以恳切的态度征询:"贵国能否再压低一点?"此刻,中方意识到,就具体数目的实质性讨价还价开始了。中方答道:"为了表示我们的诚意,可以考虑贵方的要求,那么,贵公司每辆出价多少呢?""12万日元。"日方回答。"13.4万日元怎么样?"中方问。"可以接受。"日方深知,中方在这一问题上已做出了让步。于是双方很快就此项索赔达成了协议。日方在此项目费用上共支付7.76亿日元。

然而,中日双方争论索赔的最大数额的项目却不在此,而在于高达几十亿日元的间接经济损失赔偿金。在这一巨大数目的索赔谈判中,日方率先发言。他们也采用了逐项报价的做法,报完一项就停一下,看中方代表的反应,但他们的口气却好似报出每一个数据都是不容打折扣的。最后,日方统计可以给中方支付赔偿金30亿日元。中方对日方的报价一直沉默不语,用心揣摩日方所报数据中的漏洞,把所有的"大概""大约""预计"等含糊不清的字眼都挑了出来,有力地抵制了对方所采用的浑水摸鱼的谈判手段。

在此之前,中方谈判班子昼夜奋战,液晶体数码不停地在电子计算机的荧光屏上跳动着,显示出各种数字。在谈判桌上,我方报完每个项目的金额后,讲明这个数字测算的依据,在那些有理有据的数字上打的都是惊叹号。最后我方提出间接经济损失70亿日元!

日方代表听了这个数字后,惊得目瞪口呆,老半天说不出话来,连连说:"差额太大,差额太大!"于是,进行无休止的报价、压价。

"贵国提的索赔额过高,若不压半,我们会被解雇的。我们是有妻儿老小的……"日方代表哀求着,老谋深算的日方主谈人使用了哀兵制胜的谈判策略。

"贵公司生产如此低劣的产品,给我国造成多么大的经济损失啊!"中方主谈接过日方的话头,顺水推舟地使用了欲擒故纵一招:"我们不愿为难诸位代表,如果你们做不了主,请贵方决策人来与我们谈判。"双方各不相让,只好暂时休会,这种拉锯式的讨价还价,对双方来说是一种毅力和耐心的较量。因为谈判桌上,率先让步的一方就可能被动。

随后,日方代表急用电话与日本S公司的决策人密谈了数小时,接着谈判重新开始了,此轮谈判一接火就进入了高潮,双方舌战了几个回合,又沉默下来。此时,中方意识到,己方毕竟是实际经济损失的承受者,如果谈判破裂,就会使己方获得的谈判结果付诸东流;而要诉诸法律,麻烦就更大。为了使谈判已获得的成果得到巩固,并争取有新的突破,适当的让步是打开成功大门的钥匙。中方主谈人与助手们交换了一个眼色,率先打破沉默说:"如果贵公司真有诚意的话,彼此均可适当让步。"中方主谈人为了防止由于己方率先让步所带来的不利局面,建议双方采用"计分法",即双方等量让步。"我们公司愿意付40亿日元。"日方退了一步,并声称:"这是最高突破数了。""我们希望贵公司最低限度必须支付60亿日元。"中方坚持说。

这样一来,中日双方各自从己方的立场上退让了10亿日元。双方比分相等。谈判又出现了转机。双方界守点之间仍有20亿日元的逆差(但这个界守点对双方来说,都是虚设的。更准确地说,这不过是双方的一道最后的"争取线"。该如何解决这"百米赛跑"最后冲刺阶段的难题呢?双方的谈判专家都是精明的,谁也不愿看到一个前功尽弃的局面)。几经周折。双方共同接受了由双方最后报价金额相加除以2,即50亿日元的最终谈判方案。

除此之外,日方愿意承担下列三项责任。

(1)确认出售给中国的全部FP148货车为不合格品,同意全部退货,更新换车。

(2)新车必须重新设计试验,精工细作,制作优良,并请中方专家检查验收。

(3)在新车未到之前,对旧车进行应急加固后继续使用,日方提供加固件和加固工具等。

一场罕见的特大索赔案终于公正地交涉成功了!

(资料来源:http://bbs.fobshanghai.com/thread-2409557-1-1.html。)

思考题:

(1)请对本案例中中方和日方在商务谈判各阶段的表现进行评价。

(2)本案例对做好商务谈判还有哪些启示?

任务 7

推销口才

一个不会说话的人,无疑是一个失败者。

——[美]林肯

 学习目标

- 明确推销应做的准备;
- 了解推销的方式;
- 掌握推销语言的运用原则;
- 掌握推销语言的基本要求;
- 掌握推销中与客户的沟通技巧。

 导学案例

汽车营销员米晓琪

米晓琪是4S店的一位汽车营销人员,做事细心认真,在工作之余他会在公司的销售记录中,寻找一些有影响力的客户,把这些人及其购买的车型——记录下来,并且每天都把这份名单随身携带。

这一天,4S店里来了一位商业公司的王总,米晓琪很热情地接待了王总,在了解了王总的购车意向后,米晓琪想起一个月前王总来看过车子。他主动问:"王总,您之前来过我们店里吧?我有点印象,但是上次应该不是我接待您的。"王总说:"是的,上个月我跟一个朋友来过,当时是一个姓金的小姑娘接待的,不过好像她今天不在啊。"米晓琪想到应该是他的同事小金,但小金今天正好轮休,于是告诉王总:"王总,您上次来应该是我同事小金接待的,但她今天正好轮休,您上次看中了我们的什么车型啊?我再给您介绍介绍。"米晓琪内心清楚地记得王总中意的是一款尼桑轿车,他之所以没买,是因为嫌价格太高。

王总边环顾四周边说:"我上回看中的是那款尼桑,你们现在还有现车吗?"

米晓琪微笑着说道："哦，那款车啊，是我们今年的热销车型，好多顾客都看中了。实不相瞒，我昨天还卖了一辆，是东方广告设计的李总，我们聊得很开心，他还给了我名片呢。"

王总说："东方广告的老李？我们认识啊。"

米晓琪非常开心地说："原来您二位是好朋友啊，难怪看车的眼光也差不多。昨天李总交了定金，就等着我们做好装潢，明天他就来提车了。你们可真是英雄所见略同呀。"说完，他还打开车门，说："王总，您这么喜欢，那应该亲自驾驶一下，只有这样您才能感受到它所带给您的驾驶乐趣、驾驶时的稳重感和飘逸感。我陪您一起试驾吧。"

试了车，王总对车更加满意了，又问了问近期的车价和店里的优惠活动，还是觉得价格太高了。王总说："这车确实不错，你看这价格上能否再优惠些，或者我是否有必要换一辆价格低点儿的？"米晓琪知道，换车只是王总讨价还价的潜台词。

米晓琪马上接口说："这款车的价格是高了点儿，但性价比非常高，既有安全保障，油耗又低，物超所值，它确实不同一般，您刚才也试驾了，感觉不错吧。王总，您可是做大生意的人，开着它去谈生意，肯定有面子，生意也会多做几笔，车价也就出来了。我们这几天正好在搞活动，赠送 3000 元的装潢大礼包和 2000 元的油卡，活动到这个月末截止，还有几天了，您现在买肯定是最划算的。昨天李总来买车，原来他跟我们总经理也很熟悉，总经理给了他一个优惠价，既然您是李总的朋友，那我去请示一下我们总经理，也给您同样的优惠价吧。不知道总经理会不会骂我呢。"

王总心里非常认同这个实诚的小伙子，在商谈了具体细节后，把定金付了。

（资料来源：陶莉.职场口才技能实训[M].北京：中国人民大学出版社，2015.）

基础知识

推销既是一种最古老、最简单的销售方法，也是现代营销中特别有效的方法之一。推销口才，是指营销人员与客户进行沟通的语言应用能力。营销人员的口才在产品销售过程中起着重要的作用。营销人员只有充分运用与发挥口才的表达技巧，广泛地接近客户，才能使销售化难为易、化繁为简，才能让客户从拒绝变为接纳，从怀疑变为信任，进而把产品推向市场。

7.1 推销的准备与方式

俗话说得好，"有备无患"，推销的成败，与事前准备下的功夫成正比。因此，在见客户之前，营销人员应该做一系列的准备工作，包括以下几个方面。

1. 推销的准备

（1）掌握客户的相关资料。客户的相关资料包括姓名、性别、年龄、职业、身份、教育背景、生活水平、购买能力、社交范围、个人喜好、业余生活以及个人比较反感的事物等。因为客户是千差万别的，每个客户又都认为自己是最重要的，因此，营销员一定要尽可能地了解对方的信息。了解对方后,就要"投其所好",采取恰当的方式接近对方,使对方觉得你很尊重他、很重视他。乔·吉拉德的做法是建立客户档案,他认为,要使顾客相信你关心他、重视他,那就必须了解顾客,搜集顾客的各种有关资料。

(2)与客户见面要先预约。这种预约一般以客户的时间为主,可以事先打电话给对方或者给对方的秘书:"您什么时间方便?我想占用您10分钟左右的时间。"或者:"早就听说过您,因此很想登门拜访,不知道您什么时候方便?"一般不要说"我某个时间有空,您方便吗?"等,如果对方答应了,就顺便约一下地点。营销员一定要提前几分钟到达约会的地点,这是对客户的尊重,同时可以整理一下服饰,稳定情绪,以免让客户等候,让局势变得被动。

(3)准备好产品的有关资料。这包括如产品说明书、价目表、公司的介绍等。这些资料在营销过程中是必不可少的,缺少其中的某一份资料都有可能将原本要成功的交易泡汤。有些营销员匆匆忙忙、粗心大意,经常会丢三落四,如价格表、合同、订货单、自己的名片等,就像一个忘带武器的士兵毫无准备地走向战场一样,连最基本的工作都做不好,客户一看就感觉"这人办事不可靠"。怎么能把自己的利益交于一个不可靠的人呢?因此建议营销员在拜访客户前,一定要仔细检查资料是否备齐。

(4)讲究自身形象。客户第一眼见到的是营销员的外在形象,他们绝对不会把自己的利益交付于一个衣衫不整、精神颓废的营销员。大方、自然、庄重的人才值得他们信赖。

2. 推销的方式

常见的推销方式有如下几种。

(1)外出登门推销。所谓外出登门推销是相对于组织来客推销而言的,是指组织派营销人员外出,主动上门寻找客户,亲自向顾客介绍商品、展示商品、促成顾客购买的一种推销方式。这里的"登门"意指走出组织、走向顾客,并非单指到顾客家中去,它还包括在公园里、道路旁、车厢中等公共场合。外出登门推销时,要注意以下方面。

① 重视给顾客的第一印象。心理学调查表明,人们接触的最初两分钟,彼此印象最为深刻。因此,营销人员首先要特别注意自己的外貌,这是第一印象产生的最初原因,要热情开朗,诚恳自信,争取为顾客接纳而不产生排斥。其次要选择合适的服装。佛朗·贝德格认为,初次见面给人印象的90%产生于服装。当然,并不是说服装要多么高档和华丽,但干净整洁、职业化是应当做到的。国外流行的"TPO"服装术,值得营销人员借鉴。只有在顾客心目中留下并保持良好的第一印象,才能为推销工作的进一步开展打下基础,赢得先机。

② 登门推销前,应尽量预约。生活中贸然出现的不速之客,尤其是陌生的营销人员,大多是不受欢迎的。这种情况下营销人员推销其产品,购买者大多不愿接待,更难得爽快购买。很少见到那种突如其来、一拍即合、相见恨晚的幸运营销。出于礼貌,如有可能,事先与对方预约一下,让双方都有所准备,再与顾客推荐洽谈,效果比贸然造访要好得多。预约时要注意:首先,注意约见的时间最好由顾客来定,这实际上已让顾客为主,不只选择在见面的顾客家中,也可安排在顾客认为安全和方便的场所,还可以请顾客代为召集社区邻里或亲朋好友,选择大家熟悉、无甚干扰、接待条件良好的地点,开展集中营销。最

后,预约的方式要得当。如电话预约、信函预约等,可多提供几种方案让顾客自己挑选,这既是对顾客意见的尊重,又可防止其简单回绝。如果选用信函,时间上应放宽松一些,以防信函在邮路上耽搁而失约。网上预约应留有顾客上网浏览的时间周期。不管何种约见,营销人员自己必须按时赴约。

③ 推销中的礼仪要求。商品推销是个过程,其中每个阶段既有业务技巧上的要求,又有礼貌礼仪方面的规范,二者不可偏废。首先是进门。如果是去顾客家中推销,一定要先轻声敲门,节奏应缓慢,经主人应允后方可进入。需特别注意,如果门原来就已开着或虚掩着,也必须先敲门,万万不可径直步入或推门就进。其次是自我谦和、准确而有吸引力,切忌冗长、卖弄和自吹,或是讲了半天词不达意。因此,事前应打好腹稿,依不同对象灵活使用,以求明确简洁。再次是开始推销。主要是介绍商品和展示商品。介绍商品要实事求是,具体讲清商品的性能、特点、质量价格以及给顾客带来的实际利益,必要时出具相应的证书、质检证明、报刊评介等资料和图片,以增强顾客的信任。展示商品要体现自己对商品的细心爱护,让顾客感受到商品的价值和分量。展示中,如果顾客有意,应鼓励他们亲自动手操作以刺激顾客的购买欲望。最后要注意礼貌告别。特别要注意对那些最终没能成交的顾客,也要感谢他们耐心听讲、支持工作,为今后可能再次登门推销留下良好的印象,打下稳固的基础。

(2) 组织来客推销。如果说外出登门推销还可能让顾客感到有点突然,那么到组织来的顾客则是目的明确、有备而来的,商务人员应尽力做好接待,营造良好的购物环境,礼貌地满足顾客需要。在组织接待顾客时,营销人员要注意做到:

① 注意建立与来客的和谐关系。顾客来到组织,是对组织的信任,但是来到组织未必就一定能如愿购买成交,除去交易中的一系列的技术因素、价格因素等原因之外,营销人员与来客的关系是否和谐、投机、融洽也是重要的因素之一。顾客只有先接受了营销人员,才有可能接受营销人员推荐的商品。所以,公司业务员应发自内心地感谢顾客的光临,务必要求自己态度和蔼、举止得当、言辞讲究,尽力与来客建立起彼此信任的和谐关系。

② 热情向来客推介商品。顾客一般不会买自己没有认识、并不了解的商品,营销人员有义务向来客推荐、介绍自己的商品。要懂得推介商品的过程,既是帮助顾客了解商品的过程,也是营销人员借此了解顾客需求的过程。既尊重顾客,又服务于顾客,才能使商品推介工作得心应手,真正让来客称心和放心。推介商品常用 FABE 说明术:F 指商品特征,A 指商品优点,B 代表客户利益,E 指证据。要根据不同类型的顾客及其不同的购买目的,来组合推介商品。万不可无论对谁推介时都像背书似的千篇一律,讲完了事。推介必须实事求是,不能为一时"奏效"而败坏组织和自己的信誉。

③ 成交时刻不忘记礼仪。接近成交时,营销人员当然是兴奋的,而此时营销员的礼仪做得如何,对促进成交至关重要。首先,认识上要清楚,即将到来的成功是顾客照顾了公司的生意,功劳归于顾客,不能以为是自己干得漂亮而沾沾自喜,更不能说什么"今天找到我算你走运"之类无礼的话。其次,行动上不要急躁,要多请顾客发表意见,使其有明确的参与决策感,否则在营销人员喋喋不休的推介声中购买,会令顾客产生"被劝购买"的被动感进而产生不快、厌烦的情绪,甚至打起退堂鼓。最后,神情上要保持平和常态。营销

人员此刻应谨防因为盼快快成交而显得急不可待,也应防止因接近成交而喜形于色。这类不稳重的神情会让顾客疑虑顿生,失去对你的信任,打消购买的念头。因此,营销人员仍应一如初始,不折不扣、从容不迫地服务,恰到好处地促进成交。

④ 礼貌地送别来客。推销完成后,营销人员还应与顾客轻松地谈点别的话题,使来客感到与你做交易是件非常愉快的事;相反,此时对顾客变脸或者哪怕有半点冷淡怠慢,都会让顾客觉得刚才你的热情都是为赚钱而装扮的假象,有了上当感的顾客是不会成为组织回头客的。成交后适当地招待一下公司来客,这不但有延续业务的需要,也有礼仪上的需要,在实践中常可见到,当然这要根据需要和可能相结合来考虑。告别时,可以把顾客送出组织大门,多讲一些互敬互祝的话,表达愿意保持往来,增进友谊,加强合作,别只说一句"走好""再见"。

(3) 电话推销。现代化社会,电话作为一种快捷、方便、经济的通信工具,在咨询和购物方面已日益得到普及。现代生活追求快节奏、高效率,电话营销应运而生。电话营销是指通过电话营销产品、宣传公司业务。电话推销要求销售员具有良好的讲话技巧、清晰的表达能力和一定的产品知识。电话作为一种方便、快捷、经济的现代化通信工具,正日益得到普及,目前中国城市电话普及率已达98%以上。最新调查表明,居民家庭电话除了用于和亲朋好友及同事间的一般联系外,正越来越多地运用在咨询和购物方面,有65%的居民使用过电话查询和咨询业务,有20%的居民使用过电话预订和电话购物。现代生活追求快节奏、高效率,电话销售作为一种新时尚正走进千家万户。

① 选择推销对象。每个行业都有自己相应的消费对象,因此要处处留心,在选择时要有针对性。比如针对曾经光顾过公司的人员进行推销效果会更好。利用报刊上的分类广告、工商企业名录以及信息网络单位刊载的会员名册等也会收到意想不到的良好效果。另外,还有一点值得注意的是不要打对方在接听时需要付费的电话。

② 选择推销时机。电话推销固然十分方便、不受地点的限制,但是在时间的选择上要十分注意千万不要在对方很忙或者休息的时间打扰对方。打到单位的电话最好是上午10点以后,打给私人住宅的电话最好选择在星期日,同时尊重对方的午休习惯,不要在中午12点到下午3点之间进行电话推销。

③ 建立声音形象。电话营销人员给顾客的第一印象完全是由声音形成的。因此当电话接通以后,应首先问候一句:"您好",然后再作自我介绍。介绍应简洁明了、准确无误,同时注意使用恰当的语音、语速、语调来建立一个亲切可信的电话形象。有人说,人有好几张脸:第一张脸是外表长相,第二张脸是一个人的字,第三张脸是他的声音。作为一名电话营销人员,你的第一、第二张脸并不重要,而第三张脸却是至关重要的。你必须通过声音把这第三张脸做得非常完美,也就是要把你的表情、肢体语言在听筒这边表现出来,然后运用声音通过话筒传递给对方。

进行电话推销时,还要注意根据对方的需要,有针对性地介绍产品的特征、特点、功能、用途、价格的优惠政策等。要十分礼貌地询问对方的需要,态度要诚恳。在推销结束时无论结果如何都要向对方表示感谢,因为至少你占用了对方的时间。

④ 建立长期联系。电话推销最重要的就是争取回头客,因此必须建立起与老顾客的长期良好的关系。建立顾客档案是一种行之有效的方法,同时要注意及时更新信息,通过

经常给予问候、邮寄节日卡片等方式保持与顾客之间的联系,并建立起良好的私人关系,使得你的业务由老客户带动新客户不断地保持良性的发展。

7.2 推销的语言艺术

1. 推销语言的运用原则

视顾客为朋友、为熟人,想方设法让服务用语做到贴心、自然、令人愉悦,这是推销语言的基本出发点。推销语言的运用有以下几个原则。

(1)顾客中心原则。设身处地为对方着想,急顾客之所需。主动说明顾客购买某种东西所带来的好处。对这些好处做详细、生动、准确的描述,才是引导顾客购买商品的关键。"如果是我,为什么要买这个东西呢?"这样换位思考,就能深入顾客所期望的目标,也就能抓住所要说明的要点。最好用顾客的语言和思维顺序来介绍产品,安排说话顺序,不要一股脑说下去,要注意顾客的表情,灵活调整销售语言,并力求通俗易懂。

(2)倾听原则。"三分说,七分听",这是人际交谈基本原理——倾听原则在推销语言中的运用。在推销商品时,要"观其色,听其言"。除了观察对方的表情和态度外,还要虚心倾听对方议论,洞察对方的真正意图和打算。要找出双方的共同点,表示理解对方的观点,并要扮演比较恰当、适中的角色,向顾客推销商品。

(3)禁忌语原则。在保持积极的态度时,沟通用语也要尽量选择体现正面意思的词,选择积极的用词与方式。要保持商量的口吻,不要用命令或乞求语气,尽量避免使人丧气的说法。例如:

"很抱歉让您久等了。"(负面词)→"谢谢您的耐心等待。"(积极的说法)

"问题是那种产品都卖完了。"→"由于需求很多,送货暂时没有接上。"

"我不能给他的手机号码!"→"您是否向他本人询问他的手机号码?"

"我不想给你错误的建议。"→"我想给你正确的建议。"

"你叫什么名字?"→"请问,我可以知道你的名字吗?"

"如果你需要我们的帮助,你必须……"→"我愿意帮助你,但首先我需要……"

"你没有弄明白,这次听好了。"→"也许我说得不够清楚,请允许我再解释一下。"

(4)"低褒微谢"原则。"低"就是态度谦恭、谦逊平易。"褒"是褒扬赞美。"微"是微笑。营销人员要常面带微笑,给顾客带来好的心情。"谢"是感谢,由衷地感谢顾客的照顾。如:"谢谢您,这是我们公司的发票,请收好。""谢谢您,我马上就通知公司。"

2. 推销语言的基本要求

(1)发音清晰、标准。只有发音清晰、标准,对方才能听清营销员说的是什么,不至于只看见"营销员"唾沫横飞,却根本不知道说了些什么。我们提倡的是普通话,现在大多数的人在公共场合交际,运用的是普通话。很大程度上,一口流利的普通话已经成为高素质的象征,因此一般说来应用普通话交流;如果了解对方老家是某地,对方又以家乡为荣,而自己恰巧又会当地的方言,适当地运用方言跟对方交流也不错。

(2)语调低沉、自然、明朗。低沉和抑扬顿挫的语调最吸引人。语调偏高的人,让人感觉叽叽喳喳,听起来不舒服,而且有一种凌驾于客户之上的感觉。因为我们大家有体会,一般而言领导跟下属、长辈跟晚辈之间谈话时,前者语调较高,后者语调较低,所以客户更喜欢稍低沉的语调;语调要自然,谁都不喜欢做作,尤其是女营销员更不要嗲声嗲气地,自然、大方才受大家的欢迎;语调要讲究抑扬顿挫,否则一个调子下来,客户听不出重点,也容易厌烦。

(3)说话的语速要恰如其分。有些营销员说话本身语速快,在客户面前又有些紧张,因此还没等客户有所反应,自顾自地讲了十几分钟,容不得对方插话,一则不尊重对方,二则自己讲得快了,思维跟不上,容易出错;语速也不应太慢,太慢了会让客户着急,不耐烦。一般来说,正常聊天的语速就可以。同时,语速要根据所说的内容而改变,一成不变的语速容易让人产生厌烦情绪,讲到重点的时候可以适当放慢语速,加强语气,以示强调。

(4)懂得停顿的运用。在讲话过程中,恰当的停顿有多个好处:一则可以顾及客户的反应,是喜欢还是厌恶?对哪一部分感兴趣?以便有针对性地调整说话的内容和语速。二则是让自己有思考的时间,选择更合适的语言来表达,不致太紧张甚至出错;停顿的时间不要太短,要根据对方的反应灵活调整。一般来说,停顿会引起对方的好奇,有时不能逼对方早下决定。

(5)音量要注意控制。有的人音量本来就大,很多时候像在喊,就要控制一下。音量太大,往往容易给对方造成压迫感,使人反感;音量太小,一则对方听不清楚说的内容,容易不耐烦;二则显得自己信心不足,犹犹豫豫,没信心,自己都没有信心,还怎样影响客户?因此说服力不强。

(6)在说话时配合恰当的表情。在说话时配合恰当的表情往往会起到比单纯的语言更明显的作用。比如,说到高兴处,可以微笑,或者配合一定的手势动作;说到伤心处,神情表现得悲伤,让情绪感染客户,让客户进入到所创设的情境中,容易诱导客户。

此外,营销人员还要注意表达逻辑清晰,重点突出。在进行介绍时,要思路清晰,表达流畅,不能前言不搭后语,让听者不知所云。为了突出重点,可以适当地使用一些词语,如"首先、其次、再次、最后"或者"第一、第二、第三"等,以便客户能抓住重点,一般要把最突出的优点放在第一位,吸引住客户,稍弱的优点依次往后排。

营销人员可以把自己的声音录下来,找好朋友或者家人或者同事从内容、形式等方面提提建议和意见,以便提高说话水平。

(7)避免以"我"为中心,诱导顾客自己品味销售的主题。最能使人信服的是自我醒悟的道理,而非他人的说教,通过提问的方式给顾客一定程度的自尊心理满足,诱导和激发顾客产生购买行为。比如,"我认为……"可改为"您是否认为……""您的想法对吗?"可改成"您是怎么想的?"等,"我想您肯定会买的"可改成"您很内行,可不要错过机会"等。这些提问能使顾客顺从诱导,引起思考,品味营销员没有说出的销售主题。一旦悟出道理,大多数顾客就会陶醉于自己体会出的快乐心情之中,很少会产生是由营销员诱导出来的怀疑感觉。在公众自己品味出销售的主题以后,营销员还可以用赞美的语气强化诱导的结果。"您讲得很有道理""我完全同意您的想法""您真会核算,比我们还精通"等赞美词会使顾客油然产生一种兴奋的心情,这种情感体验能够升华为坚定不移的购买信念,产生顺利成交的良好结果。

（8）注意语言的精确性，提高对顾客说理的感染力。在推销中，营销人员的语言是一种极其复杂的心理活动，营销员凭借某种语言来传递自己心理活动的信息，表达自己的思想、情感、愿望和要求，而顾客也是通过拜访的语言交流，接受营销员传递的商品信息，引起思想、感情的共鸣，采取积极的购买行为。因此，营销人员要加强语言修养，提高语言的精确性，增强语言的感染力，给顾客以身临其境的感觉，强化说理的效果。应注意以下三点。

第一，多用肯定语言。这里所说的肯定是指对顾客态度的赞美肯定，对商品质量和价格的肯定，对售后服务的肯定，以坚定顾客的购买信念。对顾客态度的肯定。"您现在这样看问题是很自然的事""过去我也是这样想的"。对商品质地的肯定。比如，对服装可用质地优良、做工考究、色泽华丽、款式新颖、老少皆宜的肯定语言。对水果可用果大、皮薄、肉厚、香甜、可口等质量可靠的语言。对价格的肯定。"这个价值五十元""这个报价是最低价格""您不能再削价了"。这里的目的是使顾客消除还价的打算，觉得在价格上别无退路，只能按定价成交。对售后服务的肯定。本公司营销的商品一律实行三包："包退、包换、包修""本厂的产品一律送货上门"。这里的"三包"和"送"都是肯定语言，能使顾客感到称心、方便，解除其后顾之忧，促使顾客下决心实施购买行为。

第二，要用请求式的语句尊重顾客，尽量避免用命令式的语句同顾客交谈。请求式语句是以协商的态度征求顾客意见，由于营销员态度谦虚，说话和气，所以公众总是乐意接受的。而命令式语句，营销员居高临下，态度生硬，强制性地要求顾客实施购买行为，一般是不受顾客欢迎的。比如，客户问营销员："××是否有货？"营销员回答："没有货，到下个月再联系。"这是一种命令式回答客户问题的语句。它不仅要求客户等到下个月，而且命令客户主动来联系。这样就使营销员与客户的关系错位，变成客户求营销员。这种方式除了在商品供应紧张时，能有短期效应外，对多数客户来讲，是不可取的。

第三，在营销中，刺激的语句、过于客套的语句都是不恰当的。这些语句容易引起公众反感。

总之，营销人员正确使用语言，通过礼貌语言的魅力，影响、感染、引导消费公众，触发购买行为，这是有效地开展营销所必需的。

7.3 推销中的客户沟通

推销成功离不开与客户的沟通，为了达到说服客户、推销产品的目的，必须掌握推销中与客户沟通的技巧。

1. 引起注意

无数的事实证明：在面对面的推销中，能否真的吸引客户的注意力，第一句话是十分重要的，它的重要性并不亚于宣传广告。客户在听我们第一句话的时候比听第二句话乃至以下的话要认真得多，当听完我们第一句话时，很多客户，不论是有心还是无意，都会马上决定是尽快地把我们打发走，还是准备继续谈下去，如果第一句话不能有效地引起顾客的兴趣,那么尔后即使谈下去,结果也不会太乐观。

(1) 急人所需。抓住对方的急需提出问题是引起注意的常用方法。美国一位食品搅拌器推销员,当一住户的男主人为其开门后,第一句话就发问道:"家里有高级搅拌器吗?"男主人被这突如其来的发问给难住了,他转过脸来与夫人商量,太太有点窘迫又有点好奇地说:"搅拌器我家里倒有一个,但不是最高级的。"推销员马上说:"我这里有一个高级的。"说着,从提袋中拿出搅拌器,一边讲解,一边演示。

假如第一句不是这样说,而是换一种方式,一开口就说"我想来问一下,你们是否愿意购买一个新型的食品搅拌器?"或者"你需要一个高级食品搅拌器吗?"会有什么结果呢?第一种问法,要对方回答的是"有"还是"没有"。当然差不多是明知故问,但这个问题提得好,有两个好处:一是没有使客户立刻觉得你是向他们推销东西的。我们已经说过,人们讨厌别人卖给他们什么,而喜欢自己去买什么;二是我们只说我们有一台高级搅拌器,并没有问客户买不买,因此客户会发生兴趣:看看高级别与我们家里的有什么不同,演示说明就成为顺理成章的事情了。至于最后的购买,不是乞求的结果,也不是高压的结果,而是客户的一种满意的选择。

(2) 设身处地。如果一开口,便说出一句替客户设身处地着想的话,同样也能赢得对方的注意。因为人们对与自己有关的事特别注意,而对那些与自己无关或关系不大的事,往往不太关心。有一个推销家庭用品的推销员,总能够成功地运用第一句来吸引顾客的注意。"我能向您介绍一下怎样才能减轻家务劳动吗?"这句话一下子抓住了对方的心理,为烦琐家务劳动搞得十分伤脑筋,而且又无计可施,这时听说有方法可减轻家务劳动,当然会引起注意了。请想想,如果这位推销朋友一开口就问人家:"我能向你们推销一部洗衣机吗?"或者"我能给你们介绍一下我厂的新产品吸尘器吗?"效果就不会有第一种说法好,因为后面的说法没有把产品对客户口的效用一下子明确地提出来,而且没有设身处地地为对方着想,强调的是"我",而不是"你"。

(3) 正话反说。有的时候推销人员为了引起对方的注意,故意正话反说,这也是一种出其不意的妙法,一个高压锅厂的推销员找到一个批发部经理进行访问推销,他一开始就说了这么一句:"你愿意卖1000只高压锅吗?"推销员在推销的时候,往往不说"买"而说"卖",这句话一说,经理感到这个人很有意思,便高兴地请他谈下去,推销员抓住机会向经理详细地介绍他们工厂正在准备通过宣传广告大量推销高压锅的计划,并说明这样做的目的是为了给零售商提高销售量,这个经理便愉快地向他订下一批货。说话这件事真奇怪,同样一个意思,不同的说法,效果竟相差甚远,真是值得我们研究一辈子。

(4) 形象演示。关于产品的戏剧性形象演示,效果明显,可以极好地引起公众注意。一个纺织品推销员脸朝着太阳的方向,双手举起一块真丝产品,这时,从挂在墙上的玻璃镜中,可以看到这块真丝产品,他对顾客说:"你从来没有见过这样有光泽的图案,这样清晰的丝织品吧?"这里的推销员,善于因地制宜地利用自己所推销的商品,制造戏剧性的情节,实践表明:人们对于戏剧性的情节会产生很大的注意力和好奇心。假如不是这样,而是直截了当地问对方"你要录音机吗?""你要丝织品吗?"效果就肯定差得远。

(5) 顺水推舟。"在上个月的展销会上,我看到你们生产的橱窗很漂亮,那是你们的产品吗?"这句话马上引起了对方的注意,并使对方十分高兴,然后推销员紧接着对这位客户说："我想,如果在你们生产的橱窗上再配上我厂的这种新产品,那就是锦上添花了。"顺手递上了自己所要推销的产品,这个推销员顺着他人产品之水,推动自己产品之舟,可谓巧妙,这种借向客户提出新的构想来推销自己的产品的方法,也是一种吸引对方注意的有效途径。

（6）从众效应法。从众是一种有趣的社会心理现象,它指的是,人们往往不自觉地以周围人的行为动作为自己的行动指导,特别是当自己难以选择的时候,更会以他人的行动作为自己行动的借鉴,例如:如果你的亲朋好友、邻居同事购买"飞鸽牌"自行车,当你打算买车的时候,就很可能也买"飞鸽牌"。这个原理用于推销,就要求推销员在说明产品时,同时举出已购买本产品的公司或知名人士或顾客的熟人。

"这种国产车很受欢迎,深圳、广州、珠海几家旅游公司都各订了 10 部。"

"李先生,你是否注意到红光印刷厂王经理采用了我们的印刷机后,营业状况大为改善?"

"这种综合电疗器特别受知识分子的欢迎,工学院的老师一买就是几十只,你们师范学院的教师也买了不少,例如,你们都认识的中文系王天教授,数学系刘明教授,都使用这种电疗器,效果不错。喏,这是他们写来的信。"

当然,推销时所碰到的场面何止千种,所谓运用之妙,存乎一心。以上的几种方法,仅供借鉴,到底要怎样说,才能最有效地吸引对方的注意,引起对方的兴趣,还要我们在实践中不断创新。

2. 介绍商品

介绍商品是营销过程的一个重要环节,营销就是通过对商品的介绍,达到满足客户真正需求和销售商品的双重目的的。介绍应注意以下几点。

（1）突出重点。通常一种商品或服务,本身具有众多的优点和特征,如果我们不看对象,将这些特点和特征加以罗列,一一介绍,不但会白白浪费许多时间,顾客也会由于我们的"狂轰滥炸"而弄得头昏眼花,不得要领。在介绍时,我们应根据商品或服务的特点,转换成对顾客的益处,依客户之不同而进行重点不同的说明。以电冰箱为例,同样的一个电冰箱,也随时间、地点、人物的不同而具有不同的效用,营销人员介绍的时候,只要抓住这一条,就会事半功倍。

美国的一位推销员曾经向住在北极圈内冰天雪地中的因纽特人推销电冰箱,他是这样来介绍他所推销的产品的:"这个电冰箱最大效用是'保温',不致使我们食物的结构被冻坏而丧失它的营养价值"(注:电冰箱里的常温是零下5度,而因纽特人居住的气温终年都零下三四十度)。对因纽特人而言,这位聪明的推销员以温度的差距对食物的营养价值的影响作为说明的重点,是非常恰当的。试想,如果对因纽特人说明由于冰箱里的温度低,可使食物保鲜,对方听了可能认为你到这里来为了开玩笑的。因为这里根本不存在食物腐败的问题。

商品虽然成千上万,不胜枚举,但是说明的重点不外乎以下方面:适合性——是否适合对方的需要;通融性——是否也可用于其他的目的;耐久性——是否能长期使用;安全性——是否能给某种潜在的危险;舒适性——是否能给人们带来愉快的感觉;简便性——

是否很快可以掌握它的使用方法，不需要反复钻研说明书；流行性——是否是新产品，而不是过时货；身价性——是否能使顾客提高身价，自夸于人；美观性——外观是否美观；便宜性——价格是否合理，是否可以为对方所接受；这些方面因人而异、因物而异、因时而异，要求我们在作说明的时候，能对症下药。

（2）因情制宜。因情制宜就是指介绍商品时应根据商品的特点和推销对象的具体情况加以介绍，做到有的放矢，比如对高档商品要强调其质优物美的一面；对廉价商品则要偏重其价廉的特点；对试销商品要突出其"新颖独特"的一面，着力介绍其新功能、新结构、体现新的审美观和价值观；对畅销商品，因其功能、质量已广为人知，因此对商品本身不需详细介绍，而应着重说明其畅销的行情和原因，使顾客不但感到畅销合情合理，而且产生一种"如不从速购买，可能失去机会"的心理，而对滞销商品，则应强调其价格低廉、经济实惠的特点，同时适当地对照说明其滞销的某些原因和可取的优点。比如对老年人介绍说："这种羽绒服是名牌产品，保暖性强，结实耐穿，式样大方，就是款式不够新颖，没有皮衣那么时髦，所以年轻人不太欣赏。"这正切合了老年人求经济实用，重内在质量的心理。

从营销对象来看，不同的顾客有不同的心理和需求，介绍商品时更应抓住不同顾客的心理特点，因人施语，获得顾客的认同，如年轻人喜欢新颖奇特，而老年人则注重价格；女士往往偏重款式，男士则更讲究品牌，向女士推销服装，应强调款式的新颖，风格的独特，而对男士，则应着重介绍品牌的知名、质料的考究。又如对老成稳重的顾客，介绍时应力求周全，讲话可以慢一点，要留有余地；对自我意识很强的顾客，不妨先听其言，然后因势利导；对性情急躁的顾客，介绍商品时应保持平静，设身处地为之权衡利弊，促其当机立断；而对优柔寡断的顾客，则应察言观色，晓之以利，促发其购买冲动。

（3）充满热情。推销人员在推销过程中要充满信心和热诚，推销人员的热情往往会感染顾客，使顾客产生信任感，构成情感上的共鸣，进而引发顾客的购买欲。如有位妇女给小孩买马蹄衫上用的扣子，营业员见到她的小孩，说："这是你的小孩吧，真漂亮。"妇女高兴地说："你不知道，淘气着哪！"营业员说："小子玩玩是好，女儿玩玩是巧的，将来一定有出息！"问："你想看点啥？""我想买五颗扣子。"营业员说："市面上卖的马蹄衫胸前钉的是五颗扣子，衫上还应钉两颗。小孩好动，常掉扣子，加上一颗备用。您买十颗吧。"这位顾客很高兴："您比我想得还周到，听您的买十颗。"

推销人员以热情待人，可以使本来不想买的买了，本来想少买的多买了，而原来打算买的更满意、更高兴。总的来说，情能动人能感人，产生出好的效果。

（4）实事求是。实事求是即指介绍商品应尊重事实，恰如其分，切忌虚假吹嘘，蒙骗顾客，应当看到，任何商品都有其长处和短处，顾客所关注的是商品的长处在多大程度上大于短处，在于商品的长处和价值要与其价格相称。所以，对商品的成功的介绍并不在于过分渲染和夸大商品的优点，这样做只能引起客户怀疑和反感，而应当实事求是地介绍，以使客户全面了解商品情况。消除疑虑和犹豫心理，增强对商品和企业的信任度，买得放心并且称心，营销人员应当铭记的是：商品介绍中最重要的不在于推销者说了些什么，而在于客户相信什么，不在于告诉客户商品如何完美无缺，而在于客户了解此种商品有什么适应其需求的好处，所以实事求是地介绍商品是颇有说服力的。

3. 诱导购买

一位美国推销员贺伊拉说:"如果您想勾起对方吃牛排的欲望,将牛排放在他的面前,固然有效,但最令人无法抗拒的是,煎牛排的'吱吱'声,他会想到牛排正躺在黑色铁板上,吱吱作响,浑身冒油,香味四溢,不由得咽下口水。""吱吱"的响声使人们产生了联想,刺激了欲望。我们在推销说明中,就是凭借我们的口,针对顾客的欲望,利用商品的某种效用,为顾客描述商品,使之产生联想,甚至产生"梦幻般的感觉",以达到刺激欲望的目的。

(1)描绘购买后的美景。为了使顾客产生购买的欲望,只让顾客看商品或进行演示还是不够的,我们必须同时加以适当的劝诱,使顾客心理上呈现一幅美景。我们首先要将有魅力的形象在我们的脑海中描绘出来,并将形象转换成丰富动人的言词,然后用我们的口才当"放像机"在对方脑海屏幕上映现出来,借以打动对方的心结。

一位推销室内空调机的能手,他总滔滔不绝地向顾客介绍空调机的优点如何如何,因为他明白,人并非完全因为东西好才想得到它,而是由于先有想要的需求,才感到东西好,如果不想要的话,东西再好,他也不会买,因此他在说明他的产品时并不说"这般闷热的天气,如果没有冷气,实在令人难受"之类的刻板的教条。而是把有希望要买的顾客,当成刚从炎热的阳光下回到一间没有空调机的屋子里:"您在炎热的阳光下挥汗如雨地劳动后回家来了,一打开房门,迎接您的是一间更加闷热的蒸笼,您刚刚抹掉脸上的汗水,可是马上额头上又渗出了新的汗珠,您打开窗子。但一点风也没有,您打开风扇,却是热风扑面,使您本来疲劳的身体更加烦闷,可是,您想过没有,假如您一进家门,迎面吹来的是阵阵凉风,那是一种多么惬意的享受啊!"

凡是成功的推销员都明白,在进行商品说明的时候,不能仅以商品的各种物理性能为限,因为这样做,还难以使顾客动心。要使顾客产生购买的念头,还必须在此基础上勾画出一幅梦幻般的图景,使商品增加吸引人的魅力。使用这种描述说明方式必须注意以下几点。

第一,不要描述没有事实根据的虚幻形象。我们的描述,目的是使我们的商品或服务锦上添花。要做到这点,首先必须是"锦",而不是破布,如果我们所描述的是没有事实根据的虚幻形象,日后必招来顾客的怨恨。我国某城市的报纸上曾为该市新建的一座森林公园大做广告,称如何如何壮丽,开张的那天,不少人慕名而来,结果大呼上当,森林公园中根本见不到几棵树木,倒见到不少的建筑工地,顾客纷纷写信去报纸投诉,使该公园声誉扫地。

第二,以具体的措词描绘。如果我们只说"太爷鸡"(这是广州市一家著名的个体户的绝活)。人们的脑海中仅会浮现出一只鸡的形象,至于什么颜色,什么香味,软硬如何,人们就不得而知,很难产生美味的形象,光说"价廉物美"不行,还应具体描述一下,价廉到什么程度,物美又美到何种地步。

第三,以传达感觉的措辞来描述。如果我们只说"痛"便不大能令人了解到底有多痛,是怎样的痛法,如果说是"隐隐作痛""针刺般地痛"或"火烧火燎一样地痛",人们就理解得深刻多了,因为后者的描述中用了传达感觉的措辞。

第四,活用比较和对照的方法来描述。"空调机比电风扇好用得多了。""电饭锅比烧煤烧柴省事得多了,且没有污染。"这样进行比较,人们的印象就会特别深刻。

第五,活用实例来描述。一位卖相机的小姐对欲购相机的另一位小姐说:"如果您出差、旅游,背上这么一部相机,不但使您更加富于现代青年的特色,而且会给您带来永久的回忆,请您想一想,如果因为没有相机而失去这些宝贵的一刹那,岂不是终生的憾事?"

如果我们把合理的说明与描述性的说话术结合起来,将起到画龙点睛的作用,使我们的说明更加能激发起顾客的欲望。

(2) 提供有价值的情报。向顾客提供有价值的情报,也是刺激顾客购买欲望的一种说话的方法,这也是很多不喜欢谈吐的推销员能得以成功的秘诀。什么是有价值的情报呢?顾客的利益及消费的时尚,顾客的需要及利益都是有价值的情报,这里重点讲述应该如何抓住人们消费价值取向的变化,去引导顾客适应新形势,从而激发他们购买的欲望。由于技术的革新,市面上相继出现了经过新奇包装的商品。消费者的收入水准或教育水平都在提高,生活方式随着改变,买方的欲求也高度化、大型化、多样化、个性化起来,购买态度,东西的买法,顾客的选择,都一直在急速地改变,顾客对价值观的看法,也和以前完全不同,所以,只认为质量过硬或工厂设备精良,就自视商品佳,而自陷于千篇一律到处可见的推销法,注定要失败。

所谓推销,已演变成不单是推销东西了。不是推销商品,而是推销情报。例如,小汽车,销售重点也已从便宜的经济性等因素,移向了外观、乘坐的感觉方面。纺织品,从耐久性方面,转移到色泽、花纹、设计、流行性等方面。住宅也同样,卖的不是孤立的建筑物,而是环绕建筑物的环境或有气氛的生活。即使是领带,卖的也不是单纯领带,而是一组的西装、衬衫、手帕等组合成整体的有个性的自我表现。这些销售特点,比起商品本身的价值和附加价值,更容易使顾客产生购买动机。现代的推销人员已不光是卖货、运货而已,而是提供决定商品买进有用的情报的情报员。要当好这个消费顾问,在关键时刻得会说话。即不但推销员本人要明了消费趋势的变化,而且要善于把这些变化传达给那些不知情的顾客。

4. 消除异议

曾有这样一段有趣的对话,两个人正在聊天,其中一个人问道:

"如果比尔·盖茨现在突然要约见你,你准备穿什么衣服去赴约呢?"

另一个人回答:"穿什么都可以,只要不穿西装、打领带、手提公文包就行了。"

"为什么?"

"很简单,如果你穿成那样去的话,大老远一看见你,比尔·盖茨就会认为你是来向他推销保险的,还没等你走到他跟前,他的秘书就会把你赶走……"

不难看出,销售的第一步是与顾客进行沟通,而沟通的第一步则是消除顾客的异议、疑惑、戒备或误解。无论顾客的异议是来自于推销人员、所推销的产品、企业的信誉,或是来自于顾客本身,推销人员都有义务为顾客解决问题,而不应该轻易放弃,更不应该抱怨顾客。

(1) 产品异议。这是顾客对产品的质量、样式、设计、款式、规格等提出的异议。这类异议带有一定的主观色彩，其根源在于顾客的认识水平、广告宣传、购买习惯及各种社会成见等因素。这种异议处理的关键是销售员必须首先对产品有充分的认识，然后再根据不同的顾客采用不同的办法去消除其异议。

口才小故事

某家具经销商："这种衣柜的外形设计非常独特，颜色搭配也非常棒，令人耳目一新，可惜选用的材质不太好……"

某衣柜厂家的推销人员："您真是好眼力，一般人是很难看出这一点的，这种衣柜选用的木料确实不是最好的，如果选用最好的木料进行加工的话，价格恐怕就要高出两倍以上。现在这类产品更新换代很快，不是吗？这种衣柜已经不错了，尤其是外形设计十分时尚，可以吸引很多年轻人。订购这种价位适中、外形独特的衣柜既可以使您的资金得以迅速流通，又可以节省成本。"

口才小故事

某图书馆经销商："现在的学生根本就不认真读书，他们连学校的课本都没兴趣读，怎么可能看课外书呢？"

某出版社发行人员："是啊，现在的孩子的确没有我们小时候读书用功了，我们这套图书就是为了激发他们的学习兴趣而编写的。图书内容丰富，形式新颖、活泼，对学校教材可以起到很好的辅助作用。"

(2) 货源异议。这是指顾客对推销品来源于哪家企业和哪个推销员而产生的异议。如"没听说过你们这家企业""很抱歉，这种商品我们和××厂有固定的供应关系"。

货源异议乍看不可克服，令人难堪；但这又说明顾客对产品是需要的，推销机会是存在的。这时推销员可以询问顾客目前用的产品品牌和供应厂商。如所用产品与推销品类似，则可侧重介绍推销品的优点。但这时千万不能说同行的坏话。称赞对方就是表示对自己的产品有信心，说别人的坏话反而会引起顾客的反感；如两种产品不同，则货源异议并不成立，成功希望更大，推销员可以着重说明两种产品的不同点，详细向顾客分析推销品会给他带来什么新的利益。例如：

顾客："我从来没听说过你们的公司和产品，我们只和知名企业打交道。"

推销员："是啊，但您是否知道，我们公司今年已占了本市市场销售额的40％呢？"

然后，再用简洁的语言向顾客介绍企业生产、引以为豪的成绩、公司的发展前景等，尽量解除顾客的疑惑和不安全感，同时特别强调所推销的产品会给顾客带来的利益。

当推销员向顾客证明了自己所提供的产品比其他企业提供的同类产品更物美价廉时，他就击败了竞争对手，获得了交易成功。

(3) 价格异议。顾客关注产品的价格，并且为了降低价格而进行协商，多半表明他需要这样的产品。顾客说"太贵了"，其实是追求物美价廉的心理使然，同时顾客也想听听你的解释。这时你要做的就是要让他们相信你的产品绝对物有所值,甚至是物超所值的。如果能够成功地做到这一点,那么就成交有望了。

因此,顾客提出对价格的异议时,推销人员不用紧张,也不要仅仅围绕着价格问题与顾客展开争论,而是应该看到价格问题背后的价值问题,尽可能地让顾客相信产品的价格完全符合产品的真实价值,最终说服顾客,实现交易。如果顾客咬定价格问题,不肯放松,推销人员也不必受顾客的影响,而应该寻找到顾客认为价格太高的深层次原因,然后再根据这些原因展开有效的销售活动。要记住:不要跟顾客讨论价格,而要跟顾客讨论价值。价格隐含于价值之中,价格本身就不会显得那么突出了。有一种叫"价格三明治"的方法,就是把价格分解为产品的功能,A 功能、B 功能、C 功能加在一起值这么多价钱。所以我们要学会做价格分析,要告诉顾客价格里面具体包括了什么。

在面对价格争议时,推销人员可以尝试采用价格分解的方式处理顾客的反对意见。在实际销售活动当中,对价格进行分解的方式有如下三种。

第一,差额比较法。当顾客对产品的价格感到不满时,推销人员可以引导顾客说出他们认为比较合理的价格,然后针对产品价格与顾客预期价格的差额对顾客进行有效说服。采用这种方法最大的好处是,一旦确定了价格差额,商谈的焦点问题就不再是庞大的价格总额了,而只是很小的差价。这时,你进一步说明产品的价值,把顾客的注意力吸引到产品的价值上去,顾客可能就不会过于坚持了。

口才小故事

顾客:"这个价格实在太高了,远远超出我的预算。"

推销人员:"那怎样的价格您才能接受呢?"

顾客:"我的最高预算是 18 000 元。"

推销人员:"我们的报价是 19 000 元,与您提出的价格只相差 1000 元,不是吗?"

顾客:"是的。"

推销人员:"这种机器平均每天可以为您增加效益二百余元,也就是说,只要购买这台机器,不到 5 天的时间您就可以把这 1000 元的差价赚回来,难道您打算放弃这台机器为您带来的巨大效益吗?"

第二,整除分解法。整除分解法的目的是通过化整为零的计算,让顾客知道产品的价值所在,把顾客的注意力从较大的数额转移到容易接受的小数额上,更容易让顾客认同产品的价值,从而有利于达成交易。例如:

顾客:"这个房子的整体设计、质量很好,可是价格实在是太高了。"

推销人员:"房子其实并不如您想象的那么贵。您看,房子的现价是每平方米 7000 元,这种房子以后一定会继续升值,其潜在的价值将远远高于它目前的价格。"

顾客:"这个房子我是准备自己住的,不太可能出让,升不升值与我没有太大的关系。"

推销人员:"即使是这样,您也不希望今天每平方米 7000 元买到的房子,明年就跌到每平方米 5000 元吧。这个房子用来自己住最合适了。您算一算,房子的产权期限是

70年,而房价总额大概为70万元,那么您一年其实只要花1万元就可以住在如此高品质的建筑之内了;再算一下,即使您每年只在其中住10个月,一个月也只需要花1000元,一天才需要花多少钱呢?"

顾客:"大概33元钱吧。"

推销人员:"是啊!才33元钱,您每天只要少在外面吃一顿快餐就能够一辈子住在如此高档的住宅当中了,而且您还可以享受到高品质的物业服务。难道您愿意为了每天少花33元钱而放弃这样的人生享受吗?"

这里推销人员运用整除分解法,把顾客一年需要交1万元(大数目),分摊到每天差不多33元(小数目),这样会更容易让顾客动心。

第三,转移注意力。在解决顾客提出的价格异议时,如果顾客一直抓住价格问题不放,推销人员就需要想办法将顾客的注意力转移到他们感兴趣的其他问题上,比如让顾客把关注的焦点从价格问题转移到产品价值上。在具体的实施过程中,推销人员可以采用积极的询问、引导式的说明方法,再配合相应的产品演示等。

口才小故事

顾客:"你们公司的这款复印机显然要比××公司的价格高一些,所以我们打算再考虑考虑。"

推销人员:"我知道您说的那家公司,您认为他们公司的产品质量和性能与我们公司相比哪个更好呢?"

顾客:"产品的质量不太容易比较,不过我觉得他们公司的产品功能好像更多一些,他们公司的复印机还可以……"

推销人员:"我们公司的另外一款产品也具有您提到的这种功能,这是针对专业使用者设计的。我觉得贵公司使用复印机的人员比较杂,而且每天需要复印机的东西也很多,所以这款操作简单、复印速度快、寿命长的机器更适合贵公司……"

这里推销人员把难以解决的价格问题转移到了比较容易解决的质量与性能问题上,从而消除了顾客的异议。

(4)服务异议。服务异议是顾客对企业或推销员提供的服务不满意而拒购商品的异议。对待顾客的服务异议,推销员应诚恳接受,并耐心解释,以树立企业良好的形象。

口才小故事

一次,一位经营通用机械的跨国公司推销员向农民推销一种先进的农业机械,一个农民说:"你们公司在我们国家只有很少几个经销维修点,而且离我们农场很远,今后机械零件损坏怎么办?"推销员回答:"本公司不提供机械服务,但我们在进行了严格测试的基础上,为每台机械配足了使用寿命所需的配件,一旦机械出现问题,你们可以自己换零件和维修,这样既省钱又不会误农时。"

拓展阅读

与客户成交的24种技巧

1. 顾客说：我要考虑一下

对策：时间就是金钱。机不可失，失不再来。

（1）询问法。通常在这种情况下，顾客对产品感兴趣，但可能是还没有弄清楚你的介绍（如：某一细节），或者有难言之隐（如：没有钱、没有决策权）不敢决策，再就是推脱之词。所以要利用询问法将原因弄清楚，再对症下药，药到病除。如：先生，我刚才到底是哪里没有解释清楚，所以您说您要考虑一下？

（2）假设法。假设马上成交，顾客可以得到什么好处（或快乐），如果不马上成交，有可能会失去一些到手的利益（将痛苦），利用人的虚伪性迅速促成交易。如：××先生，您一定是对我们的产品确实很感兴趣。假设您现在购买，可以获得××（外加礼品）。我们一个月才来一次（或才有一次促销活动），现在有许多人都想购买这种产品，如果您不及时决定，会……

（3）直接法。通过判断顾客的情况，直截了当地向顾客提出疑问，尤其是对男士购买者存在钱的问题时，直接法可以激将他、迫使他付账。如：××先生，说真的，会不会是钱的问题呢？或您是在推脱吧，想要躲开我吧？

2. 顾客说：太贵了

对策：一分钱一分货，其实一点也不贵。

（1）比较法。

① 与同类产品进行比较。如：市场××牌子的××钱，这个产品比××牌子便宜多啦，质量还比××牌子的好。

② 与同价值的其他物品进行比较。如：××钱现在可以买a、b、c、d等几样东西，而这种产品是您目前最需要的，现在买一点儿都不贵。

（2）拆散法。将产品的几个组成部件拆开来，一部分一部分来解说，每一部分都不贵，合起来就更加便宜了。

（3）平均法。将产品价格分摊到每月、每周、每天，尤其对一些高档服装销售最有效。买一般服装只能穿多少天，而买名牌可以穿多少天，平均到每一天的比较，买贵的名牌显然划算。如：这个产品你可以用多少年呢？按××年、××月、××星期计算，实际每天的投资是多少，你每天花××钱，就可获得这个产品，值！

（4）赞美法。通过赞美让顾客不得不为面子而掏腰包。如：先生，一看您，就知道平时很注重××（如：仪表、生活品位等），不会舍不得买这种产品或服务的。

3. 顾客说：市场不景气

对策：不景气时买入，景气时卖出。

（1）讨好法。聪明人透露一个诀窍：当别人都卖出，成功者购买；当别人都买进，成功者却卖出。现在决策需要勇气和智慧，许多很成功的人都在不景气的时候建立了他们成功的基础。通过说购买者聪明、有智慧、是成功人士的料等，讨好顾客。

（2）化小法。景气是一个大的宏观环境变化,是单个人无法改变的,对每个人来说在短时间内还是按部就班,一切"照旧"。这样将事情淡化,将大事化小来处理,就会减少宏观环境对交易的影响。如：这些日子来有很多人谈到市场不景气,但对我们个人来说,还没有什么大的影响,所以说不会影响您购买××产品的。

（3）例证法。举前人的例子,举成功者的例子,举身边的例子,举一类人的群体共同行为例子,举流行的例子,举领导的例子,举歌星偶像的例子,让顾客向往,产生冲动,马上购买。如：××先生,××人××时间购买了这种产品,用后感觉怎么样(有什么评价,对他有什么改变)。今天,你有相同的机会,做出相同的决定,你愿意吗?

4. 顾客说：能不能便宜一些

对策：价格是价值的体现,便宜无好货。

（1）得失法。交易就是一种投资,有得必有失。单纯以价格来进行购买决策是不全面的,光看价格,会忽略品质、服务、产品附加值等,这对购买者本身是个遗憾。如：您认为某一项产品投资过多吗?但是投资过少也有他的问题所在,投资太少,所付出的就会更多,因为您购买的产品无法达到预期的目标(无法享受产品的一些附加功能)。

（2）底牌法。这个价位是产品目前在全国最低的价位,已经到了底儿,您要想再低一些,我们实在办不到。通过亮出底牌(其实并不是底牌,离底牌还有十万八千里),让顾客觉得这种价格在情理之中,买得不亏。

（3）诚实法。在这个世界上很少有机会花很少钱买到最高品质的产品,这是一个真理,告诉顾客不要存有这种侥幸心理。如：如果您确实需要低价格的,我们这里没有,据我们了解其他地方也没有,但有稍贵一些的××产品,您可以看一下。

5. 顾客说：别的地方更便宜

对策：服务有价。现在假货泛滥。

（1）分析法。大部分的人在做购买决策的时候,通常会了解三方面的事：第一个是产品的品质,第二个是产品的价格,第三个是产品的售后服务。在这三个方面轮换着进行分析,打消顾客心中的顾虑与疑问,让它"单恋一枝花"。如：××先生,那可能是真的,毕竟每个人都想以最少的钱买最高品质的商品。但我们这里的服务好,可以帮忙进行……,可以提供……,您在别的地方购买,没有这么多服务项目,您还得自己花钱请人来做……,这样又耽误您的时间,又没有节省钱,还是我们这里比较恰当。

（2）转向法。不说自己的优势,转向客观公正地说别的地方的弱势,并反复不停地说,摧毁顾客心理防线。如：我从未发现那家公司(别的地方的)可以以最低的价格提供最高品质的产品,又提供最优的售后服务。我××(亲戚或朋友)上周在他们那里买了××,没用几天就坏了,又没有人进行维修,找过去态度也不好……

（3）提醒法。提醒顾客现在假货泛滥,不要贪图便宜而得不偿失。如：为了您的幸福,优品质高服务与价格两方面您会选哪一项呢?您愿意牺牲产品的品质只求便宜吗?如果买了假货怎么办?你愿意不要我们公司良好的售后服务吗?××先生,有时候我们多投资一点,来获得我们真正需要的产品,这也是蛮值得的,您说对吗?

6. 顾客讲：没有预算(没有钱)

对策：制度是死的,人是活的。没有条件可以创造条件。

(1) 前瞻法。将产品可以带来的利益讲解给顾客听,催促顾客进行预算,促成购买。如:××先生,我知道一个完善管理的事业需要仔细地编预算。预算是帮助公司达成目标的重要工具,但是工具本身须具备灵活性,您说对吗?××产品能帮助您公司提升业绩并增加利润,您还是根据实际情况来调整预算吧!

(2) 攻心法。分析产品不仅可以给购买者本身带来好处,而且还可以给周围的人带来好处。购买产品可以得到上司、家人的喜欢与赞赏,如果不购买,将失去一次表现的机会,这个机会对购买者又非常重要,失去了,痛苦!尤其对一些公司的采购部门,可以告诉他们竞争对手在使用,已产生什么效益,不购买将由领先变得落后。

7. 顾客讲:它真的值那么多钱吗

对策:怀疑是奸细,怀疑的背后就是肯定。

(1) 投资法。做购买决策就是一种投资决策,普通人是很难对投资预期效果做出正确评估的,都是在使用或运用过程中逐渐体会、感受到产品或服务给自己带来的利益。既然是投资,就要多看看以后会怎样,现在也许只有一小部分作用,但对未来的作用很大,所以它值!

(2) 反驳法。利用反驳,让顾客坚定自己的购买决策是正确的。如:您是位眼光独到的人,您现在难道怀疑自己了?您的决定是英明的,您不信任我没有关系,您也不相信自己吗?

(3) 肯定法。值!再来分析给顾客听,以打消顾客的顾虑。可以对比分析,可以拆散分析,还可以举例佐证。

8. 顾客讲:不,我不要……

对策:我的字典了里没有"不"字。

(1) 吹牛法。吹牛是讲大话,推销过程中的吹牛不是让销售员说没有事实根据的话,讲假话。而是通过吹牛表明销售员销售的决心,同时让顾客对自己有更多的了解,让顾客认为您在某方面有优势、是专家。信赖达成交易。如:我知道您每天有许多理由推脱了很多推销员让您接受他们的产品。但我的经验告诉我:没有人可以对我说不,说不的我们最后都成为朋友。当他对我说不,他实际上是对即将到手的利益(好处)说不。

(2) 比心法。其实销售员向别人推销产品,遭到拒绝,可以将自己的真实处境与感受讲出来与顾客分享,以博得顾客的同情,产生怜悯心,促成购买。如:假如有一项产品,你的顾客很喜欢,而且非常想要拥有它,你会不会因为一点小小的问题而让顾客对你说不呢?所以××先生今天我也不会让你对我说不。

(3) 死磨法。我们说坚持就是胜利,在推销的过程,没有你一问顾客,顾客就说要什么产品的。顾客总是下意识地提防与拒绝别人,所以销售员要坚持不懈、持续地向顾客进行推销。同时如果顾客一拒绝,销售员就撤退,顾客对销售员也不会留下什么印象。

(资料来源:http://my.pcbaby.com.cn/d/1996641.html。)

思考题:

(1) 请根据自身的推销实践来说明,怎样才能与客户成交。

(2) 根据本文介绍的方法,成功地开展推销。

 **实训项目**

1. 测试：你受客户欢迎的程度如何？

请对下面的陈述做出"是""一般"或"否"的判断，测一测你受客户的欢迎程度。

(1) 发型整洁。

(2) 衣着得体。

(3) 知道客户的业余爱好。

(4) 了解客户的工作成就。

(5) 能有针对性地称赞客户。

(6) 言语得体，令客户愉快。

(7) 充分尊重客户的意见。

(8) 了解客户的行业特点。

(9) 知道困扰客户的瓶颈问题是什么。

(10) 能及时为客户反馈产品改进方案。

(11) 以客户为中心。

(12) 与客户交谈时面带微笑，亲切自然。

(13) 每天上班前自我沟通3分钟，保持愉悦、自信的工作状态。

(14) 用友善的态度来面对客户所在公司的每一位员工。

(15) 通过小赠品传递友好的信息。

(16) 通过小赠品完成公司对外的形象宣传。

计分方法：如表7-1所示。

表7-1 受客户欢迎程度测试计分方法

题号	1	2	3	4	5	6	7	8	9	10	11	12	13	14	15	16
是	2	3	4	4	5	3	3	4	5	4	3	3	5	3	2	2
一般	1	1	2	2	3	2	2	2	3	2	2	2	3	2	1	1
否	0	0	0	0	0	0	0	0	0	0	0	0	0	0	0	0

解析：

(1) 总分为45～54分：你肯定是一位很受客户欢迎的业务员，你已熟练掌握了与客户沟通的技巧。

(2) 总分为30～45分：你的沟通技巧受人称道，但还应进一步完善。

(3) 总分为15～30分：你与客户的沟通能力已经有了一定基础，但还有很多需要改进的地方。

(4) 总分为0～15分：这是一个令人沮丧的得分，你与客户沟通的能力的确不怎么样。不过别灰心，认真学习，不断实践，你会有很大的进步。

(资料来源：谢红霞. 沟通技巧[M]. 北京：中国人民大学出版社，2011.)

2. 手机销售实训

实训目标：通过同学间相互售卖手机的游戏，从中体会销售的技巧。

实训地点：教室。

实训准备：手机等。

实训方法：

（1）相邻座位的同学两人一组，分别扮演销售员和客户。销售员要将手中的手机成功地销售给客户，在营销过程中，客户提出各种疑问和拒绝，直到被销售员说服主动购买。时间5分钟。

（2）邀请2～3组同学上台演练，请其余的同学仔细观察细节。

（3）表演结束后请参与者谈谈角色感受。

（4）总结销售各环节的技巧。

3. 净化水器销售实训

实训目标：通过同学间相互售卖净化水器的游戏，从中体会销售的技巧。

实训学时：2学时。

实训地点：教室。

实训准备：净化水器等。

实训方法：

（1）学生分别扮演不同情况的客户，如可以分为如下情况：①客户家装修精美，房屋面积大，家里很干净，还有一个保姆；②客户家装修普通，房屋又小，地面又不干净，几个子女与其住在一起；③客户房屋装饰以古典文化元素为主，具有浓郁的传统特色……

（2）邀请3组同学上台演练，请其余的同学仔细观察细节，表演结束后请参与者谈谈角色感受。最后教师总结。

课后练习

一、简答题

1. 你正在和一家百货商场的经理谈"速热"牌电暖器，他说："我的库房里已经有很多电暖器了。"对于这点"否定"，你怎样应对？

2. 如果营业员对顾客说的第一句话是：

  A."你要什么？大点声说！"   B."你要什么？快说！"

  C."你要买什么？"   D."您要看什么？"

请结合营销的语言艺术对这四句话分别进行评论，你认为哪句说得比较好？

二、实训题

1. 参加一家企业的营业推广或促销活动，观察和体验推销语言艺术在这些活动中的作用,并写出实训小结。

2. 下列是几例推销片段,请指出得当与否。

(1) 一位推销员对货柜前的一位老顾客推销羊毛衫,他说:"现在一些年轻人手里的钱来得容易,只顾赶新潮,一见是时髦玩意,也不管是真是假,实用与否,掏钱就买。像您这样的老前辈,讲究价廉物美,朴实大方,优质耐用,这才是真正有眼光哩!"

(2) "我们上次帮了您的忙,关照您买了一批上等品,这些次等品得反过来请老先生多多关照了。"

"老主顾了,虽然这批货较差,但你们的订货对我们这个小公司事关重大,高抬贵手吧!"

(3) "购买我们的产品,请您放心,绝对超值,领导时代新潮流。"

(4) 一推销员到某公司向其负责人推销,可是那负责人却对他说:"这种机器太贵了。""对,的确是贵了一些,难怪你会这么说。""可是这种机器可以节省能源,性能又好,故障又少,而且还有完美的售后服务。"

(5) 顾客:"我买这布料做一身套装,该买多少?"营业员:"两米四。"顾客:"刚才你好像跟那位说两米二。"营业员:"人跟人不一样,没看你长得那么胖!还想两米二?"

3. 登门营销的三种说法中,你认为哪种最好?为什么?

"先生,您需要高级食品搅拌机吗?"

"先生,我是想问一下您是否愿意购买一台高级食品搅拌机?"

"请问,您家里有高级的食品搅拌机吗?"

4. 汽车展销会上,一名营销员向前来看车的市民介绍公司的各款新车。人群中有人抱怨现在的油价太高,买车就是烧钱,于是营销员即兴发挥说:"现在油价这样高,买轿车当然是不合算的。或许最好的办法就是买辆自行车上下班,这样既便宜又不耗油,还能锻炼身体。"

如果你是营销员,你怎样应对?

(资料来源:张波. 口才与交际[M]. 北京:机械工业出版社,2015.)

三、案例分析

案例1 与众不同的营销沟通

有个人十年来始终开着一辆车,未曾换过。有许多汽车营销员跟他接触过,劝他换辆新车。

甲营销员说:"你这种老爷车很容易发生车祸。"

乙营销员说:"像这种老爷车,修理费相当可观。"

这些话触怒了他,他固执地拒绝了。

有一天,有个中年营销员到他家拜访,对他说:"我看你那辆车子还可以用半年;现在若要换辆新的,真有点可惜!"事实上,他心中早就想换辆新车,经营销员这么一说,遂决定实现这个心愿,次日他就向这位与众不同的营销员购买了一辆崭新的汽车。

(资料来源:http://hi.baidu.com/lixin2005163/blog/item/b0ab89503b40d5688435247B.html.)

思考题：
(1) 中年营销员为何能推销成功？
(2) 如何根据顾客的心理进行沟通？

案例2　口才拔高了"营销之神"

在日本有个叫原一平的人，身高只有145厘米，是个标准的"矮冬瓜"。他的工作业绩却是相当惊人，曾连续多年占据日本全国寿险销售业绩之冠，被人誉为"营销之神"。

原来，原一平的身材虽然低人一等，但他的口才却不止高人一等。在营销寿险产品时他经常以独特的矮身材，配上刻意制造的表情和诙谐幽默的言辞逗得客户哈哈大笑。他面见客户时通常是这样开始的。

"您好，我是明治保险的原一平。"

"噢！是明治保险公司。你们公司的营销员昨天才来过的，我最讨厌保险了，所以被我拒绝啦！"

"是吗？不过我比昨天那位同事英俊潇洒吧？"原一平一脸正经地说。

"什么？昨天那个仁兄啊！长得瘦瘦高高的，哈哈，比你好看多了。"

"可是矮个儿没坏人啊。再说辣椒是越小越辣哟！俗话不也说'人越矮，俏姑娘越爱'吗？这句话可不是我发明的啊！"

"可也有人说'十个矮子九个怪'哩！矮子太狡猾。"

"我更愿意把它看成是一句表扬我们聪明机灵的话。因为我们的脑袋离大地近，营养充分嘛！"

"哈哈，你这个人真有意思。"

凭着出色的口才，原一平就是这样与客户坦诚面谈，在轻松愉快的气氛中不知不觉拉近了自己与客户之间的距离，很快一笔业务就搞定了。

看来，一个人身材矮小用不着怨天尤人，只要他能用后天的努力来弥补先天的不足甚至缺陷，吃苦耐劳，时刻进取，有所作为，在别人的眼里形象一样很高大。

(资料来源：http://www.51edu.com/chuzhong/chuyi/zhengzhi/shiti/3043953.html.)

思考题：
(1) 原一平的推销有什么特色？他为什么能够拉近自己与客户之间的距离？
(2) 从本案例中你还得到了哪些启发？

案例3　三位房产销售员

李先生一家三口想在市区买一套新房子，经过综合地分析和对比后，他选定了市区较为繁华地段的一个楼盘。李先生先后三次走进了楼盘的售楼处，遇到了三位不同的销售员：张明、李涛和王海洋。

第一次，他一个人先去售楼处考察了一下，张明接待了他。刚入职的张明很热情地询问李先生的购房动机、家庭状况、孩子读书情况和爱人就业情况后，李先生想仔细了解一下房屋的建筑质量和房型，但苦于一直被询问，看着张明热情年轻的脸，李先生想生气又生气不起来。

第二次,李先生跟好朋友再度考察了该楼盘,有着多年销售经验的李涛接待了他。李涛先是在售楼处门口热情地迎接了李先生,并及时递送了自己的名片,然后引导李先生到沙盘旁,对楼盘的整体情况作了简单介绍后,先退到了一旁,暂时休息一会儿,也给李先生考虑和观察楼盘的时间。这时,又进来几位看房者,李涛又忙着接待去了,李先生数次抬头想咨询李涛时,发现李涛分身乏术。李先生跟朋友有点失望地走出了楼盘。

过了大半个月,李先生带着家人一起第三次来到了售楼处,这次接待他的是王海洋,王海洋有着多年的楼盘销售经验,销售业绩一直都很好,是大家公认的"销售王者",他看到李先生一家下了车往售楼处门口走过来,他热情地走上前,跟大家打招呼,还拿了一个粉色的玩偶小礼品给了李先生6岁的女儿。首先,他先引领李先生一家在等候区入座,并周到地为李先生准备了一杯绿茶,为李太太准备了一杯热乎乎的红茶,然后开始轻松地跟李先生一家交谈,先询问了李先生的购房目的,了解到李先生是想改善住房条件的二次购房者,并且对该楼盘比较看好,购买意向比较大。简单地介绍后,王海洋带领李先生夫妇二人仔细查看了沙盘及销售情况,筛选出备选房型,还介绍了该楼盘周边的规划建设和发展情况。看到李先生夫妇都表现出很满意的情绪后,王海洋带领他们参观了样板房,样板房的设计让李太太非常心动,看房过程中不停地在规划以后家里的布置和装饰。参观完样板房后,李先生夫妇脸上露出满意的笑容,王海洋这时告知近期公司在实行优惠活动,对于李先生想要购房的房型,这样的优惠活动平时是很少的,而且活动的期限很快就要到了,等活动一旦结束,就不能再享受这样的优惠了。李太太表示非常愿意当天就签订购房协议书,李先生还在犹豫,这时王海洋拿出近期的销售统计表,告诉李先生楼盘自推出后,销售一直非常火爆,他就算愿意帮李先生暂时保留这套房子,但不能保证一定能保留成功,如果有其他客户当场签订购房合同的话,他就无能为力了。李先生听了王海洋的介绍后,也表示今天就签订购房协议书,并提交了购房保证金。

(资料来源:徐静,陶莉.有效沟通技能实训[M].北京:中国人民大学出版社,2014.)

思考题:

(1) 为什么第三位售楼员王海洋能够成功,而其他两位售楼员却失败了呢?原因何在?

(2) 结合本案例谈谈,在与客户沟通的过程中应该注意哪些方面。

案例4 只顾生意,不解人意

吉勒斯是美国著名的汽车推销员。一天,一位客人西装笔挺、神采飞扬地走进店里,吉勒斯心里明白,这位客人今天一定会买下车子。于是他热情地接待了这位客人,并为他介绍了不同品牌的车子,说明不同车子的性能、特点。客人频频点头微笑,然后跟随吉勒斯一起从展示场走向办公室,准备办手续。客人一边走,一边激动地说:"你知道吗,我儿子考上医学院了,我们全家都非常高兴……"吉勒斯不顾顾客的兴致,抢过话题继续介绍汽车的优良的性能。没等他介绍完,客人就又说道:"我要买辆最好的车,作为礼物送给儿子……"吉勒斯接着客人的话说:"我们的汽车无论是款式还是性能都是一流的……"客人有些不高兴,他看了吉勒斯一眼,没等他说完,抢着说道:"我的儿子很可爱……"吉勒斯又说:"是啊,我们的车子也确实是最好的……"客人的脸色越来越难看了:"你这人怎么这样?""我……我们的汽车确实是……""你就知道汽车!"客人发火了,最好竟然拂袖而去。

(资料来源:洪艳梅.解"说"——浅谈对推销中"说"的认识[J].商业文化(下半月),2011(3).)

思考题:
(1) 吉勒斯营销失败的原因是什么?
(2) 本案例对你有何启示?

案例5　客户沟通的魔力

一位朋友因公务经常出差泰国,并下榻东方饭店,第一次入住时良好的饭店环境和服务就给他留下了深刻的印象。当他第二次入住时几个细节更使他对饭店的好感迅速升级。

那天早上,在他走出房门准备去餐厅时,楼层服务生恭敬地问道:"于先生是要用早餐吗?"于先生很奇怪,反问:"你怎么知道我姓于?"服务生说:"我们饭店规定,晚上要背熟所有客人的姓名。"这令于先生大吃一惊,因为他频繁往返于世界各地,入住过无数高级酒店,但这种情况还是第一次碰到。

于先生高兴地乘电梯下到餐厅所在的楼层,刚刚走出电梯门,餐厅的服务生就说:"于先生,里面请。"于先生更加疑惑,因为服务生没有看到他的房卡,就问:"你知道我姓于?"服务生答:"上面的电话刚刚下来,说您已经下楼了。"如此高的效率让于先生再次大吃一惊。

于先生刚走进餐厅,服务小姐微笑着问:"于先生还要老位置吗?"于先生的惊讶再次升级,心想:"尽管我不是第一次在这里吃饭,但最近的一次也有一年多了,难道这里的服务小姐记忆力那么好?"

看到于先生惊讶的目光,服务小姐主动解释说:"我刚刚查过电脑记录资料,您去年8月8日在靠近第二个窗口的位子上用过早餐。"于先生听过兴奋地说:"老位子!老位子!"小姐接着问:"老菜单,一个三明治,一杯咖啡,一只鸡蛋?"现在于先生已经不再惊讶了:"老菜单,就要老菜单!"于先生已经兴奋到了极点。

上餐时餐厅赠送了一碟小菜,由于这种小菜于先生是第一次看到,就问:"这是什么?"服务生后退两步说:"这是我们特有的小菜。"服务生为什么要先后退两步呢?

他是怕自己说话时口水不小心落在客人的食品上,这种细致的服务不要说在一般的饭店,就是美国最好的饭店里于先生都没有见到过!这一次早餐给于先生留下了终生难忘的印象。

后来,由于业务调整的原因,于先生有3年的时间没有再到泰国去,在于先生生日的时候,突然收到一封东方饭店发来的生日贺卡,里面还附了一封短信,内容是:"亲爱的于先生,您已经有3年没有来过我们这里了,我们全体人员都非常想念您,希望能再次见到您,今天是您的生日,祝您生日愉快。"

于先生当时激动得热泪盈眶,发誓如果再去泰国,绝对不会到任何其他的饭店,一定要住东方饭店,而且要说服所有的朋友也像他一样选择!于先生看了一下信封,上面贴着一枚6元的邮票,6元钱就这样强化了一颗心。这就是客户关系管理的魔力!

(资料来源:http://bbs.szhome.com/commentdetail2.aspx?id=1750180.)

思考题:
(1) 泰国东方饭店与客户沟通有何独到之处?
(2) 本案例对你有何启示?

案例6 难做的贵金属电话营销

营销人员:先生,您好!我这里是农业银行投资理财合作单位银泰投资,我姓郑。黄金白银投资这一块市场您有了解过吗?那您有没有做其他类的金融投资产品?比如股票、期货、房地产之类。

客户:什么事?

营销人员:是这样子的,由于目前CPI指数上升到5.3%,导致通货膨胀非常严重,所以我们推出现货白银,可以抗通胀、增值保值,您有了解过吗?没了解过的话,我可以协助您了解。

客户:现货白银风险大,我不做的。

营销人员:现在银行也都在建议投资者持有黄金白银,将资金分散投资。有句话叫股市基金有风险,建议长期持有黄金白银。这是银行的广告语。但这正说明黄金白银长期上涨行情明确的优势,再者黄金白银是买涨买跌双向交易,24小时可以交易,T+0的操作模式,并且是风险可控的单一理财品种,保证金像房产投资的首付款,交易无限制,方便简单。

客户:怎么交易的?黄金白银那么贵,哪有钱操作?

营销人员:先生,现货白银是可以买涨买跌双向交易的,所以不管白银价格怎样,只要有波动就有获利空间,而且是T+0的操作模式,24小时可交易,时间灵活,交易不受限,而且风险可控,是中短线投资者的首项选择。关键是资金由银行进行托管,所以说它是比股票还要具有优势的投资!你可以先了解下,觉得可以的话,可以随时操作,并且也可以去银行咨询。

客户:喔,那好的!现在现货白银都那么高了,接下来是涨还是跌呢?

营销人员:黄金价格从每克100多元已经上涨到每克300元左右,最近几年黄金的价格几乎上涨了130%。因为通货膨胀的影响,未来2~3年内,很多银行、专家机构都认为黄金的价格还要再翻番。这样的行情您有没有关注到?

营销人员:嗯,先生,您这边先给我留个QQ号码,我将资料发到您的邮箱,您先看下,后期我会教您模拟操作。我姓郑,您叫我小郑就可以了,请问先生怎么称呼?

客户:我姓……

(资料来源:http://3y.uu456.com/bp_37jss26r1i17c193743i_1.html.)

思考题:
(1) 营销人员小郑的电话营销成功吗?
(2) 本案例对你有哪些启示?

案例7 三句话销售伊爱

我做营销有个习惯,就是要销售一件东西前,先到目标单位应聘,这样做第一锻炼了我的口才,第二把自己的身价摆低,容易沟通。

一次偶然的机会,我去了太原,看到大昌集团汽车租赁公司招聘人员,我想,是个机会(我兼职做GPS产品销售,就是汽车卫星定位系统),因为租赁汽车最需要这个产品,我就以应聘人的身份接触了大昌集团的负责人。

按照应聘的程序谈完话,我就把话题转移,谈到GPS,果然他们正为这个事情举棋不定,因为品牌太多。我就用三句话做成了这笔业务,使得伊爱和大昌成功合作。

对方问我:你为何要推荐伊爱品牌呢?

我答:处于贵公司和伊爱的朋友的立场。因为选择伊爱,就选择了质量的保障。我的实践经验告诉我,伊爱品牌是我经历吃亏才选择的,经验教训很珍贵。给您推销高质量产品,是我的荣幸,也是您的荣幸。

对方问我:价格是不是太贵了?

我答:价格不是重要因素,这个产品最重要的是服务保障。试想,用了价格很低的低档产品,汽车丢了都找不到,那还用它吗?汽车的价值很高的呀!

对方问我:有的产品很小巧,你的这么大,是不是不够精密?

我答:小巧不一定就精密,合适才是最有效的。伊爱产品的大小是建立在合适基础上的。

就这样,大昌集团通过考察,最终和伊爱建立了长期稳定的合作。

(资料来源:http://blog.csdn.net/danly0707/article/details/4051567.)

思考题:
(1) 案例中的"我"口才如何?为什么?
(2) 本案例对你有何启示?

参考文献

[1] 陶莉. 职场口才技能实训[M]. 北京:中国人民大学出版社,2015.
[2] 张波. 口才与交际[M]. 北京:机械工业出版社,2015.
[3] 方一舟. 跟金牌销售学说话之道[M]. 北京:中国铁道出版社,2015.
[4] 王子蕲. 公共关系口才[M]. 上海:华东师范大学出版社,2015.
[5] 蒋红梅,张晶,罗纯. 演讲与口才实用教程[M]. 北京:人民邮电出版社,2015.
[6] 陈文静. 国际商务谈判中说服技巧的应用[J]. 对外经贸实务,2015(1).
[7] 李元授. 人际沟通训练[M]. 武汉:华中科技大学出版社,2014.
[8] 徐静,陶莉. 有效沟通技能实训[M]. 北京:中国人民大学出版社,2014.
[9] 王晶. 口才训练实用教程[M]. 北京:清华大学出版社,2014.
[10] 袁红兰. 演讲与口才[M]. 北京:航空工业出版社,2014.
[11] 张建宏. 赞美办公室同事的技巧[J]. 办公室业务,2014(2).
[12] 杨利平,艾艳红. 实用口才训练教程[M]. 长沙:湖南人民出版社,2013.
[13] 张玥. 实用口才[M]. 南京:南京大学出版社,2013.
[14] 李晓霞. 论商务沟通中的有效倾听[J]. 现代商贸工业,2013(12).
[15] 刘伯奎. 大学生情商口才[M]. 北京:电子工业出版社,2013.
[16] 姚小玲,张凤,陈萌. 演讲与口才[M]. 北京:电子工业出版社,2012.
[17] 佚名. 业务员初次拜访客户的提问技巧[J]. 北方牧业,2012(18).
[18] 周曼. 说服的语言艺术[J]. 中国大学生就业,2012(5).
[19] 傅春丹. 演讲与口才案例教程[M]. 北京:中国水利水电出版社,2011.
[20] 屈海英. 新编演讲与口才[M]. 杭州:浙江大学出版社,2011.
[21] 汪彤彤. 商务口才实用教程[M]. 北京:中国人民大学出版社,2011.
[22] 彭义文. 口才训练教程[M]. 北京:北京师范大学出版社,2011.
[23] 佚名. 掌握谈话技巧巧妙拜访客户[J]. 北方牧业,2011(8).
[24] 钟小安. 秘书在接待工作中要善用模糊语言[J]. 秘书之友,2011(6).
[25] 刘伯奎. 口才交际能力能力训练[M]. 北京:中国人民大学出版社,2011.
[26] 唐丽. 接待工作中秘书的寒暄技巧[J]. 秘书之友,2010(5).
[27] 陈丛耕. 口语交际与人际沟通[M]. 重庆:重庆大学出版社,2010.
[28] 冯平. 领导干部提高演讲效果的要点和细节[J]. 领导科学,2010(4).
[29] 张文光. 人际关系与沟通[M]. 北京:机械工业出版社,2009.
[30] 张喜春,刘康声,盛暑寒. 人际交流艺术[M]. 北京:清华大学出版社,北京交通大学出版社,2009.
[31] 黄静. 开拓新客户,首次拜访应如何[J]. 现代家电,2009(17).
[32] 谢宗云. 销售业务员如何开发拜访维护客户[J]. 中国商贸,2009(11).
[33] 成运伟. 在销售中如何说服客户[J]. 北京农业,2009(35).
[34] 郭文根. 酒店接待口才[J]. 民营科技,2009(11).
[35] 卢海燕. 演讲与口才实训[M]. 大连:大连理工大学出版社,2009.
[36] 王亮. 在销售中如何说服客户[J]. 中国畜牧兽医文摘,2008(6).
[37] 明卫红. 沟通技能训练[M]. 北京:机械工业出版社,2008.
[38] 邹晓明. 沟通能力培训全案[M]. 北京:人民邮电出版社,2008.

[39] 莫林虎. 商务交流[M]. 北京：中国人民大学出版社，2008.
[40] 惠亚爱. 沟通技巧[M]. 北京：人民邮电出版社，2008.
[41] 徐丽君，明卫红. 秘书沟通技能训练[M]. 北京：科学出版社，2008.
[42] 周璇璇. 实用社交口才[M]. 北京：北京大学出版社，2008.
[43] 黄琳. 有效沟通：王牌沟通大师的制胜秘诀[M]. 北京：中国华侨出版社，2008.
[44] 刘伯奎. 口才与演讲系统化训练[M]. 北京：北京交通大学出版社，2008.
[45] 范爱明，王智. 与顾客交往的69个禁忌[M]. 北京：机械工业出版社，2008.
[46] 徐卫卫. 大学生交际口语[M]. 杭州：浙江大学出版社，2007.
[47] 陈秀泉. 实用情境口才——口才与沟通训练[M]. 北京：科学出版社，2007.
[48] 李军湘. 谈判语言艺术新论[M]. 武汉：武汉大学出版社，2007.
[49] 刘洪秋，刘志彬. 公安民警口才训练之心理素质训练[J]. 辽宁警专学报，2007(11).
[50] 佚名. 如何进行成功的商务演讲[J]. 沪港经济，2007(11).
[51] 蔡青，周媛媛. 英语演讲在国际商务活动中的应用[J]. 商场现代化，2007(7).
[52] 张建宏. 态势语言的特点[J]. 秘书，2007(5).
[53] 周彬琳. 实用口才艺术[M]. 大连：东北财经大学出版社，2006.
[54] 金幼华. 实用口语技能训练——大学生汉语口语能力培养教程[M]. 杭州：浙江大学出版社，2006.
[55] 黄漫宇. 商务沟通[M]. 北京：机械工业出版社，2006.
[56] 李晓. 沟通技巧[M]. 北京：航空工业出版社，2006.
[57] 潘桂云. 口才艺术[M]. 北京：旅游教育出版社，2006.
[58] 黄雄杰. 口才训练教程[M]. 北京：高等教育出版社，2006.
[59] 李元授，等. 口才训练[M]. 武汉：华中科技大学出版社，2006.
[60] 马志强. 语言交际艺术[M]. 北京：中国社会科学出版社，2006.
[61] 孙金玲. 谈商务拜访礼仪[J]. 商场现代化，2006(8).
[62] 郎小洁. 即兴演讲不妨以"例"服人[J]. 应用写作，2006(10).
[63] 俞玉荣. 商务谈判中"提问"和"答复"的技巧和运用[J]. 职业技术，2004(4).
[64] 周亮. 如何与客户第一次亲密接触——客户拜访技巧[J]. 中国中小企业，2003(11).
[65] 刘洪秋. 公安口才学[M]. 北京：中国人民公安大学出版社，2003.
[66] 崔德英，付建华. 论公共关系演讲的语言艺术[J]. 华北水利水电学院学报(社科版)，2003(11).
[67] 邵咏涛. 商务交往中的交谈技巧[J]. 对外经贸实务，2003(8).
[68] 刘伯奎，王燕. 口才演讲——技能训练[M]. 北京：中国人民大学出版社，2002.
[69] 刘伯奎. 教师口语——表达与训练[M]. 上海：华东师范大学出版社，2002.
[70] 李正堂，蒋心海. 语言的魅力[M]. 北京：海潮出版社出版，2002.
[71] 翟雅丽. 教师口语技巧[M]. 广州：暨南大学出版社，2001.
[72] 陈凤鸣. 销售提问[J]. 知识经济，2001(11).
[73] 贾丽荣. 讲究口才艺术，培养高素质人才[J]. 邯郸农业高等专科学校学报，2000(3).
[74] 刘伯奎，王燕，段汴霞. 教师口语训练教程[M]. 北京：中国人民大学出版社，2000.
[75] 陈雨达. 学会风趣幽默，严肃的推销特轻松[J]. 现代营销，1998(8).
[76] 谭爱平. 幽默推销的艺术[J]. 经营管理者，1994(6).
[77] http://www.docin.com/p-678894542.html.
[78] http://www.cnki.com.cn/Article/CJFDTotal-XSYS200416028.htm.
[79] http://blog.ceconlinebbs.com/BLOG_ARTICLE_85842.HTM?b_xihuan.
[80] http://www.cqvip.com/QK/60813X/199705/1004743392.html.

后 记

  我国经济社会发展为应用技术型高校和高等职业院校的发展提供了难得的机遇。为了贯彻落实国务院《关于加快发展现代职业教育的决定》，我们策划了这套"高职高专实用商务创新型规划教材"系列丛书，旨在为高等职业院校商科各专业师生提供富有特色的系列教材。

  该系列教材是大连职业技术学院教学改革和教材建设的最新成果，目前已出版和即将出版的教材主要有《商务礼仪实用教程》《商务口才实用教程》《商务沟通实用教程》《商务公关实用教程》《商务策划实用教程》《商务谈判实用教程》《商务写作实用教程》《商务文化实用教程》《商务营销实用教程》《电子商务实用教程》《推销实用教程》等10余种。该系列教材作为反映高等教育教学改革最新理念的新型实用教材，是贴近工作实际，反映高等职业教育特色，深受师生喜爱的好教材。该套教材在体系和框架上独树一帜，突出操作性和任务导向性。每项"任务"作为一个内容单元，一般由"任务目标""案例导入""知识储备""操作训练""阅读思考""案例分析""实训项目""课后练习"等构成。这种体例安排便于学生在做中学、在学中做，学做结合，使其实践操作能力和职业基本素质得到有效提升。

  本系列教材可作为高职高专院校各专业学生相关课程的教材，还可作为各界人士提高商务能力的优秀读物及自我训练手册，也是各类商务组织进行员工培训的创新型实用教材。

  希望这套"高职高专实用商务创新型规划教材"能够得到兄弟院校的欢迎和认可，不当之处敬请指正。

  让我们共同携手开创我国高等职业教育的美好未来！

编 者

2016年5月